イタリアの風

Wind of Italy

谷口義幸

Yoshiyuki Taniguchi

鉱脈社

プロローグ

２０１６年は、日伊修好通商条約締結１５０年・天正遣欧使節主席正使伊東マンショローマ教皇（日本では法王）公式謁見４３１年の年にあたり、宮崎日伊協会では「宮崎から世界へ　世界から日本へ、宮崎へ」という特別企画でイタリアを訪ね、ローマで記念祭を催した。

それに先立ち東京・上野公園の国立西洋美術館（16年ユネスコ世界文化遺産に登録）で開催された13年に「ラファエロ展」を、14年に「ミケランジェロ展」を、15年秋には「古代地中海の秘宝〝黄金伝説〟展」などを鑑賞した。また16年には〝日伊国交樹立１５０周年記念〟「レオナルド・ダ・ヴィンチ展」、「ボッティチェリ展」、「カラヴァッジョ展」、「ポンペイの壁画展」などや、15年イタリアで発見され16年に世界初の特別公開となった「伊東マンショの肖像」（ミラノのトリブルツィオ財団蔵）展を観に東京国立博物館を訪ねた。

日本とイタリアとの関係は古く、大航海時代に先立つ13世紀、〝ベニスの商人〟マルコポーロが『東方見聞録』で、日本を「黄金の国ジパング」としてヨーロッパに紹介した。ザビエルがキリスト教を伝え、ヴァリニャーノらが教えを説き、大友宗麟らが、伊東マンショを主席正使とする日本初の公式外交団「天正遣欧使節」をローマに派遣した。

江戸幕府による鎖国令から約２３０年後の幕末、日本がイタリアへ提供した蚕種の縁から「日伊修好通商条約」が締結され、翌年、徳川昭武ら使節団がフィレンツェで条約に調印した。明治政府が派遣した岩倉具視ら欧米使節団は、イタリアなどを訪ねて条約の改正交渉を行うとともに視察した報告書「米欧回覧実記」を残した。これらの縁で日露戦争での日本の勝利にイタリアは多大な貢献を果たしたが、第二次世界大戦では日独伊三国軍事同盟を結び、世界を相手に戦いを挑み不幸な時代もあった。

イタリアは戦前から東京にイタリア文化会館を有していたが、日本は日伊文化協定締結（１９３９年）後の１９５５年に、日本はローマに日本文化会館を開設した。41年に発足した日伊協会（イタリアでは伊日財団）は70周年を機に「イタリア文化事典」を纏め、宮崎日伊協会は２００１年から、イタリア大使館や日、伊の大学などと共催して「日伊科学技術宮崎国際会議」を毎年開催している。15年5月から10月まで、ミラノで「世界万博」が開催された。

今回上梓したのは、イタリアの土を数回踏んだ中で、その歴史や文化、政治・経済・社会などを改めて掘り起こすとともに、日本との関係はもとより近隣諸国や地中海、世界との関わりについても探り、ひいてはかけがえのない地球や祖国日本の未来について考えられればとの思いからである。併せて、若いころの世界一人旅から半世紀の間折に触れ海外へ出掛け、２０１３年の南米旅行で南極大陸を除く世界五大陸の国や地域を訪問して、その間培った体験や教訓と、様々な文献やニュースソースを参考にした。

これは単なる観光旅行記や、ましてや特定の国の政治批判や他国の民俗・宗教批判が目的ではない。〝これから世界や日本はどうあるべきか、今を生きる私たちには何ができるか〟など「未来を語る」ヒントになればとの思いで贈るものである。

イタリアは全土20州のうち18州（トレンティーノ・アルト・アディジェ州とサルディーニア州を除く）を訪問した中で、私の見たまま、聞いたまま、感じたまま、学んだままを含めてご紹介したい。

著　者

２０１６年晩秋

特別展（2016年開催の主なもの）

ボッティチェリ展

レオナルド・ダ・ヴィンチ —— 天才の挑戦

リッカルド・ムーティ音楽祭

カラヴァッジョ展

日伊国交樹立 150周年記念

伊東マンショの肖像画展

ポンペイの壁画展

オペラ・ラ・ボエーム

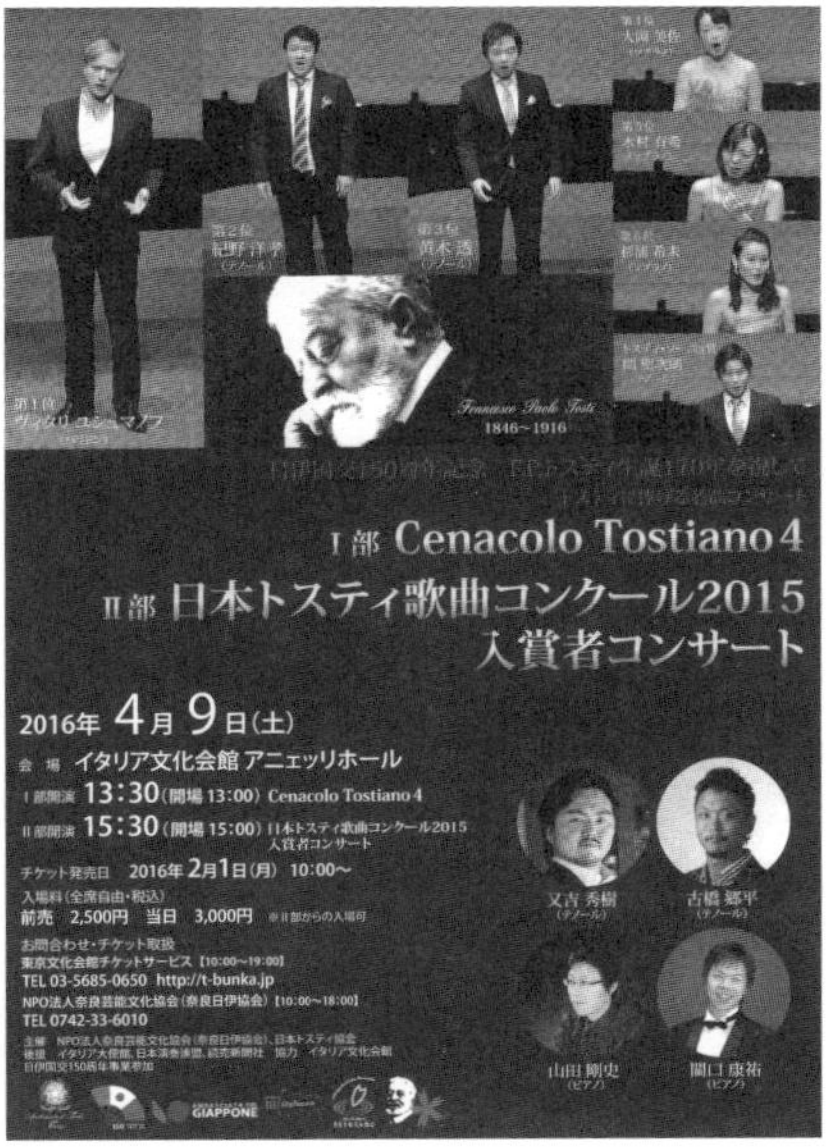

トスティ歌曲コンクール

目次

イタリアの風

コペンハーゲン、ハンブルクより
ストックホルム、ベルリンより
ドイツ
ミュンヘン
ウィーン
スロバキア
サルツブルク
パリ、アムステルダムへ
チューリヒ
ベルン
スイス
ローザンヌ
インターラーケン
リヒテンシュタイン
クール
サン・モリッツ
ベリンツォーナ
オーストリア
グラーツ
ハンガリー
マリボル
ボルドー、マドリードへ
アオスタ
スロベニア
ザグレブ
ノヴァーラ
ミラノ
トリエステ
パドヴァ
ヴェネツィア
リエカ
トリノ
ヴェネツィア湾
スラヴォンスキ・ブロド
ベオグラード、イスタンブールへ
フェッラーラ
ボスニア・ヘルツェゴビナ
サヴォーナ
ジェノヴァ
ラヴェンナ
セルビア
フランス
リミニ
ザダル
クロアチア
リグリア海
ピサ
フィレンツェ
サンマリノ
モナコ
リヴォルノ
アンコーナ
スプリト
イタリア
アドリア海
コルシカ島
オルヴィエート
ドゥブロヴニク
アテネ、スコピエより
ヴィテルボ
ペスカーラ
フランス
モンテネグロ
テルモリ
ローマ
ラティーナ
フォッジャ
バチカン
ナポリ
ブリンディジ
アテネ、アンカラ、テヘラン、デリーへ
ポンペイ
サレルノ
タラント
サルデーニャ島
タラント湾
イタリア
ティレニア海
クロトーネ
カタンザーロ
イオニア海
メッシーナ
パレルモ
レッジョ・ディ・カラブリア
シチリア海峡
モロッコ、フェズ、アルジェより
アンナバ
シチリア島
チュニス
カルタゴ
地中海
スーク・アフラス
マルタ海峡
チュニジア
0
100
200km
アルジェリア
マルタ
筆者がたどった道
筆者が訪問した主な都市

イタリアの風

1章　イタリア

国土と環境

イタリアはヨーロッパ南部に位置し、アルプスの南麓に広がる平野部と地中海に突き出た長グツ型の半島部、それにシチリア、サルディーニアなど多数の島々から成る。正式名称は「イタリア共和国」で、国内にはヴァチカン市国とサンマリノ共和国がある。面積は30万平方キロで日本の80%、人口は6000万人で日本の約半分であり、大部分がイタリア人で北部にはドイツ系、フランス系、スラブ系の、南部にはアルバニア系、ギリシア系の少数民族がいる。イタリア語が中心で、宗教はカトリック教徒が90%以上、ほかにプロテスタント、イスラム教徒、ユダヤ教徒もいる。大陸部は北イタリア、トスカーナ州と旧教皇領の諸州は中部イタリア、旧ナポリ王国と旧シチリア王国の諸州は南イタリアと呼ばれ、首都はローマ。

周辺は、北にフランス、スイス、オーストリア、スロベニアと国境を接し、東にアドリア海を挟んでクロアチア、セルビア・モンテネグロなど、またイオニア海を挟んでギリシアが、南に地中海を挟んでアフリカ大陸・リビアが、南西のシチリア島の先にはチュニジア、マルタが位置し、西側には、ティレニア海とリグリア海が広がる。

国土は、北にアルプス山脈の３０００メートル級の山々がかぶさり、スイスとの国境をなすモンテローザ４６３４メートルが最高地点で、フランスとの国境ではモンブラン山塊が最高地点だが、モンブラン自体はフランス領内にある。アルプス山脈が過去３０００万年の間におよそ４０００メートル上昇したのに対して、それらに隣接するポー川河谷は沈降する地域にあった。マジョーレ湖、コモ湖、イゼオ湖、ガルダ湖など、美しさで名高い北部の湖は、氷河時代に氷河によって削り取られた谷に水がたまったものである。東アルプスの一部をなすドロミティ・アルプスは、息をのむような石灰岩の峰々が続き、マルモラーダ山３３４２メートルで最高点に達する。

北イタリア平原の肥沃な土壌は、氷河の融水によって洗われてきた。ロンバルディア、トスカーナなどの平原地帯は長さ３２０キロ以上、幅２００キロ近くの地域がイタリア最長のポー川の流域であり、全土に農地、森林が広がっている。長いアペニン山脈は、リグリア・アルプスに始まり半島を縦断し、その山系は長靴の「つま先」まで続いている。ちょっと蹴飛ばせば反時計回りに回転しそうなのが、地中海最大の島シチリア島で、メッシーナ海峡に隔てられている。サルデーニャ島は、山がちで本土より古い火成岩や変成岩からなる。

イタリアは、ユーラシアプレートとアフリカプレートの境界に位置し、ポンペイやスタビアの町を破壊したヴェスヴィオ山や、シチリア島の活火山エトナ山など火山が多い。人口の三分の一は地震の危険性が高いとされる地域に住んでいる。気候として、アルプスでは冬は寒くて雪も多く、夏は短く涼しい。北部平原では、ときに寒さが厳しいものの冬は短く、耕作に理想的な長くて温暖な夏が見られ、さらに南へ下ると、典型的な地中海性気候となる。夏は晴天が続いて暑く、干ばつが見られる。

環境問題はゴミの不法投棄と森林火災が特徴的で深刻であり、半世紀前の１９６５年に訪ねた時も既に幾つかの河口で汚染が進んでいるのが見られた。アドリア海沿岸では、北部平原のポー川から１５００万人分もの生活排水を海へと流し込んだのと、都市部近辺のエコマフィアによる産業廃棄物の不法投棄が顕在化したためという。また工業や農業が流出した化学物質に含まれる栄養分によって、藻が季節的に繁殖し、それにより他の海中生物が光と酸素を奪われ、大量の魚が死に、海岸は悪臭のするヘドロで覆われた。狭い海で干満の差が小さいため沿岸に滞留し、その結果、かつてこの地域に広く見られたモンクアザラシは、絶滅の危機に瀕していると聞いた。１９９０年代には、新しい水質浄化装置が作動するようになり、海水の条件は改善されてきたという。

国立公園が設定されたが、狭い地域の多くはほとんど保護されず、観光や工業、農業からの圧力をこうむりつつあり、特に危険なのは火事で、毎夏広い面積の森林や灌木が失われる。雷や火山の噴火による山火事は歴史の一部となっているものの、人間が引き起こした故意の放火の大火災に比べれば小規模なものであるが、森林警察などを中心としたパトロール活動が不可欠となっている。鉱山や林業開発のための道路は、環境の多様性を考えると動物たちに与える影響は有害であり、巣を作る場所が荒らされるとともに、道路状況がよくなって人間の活動領域を広げ、さらに多くの動物たちが狩猟されることにもなる。動植物の生育環境への脅威は増している。もっとも、新しく潜在的な被害が大きいのは、どこでも言えることだが主要産業となっている観光である。すでにイタリアでは混雑する休日には、国立公園の傷つきやすい地域への通行禁止などの制限も見られるが、最終的には、環境教育が必要なことは論を待たない。

ユネスコ世界遺産は、ヴァチカン市国やサンマリノ共和国を含め、２０１４年現在50カ所あり、国別・地域別では世界一である。うち自然遺産はエオリエ諸島とドロミテ渓谷、サン・ジョルジョ山、エトナ山の4カ所で、ほとんどが文化遺産である。ちなみに日本は、13年「富士山」が、14年「富岡製糸場と絹産業遺産群」が、15年には「明治日本の産業革命遺産群」がそして16年には「国立西洋美術館」が認定を受け、20カ所となった。また14年時点での世界の地域別登録数は、文化遺産、自然遺産、複合遺産合わせてアジア246、ヨーロッパ409、ロシア・NIS61、アフリカ135、北アメリカ104、南アメリカ73そしてオセアニア29である。

イタリアの原子力発電所は、安全性・自然環境・経済発展に資するという「神話」があり、かつて4カ所立地していた。しかし、1964年から運用されていたピエモンテ州のエンリコ・フェルミ原発は、87年11月の原子力立地の是非を問う国民投票の結果、火山や地震が多いことを理由に反対派が上回り、90年に停止した。エミリア・ロマーニア州のカオルソ原発も78年から90年まで運用され、ラチオ州のアルト・ラチオ原発は完成間近の88年に廃止、南イタリアカンパニア州のガリリアーノ原発は64年から82年まで運転され閉鎖された。この20年間1基も稼働していないにもかかわらず、2011年3月11日の東日本大震災による東京電力福島第一原子力発電所事故後の国民投票の結果、反原発票が94・05%に上った。ちなみにドイツは火山も地震も無いが、チェルノブイリ原発（旧ソ連、現ウクライナ）の爆発事故を受け、2022年までに停止を含めた原子炉33基の廃炉が決まっていたのに、福島原発事故後ドイツ政府と国民は、迷うことなく全ての原発を即廃止することを決定した。

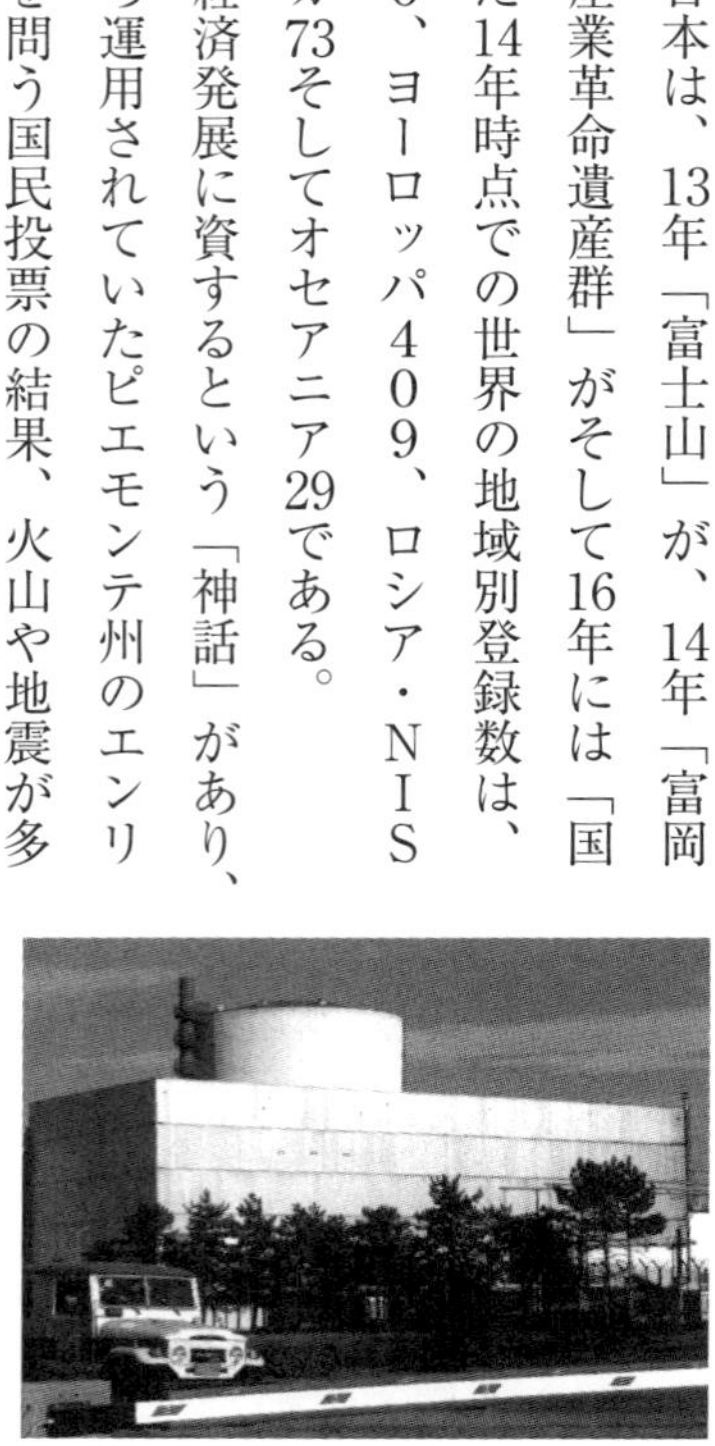
停止されたカオルソ原発。

歴史と民族

イタリアは強大なローマ帝国の権力的基盤であり、カトリック教会の誕生の地でかつルネサンスの揺籃の地でもあり、ヨーロッパではギリシアに次ぐ長い歴史と伝統を有する。遡れば約150万年前、アフリカからヨーロッパ南部に人類が定住し、約10万年前ネアンデルタール人が存在し、約4万年前クロマニヨン人が道具革命を起こしたといわれる。昔から多くの他民族と接触、融和し、地中海方面からはギリシア人、ヘブライ人、エトルリア人が、またアジア、北アフリカやヨーロッパ各地からも入ってきた。紀元前15世紀ころ、当時地中海全域で活発に交易活動を展開していた古代ギリシアのミュケナイ人がはじめてイタリアに交易拠点を築き、後代のギリシア、フェニキアの海洋諸民族もその航路をたどって交易をした。

前8世紀ころ、シチリアおよび南部のギリシア文明と中央部のエトルリア文明が卓越していた一方、小都市であったローマは、交易の中心地として徐々に成長していった。やがて、土着のラテン語を話す人々（ローマ人）がエトルリア人の支配者たちを駆逐し、前753年4月21日（日本は神武天皇東征による建国が前660年2月11日とされているから93年早い）、英雄ロムルスによってローマが建国され、都市国家としてスタートした。王制が続いたのち、共和制ローマはカルタゴと3次にわたるポエニ戦争に勝つとともに、ギリシアやマケドニアも併合した。共和制後三頭支配を経てカエサルがガリアを征服し帝政となった。

前33年、エルサレムでイエス・キリストが磔の刑に処された後、ネロ帝が暴政とローマの大火で歴史に名を残し、79年にはヴェスビオ火山の大噴火によりポンペイなどの都市が消えた。コンスタンチヌス帝の東西ローマ帝国の再統一後東西に分裂、476年西ローマ帝国は滅亡し、1200年余続いた古代ローマは終わった。

古代ローマ文明の遺産は、現代でも引き継がれ私たちを引き付けてやまない魅力をもっている。ブリタニアからシリアへ至るまで整備された水道施設や、帝国の中心部とはるか遠くの地をつないでいた効率的なローマ街道網など、驚くほど高度なテクノロジーをもつ社会であったことを物語る。大きく分ければビザンティン帝国の支配下で、６世紀ランゴバルド族の建国から後を「フランク王国」、神聖ローマ帝国に従属した12世紀のコムーネ（都市国家）の確立までの時期を「封建時代」、以後15世紀ごろまでを「コムーネの時代」と称する。

９６２年、神聖ローマ帝国が成立し、名目的に統一されてはいたが、国土は強力な都市国家に分断されたままで、中世後期において最大のものは、フィレンツェや海洋国家のジェノヴァおよびヴェネツィアであった。15世紀になると、北部はしだいにスペインの支配下となり、後にオーストリア帝国となった。南部では、特にナポリとシチリアが、スペイン、オーストリア、フランスに次々と支配を受けた。その間、フィレンツェに始まったイタリア・ルネサンスがローマなどへ波及し最盛期を迎えた。

イタリアの名称は、かつて半島南部やシチリアに植民したギリシア人によって、ごく一部がイタリアと呼ばれたことに始まる。これがローマ人によって受け継がれ、ローマ帝国崩壊後は存在しなくなったが、ナポレオン支配時代のイタリア王国などを経てサルデーニャ王国を中心に独立・統一運動が起こり、１８６１年の統一達成によって地理的・政治的概念としてのイタリア王国が誕生、普仏戦争後統一を完成した。65年フィレンツェに遷都していた首都は、71年念願のローマに移された。ちなみに町としてのローマの名は、エトルリア人の一氏族であるルマ（Ｒｕｍａ）に由来する。後、エトルリア人はローマ人に制圧され、彼らの言語に代わってラテン語が普及した。統一国家としてのイタリア誕生まではミラノ公国、トスカーナ大公国、ナポリ王国と共に一方では、ヴェネツィア共和国やジェノヴァ共和国、教皇国家があり、フランス革命やナポレオン支配を経て「統一イタリア運動」へと発展した。

第一次世界大戦後ヴェルサイユ条約が結ばれたが、イタリアは深刻な不況にあえぎ、１９２２年ベニー

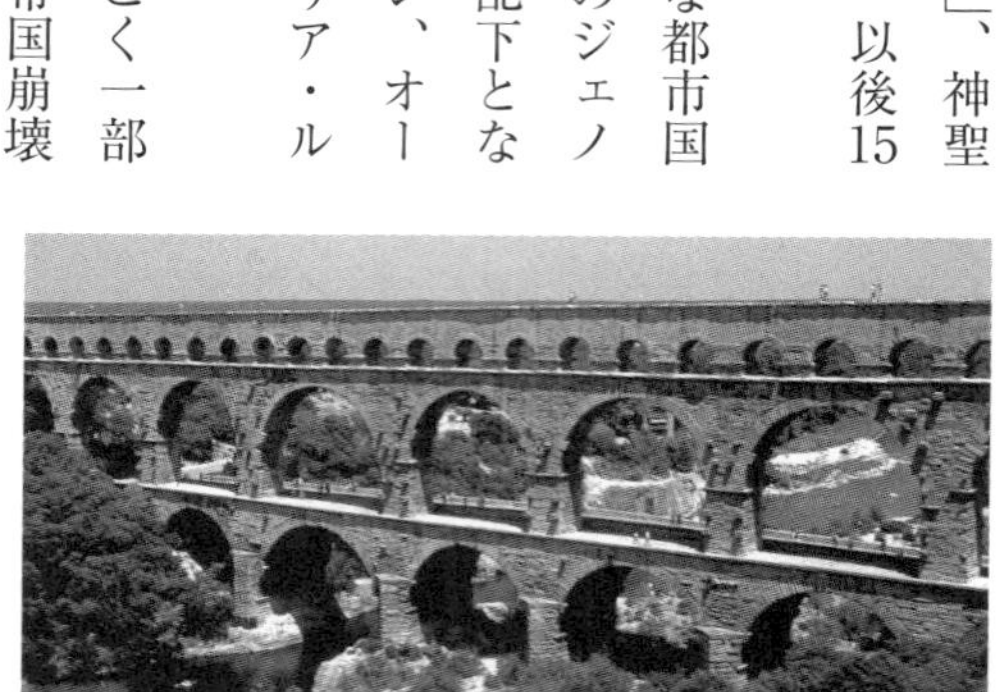

古代ローマの水道橋。かつては橋を歩くことができたが、今は危険なため禁止されている。

ト・ムッソリーニが、ミラノで「イタリア戦闘ファッショ」を設立した。「ローマ進軍」後首相となりファシスト軍や大評議会を創設、29年の世界恐慌までに権力を握り独裁体制を確立し、同年、ローマ併合以来対立していた教皇庁と和解(ラテラノ条約)した。また第一次世界大戦で莫大な賠償金の支払いで経済が破綻したドイツでは33年、アドルフ・ヒトラーがナチス政権を成立させ35年にエチオピアを侵略、日伊はナチスと手を結んで37年には日独伊防共協定を締結し、国際連盟を脱退した。

40年日独伊三国同盟を締結、ムッソリーニはナチスに引きずられるままに連合国軍相手に第二次世界大戦に参戦したが、アルバニア、ギリシア、アフリカの各戦線で敗退した。42年末には連合軍の爆撃が始まり翌年3月シチリアに上陸、反戦ストやレジスタンスの高まりにより7月、ムッソリーニ政権は崩壊した。彼はドイツ軍の手で救助されコモ湖畔のサロにファシスト共和国を建てたが、45年春パルチザンに捕らえられ処刑された。つづいてヒトラーの自殺でナチス政権も崩壊、ドイツも無条件降伏した。一方、日本は東条英機首相ら戦争指導者が「一億総玉砕」を叫んで戦争を続けたが、広島、長崎への原爆投下を経て大きな犠牲を伴いながらついに無条件降伏した。

46年6月、国民投票によって王制が廃止、イタリア共和国が成立した。新憲法は48年1月1日から施行され、基本的人権および労働者の権利を保障し、経済的、社会的不平等を取り除くことを共和国の任務とするとともに、「戦争放棄」を規定した。また第7条には、国家とカトリック教会はラテラノ条約に基づきそれぞれ独立の主権を持つと規定されている。議会は上下両院あり同等の権限を持ち、すべての法案の成立には両院の可決が必要であり、選挙権は上院25歳以上、下院18歳以上で、被選挙権は上院40歳以上、下院25歳以上、両院とも完全比例代表制。上院の定数は20州から315人が、下院は計27の選挙区から630人が選出される。

イタリアの歴史は古来より移民の歴史と言っても過言ではなく、近年では19世紀末から百年間で260万人の移民を世界へ送り出し、20世紀末からは東欧やバルカン半島などからの移民の問題に悩まされるようになり、21世紀の今は中東やアフリカからの移民・難民が海を渡って押し寄せている。

欧州連合（EU）

イタリアはじめヨーロッパ諸国を語るには、まず欧州連合（EU）を知る必要がある。第一次世界大戦後、衰退した欧州の再建を目指す「欧州連合」の思想が芽生え、第二次世界大戦後に実現に向けて動き始め、1951年、イタリア、西ドイツ（現ドイツ）、フランス、ベネルクス3国の6カ国が欧州石炭鉄鋼共同体（ECSC）設立のパリ条約に調印し、統合への第1歩となった。57年、欧州経済共同体（EEC）と欧州原子力共同体（EURATOM）を設立するローマ条約に調印、67年にはこれら3機関の執行機関が統合され、欧州共同体（EC）が誕生した。

冷戦終結で欧州の東西分裂に終止符が打たれると統合が加速され、92年欧州連合条約の調印を経てECを基礎に欧州連合（EU）が発足した。加盟国は国家主権の一部を委譲し、①経済通貨統合②共通外交・安全保障③司法・内務協力の三政策を柱とした。この功績により、12年ノーベル平和賞を受賞した。13年クロアチアの加盟で、EUは28カ国となったが、EUの原点は、「神聖ローマ帝国」と言われる。「帝国」は、現在のドイツを中心にオーストリア、チェコ、スロバキア、北イタリア、北スペインなどを包含した領域を版図とし、千年の歴史があったがゆえに欧州連合をアレルギーなく受け入れる素地があったという。

域内人口は5億742万人、域内総生産（GDP）は13兆750億ユーロ、単一通貨は加盟28カ国で「ユーロ」である。本部はブリュッセルに置き、欧州理事会が政治レベルの最高協議機関で、ＥＵ大統領とＥＵ加盟の各国首脳、欧州委員会委員長らで構成し、年2回以上の会議を開き、ＥＵ全体の政治指針や政策の優先順位を決める。ＥＵ大統領は任期2年半2期まで可能で、14年ポーランドのトゥスク首相が、外交安全保障上級代表にはローマ生まれのモゲリーニ外相（41歳）が就任した。

ＥＵ予算の財源は、①関税、農産物の輸入課徴金②各国の付加価値税の一定割合分③加盟国の国民総所得（ＧＮＩ）比に基づく分担金の三種類である。欧州議会はエネルギー、運輸、移民、環境、司法、内務などの多くの分野で閣僚理事会と共同での立法権を持っている。外交は対米関係では「新大西洋宣言」で政治・経済の一層の協力をうたい、共同行動計画を策定している。ロシアに対しては、クリミア半島などウクライナ情勢をめぐり渡航禁止や資産凍結で制裁を発動し、これに対しロシアも報復措置を発表した。また「イスラム国」（ＩＳ）の進撃に対抗し、イラク北部のクルド自治政府に武器供与などの軍事支援を行うことを承認した。出入国審査免除の協定があるが、北アフリカや中東からの大量の難民が押し寄せることから、イタリアやドイツとフランスは入国審査復活の必要性で一致した。

ＥＵ職員は3万人超で、その待遇は加盟国民の給与と比較して「浮世離れ」していると言われる。39年勤務の局長級の月給は手取り約２００万円、手当て約40万円で所得税率の優遇があり、年金は最終給料の70％が支給され、英国などからも批判が出ていた。ＥＵ結束のためにも改革の必要性が叫ばれている。

私がまだ若かったころでＥＵ設立前、１９６９～70年にかけて旧ソ連から欧州のほとんどと、北アフリカや中東、南アジア、インドへかけて旅をした。そのことを著書『清流――第二編　日本をとび出せ』（鉱脈社刊）に認め、その終わりに「どこへ行っても気になったのは、意志は何とか通じるが、英語の通じるところがほとんどなく言葉が不自由なこと、開発途上国や共産圏は特にビザ取りが面倒なこと、そしてどこもお金が違っていることなど。将来、言葉もお金もどこでも通用し、ビザも要らなくなり、いつの日にか『世界は一つ』になるべきで、かけがえのないこの宇宙船『地球号』が難破しないように、一人ひとりみんながその知恵を出し合って努力し、次の世代へ手渡すべきである」と記している。

帰国後の翌71年、経済・通貨統合に向けた第一歩として、各国の外国為替相場の変動率の縮小、経済・財政政策の協調、国際的な通貨問題での共同歩調で合意した。79年欧州通貨制度が発足、89年欧州共同体（EU）首脳会議は欧州経済通貨同盟実現を合意、99年欧州単一通貨「ユーロ」が誕生し、欧州中央銀行の本部をフランクフルトに置いた。また欧州内でのビザも要らなくなり、通貨の統合とともに感無量であり、言葉はその当時のまま変わらないがこんなに嬉しいことは無い。

通貨においては欧州中央銀行（ECB）が2014年、ユーロ圏130銀行の資産査定と健全性審査（ストレステスト）を実施したところ、南欧を中心とした銀行が欧州債務危機の負の遺産を抱えている現状が鮮明になった。資産査定の結果、不合格となった銀行数は合計25行で、うちイタリアは9、ギリシアとキプロスが各3、ベルギーとスロベニアが各2で、他は全て1行であった。ユーロ圏自体デフレ懸念が強く、特にイタリアは景気低迷が続き、スペインやギリシアは失業率が20％を超えるなど、債務危機に苦しんだ南欧は経済状況が極めて厳しいという。25行の資本不足は計246億ユーロ（約3兆4000億円）だった。欧州債務危機最中の11年、ベルルスコーニ氏辞任後イタリア首相に就任した経済学者マリオ・モンティ氏は、「ギリシアと同じことがイタリアにも起こるのではないかとの恐怖が広がっていた」と言った。倒れれば欧州にドミノ効果が起きるか

イタリアの銀行

左の絵は、かつてのイタリアの銀行に見られる一場面である。ここには帳簿と書状しか描かれていないが、書状は為替手形の一種とみなすことができる。為替手形は、外国から商品を買う貿易商に人気の高い通貨操作だった。便利で、きわめて安全に利用できることから、為替手形は大勢の人々の間に急速に普及した。銀行家はそこに優れた信用取引を見いだし、利用を大いに奨励した。

らだ。しかし、EU離脱は英国で起き、賛成に投票した人は驚きリーダーは逃げた。

環境問題でEU首脳会議は14年、気候変動・エネルギー対策の新枠組みとして、30年までに、地球温暖化の原因となる温室効果ガスの排出量を1990年比で少なくとも40%削減するなどの目標で合意、合わせて30年に再生可能エネルギーの比率を少なくとも27%に拡大することでも合意した。将来的にエネルギーとエコロジーは両立できることを肝に銘じて実践・推進することが求められ、日本においてもそのようなビジョン策定に期待したい。15年9月の理事会では、温室効果ガス排出量を2100年までに実質ゼロにする方針を決めた。

駐日EU大使のビオレル・イスティチョアイア氏はアジア外交の専門家であるが、2015年5月4日付宮崎日日新聞で「日本は今、中国や韓国との緊張を抱えている。欧州はユダヤ人大虐殺（ホロコースト）という問題に取り組み、かつての敵同士が歴史的和解を果たした。この欧州の経験はアジア、とりわけ東アジアにとっても有用な経験だと言える。安倍政権は、自衛隊の積極利用や憲法改正の論議を進めようとしているが、そのためには隣国との良い話し合いが必要」と言っている。大使の奥さんも外交官で、東京のルーマニア大使館に勤務していて夫婦で日本ファンである。

政治と経済

イタリアの政体は1946年以来共和制であり、国土は行政上20の州に区分され、それぞれ、独自の州議会と州政府長官に率いられる州政府とをもつ。61年に国家として統一されたが、国家よりも州や都市ごとの文化の発信力の方が強く、市民の間には自治の精神が根付き、郷土への愛着が極めて強いのも特徴である。三色旗の国旗は、国の誕生より前の1797年に初めて使われ、緑は希望、白は理想への信仰心、そして赤は理想を勝ち取るために流された血を表すという。国歌「イタリアの同胞達よ」は戦士の士気を煽るような過激なリズムとメロディーで、公共機関においては毎日三色旗を掲げ、式典では国歌斉唱が義務づけられている。

国会は、任期5年、630議席の下院と、任期5年、州ごとに選出される315議席の上院からなる。他に大統領によって指名される5人の終身上院議員がいる。大統領は任期7年で両院から選出される。かつて2大政党は、保守的なキリスト教民主党と革新的な共産党で、終戦の1945年から1991年までの間に、49もの異なる連立政権が存在した。国民的課題である南部の貧困問題や、秘密犯罪組織であるマフィア問題に取り組んできたが、92年に発覚した贈収賄事件は、政財界の大物の汚職やマフィア絡みの大スキャンダルに発展し、5人の首相経験者が捜査を受け既成政党は分裂・解党した。その後中道左派連合「オリーブの木」や中道右派連合「自由の家」、中道左・右派の大連立政権が発足するなど混乱が続いた。

2014年2月ナポリターノ大統領は、辞表を提出したレッタ首相の後任に、イタリア史上最年少39歳の民主党書記長でフィレンツェ市長のレンツイを指名し、約半数を女性が占めるという新内閣が発足した。しかしその大統領も15年1月、高齢を理由に辞任し、後任には民主党推薦のセルジョ・マッタレッラ元国防相が選出されるなど、相変わらず慌ただしい。14年時点の主な政党には、「民主党」(中道左派・上院109、下院307)、実業家ベルルスコーニが結党した「フォルツァ・イタリア」(中道右派・上院60、下院70)や、コメディアン、ベッペ・グリッロ設立の「五つ星運動」(上院39、下院102)などがある。

司法は第一審に民事と刑事があり、その上に高等裁判所、さらに最高裁判所(破棄院)があり、死刑はない。このほか憲法裁判所があり、法律などの合憲性、国や州の権限、大統領、閣僚(首相を含む)の弾劾を扱い、大統領、国会、司法界が選ぶ各5人の計15人で構成する。ちなみに14年3月最高裁は、脱税事件で実刑判決が確定したベルルスコーニ元首相に、公職禁止2年とする高裁判決を支持するとともに、ミラノ地裁は老人ホームでの1年間の社会奉仕を命じた。

外交の基本方針は欧州を軸と掲げながら、対米協調路線も維持している。14年7月から欧州連合（EU）の議長国となりユンケル委員長のもと、モゲリーニ伊外相は外交安全保障上級代表としてミラノでアジア欧州会議（ASEM）首脳会議を開催し、エボラ出血熱、シリア、イラクで台頭した過激派「イスラム国」などへの対処で連携強化を確認するとともに、シリア化学兵器の全廃計画を進めた。政情不安の北アフリカや中東から船で地中海を渡って押し寄せる移民や難民は、9割以上がイタリアとギリシアに集中し15年だけでも100万人超と言われ、欧州連合（EU）のほかの加盟国にも負担を分け合う目的で、EUは人口や経済規模に応じて受入数を決めたが、強制的な受け入れ要求とテロリストの流入など安全保障上反対する国が多い。

軍事では05年より徴兵制から志願制となり、陸軍約10万人、海軍約3万人、空軍約4万人で、ナポリに北大西洋条約機構（NATO）南欧軍司令部があり米駐留軍1万1100人が配備されている。

経済面では1950年代に入ると、「イタリアの奇跡」と呼ばれた経済発展の時代を迎え鉄鋼業、機械工業、石油化学工業の発展、炭化水素公社（ENI）による天然ガスの採掘などは、58年のヨーロッパ経済共同体（EEC）の発足と相まって経済のスケールを拡大させた。南部から北部へ、さらにEEC諸国への移民が盛んとなった一方で、国立統計研究所が発表した2013年の15歳から24歳までの失業率は、38・7%と1992年以降最悪の結果であり、南部50%、中部39・3%、北部29・7%で南部の状況は突出して悪い。ヨーロッパ圏における若者の失業率の平均は24・4%であり、イタリアはギリシア、スペインに次いで高い。公的債務は日本には及ばないが極めて悪く、イタリアとポルトガル、ギリシア、スペインの南欧4カ国は頭文字を取って「ＰＩＧＳ」と総称され、世界経済の不安要因と見なされている。レンツイ首相も不況脱出を最優先課題に掲げるが、ウクライナ危機によるＥＵ、ロシア相互の経済制裁の悪影響の懸念もある。

日本で「パラサイトシングル」と言われる現象があるが、イタリアでも12年時点で18〜29歳の60・7％、30〜45歳の25・3％が親と同居しているとの報道があった。イタリアの平均給与は、年収約２００万円弱でドイツ、オランダの半分にとどまり、親から独立するにも先立つものがないのが現実である。さらに多くが知り合いのつてを頼って仕事を見つけており、アフリカや中東から流入する移民問題とも相まって若者の就職問題を一層複雑にしている。「３Ｋ」と言われる仕事は移民が行う傾向があるので、不況に伴い雇用者側が人件費を抑えるために、イタリア人より移民たちを雇用する傾向がある。かつてのイタリアは貧しい農民が夢を求めてアメリカなどへ移民することが多かったが、今は高校や大学を卒業したが仕事が見つからず、ドイツ、スイス、イギリスへと移住する傾向にある。移民増加に伴って若者が仕事を奪われ、本来の人材が流出することは、その国の未来にとってどうなのか非常に気になる。

以前は優れた観光資源が大きな利益をもたらしたが、経済成長に伴って、南北格差・貧富の格差などのひずみが増大し、60年代に入ると景気の後退とともに機械工業の不振、エネルギー問題、地中海諸国の安価な農産物の流入、ＥＣ内部での競争、失業問題など多くの深刻な問題を抱えるようになった。日本と似ているのは貧富の格差の問題であり、日本の場合は税の仕組み・国の政策などにより格差が拡大しているが、イタリアでは脱税等で得たトップ10人の富者の資産の合計は５００億ユーロにのぼり、破たん寸前の国家予算にほぼ匹敵する一方で、２４００万世帯のかなりが相対的貧困状態にあり、２０１３年末には

「絶対的困窮者」は400万人を超えたという。格差社会と経済成長は常に相反するとも言われ、成長を目指すならばまず格差解消（貧困率低下）に取り組むことが肝要と言える。

エネルギー資源における輸入依存の大きさは、貿易赤字と通貨の弱さが長期間続く原因となった。世界的不況に打ちのめされた1990年代の初めまで、イタリア経済は繁栄をみたが、他の欧州諸国と同様、欧州連合（EU）の財政的拘束に適応すべく苦労してきた。莫大な公的赤字、産業の不安定性、高いインフレのうえ、日本同様化石燃料に乏しいイタリアは、豊富な日射量を生かしての再生可能エネルギーの買い取り制度が奏功して、2007年に8・7万キロワットだった国内の太陽光発電量が、12年夏までに1400万キロワットに急増、さらに風力・地熱など環境に配慮したクリーン・エネルギー源の開発が進んでいる。イタリアの国家と国民が、地球環境に配慮した持続可能なエネルギーに転換したことは、最終処分場が決まったとしても10万年後でないと無害にならない原発に頼る日本に比べ、その選択の正しさは人間ならば子どもでも理解できる。特にイタリアとは異なり日本は、原爆と原発の両「核」の犠牲国でありながら、教訓として学習する能力も持ち合わせていない。

農業は古くから行われてきたが、日本ほどではないが農産物を輸入している。可耕地の大部分は丘陵地や山地にある。肥沃な北部平原での生産が全体の約40％に達し、300万戸以上の農家のうち、94％は零細で兼業が一般的である。家畜は、牛、豚、ニワトリ、羊で、ワイン、オリーブ、果物は重要な輸出品であるが、競合も激しい。そのような中でもイタリアの穀物自給率は、1980年以降ほぼ80～90％の間を推移し、他の品目はイモ類55％、肉類78％、牛乳・乳製品71％で、100％を超えたのは野菜、果実、卵などである。

子どもの貧困状況

OECDの調査によるとOECD各国の子どもの貧困率は平均13.3％で、８人に１人が貧困状態にある。また、子どもがいる世帯のうち一人親の世帯は、両親がいる世帯と比べ、経済力の差からかなり貧困率が高くなる。特に日本ではその傾向が強く、一人親世帯の子どもの貧困率はOECD諸国で最も高い。

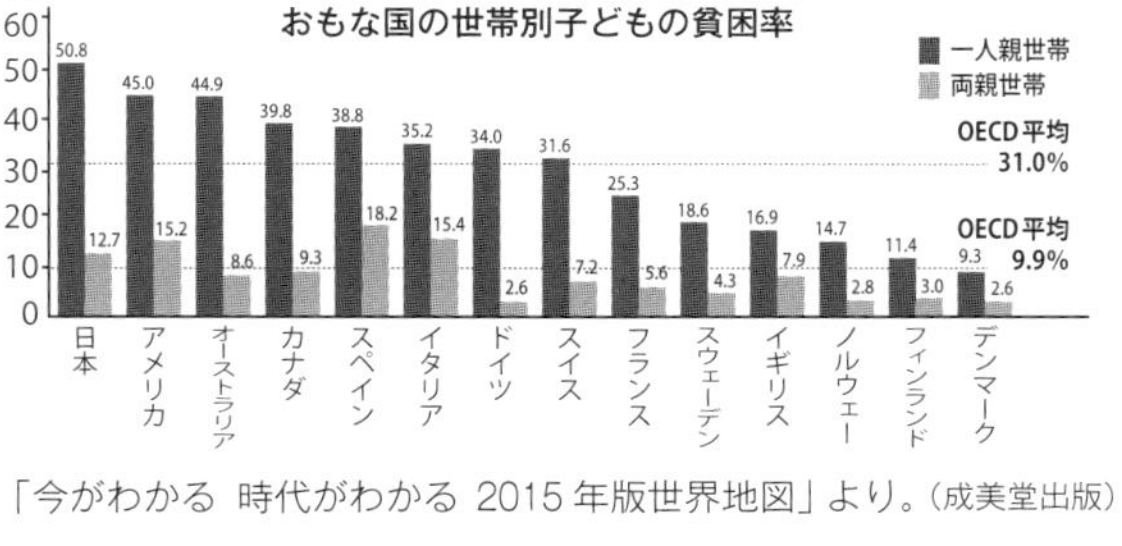

「今がわかる 時代がわかる 2015年版世界地図」より。（成美堂出版）

食料自給率40％に満たないうえ、食料・農業・農村における将来ビジョン策定も泥縄のままTPPを進める日本とは異なり、イタリアは「食料安全保障」の観点を見据えた取り組みを行っている。

森林は、利用可能な土地の25％ほどだが、木材の質は悪く、輸出はしていない。水産業は零細で、工業や農業の化学物質によるアドリア海の汚染は、いまや環境や健康に重大な脅威にもなっている。鉱工業として、水銀、硫黄、岩塩、大理石が採れるが、鉱物資源には恵まれていない中で、輸入した金属の加工、石油の精製でかなりの利益を得ている。製造業は、ほとんどが北部に集中し、トリノのフィアット（FIAT）社は欧州でも最大級の自動車メーカーの一つであり、他にもファッション製品、なかでも靴や衣服は重要な輸出品だ。

世界遺産を目玉にした観光は重要な収入源であり、年間5000万人の観光客が訪れこれによって雇用や外貨がもたらされるが、財政に貢献するまでには至っていない。ちなみに日本では15年2000万人を突破し、爆買いもあったが効果は関連業界どまりとなっていることから、何と言っても基幹産業を育てることが最も大切だ。貿易は製造業に次いで2番目で、わずかの差で金融が続く。主要な貿易相手国はドイツ、フランス、アメリカ合衆国、イギリス、オランダ、スイスおよびベルギーとなっている。輸入品には機械類や原油、化学品、金属類などがある。

道路網はローマ時代にその起源をもつ交通通信体系が中心となっており、総延長は30万㌔。アウトストラーダ（有料の高速道路）が建設されてきた。アルプスに通じる多くの道路は、冬期大半が閉鎖されるが、かつて私がスイスやフランスとの行き来に利用した、サンベルナールトンネルやモンブラントンネルは全天候型である。国有鉄道は近代化され、路線1万6000㌔の半分以上が電化されさらに投資が続いており、アルプスの幾つかの峠も通過している。

アリタリア航空は国営で、国内には30以上の空港があり、最大のものは、ローマの南西24キロにあるレオナルド・ダ・ヴィンチ空港である。日刊紙は100近くあるが、有名なのはミラノで発行のコリエーレ・デラ・セラとローマで発行のレプブリカである。テレビ・ラジオ局は、三つの国営テレビ局のほか数百の民営放送がある。

福祉と社会

2000年イタリア共和国上院議会において、「社会的措置・サービスの統括システムを実現するための枠組み法」（通称「福祉基本法」）が可決された。基本法は「人と家族に対して、社会的措置・サービスの統括システムを保障し生活の質（QOL）、機会均等、差別撤廃、市民としての諸権利を保障するための関与を促進すること」（第1条）とあり、その基本原則として、

(1) 地域間（とりわけ南北）格差の是正
(2) 社会福祉サービスの実行性と効率性の促進
(3) (2)の原則に沿った民営化や非営利、自助組織による計画と実行
(4) コムーネや州別の社会福祉政策と、国家レベルでの社会福祉政策の統括

を打ち出した。

イタリア共和国憲法にみる社会保障制度の二つの特徴の第1は、国家に「個人として、また社会的形態において不可侵の諸権利を認め、かつ保障する」を義務づけるとともに、国民の側に「社会的連帯の絶対的な諸義務」を求めている。第2に、社会福祉サービスの受給権は「労働者の能力を持たず、生活に必要

な手段を持たないすべての市民は、扶養および社会的援助を受ける権利を有する」とされ、これは当然憲法第1条の「イタリアは、労働に基礎をおく民主的共和国である」と連動する。

社会保障をめぐる日本との類似点は、何よりもまず少子・高齢化の進行である。05年における高齢化率はイタリア19・7％、日本20・1％だったが、40―50年ころにはイタリアが30％台前半になるのに対して、日本は40％に達すると予測されており、これは世界の中では断然トップグループに属する。共通する大きな要因のもう一つは少子化の進行で、両国とも世界の最低水準にある。また政府の大幅な財政赤字も共通の課題であり、国民の信頼のもとで高負担・高福祉を実現している北欧諸国と比較して、両国とも政府があまり信頼されていないとも言われる。

福祉における日本とイタリアとの相違点については、第1に、カトリック教会の存在であり、国家成立以前からその理念、現実において社会保障に大きな影響を与えてきた。現在も教会の活動抜きに実際の福祉は語れず、ここまで徹底した宗教は日本には存在しない。

第2に、民間における非営利組織活動が活発であることで、伝統的な労働組合、協同組合運動に加え、近年はボランティアなどに関しての特別立法もなされてきた。福祉の担い手として無視できない存在であり、日本でもNPO法人の制度化などボランティアの振興が図られているが、今なお大きな差がある。

第3に、地方分権化の推進があげられる。もともと「州」制度を有していたが、00年以降分権化が加速され、社会保障制度の各分野のうち、中央政府レベルで実施されるのは、年金・労災・失業といった「社会保険」制度のみである。他の医療や福祉などは、ほとんど州の権限に属し、地方ごとに異なる制度が実施されており、全国レベルでの「平等」よりも、むしろ「地域の特性」を活かした基本政策となっている。日本では生き残り活力ある社会を創るため近年地方分権、地方自治の議論が活発にあったが、今は「分権・自治」の言葉すら死語となっており、明治時代の中央集権のままである。保育園など子育てにおいても全国画一的で、時代や地方の実情は考慮されない。

第4はＥＵの存在で、財政赤字削減などはＥＵによる枠組みの範囲内で、イタリアの政策も策定・実施されており、社会保障に関しても同様である。

イタリアの労働運動は19世紀半ばから始まり、１８４８年、トリノで最初の熟練工の労組が結成されたが、これはローマ・カトリック教会の影響を受けたもので、１９１８年には全国組織であるイタリア自由労連（ＣＩＬ）が結成された。22年、ムッソリーニのファシスト政権が誕生すると、排他的な代表権を付与された「ファシスト労組」が生み出され、非ファシスト労組はすべて解散を命じられた。43年、政権がクーデターで崩壊すると、労働運動の統一を内容とする「ローマ協定」が締結され、それに基づきイタリア労働総同盟（ＣＧＩＬ）が結成された。

69年秋、のちに「暑い秋」と呼ばれる大規模な労働争議が起きた。労組の賃金、労働条件の改善を求めた動きが、インフレに苦しむ市民の支援と結びついて、雇用の拡大、文化・教育の権利、住宅制度改革などあらゆる要求を掲げて、時の政権を辞任に追い込んだ。そのころ私はイタリアにいて、国内のほとんどの施設がストライキに入り、見学することも叶わず残念に思ったことを思い出す。最近でも観光名所のコロッセオやポンペイ遺跡などで、ストにより観光客が立ち往生する事態が相次ぎ、レンツイ首相は「労組が文化財を人質にするのは許さない」として、２０１５年史跡や博物館で働く職員のストライキを制限する法案（通称「コロッセオ法」）を提出、下院と上院で可決した。観光はイタリアに

赤い勢力
イタリア共産党の全国大会はヨーロッパ最大のものである。イタリア中央部と地方レベルにおいて伝統的に強い。ボローニャの市議会は、1946年以来、共産党が多数派である。

とって重要産業であり、病院や学校と同様の「不可欠な公共サービス」と位置づけた。

健康分野では1980年以来全国民は、無料の「国民総合医療サービス(SSN)」を享受できるようになり、2001年には「国民の健康を保護し、国の保健衛生システムをコーディネートし、動物の保健衛生、及び、労働環境における衛生と食品の安全を確保する」ことが制定された。イタリアはEU一番の長寿国であり、その医療費調達が深刻な問題であるのに失業率は高く、特に15歳から24歳の若年層は4人に1人が無職で将来的にも医療費財源の確保は困難と言わざるを得ない。また高齢者への医療・介護サービスは、慢性的な不足状態であるのに外国人に頼っているという、現実問題がある。福祉には、退職後の年金や家族への支給と並んで失業手当や疾病手当が含まれ、労災機構もある。

学校制度は、義務教育で小学校が6歳から10歳、中学校が11歳から13歳で数多くあり、高等学校が14歳から18歳、大学は通常3年である。学年の始まりは9月の半ばで、翌年の6月半ばに1学年が終了する。夏休みはたっぷり3カ月あり、他にクリスマスから新年にかけての2週間と、4月半ばのパクア(復活祭)が1週間の2回の休暇がある。私立学校は一般的にカトリック教会により運営されており、共働きの家庭の0歳児から2歳児までの子供は保育園に通い、3歳児になるとたいていの子供が幼稚園に通いレベルは高い。私立の大学は少なく、ほとんどが国立で全国に約60校あり、ボローニャ大学(1088年創立)やローマ大学などの高等教育や大学受験のための機関は多様だが、奨学金や助成金を得るのが困難のようだ。全国的に識字率は高いという。

イタリアの長寿が世界のトップレベルを誇る秘訣は、オリーブ油を多用する地中海料理と、食事時にゆっくりと飲む適量のワインにあるとされ、89%の家庭では今でも日常の食事は郷土料理に限るという。次いでトルコ、スペイン、ギリシアなどの地中海料理、3番目にオリエント料理(アジア、アラブ、アフリカ)が好まれる。外国料理店として中華料理が多いが、アラブ風ファーストフードと競合しながら寿司もヘルシーな食物として各地に普及してきている。

イタリアの直接税（所得税）のほとんどは累進課税制をとっており、年収1万5000ユーロまでは一律23％だが、年収が多くなるほど税率が高くなり、7万5001ユーロ以上は43％と定められている。間接税で、暮らしに直接関係する「付加価値税（IVA）」（日本の消費税）は、EU圏内では税率15％から25％の範囲内と規定されており、イタリアの場合は基本的に21％で、例外として、生活に不可欠な食品や新聞が4％、ホテルやレストランなど観光業振興は10％となっている。

OECDの報告によると、過去20年で加盟国34カ国の四分の三の国で所得格差が拡大しているという。トマ・ピケティの『21世紀の資本』も言っているように、富裕層はますます恩恵を受け、特にアメリカ、イタリア、日本で拡大傾向にあるという。以前の労働形態は終身雇用制が主で安心して仕事に打ち込めたが、近年は労働を含めた規制緩和が広がり、定職があっても給料が少なく家が買えず結婚できない、成人して30歳を過ぎても実家にいるとも言っている。ちなみにイタリアにおけるサラリーマンの平均収入は、ボーナスを含め月額約1500ユーロ（約20万円）だが、国会議員は同約1万5000ユーロで10倍、さまざまな特権を含めると20倍にのぼるという。

イタリアは、4回のワールドカップ・サッカー優勝を飾り、ブラジルに次ぐサッカー強国として世界に名をとどろかせている。25年前に日本でも採用したスポーツくじトトカルチョはイタリア語で、トトはくじ、カルチョはサッカーの意味である。インテル（ミラノ）の長友佑都選手をはじめ、イタリアでも多くの日本人が活躍している。一方で、本来副次的な楽しみだったトトカルチョの本場で、不況が続く中、将来への不安と困窮から貧乏人が一獲千金を夢見て賭け事に血眼になり、80万人が依存症に陥り予備軍は20

0万人とも言われ、インターネットの登場で年少の利用者が急増しており、犯罪組織も資金洗浄を兼ねて浸透しているという。日本では20年五輪用の新スタジアムの建設費用の四分の一を、トトカルチョの儲けを充てると目論んでいるが、博打依存症拡大に終わらぬように願いたいものだ。

芸術と文化

地中海の真ん中に位置し要衝を占めるイタリアは、歴史的・地理的環境から古代世界の東西を結ぶ役割を果たし、ギリシアをはじめとする東方世界の進んだ文化を統合して、独自の古代文化を作り上げ西方世界に伝えており、古代から新大陸発見の16世紀まで常に世界文化に中心的地位を占めていた。古代ローマ帝国はイタリア半島を最初に統一し、紀元前2世紀には地中海全域に領土を広げ、アッピア街道など軍事・経済道路を造るとともに、アウグストゥスの治世にはギリシア古典期の芸術を公式に採用し、ローマ式の大建造物は直線的なギリシア建築とは異なり、アーチ型を主とする曲線が基本であった。

4世紀初め、コンスタンティヌス帝のキリスト教公認によりキリスト教的ローマ美術が形成されたが、西ローマ帝国滅亡に伴う混乱期を経て11世紀頃各地に都市が復興し、商人、職人などの都市住民が新たな文化の担い手となり、自治都市コムーネの意識を持ちローマ的芸術すなわちロマネスクが成立した。コムーネの精神的中心は全市民を収容できるカテドラル（大聖堂）であり、ヴェネツィアのサン・マルコ大聖堂、ミラノの大聖堂、フィレンツェのサンタ・クローチェ聖堂、パレルモの宮廷礼拝堂などが各地に建てられた。

ルネサンス時代の芸術・文化活動は、メディチ家をパトロンとして発展し、初期はフィレンツェでアンジェリコやボッティチェリ、レオナルド・ダ・ヴィンチなどが、盛期にはローマでラファエロやコレッジオをはじめ、ミケランジェロなどがよく知られており、人間発見の時代とも言われる。文学では詩人であるダンテやペトラルカ、ボッカッチョらがいる。また宗教改革後、彫刻家・建築家・都市プランナーのジャン・ロレンツオ・ベルニーニが、ダイナミックで演劇的なバロック様式を生み出した。ヴェネツィアのフェニーチェ劇場、ヴェローナのアレーナ・ボローニャ歌劇場、ミラノのスカラ座、ナポリのサン・カルノ劇場、パレルモのマッシモ劇場など代表的な劇場が残っており、イタリア・オペラの魅力を高めるとともにその振興、発展に大きく寄与している。主な作曲家にはヴェルディやロッシーニ、ドニゼッティ、プッチーニらがいる。

科学ではコペルニクスやガリレオがケプラー、ニュートンらとともに現代科学の源となった。

建築・美術によく使われる用語にはイタリア発祥のものが多い。以下、拾い出してみたい。

・エトルリア美術……現在のトスカーナ地方から起こったエトルリア人による紀元前7～3世紀の美術。初期のものはギリシアの強い影響を受けているが、後にはリアリスティックな表現を生み出して、ローマ美術に引き継がれた。

・ゴシック様式……天に高く屹立する多数の尖塔が特徴の教会建築を中心とした12～14世紀の様式。絵画では、チマブーエらが感情や空間表現に新たな境地を拓き、シエナ派は独自の優雅なスタイルをつくり上げた。

・国際ゴシック様式……おもに絵画と彫刻の分野で15世紀頃ヨーロッパ中を支配した、宮廷風の優雅さと美しい色彩の洗練された様式。

・コズマーティ様式（コズマ風）……大理石やガラスなどを用いた幾何学模様で教

フィレンツェ・ルネサンスの黄金時代を築いたロレンツォ・デ・メディチ（1449～1492）。

会を装飾する12～13世紀の様式。コズマとは当時ローマで活躍した、モザイク技術にたけた一族の名前。

・大聖堂（ドゥオーモ）……司教座のある位の高い教会堂。その町で一番重要な教会。カテドラル。

・ネオ・クラシック様式……新古典様式。18世紀後半から19世紀前半に流行。グレコローマンを理想とした統一性・調和・明確さを特徴とする。

・バジリカ様式……教会堂の建築様式で長方形の短辺の一方を正面入り口とし、もう一方に後陣を半円形に張り出させたものが基本形。

・バロック様式……劇的な効果を狙った豪華で動きのある17世紀の様式。

・ピサ様式……建築におけるロマネスク・ゴシック様式の一タイプ。ファサードでは何層もの小さいアーケードが軽やかな装飾性を示し、内部は色大理石の象嵌細工などが施されている。

・ビザンティン様式……4～11世紀、東西ローマ帝国で発達した様式で、その建築の外観は地味だが内部は豪華なモザイクや浅浮彫りで飾られている。プランとしてはバジリカ様式、集中式、ギリシア十字形が特徴。

・フレスコ……壁に塗った漆喰が乾かないうちに絵を描く技法。絵の具が染み込んで固定するために退色しにくい。

・モザイク……大理石や彩色されたガラスの小片を寄せ集めて絵や模様を描く技法。

・ルネサンス様式……調和のある古代建築を理想とした15～16世紀の様式。明快でボリューム感のある外観を持ち、内部はフレスコ画などで飾られた。絵画・彫刻においても、同じ理想のもとに感情表現・技法ともに大いに発展し、その中心はフィレンツェだった。

・ロマネスク様式……11～12世紀に広くヨーロッパで普及した様式で、建築では正面は小アーケードで飾られ、ローマなどでは内部にコズマーティ様式の装飾が施された。

日本との関係

日本とイタリアとの関係はよく「遠くて近い国」といわれ、日本人もイタリア人もお互いに好きな国の上位を占めており、両国民の間には縁・親和力があると思う。地形や気候など自然が似ているだけでなく、神話はもとより長い歴史と文化と伝統を誇る国でもあり、国民性も似かよっており、しかも両国ともに資源を持たず貿易に依存している。よって、地理的には遠いが近い国といわれる所以である。早くは13世紀末、ヴェネツィアの商人マルコ・ポーロが『東方見聞録』で黄金に輝く国ジパングとして日本をヨーロッパ世界に紹介した。ジェノヴァ出身のコロンブスは西回りで大西洋を越えアメリカ大陸やインド、日本を目指し、ザビエルに始まるイエズス会のキリスト教布教では東回りでインド洋を越えてやってきた。そしてオルガンティーノやヴァリニャーノが日本に着き、ともに織田信長の厚遇を得てイエズス会士の活動をし、セミナリヨやコレジヨを設立した。

イエズス会は、1540年イグナティウス・デ・ロヨラら7人の同志によって創立され、教皇パウルス3世（日本では法王。カトリックでの正式名称は教皇）によって認可された修道会で、大航海時代の世界への雄飛や、宗教改革に揺れる激動の時代にカトリックの精神を復興、強化した。大いなる神の光栄と人々への奉仕のために、清貧、貞潔、従順とともに教皇への特別の服従の誓願を立て、「ローマ・カトリック教会の伴侶」とも呼ばれ

日本にキリスト教を伝えたザビエル（1506～1552）。

た。ザビエルらは、福音宣教のみならず、学問、教育、文化の面で活発な活動をした。日本が高度の政治・社会と文化を有していること、足利学校のような優れた学校を持っていること、日本人が知性と探究心に恵まれていることなどを認めて、その伝統と特質とを尊重し、これに適応する布教方針をとるべきとした。

ヴァリニャーノは日本の僻地、九州の片田舎育ちの13歳の伊東マンショら少年4人を連れて82年に長崎を出帆。インドのゴアで別れてのち、一行は85年（431年前）イタリアに到着した（初の正式外交団・天正遣欧使節）。4使節はローマ教皇に拝謁しイタリア各地で歓迎を受けた後、90年活字印刷機を携えてゴアを経由してヴァリニャーノとともに長崎に帰着した。ヴァリニャーノは98年も含め三度来日しており、彼には『日本の風習と形儀に関する注意と助言』や『日本諸事要録・補遺』（『日本巡察記』）などの著作がある。1600年前後、イエズス会宣教師指導のキリシタンだけでも30万人を数えた。15年には、伊達政宗の使節支倉常長の一行がメキシコ、スペインを経てイタリアに到着、ローマ教皇に謁見し、元老院からローマ公民権を与えられた。

鎖国時代に最後の宣教師として潜入した、南イタリア・シチリア島生まれのG・B・シドッチとの対談によって、その時代の最初の西洋知識である、新井白石による『西洋紀聞』が生まれたことも記憶される。思い起こせば歴史上、西南アジアがイスラム教に、中南米がキリスト教に化したのは、すべて征服とか強制といった手段が用いられたが、ヨーロッパ・キリスト教国民は日本を征服し、日本人を強制的にキリスト教化することは叶わなかった。

西欧では13世紀頃からマルコポーロらによる大航海時代が始まり、その後産業革命により国力は向上発展を続けていた一方、日本は鎖国政策により海外には全くと言っていいほど疎く、江戸幕府末期の185

3年、アメリカのペリー提督が軍艦4隻とともに神奈川県の浦賀沖にやって来て、日本は上を下への大騒ぎになり、幕府は次々にやってくる諸外国と不平等条約を締結した。ちなみにペリー提督から5代後の1927年に生まれたウィリアム・ペリー氏は、カーター政権時の国防次官を、クリントン政権時では国防長官を務め、積極的に核軍縮を進めたことで知られる。

1864年イタリア王国成立直後、幕府使節池田長発《ながおき》がパリで駐仏イタリア大使ニグラと会見し、イタリア側から通商条約締結の交渉を求められた。イタリアは当時地中海最大の絹生産国だったが、蚕の伝染病（微粒子病）の発生で繭の生産が激減しており、日本から蚕種を輸入して製糸業の回復を図ることに期待をかけていた。そこでロンバルディア蚕業組合のアンドレッシら商人たちが蚕種購入のため日本に派遣され、横浜の外国人居留地で買い付けを行った。66年にイタリアの派遣使節V・F・アルミニョンが、コルベット艦マジェンダ号で横浜に来て日伊修好通商条約が結ばれ、イタリアの蚕種商は条約の発効を待ちわびるようにして日本に蚕種や繭の買い付けに訪れ、両国の蚕卵貿易が開かれた。67年に着任した全権公使ラ・トールは友好親善に力を注ぎ、各界の名士と親交を深め自ら上州の養蚕地帯の視察旅行にも出かけた。

73年春、明治維新をリードした薩長中心からなる、岩倉具視を全権大使とする使節団（岩倉使節団）が欧米に派遣され、アメリカ、イギリス、フランス、ドイツ、ロシア、オーストリアなどとともに、イタリアにもほぼ1カ月間滞在・視察した。ローマ、ヴェネツィア、フィレンツェ、ナポリなど主要都市をまわってヨーロッパ文明の根源を実感し、養蚕については「欧州養蚕の根本の地」と見なし桑畑や養蚕所を見学・調査し、またスイス、ベルギー、デンマークなどの小国では、弱肉強食のヨーロッパ国際政治でいかにして中立・独立を保持しているかを学ぶなど、歴史と現状についての詳細な記録『特命全権大使米欧回覧実記』を残した。この時代の日本には、近代ヨーロッパ文明に対する東アジアの未開という意識があり、ヨーロッパ化＝文明開化という「脱亜入欧」の発想が政策の中心となっていった。

岩倉らは帰国後、日本を中央集権国家にして「追いつけ追い越せ」を合言葉に殖産興業・富国強兵を図り、富岡製糸場などを設立して明治日本の産業革命を推し進めた。中央集権のしくみは急速に国力を増強する場合には有効な選択肢であった。生糸貿易は起源国の中国を抜き世界一となり、日清戦争・日露戦争の軍艦もそれで調達した。当時の日本の海軍戦力は列強諸国に比べ圧倒的に劣勢だったため、蚕で儲けた金でイギリスに旗艦「三笠」を発注するとともに、アルゼンチンがイタリアに発注していた最新鋭軍艦も日本に譲ってもらい、「日進」「春日」と命名され連合艦隊に編入、黄海と対馬沖の海戦で大活躍した。２艦を建造したジェノヴァのアンサルド社には、「日進」「春日」両艦の設計図とともに、日本海海戦での両艦の貢献を賀する時の海軍大臣西郷従道からの感謝状も残っている。

明治政府は欧米諸国から多くの外国人教師を雇い入れたが、そのうちの１人イタリア人の弾道学・大砲製造の専門家、グリッコ少佐らが製作した28サンチ榴弾砲は、旅順に移され２０３高地占領に大貢献した上、ここからの照準で20隻のロシア軍艦を撃沈したが、これが司馬遼太郎の『坂の上の雲』のモデルとなったあの大砲である。ちなみに奉天会戦を唯一従軍記者として観戦し、ヨーロッパにその模様を逐一伝え、日本の勝利をいち早く世界に知らしめたジャーナリストのバルジーニは、まさにイタリア人である。日本がアジアで初めて世界の一等国への仲間入りができ、かつ今でも世界の多くの国・地域で高い評価を受けているのは、後の不平等条約の改正もあるが、ポーツマス条約締結とともに日露戦争において日本海海戦、２０３高地奪回、旅順攻囲戦でその威力を存分に発揮した、イタリアの多大な貢献があって勝利できたからであり、日本人なら未来永劫忘れてはならない歴史である。

小村寿太郎侯と日本外交

ペリー来航2年後小村寿太郎が、「神武天皇のふるさと」として知られる宮崎県日南市の飫肥に、下級藩士の子として生まれた。小村は幼少期に祖母・熊から武士道の原点（源平の旧事、義経や弁慶の故事、秀吉の逸話など）を聞かされ、藩校振徳堂から師・小倉処平と長崎に留学後大学南校（現東京大学）へ進み、第一回文部省国費留学生としてハーバード大学に学んだ。金子堅太郎と貧乏生活をするとともに、級友の岩手県一関出身の高平小五郎とは肝胆相照らす仲となり、ルーズベルト（後の大統領）らとも会った。

日清戦争後外務大臣小村寿太郎らは、幕末に結んだ欧米列強との不平等条約の改正を目指して、日英同盟、日露戦争、韓国併合を推進するとともに、世界の動きを知るために外交力を駆使し、情報の収集・発信や資金の調達に全力を挙げた。特に日露戦争では欧米の主要6カ国の公使へ長文の訓令電報（英文）を発し、各国の新聞操縦などを通して、小国が大国に勝つための限定戦争（世界を巻き込まない）としての戦略を展開した。当時はイタリアだけでも在伊日本公使館（ローマ）のほか、名誉領事館をヴェネツィア、ミラノ、ジェノヴァ、パレルモ、メッシーナ、ナーブルにそれぞれ置くなど、平成時代の今では考えられないほど外交を重視した。その結果日本海海戦で日本が勝利すると、小村は駐米公使高平小五郎に打電して、セオドア・ルーズベルト大統領に日露両国間の講和の斡旋を引き受けるよう求めた。

講和の開催地はニューヨークの北400キロに位置する、ニューハンプシ

東の米国ポーツマスの方角を見て立つ日南市・竹香園の小村寿太郎侯（1855～1911）銅像。（2016年春 著者撮影）

ヤー州のポーツマス海軍造船所と決まり、日本側は以前から連携をとっていた首席全権大使に小村、全権大使にはかつての〝級友〟駐米公使の高平小五郎が、ロシア側全権大使はウィッテらがそれぞれ選ばれ、17回にわたる本会議が行われた後、ポーツマス条約の締結・調印がなされた。その間、調印破綻の危機もあったが、成立を見た要因を挙げれば、①日本の外交努力の成果②〝戦友〟小村と高平の連係プレー③ルーズベルト大統領が小村の「誠」を信頼④ポーツマス市民の日露双方への協力⑤交渉当時は伏せられていたが、日本の軍事力と財政力は限界に達しており戦争続行は不可能だったことと、⑥ロシアも革命に脅かされていたため早期の締結を望んでいたこと、である。

条約締結後、ルーズベルト大統領はノーベル平和賞を受賞し新渡戸稲造著『武士道』を全米軍に配布し、ウイッテは露首相に就任したがロシア革命により半年で辞任した。小村は外相に再任され高平は駐米大使となり引き続き小村を支え、幕末に欧米列強と結んだ不平等条約の改正を行うなど、抜群の語学力と高い交渉能力、「誠」の精神で日本を世界の「一等国」に引き上げた。不平等条約とは、在日外国人の犯罪を日本国内で裁く権利（領事裁判権）がなく、政府の収入や国産品の保護にも関わる関税の比率を日本の政府が決められない（関税自主権がない）条約のことである。これを改正し非白人国で唯一の一等国入りした意味は、真の独立国家となったことであり、ひとえに武士道精神「正直と誠」で信頼を勝ち取るとともに、帝国主義と国際協調をにらんだ外交力の成果であり、後年小村は侯爵に任ぜられた。しかしその不平等条約改正も第二次世界大戦後、岸信介首相の日米安保条約改定による日米地位協定で日本の裁判権（沖縄の少女暴行や殺害事件など）はなくなり、関税の自主権も孫の安倍首相のＴＰＰ締結により（米豪の巨大食料基地認識不足など）風前の灯となっている。

ポーツマス条約締結後内容が公開されると、賠償金などを不満とする日本の民衆やメディアが怒り、日比谷公園で抗議集会を開き暴徒化して、交番などの焼き打ち事件に発展した。日露戦争での戦死者数（主に203高地）や戦費を考えれば、北カラフトや賠償金を獲得できなかったことへの民衆の怒りは無理ないと言えるが、戦争続行不可能な日本政府の立場で総合的に考えれば、日露講和条約は成功だったと思う。小村侯は調印後の大病や家族への心配などで心は晴れず、また在日米国大使館の焼き打ちを境に、以来米国内で日本人移民排斥・黄禍論が高まり英国も離れていった。小村侯は葉山で息を引き取るとき、周りに「二度と戦争はするな」と言ったという。2014年、小村寿太郎侯東京奉賛会有志の皆さんと再び葉山を訪ね、小村侯の思いを振り返った。

日露戦争・ポーツマス条約の影響を受けて、帝政ロシアの植民地だった地域やアジア・アフリカで独立・革命運動が高まった。2回訪れたフィンランドでは「東郷ビール」が製造され、学校でも教科書にも登場しているという話があった。若いころの旅でヒッチハイク中、立小便禁止（罰金制）のため家庭を訪ねてトイレを借りることにしていた。ある時お菓子とコーヒーまでいただいての帰りしな、握手を求められてふと手を見ると、小さく折りたたんだお札があった。私の方がお世話になったことからすぐ返そうとしたが、どうしてもと言い受け取ってもらえなかったことを思い出し、学校での教育は本当だと感じた。トルコでも「東郷通り」や自分の子どもに日本人の名前を付けるなどがあったが、50年ほど前からこれまで訪ね歩いた5大陸の国や地域の中で、中国と韓国を除けばおおよそ日本贔屓であった。いかに外交が重要か、歴史を正しく後世に伝えることが大切か、をつくづく感じる今日今頃である。

イタリアからの外人教師には、紙幣印刷のキヨソーネ、風景画家のフォンタネージ、画家のサンジョヴァンニ、彫刻家のラグーザ、建築家のカッペレッティ、司法省顧問のパテルノストロ、音楽家のサルコリらもいた。キヨソーネが滞日中に収集した美術品は、のちに彼の郷里ジェノヴァのキヨソーネ博物館に収められ、またラグーザと結婚した清原玉は、ラグーザの郷里パレルモに渡って同地に50年間とどまり、自身画家として近代日本洋画の開拓者となった。イタリア人ではないがアンデルセン原作の『即興詩人』(森鷗外訳)や、詩聖ダンテの『神曲』などは、イタリアのガイドブックとしての役割をも果たした。

1930年代日独伊三国はそれぞれに国際連盟を脱退、33年天皇・皇后両陛下がイタリアを訪問し接近を図った。36年イタリアのムッソリーニ首相が「ローマ・ベルリン枢軸」を唱え、伊独の結びつきが強まるとともに日独防共協定が締結され、37年イタリアがこれに加わり日独伊防共協定となった。ブリュッセルで9カ国条約会議が開かれ、日本の中国侵略が9カ国条約に違反していることが討議されたとき、イタリアだけが日本を擁護した。

40年9月日独伊三国軍事同盟が締結され、3国の枢軸関係が強化された。しかし第二次世界大戦が始まるとイタリアは敗色濃厚となり、43年7月にはムッソリーニが失脚、9月に連合国と休戦協定を結んだ。そして10月ドイツに宣戦を布告し、連合国側はイタリアを共同参戦国と認めたため日伊関係も悪化し、ヨーロッパでの戦闘終了後の45年7月、日本に宣戦を布告した。大戦後の51年9月、対日講和条約発効の日に戦争状態を終結することを定め、それに基づき52年4月日伊は国交を回復した。

第二次大戦中イタリアは、ファシズムとドイツ軍に対するレジスタンス(抵抗運動)によって解放を勝ち取り、君主制の廃止と共和制の樹立を達成したが、レジスタンスの精神は戦後の映画の中にも表現され、代表作『無防備都市』や『自転車泥棒』などは芸術・文化の評価が高く、日本にも紹介され反響を呼んだ。またNHKテレビ放送開始後のイタリア・オペラは、第1回が旧東京宝塚劇場を舞台に、「アイーダ」で開幕し「フィガロの結婚」を上演、第2回は「椿姫」「カルメン」などが、第3回は上野・東京文化会館で「道化師」「トスカ」などが、第4回は同会館で「セビリアの理髪師」「蝶々夫人」などが、第5回からはカラー放送となり「ドン・カルロ」「仮面舞踏会」、第6回「リゴレット」、第7回「ファウスト」など数多くが上演され、最後の第8回は76年ドミンゴが夢のような一人二役の大役を演じたという。

民間交流の全国組織としては「公益財団法人日伊協会」があるが、私がお世話になっている宮崎日伊協会は1988年設立され、2000年の九州沖縄サミット（G8）宮崎外相会合の際には、イタリア・ディーニ外務大臣を招き歓迎会を開催した。01年には第1回「日伊科学技術・宮崎国際会議」をスタートさせ、以後毎年の恒例行事として同会議を開催し、現在でもイタリアから大学教授などを招き、シンポジウムや市民フォーラムを続けている。

12年には伊東マンショ没後400年記念として追悼会、顕彰記念祭、交流会、音楽会、シンポジウムなどを宮崎で、翌13年には東京・イタリア文化会館で音楽祭などを開催した。同年伊東マンショの功績を国内外へ発信し、日本とイタリアとの友好親善に多大な貢献をするとともに、県民にも感動を与えたという趣旨で、第9回宮崎日日新聞社賞国際交流賞を受賞した。そして16年は、日伊修好通商条約締結（国交樹立）150周年、伊東マンショローマ教皇公式謁見431年目であることから、その記念祭を「宮崎から世界へ　世界から日本へ、宮崎へ」をテーマに、在ローマ日本文化会館で開催し、同時にイタリア中部大地震でも募金を呼びかけた。

マルコポーロが紡いだ赤い糸は、今や21世紀の日本とイタリア両国を結び付ける、強い紐帯へと育っている。14年レンツィ首相と安倍首相は、ミラノでウクライナ問題について意見交換し、15年にはミラノ万博に日本も出展した。在留邦人は13年1万3400人。対日輸出は約95億ドル、輸入は約33億ドル。主要輸出品は繊維、皮革製品などで、主要輸入品は自動車、オートバイなどである。

東京・イタリア文化会館
九段南の千鳥ヶ淵戦没者慰霊碑近くにあり、各種イベントや来訪者でにぎわっている。

2章　ローマ

ラツィオ州

ローマ（286万人）はイタリア共和国の首都、ラツィオ州の州都で、その美しさから「永遠の都」と称されるが、その歴史からは〝世界が変わろうとローマは変わらない〟という意味がある。アルファベットのRomaを逆につづると「Amor」でラテン語の「愛」の意味になり、イタリア中部、アペニン山脈に発しティレニア海にそそぐテヴェレ川河口から、25キロほど遡った位置にある。テヴェレ川は、イタリアで流域面積2番目、長さが3番目であり、古代ローマ時代には「澄んでない川」を語源とするティベルス川と呼ばれており、ローマ皇帝「ティベリウス」などの名はこの川名に由来している。

行政領域は、イタリアの中でも例外的に広く、海岸にあるレオナルド・ダ・ヴィンチ空港、フィウミチーノ漁港、リド・ディ・ローマ海水浴場も含まれる。市域内にローマ教皇の居住するヴァチカン市国があり、全世界のカトリック教徒にとっての中心地で、現在は独立国だが歴史・宗教・文化的にはローマ市地域と密接な関わりがある。14年アメリカのシンクタンクが公表したビジネス、人材、文化、政治など総合的な世界都市ランキングで世界第32位と評価され、国内の都市では第1位だった。

古代のローマは、いわゆる〈ローマ七丘〉の谷間に発達したが、２０００年余りの間に、丘の形そのものにも人工的改変が加えられ、また、浸食作用により丘が削られ谷間が埋められた。ローマの大地はアルバノ山地の溶岩流の末端部で、溶岩および火山灰から成り、丘陵の標高は60～１４０メートル、都心部でテヴェレ川の水位は12メートル、市街地の低い部分は14～16メートルなので、起伏が非常に大きな都市といえる。川は蛇行し流量も不規則なので、古代以来何回か氾濫を繰り返し、洪水の危険がほぼなくなったのは20世紀になってからのことである。

政治・経済・文化そしてカトリック教会の中枢であるほか、市内には国際機関や多国籍企業の本拠があり、イタリアを代表する大企業の本社や官公庁が立ち並ぶ、世界的にも重要な都市となっている。またイタリア全土にあるコムーネの一つで、市長および市議会が管理しており、市庁舎は歴史的な政庁所在地であるカンピドリオに設置されていることから、ローマ市政は通例「カンピドリオ」と呼ばれる。16年ローマで初の女性市長が誕生したが、日本においても首都東京で初の女性のトップ小池百合子知事の誕生を見たのは奇遇である。

「ローマ字」とは、古代ローマ帝国において用いられていた文字に由来することからの呼び名である。日本の戦国時代、来日してキリスト教の布教にあたったイエズス会が、ポルトガル式ローマ字で日本語を表記し、大分で最初の日本語とポルトガル語対応の「日葡辞書」が作られ、江戸時代には鎖国政策によりオランダ式ローマ字が宣教師や学者の間で使われた。幕末の１８６７年、来日していたアメリカの宣教医ヘボンが、辞書『和英語林集成』を著し、初めて仮名とローマ字を一対一で対応させた。ヘボン

ローマ初の女性市長誕生

16年6月、ローマ市長選挙が実施され、決選投票で草の根組織「五つ星運動」の女性候補、ビルジニア・ラッジ氏(37・1978~)がレンツィ首相率いる与党・民主党の候補に大差で当選した。欧州連合(EU)懐疑派の立場をとる初の女性市長。

式ローマ字として知られ、この辞書は第9版まで版を重ねた。ヘボンは聖書翻訳を完成し、明治学院初代総理をつとめた。その後日本語の表記法に基づいた訓令式ローマ字が考案され、現在に至っている。

ローマ市の盾形の紋章に書いてある「ＳＰＱＲ」の文字は、ラテン語で「元老院とローマ市民」の略称で、ローマ帝国時代には、領域内のあらゆる地で公共物に刻み、今も残っている市内の遺跡や建造物のほか、バスやタクシー、マンホールの蓋などに使われている。ローマには日本をはじめ海外から多くの観光客が訪れ、２０１２年には８００万人を超えた。

日本と同様イタリアにも四季があり、いろんな催し物がある。春の訪れは3月8日の「女性の日」に、黄色いミモザの花束を男性が女性にプレゼントする恒例行事や、サン・ピエトロ広場でのオリーブの枝を振りかざしたお祭り。夏は6月23、24日のかたつむりと豚の丸焼きを食べるサン・ジョヴァンニ祭りと、7月のノアントリの祭りがあり、ヴァカンスは自然のなかでゆったりと過ごすのがイタリア流だ。ワイン祭りが始まるとともに、国民的スポーツ、サッカーの季節が到来しトトカルチョも楽しむ。秋の夕暮れは早く、ある日一斉に時計の針を1時間遅らせる。12月に入るとナヴォーナで、トナカイやサンタクロースのバッボナターレ、ほうきに乗った魔女のベファーナおばさんが子供たちにお菓子やおもちゃのプレゼント。12月24日のナターレには魚のごちそうを用意し、真夜中のミサに出かけるのが習慣だ。1月6日は子供のお祭りのエピファニアで、カルネヴァーレ（謝肉祭）もにぎやかなお祭りである。

15～16世紀にかけてローマは、フィレンツェを大きく引き離してルネサンス文化が花開き、イタリア美術の新しい首都になり、多くの芸術家たちが過去の栄光を蘇らせようと腐心する、ローマ教皇ユリウス2世とレオ10世の姿勢に惹かれてこの都に定住した。サン・ピエトロ大聖堂が、古代ローマ建築の熱烈な讃美者ブラマンテに命ぜられ、後ミケランジェロがこの事業の指揮を執り、「ピエタ」や雄渾な「ダヴィデ」

などを刻むとともに、ラファエロらとともに画家としても力を発揮した。

15世紀後半以降、イタリアの様々な流派がフランスに影響を与え、ゴシック伝統の中でルネサンスの精神を体現し、ブロワ城やシャンボール城はイタリア美術から借りた着想と、フランスの芸術家に親しい古い美の規範とを調和させている。オランダでのルネサンスの初期作品は、アントウェルペンやライデンの市庁舎の正面を飾り、ドイツではローマとの宗教的訣別によってルネサンスが遅れて到来、宗教改革の主唱者たちの肖像を残した。イギリスに波及したのはヨーロッパの他の国よりかなり遅かった。スペインでは16世紀以来イタリア様式に想を得た建築様式が、レオンのサン・マルコ修道院やサラマンカ大学の正面などを生み出し、クレタ島出身の画家エル・グレコも活躍している。

文化と未来

科学の領域では、ギリシア＝ローマの学者たちの著作の翻訳が続けられ、アルキメデスの原理による物理学やプトレマイオスの地理学、ヒポクラテスの医学などが研究された。天才的な画家でもあるレオナルド・ダ・ヴィンチは、近代的な実験科学の到来を告知し、宇宙については、ポーランド生まれのコペルニクスが「地動説」を唱え、その著『天球の回転について』で新しい天文学の体系を樹立した。フィレンツェ人のマキャヴェリは『君主論』をロレンツォ・デ・メディチに捧げ、エラスムスの弟子でイギリス人のトマス・モアは「ユートピア」という架空の島で、住民が所有と金銭と戦争を放棄して、何も不足していない幸福な世界を作り出した。

ドイツの詩人ゲーテは、1786年からローマを中心にイタリアを旅し、ナポリ、シチリア島などを訪れて滞在し、多くの作品を完成させた。特に世界的な視野で書かれた『イタリア紀行』は好評で、イギリス生まれの詩人バイロンへも詩を贈った。地中海地方をよく旅して作品を書いたバイロンは、ヴェネツィア、ラヴェンナ、ピサ、ジェノヴァで退廃した生活を続けたという。また『若きウェルテルの悩み』の愛読者だったナポレオンが歴史的対面を果たしたとき、ゲーテを見るなり「ここに人有り」と叫んだと言われ、『ファウスト』第二部は死の直前まで完成に精力を注いだという。

リストは1861年オーストリア生まれの大ピアニストだが、ヴァイマルの宮廷楽長を辞してローマに移住し、キリスト教に題材を求めた作品を多く書いた。超絶的な技巧を持つ当時最高のピアニストで、「ピアノの魔術師」と呼ばれた。ショパンの「12の練習曲作品10」を除き、グリーグの「ピアノ協奏曲イ短調」、ワーグナーのオペラ、友人メンデルスゾーンの初めてのピアノ協奏曲など、初見で楽譜も鍵盤も見ずに完璧にひきこなし、「手が足りない」と叫んだという。繊細ながら情熱的で力強く演奏中に弦が切れたり、ピアノのハンマーが壊れることが度々あり、ローマに移住する前、ウイーンでコンサートを開いたとき、老ベートーベンに賞賛されている。

82年、駐イタリア特命全権大使・鍋島直大の次女がローマで生まれ、「イタリアの都の子」の意味で伊都子と命名された。1900年明治天皇の裁可を得て、梨本宮守正王と結婚し守正王妃伊都子となり、日本赤十字社で西洋医学に基づく治療法の教育を受け、看護学修業証書を授与された。日露戦争に際しては、篤志看護婦人会会員として精力的に傷病軍人の慰問などに取り組み、第二次世界大戦においても積極的に慰問活動を行い、敗戦後は皇籍離脱して梨本伊都子となり、戦災孤児の慰問活動などに力を注いだという。最後の貴婦人と呼ばれたが生活は苦しく、本邸の切り売りや愛用品を売って暮らしたと言い、まさに和製ナイチンゲールではなかろうか。

映画『ローマの休日』は若いころ何度も見た。１９５３年制作、ウィリアム・ワイラー監督のアメリカ映画で、王女と新聞記者との切ない１日の恋を描き、トレビの泉や真実の口、コロンナ美術館、スペイン広場など永遠の都・ローマの名だたる観光スポットをふんだんに登場させている。アカデミー賞において主役の新人オードリー・ヘプバーンが最優秀主演女優賞に、衣装のイーディス・ヘッドが最優秀衣装デザイン賞に、そしてダルトン・トランボが最優秀原案賞に輝いた。ほのぼのとした実に素晴らしい作品である。

共和国広場周辺にあるローマ国立博物館・マッシモ宮には、１階には歴代皇帝の彫像やフレスコ画、モザイク画などが展示、２階に「アンツイオの乙女」や「ランチェロッティの円盤投げ」の彫像やレリーフが並び、３階にはアウグストゥス家から発掘された「リヴィアの家のフレスコ画」など紀元前４～２世紀の作品が展示してある。古代建築とミケランジェロのデザインがマッチするＳ・Ｍ・アンジェリ教会や、金色に輝く天井のモザイク「マリアの戴冠」があるＳ・Ｍ・マッジョーレ大聖堂、そしてミラノのスカラ座、ナポリのサン・カルロ歌劇場と並ぶイタリア３大劇場のひとつ、ローマ歌劇場（オペラ座）がある。

ヴェネツィア広場はローマの中心であり、イタリア統一を祝して１９１１年に完成したネオ・クラシック様式のヴィットリアーノや、ムッソリーニの執務室のあったヴェネツィア宮殿（博物館）、ミケランジェロの意匠による美しいカンピドーリオ広場がある。カピトリーニ美術館は世界最古の美術館で、ブロンズ像の「トゲを抜く少年」や、ローマ建国の祖ロムルスとレムスの双子が乳を飲む「カピトリーノの雌狼」、ルーヴェンスの「ロムルスとレムス」などがある。古代ローマの民主政治の中心フォロ・ロマーノには、エミリアのバジリカやセヴェルス帝の凱旋門、また聖なる道や廃墟と化したユリウスのバジリカもあり、「カエサル（シーザー）とクレオパトラの物語」や「サイは投げられた」などの場面を思い出させる。

さらにローマ最大のコンスタンティヌス帝の凱旋門や円形闘技場のコロッセオ、ネロ帝の壮大な黄金宮殿ドムス・アウレア、エトルリア美術の頂点「夫婦の寝棺」のあるヴィッラ・ジュリア・エトルスコ博物館、ラファエロ作「キリスト降架」やベルニーニ作「アポロとダフネ」のあるボルゲーゼ美術館なども有名である。

郊外には独裁者ベニート・ムッソリーニが作った、世界的に著名な映画撮影所「チネタッチ」があり、ここではフェデリコ・フェリーニ監督の『甘い生活』や、ロベルト・ロッセリーニ監督の『無防備都市ローマ』など多数の名作が撮影されており、近代文化にとっても重要な場所である。都市名だけがそのまま題となっている映画は『カサブランカ』『シカゴ』など珍しいが、名画として評価されている。

２０１４年11月２日の新聞報道によると、ローマの中心部に、ムッソリーニが第二次大戦中、連合国軍の爆撃や毒ガス攻撃に備え建設させた防空壕が、74年ぶりに一般公開された。壕は一家の邸宅があったトルノニア公園内の地下ワイン貯蔵庫を改造したものであり、出入り口は鉄扉で固められ、換気装置を設置し、緊急連絡用の電話や執務机があった。マリーノ・前ローマ市長は「欧州では、戦争をもたらすナショナリズムを乗り越えることができたが、（過去の）記憶を教訓として深めることが大切だ」と述べたという。

ローマクラブは１９７０年に、イタリア・オリベッティ社の会長であったアウレリオ・ペッチェイらが、資源・人口・軍備拡張・経済・環境破壊などの全地球的な問題に対処するためにスイス法人として設立された。世界各国の科学者・経済人・教育者・各種分野の学識経験者など25カ国、約１００人から成り、立

『無防備都市ローマ』のポスター

ロベルト・ロッセリーニ監督の『無防備都市ローマ』は、イタリアの首都解放のための地下抵抗運動を描いている。まるで調書のような、そっけない調子と感動的な長いショットの撮影法は、この作品をイタリア・ネオレアリズモの記念碑的映画にした。

ち上げのための会合をローマで開いたことでその名がついた。72年の第一回報告書『成長の限界』では、〝現在のまま人口増加や環境破壊が続けば、資源の枯渇などによって100年以内に人類の成長は限界に達する。破局を回避するためには、地球が無限との前提に立つ従来のような経済の在り方を見直し、世界的な均衡を目指すことが必要〟との警鐘を鳴らした。その当時世界の旅から帰国し、瀬戸山三男代議士に仕えたばかりの私は、夢中になって何度も読み返した記憶があり、後に約30もの言語に翻訳され世界的大ベストセラーとなった。

20年後の92年『成長の限界』が検証され、その改訂版『限界を超えて——生きるための選択』では、〝資源採取や環境汚染の行き過ぎによって21世紀前半に破局が訪れる〟という更に悪化したシナリオが提示され、多くの国の大学等で教科書としても広く使用された。その後も環境・情報・経済・教育などをテーマとした、ローマクラブ・レポートが次々と発表されている。また30年後に検証した『成長の限界 人類の選択』では、人類の「行き過ぎ」を指摘し三つの要因を挙げている。一つに、成長の結果急激な変化が起こること、二つに、超えるとシステムが安全に進めなくなる「限界」があること、三つに、限界を超えないよう作用する認識に「遅れ」や過ちがあることであり、それはありとあらゆる形で起こり得るという。当時日本ではバブル経済に浮かれ、政官財と国を挙げて「限界」を無視し続けた。

さらに40年後の最新版は『ファクター5』と題して2012年に出版され、現存技術を使った省エネをシステマティックに組み合わせて実施することで、生活の質を落とさずにエネルギーと資源の消費を五分の一にすることが可能と、実例を挙げて説明している。この年には同クラブの日本支部が設置されたが、国の内向き志向が強まっており活発な世界の議論に参加することができず、加盟国からは課題を将来世代に先送りするだけとの懸念が示された。現在でも我が国の政財界は自己保身が最優先で、「未来への責任」

を果たすためのリーダーシップをとる人材がいないのが実情である。

折しもフランスの経済学者トマ・ピケティ著『21世紀の資本』が発売され、多くの言語に翻訳されて15年世界中で大ベストセラーとなった。この著作でピケティは〝長期的に、資本収益率（r）は経済成長率（g）よりも大きく、結果、それが上回るほど富は資本家へ蓄積され、格差は拡大しやすくなる。rは利潤、配当金、利息など年平均5％ぐらいだが、gは給与などで年1～2％の範囲で収まり、労働よりも資産の富の方が早く蓄積されやすい。資産は子に相続され、労働者には分配されない。不均衡を和らげるには、最高税率年2％の累進的な財産税を導入し、最高80％の累進所得税と組み合わせて国際的な協定を結ぶ必要がある〟と指摘している。しかし、現在ではグローバルな課税の実現は難しく、富裕層やグローバル法人の減税政策、円安などにより更なる格差拡大に向かっている。アメリカでもアメリカン・ドリームの否定が挙げられるとともに、〝富裕層という妖怪が、ヨーロッパやアメリカなどを徘徊している〟とも言っている。経済協力開発機構（ＯＥＣＤ）は16年夏、パナマ文書問題を重視し「大企業や富裕層の税逃れを放置すれば、社会の不満が一段と増大する」との紛争やテロへのさらなる危機感を表明した。

トマ・ピケティは、15年初頭日本を訪れ、記者会見で改めて「富は富裕層に集まる。資産に対する累進課税の導入や若者優遇の税制改革は喫緊の課題」として、安倍首相が本格的に取り組むべきは、「格差社会の勝者を太らせる政策を廃止し、旧世代や新世代を支え養う現役世代を勝者にさせる政策への転換ではないか」と提言している。しかし大切なことは安倍首相ばかりではなく、首相を支える政府の側近や与党国会議員が、国や国民の将来のためにピケティの提言を真剣に受け止め、勇気を持って進言し政策として実現できるかにかかっている。「物言えば唇寒し」では、日本の未来も無く、世界への貢献もできない。

近年日本では、子供の貧困が深刻な問題になっていると述べたが、２０１４年11月子供の飢餓や肥満根絶を誓う「第2回国際栄養会議」がローマで開かれ、「ローマ栄養宣言」を採択した。会議は国連食糧農業機関（FAO）と世界保健機関（WHO）が共催し、飢餓が解消されない一方で飽食による肥満の深刻化など、栄養摂取における「格差」の拡大に焦点が当てられ、現在72億人の地球人口が90億人に達するとされる50年に向け、各国が強い危機感を共有した。ちなみに今世界で、栄養不足に苦しむ人が8億500万人、発育不良の乳幼児が1億6100万人と言われる一方、成人の肥満は5億人、過体重の乳幼児は4200万人とされている。なお、FAOの本部はローマにある。

要因は、投機マネーが食料価格を押し上げていることが指摘されており、栄養会議で演説したローマ教皇フランシスコは、「市場や利益本位の経済最優先」が飢餓や栄養失調との闘いを妨げていると、痛烈に批判した。日本政府はTPPを推し進める中で、「食料は、車などを輸出して儲けた金で買えばいい」と豪語しているが、地球の砂漠化や異常気象による災害などを考慮すると、「食料安全保障」という観点がスッポリ抜け落ちている。金を積んでも買えない時代が来ることを、想定しておくべきだ。そしてODAでは「トップに現金」よりも、途上国などに日本の「技術や施設」支援を進めることが肝要である。

首都ローマの食卓と言えば、ラツイオ州の名物でパスタ料理や子羊のグリル、子牛の腸とトマトソースの料理、ウナギの狩人風などがある。ワインはアレアティコ・ディ・グラードリや、フラスカーティなど多い。ローマで最も人気のあるスポーツはサッカーで、セリエA屈指の強豪ASローマや他にもSSラチオ、セリエCIのアトレティコ・ローマなどのチームがあり、有名選手が在籍、誕生している。テニスやサイクリングも人気がある。

古代ローマ

古代ローマを理解するには、２００２年イタリア政府より国家功労賞を授与され、07年日本の文化功労者にも選ばれたイタリア在住の作家、塩野七生氏の長編『ローマ人の物語』が最も良い。塩野氏は現在でも各種の単行本を出し、「文芸春秋」などの雑誌や新聞に寄稿するとともに、テレビやラジオ番組に登場してはイタリアやローマ、さらには日本との関係について紹介している。

ローマが姿を表すはるか以前から、イタリア半島には青銅器文化（テラマーレ文化）が存在し、それらを吸収しながら鉄器文化（ビラノーバ文化）が生まれた。その後、ギリシア人の植民、エトルリア人の移住が続き、やがてウンブリア人やラテン人などインド・ヨーロッパ語系諸族が各地の丘陵などに定住し、互いに同族感情を持ち同盟を結んでいった。それら集落の一つがローマで、伝承ではラテン人によって建設され、その地は海にもイタリア中部にも近い地理的条件を持ち、塩の道をも制していたことなどから、しだいに近隣の集落より強力となり、いわゆる「ローマ七丘」の集落が合体して都市（ポリス）を形成した。「ラッキーセブン」という言葉があるが、ローマでも縁起上「七丘」をはじめ、３０００年の歴史も七つの時代に分けられている。一つ目は「ローマ帝国」時代、二つ目が中世時代のローマ、三つ目がルネサンス時代、四つ目が「ローマ略奪」時代、五つ目がゲーテなどロマン主義時代、六つ目がファシズムの時代、最後の七つ目が大衆観光時代である。

ローマ人は民族的誇りから、自民族の歴史をギリシア神話のトロイア起源説などと結びつけており、落人となったアエネアスの一行が炎上するトロイを後にし、ローマ近くの海岸に達した。その子孫の王女に軍神マルスが一目ぼれし、ロムルスとレムスという双子が生まれ、事情により双子は籠に入れられてテヴェレ川に流された。河岸にひっかかった籠の中から聞こえる幼児の泣き声に、母狼が気づき二人に乳を含ませ餓死から救った。次に羊飼いがそれを見つけ帰って育てたという神話と伝承が残っており、ローマはもとよりイタリアの歴史とともに、きちんと学校教育や地域社会で教えられている。ロムルスが初代の王となり、紀元前753年にパラティーノの丘に都市を建設したのが、ローマの起源とされている。

日本においての神話や伝承は、第二次世界大戦後GHQの方針と、進歩的歴史家の否定で学校で教えられてこなかった。2015年2月、愛知県の市立中学校長の「建国記念日は神武天皇即位の日であることや、〝民のかまど〟の物語などを紹介した上で、長い歴史、伝統を持つ日本に誇りを持ち、世界の人々に貢献できるよう学んでほしい」とのブログに対して、市教委から「史実ではないかと誤解を招く」との注意を受け、取り消したという報道があり、戦後70年経っても神話や歴史に目を閉じる日本の在り方に一抹の寂しさを覚えた。

軍神マルスを祭ったローマ神殿はサン・ジョヴァンニ洗礼堂であるが、現在の建物は11世紀に起工されたロマネスク様式で、大聖堂の正面に向き合う八角形の剣突物である。内部は一面モザイク模様で、天井はモザイク画「最後の審判」のほか「天国への門」が大変有名であるが、ここで洗礼を受けたダンテ・アリギエーレは、その著『神曲』の地獄篇で「わが美しき聖ジョヴァンニ」と言及している。

ローマの低地はマラリア伝染のもとになる湿地帯であったが、都市として公共生活ができるようにと排水溝など優れた土木技術により整備されたのが現在のフォロ・ロマーノの遺跡で、当時の中心地であ

カピトリーノの牝狼

建国神話で、牝狼に育てられた双子のロムルスとレムス。ロムルスはレムスを殺し、初代国王となった。カピトリーニ美術館にある牝狼像。
（写真／ユニフォトプレス）

り後6人の王が立った。専横化した最後の王を追放した後の共和制は、近隣の征服に乗り出し、アッピア街道など軍用道路の建設や、軍事基地の機能を持った植民地の都市化、そして各都市と個別に条約を結び統治を進めた。即ちローマ市がローマ帝国の首都とされたのではなく、ローマ市がローマ帝国を建設したのである。

支配地域拡大に伴い、ローマ市も膨張を続け、前300年には人口は10万人に達するとともに、ローマ帝政末期には戦争で各地の自作農が没落し、土地を失った人々が市へ流入、早くもローマのスラムが形成された。多くのローマ市民はパンを保障し娯楽を提供するいわゆる「パンとサーカス」を求め、理想も道義も忘れて辛い労働は奴隷に任せた。5万人を収容可能なコロッセオなどの遺跡でもわかるように、プロの剣闘士による殺人ゲームに熱狂し、劇場では猥褻な喜劇やストリップショーが演じられ、大競技場での戦車競走では、チャールトン・ヘストン主演の映画『ベン・ハー』に見られるように、見世物に酔いしれた。歴代の皇帝は市民の歓心を買うために、カラカラ帝のような大浴場を建てたり、為政者にとっては実に頭の痛い問題でもあった。

古代ローマの共和制は、元老院制度が機能し500年続いたが、戦後の日本はゼロからスタートして半世紀ほどで世界有数の経済大国になり、「経済一流、政治は三流」と言われた中で各党内の派閥が切磋琢磨して人を育て、「人材のプール」的役割を果たしていた。その議員たちが吉田茂の単独講和、佐藤栄作の沖縄返還、中曽根康弘の国鉄民営化など、〝目的〟を条件として党が総理を作ってきた。現在の日本には、教養を持ったローマの元老院が執政官(コンスル)を決めていたような仕組み(あっても形だけ)も人材も無く、思い付きの目先のスローガンを次々と掲げるだけの権力保持に終わっている。

リーダーの条件

共和制ローマの最後に登場するのはガイウス・ユリウス・カエサル（シーザー）で、塩野七生氏が最も評価する歴史上の人物である。平民の娘と結婚したため自動的に平民派と見なされ、若い頃は閥族派の巨頭スラに冷遇され地方を遍歴した。スラの死後にはローマにもどり、各職を歴任してめきめきと頭角を現し、ヒスパニア（スペイン）総督としても功績をあげ三頭政治を樹立し、執政官に就任した。後カエサルはガリア（ヨーロッパ西部）に遠征し、ゲルマニア（ドイツ）に入りブリタニア（イギリス）も制圧し、文才にも優れ、『ガリア戦記』などを著した。名誉と富と権力を手中にしたため閥族派の妬みが露骨になり、元老院はポンペイウスにカエサルを討つように仕向けた。「賽は投げられた」と言って遠征地から取って返したカエサルは、敗走するポンペイウスをエジプトまで追い、暗殺した。その足でカエサルは、エジプトの内紛に介入して国王の姉・クレオパトラを愛妾とするとともに、エジプトの王位につけた。

カエサルはローマ市民から圧倒的な支持を受け、最高司令官兼終身独裁官となり、エジプトから天文学者を、ギリシアからは数学者らを招いてローマの改革を押し進めつつ、月の満ち欠けによる太陰暦を太陽暦に改正した。1年が365日で、4年に1回うるう年が入る暦で、まさに自らの名を冠したユリウス暦である。しかしことがそこまでに及ぶと元老院中心に反感が高まり、腹心の部下共和派のブルータスらによって議場で暗殺された。当時最先端科学に基づいて計算されたユリウス暦は、その正確さから長くヨーロッパや地中海世界、中近東で用いられた。シェイクスピアの戯曲

カエサル（紀元前100？～44）
ガリアの覇者。武力でローマの指導者となる。その独裁的な態度を理由に、元老院派に暗殺される。（ローマ・バロッコ美術館蔵）

「ジュリアス・シーザー」（ローマ史劇）の台詞に「ブルータスお前もか」があり、『アントニーとクレオパトラ』（同）にも書いている。ブルータスは後に自殺した。

イタリアの歴史教科書に「指導者に求められる資質は知性、説得力、肉体上の耐久力、自己制御の能力、持続する意志の五つである。カエサルだけが、この全てを持っていた」との記述がある。ドイツの歴史家で、ローマ史によってノーベル文学賞を受賞したテオドール・モムゼンは、カエサルをして「ローマが生んだ唯一の創造的天才」と評した。またモンテスキューも「人々はカエサルの幸運についてしきりに語る。しかしこの非凡な人物は多くのすぐれた素質もあり、欠陥はないわけでなく、多くの悪徳を積みもしたが、どんな軍隊を指揮したところで勝利者となったろうし、どんな国家に生まれたところで、それを統治したであろう」と評している。バーナード・ショウ作に『シーザーとクレオパトラ』などがあり、シーザーカット（カエサルカット）は典型的な男性の髪型の一種ともなっている。

日本では「政治とカネ」の問題が後を絶たないが、カエサルのカネは〝借金哲学〟だった。カエサルは隊長をはじめ多くの人から金を借り、それを兵士の全員に配った。これは一石二鳥の効果をもたらし、将官ら貸した者たちは自分のカネが無に帰さないために敢闘し、兵士たちは最高司令官の気前の良さに感激し全精神を投入して善戦した。債権者たちは彼を支え続けるしかなかったが、莫大な額の借金を重ねることで支持者を固め、帝国のトップに上りつめた時には債権者たちはチャラにしたという。日本でもかつて「井戸塀」という言葉があり政治家が尊敬されたが、最近は第二次安倍政権だけでも２０１４年に小渕経産相と松島法相が、15年に西川農相が、そして16年には盟友甘利明経済再生相が、金銭授受疑惑で次々と辞職しており、時代も変わったものだ。さらには東京都知事まで連続して辞職を余儀なくされた。

ローマ帝国の首都となった後、皇帝アウグストゥスの時代には１００万人が暮らす世界最大の都市となった。暴君皇帝ネロの統治時の紀元64年には、市域の三分の一を焼失する大火を機に乱雑な建物を規制し、区画整理を推進して整然とした街並みにした。私の若いころの旅でも歴史のある街並みが残るのはローマだけでなく、世界の多くの都市では古い街に隣接して新しい街を建設し、歴史的建造物はそのまま残して名所・旧跡にしたり、また古い建物の中だけを改修して住み続けているのを多く見た。

一方日本では、大戦後の焼け野原で整然とした街並み建設が可能であったのに、当時の中馬馨大阪市長（宮崎・西都出身）が御堂筋を創ったくらいで、ほんどの都市が元の場所に建物等を建てた。それから半世紀以上の時を経てコンクリートが劣化したことにより、壊してその跡にあるいは周辺を含め再び建築するという実態であり、歴史的建造物は極めて少ない。１９７７年瀬戸山三男法務大臣秘書の時に法務省建て替えの話があり、私も提言したが大臣が明治の建物である本館は残すようにと言ったことで、現在半蔵門の警視庁本部前にそのまま残っている。また82年には瀬戸山文部大臣秘書官の時も建て替えの話題が持ち上がったが、後年新高層ビル内での「文部省ＯＢ会」出席の折に訪れてみると、虎ノ門に面した赤レンガ造りの建築物はもとより、気になっていた国歌に歌われている「さざれ石」もちゃんと説明書き付きで保存されていて嬉しかった。

３３０年コンスタンティヌス１世は、ビザンティンの地に新首都コンスタンティノープル（現イスタンブール）を建設し、帝国の重心を東に移動させた。キリスト教会を支持して「ミラノ勅令」を発し、異教的ローマに対抗する新しいキリスト教的ローマ帝国の首都として出発、４世紀の間にキリスト教がローマの国教となる道を開いた。３９５年にローマ帝国が東西に分かれた後は、ローマは西ローマ帝国に属したが、首都をラヴェンナに置いたためその政治的重要性は大きく低下し略奪を受け衰微、４７６年帝国も滅亡

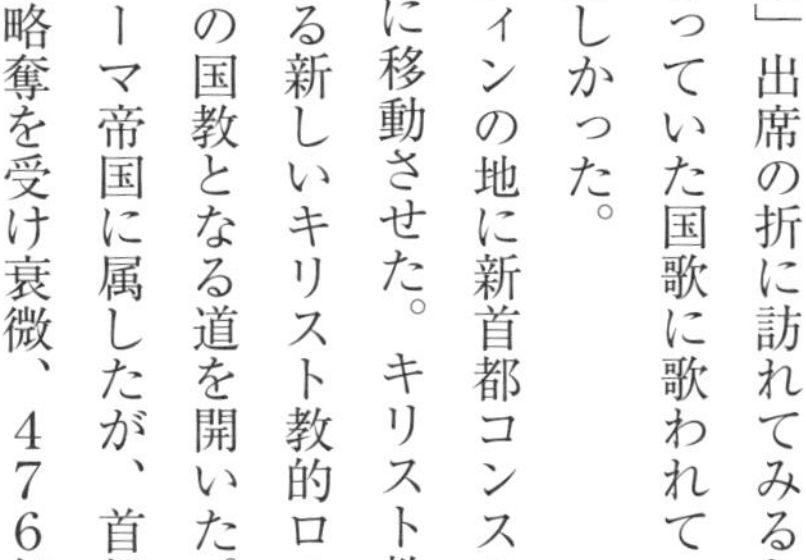

コンスタンティヌスの凱旋門
コンスタンティヌスがマクセンティウスに勝利した記念に元老院が315年に奉献。正面幅25.7m、高さ21mの偉容を今日のローマ市に残す。

した。後ローマは東ローマ帝国のローマ領となる中で、751年ローマ教皇ステファヌス3世は帝国からヴァチカン市国の独立を果たした。東ローマ帝国は1453年まで、ビザンティン帝国として存続した。15世紀半ば以降ローマ教皇領の首都として栄え、教皇ニコラウス5世の時代にはフィレンツェに代わってルネサンスの一大中心地となり、多くの芸術家が教皇のために仕事をしたが、ハプスブルグ家の「ローマ劫掠」により終わった。17世紀の建築物にはバロック様式が多くみられ、スペイン階段などにみられるのは18世紀後半のロココ様式である。18世紀末にナポレオン1世がローマを占領、貴重な美術品の多くを持ち去ったが、ウイーン会議後ローマはふたたび教皇領となった。オーストリア帝国による支配を経て、イタリア王国にローマ教皇領が併合されたことに伴い、フィレンツェに代わって統一イタリアの首都となった。

古代ローマの貨幣は紀元前3世紀初頭、ローマによるイタリア半島支配が確立したころ、規格の定まった青銅貨が鋳造されたが、アウグストゥス帝は通貨改革を試み、金貨と銀貨の両本位に基づく通貨制度を確立した。しかし帝国支配の拡大に伴いイタリア以外でもローマ貨幣の需要が高まり、通貨発行量の増大は鋳貨の品位（純度）の低下を招いた。後に未曾有のインフレーションに陥り、コンスタンティヌス帝による通貨改革の断行が功を奏して、後期ローマ帝国からビザンティン帝国の時代にかけて、地中海の国際交易において高い通用力を誇った。

ローマの軍隊は当初、すべての兵士は民兵であり装備を自弁できる資力のある貴族だった。前500年ころ重装歩兵の密集隊形が定着し、この戦法が貴族の騎兵を凌駕するようになると、重装歩兵として出陣する有産平民の価値が高まり、前400年ころには戦争が長期にわたったため兵士に給与が支払われ始めた。しかし、対外戦争で多くの有産平民は没落して無産者となり、軍事力の低下を招いた。軍隊の増加に

アウグストゥス帝は、必要な規模で財政的にも維持できる規模にまで削減し、給与、兵役期間、除隊金などの勤務条件を定めるとともに、軍団兵役15万人を常備軍として組織した。これは現代の日本で言う事業の縮小や撤退、人員削減といった消極的なリストラではなく、言葉の本来の意味であるリストラクチャリング、すなわち再編成や再構築だったからこそ、ローマ軍は存分にその実力を発揮できたのである。

ローマは自営農民を中心とする農業国家であったが、ギリシアから陶器を輸入するエトルリア商人が定住して、各地間の中継地になり消費も活発となっていった。共和制末期には奴隷制による大規模工業が出現し始め、その製品はイタリア商人によって広く地中海世界へと運ばれていった。

古代ローマの土木事業の多くは、国家および帝国内都市当局が公費を以て行う公共事業であった。イタリア半島征服が始まる前4世紀後半には、ローマ市を中心とする放射線状の軍用道路網（幹線は全長8万キロ、私道まで入れると総延長30万キロ）が建設され、「全ての道はローマに通ず」と言われる中で、前312年最古のアッピア街道はイタリア半島の東南端ブリンディジまで延び、その重要性から〝女王の道〟と呼ばれた。沿線にある世界最大のカラカラ浴場などはローマ人を魅了したが、温泉好きは日本人と共通しているのではと思う。また歴代教皇を祀ったサン・カッリストのカタコンベや、初めてキリスト教を公認したコンスタンティヌス帝が314年に建設し教皇に寄進した、長い伝統と格式を誇るサン・ジョヴァンニ・ラテラーノ大聖堂も素晴らしい姿で残っている。

上水道も発達し、ティヴォリはローマの東30キロにある、古代ローマ貴族や皇帝の愛した美しい別荘地であるが、緑あふれる水の庭園ヴィッラ・デステには、「百の噴水」や「楕円の噴水」、ダイナミックな「オルガンの噴水」がある。リストのピアノ曲「エステ荘の噴水」でも知られ、グレゴリウス教皇やハドリアヌス帝、エステ家などの別荘があり有名である。

エトルリアの町は高度な文明を持った先住民族のゆかりの地で、国立タルクイニア博物館には紀元前4世紀頃の通称「有翼馬」やネクロポリなどがある。前7世紀頃海上貿易で栄えたチェルヴェテリには、円形の土台に円錐形の屋根を乗せた墳墓（トゥムーロ）や、国立チェリテ博物館の「浮き彫りの墓」がある。

ヴァチカン市国

ヴァチカンはローマ市内を流れるテヴェレ川の西側に位置し、カトリックの総本山として知られる。全域が隣接するローマ歴史地区として、教皇領とサン・パオロ・フオーリ・レ・ムーラ大聖堂とともに世界遺産に登録されている。国連では、教皇の宗教的使命を表す使徒聖座の名称から採られた「聖座」が正式国名であり、主な構造物はサン・ピエトロ大聖堂、ヴァチカン宮殿、システィーナ礼拝堂、ヴァチカン美術館がある。136年、ハドリアヌス帝によって建造されたサンタンジェロ橋を渡ると、歌劇「トスカ」の舞台となった帝の霊廟サンタンジェロ城がある。中世以降は、要塞や教皇の住まい、牢獄などいろいろ使われたが、現在は国立博物館として当時のまま残っている。

19世紀イタリアの近代国家統一で、ローマ教皇は全ての教皇領を失ったが、ムッソリーニ政権が1929年にラテラノ条約を結び和解し、ヴァチカン市国が誕生した。78年にはポーランド人ヨハネ・パウロ2世が、イタリア人以外では455年ぶりに教皇の座に就き、死去後2005年のコンクラーべでドイツ人ベネディクト16世を教皇に選出したが13年高齢を理由に退位。後任にアルゼンチンのフランシスコを中南米出身初の新教皇に選出した。その直後に私は南米旅行の際、ブエノスアイレスにフランシスコが毎日ミサを上げていたというカテドラル大聖堂を訪ねた。欧州以外のローマ教皇の誕生は実に1300年ぶり

〈日本の古事記編纂とほぼ同じ〉であり、ちなみにアルゼンチンとペルーのカトリック人口は9割以上、ブラジルは7割と聞いたのを思い出す。

サン・ピエトロ大聖堂はバロック様式の代表的な建築物で、64年に皇帝ネロの迫害により殉教した使徒ペトロの墓の上に建築されたといわれ、サン・ピエトロとは〝聖ペトロ〟の意味である。３２４年コンスタンティヌス帝が旧聖堂の建築を命じ、15世紀末まで存在した。新大聖堂は１５０２年に建築が始まり、14年ラファエロ・サンティが主任建築家になり、56年ミケランジェロが主任建築家となって工事が再開、献堂式が行われたのは１２４年後の１６２６年のことである。大聖堂の総面積は、約２万２０００平方メートルで6万人以上収容可能といわれ、大円蓋は高さ１３２・５メートル、直径42メートルと巨大で、ミケランジェロが設計し、一角には代表作「ピエタ」像もある。

サン・ピエトロ広場は半円形の回廊に4列２８４本の、ドーリア式円柱により広場を囲むように構成されている。若いころの旅で、多くの柱と大きな壁の下に野宿をした時、翌早朝「うるさいなー」と思って目を覚ますと、サン・ピエトロ広場の一角であったことから、早朝から観光バスが次々にやって来ていたのを懐かしく思い出す。大聖堂は朝7時から開場されたのでさっそく入り、礼拝堂や博物館、ラファエロ画廊や美術館、図書館などを見学、特に「天地創造」や「失楽園」「最後の審判」などの名画や彫刻を目の当たりにしたときは、心の底から湧き上がる感動を覚えた。教皇は、宮殿滞在中の毎週日曜日には執務室から姿を現し、広場に集まる信者とともに祈りをささげ、祝福を与えるという。

ラファエロ・サンティはルネサンス盛期の１４８３年、サンマリノ近くのウルビーノ王国に、宮廷画家ジョヴァンニ・サンティの子として生まれたが、母を8歳で父を11歳で亡くした。ローマに落ち着くまではフィレンツェをはじめ、北イタリアの様々な主要都市で絵画を手掛け、特に彼の作品に最も直接的な影響を与えたのは、レオナルド・ダ・ヴィンチだった。レオナルドはラファエロよりも30歳、当時ローマで活動していたミケランジェロは7歳年長であったが、ミケランジェロはレオナルドを嫌っていたといわれる。ラファエロはフィレンツェとペルージャにそれぞれ工房を持ち、弟子や助手を50人ほど抱え、「アテナイ（アテネ）の学堂」や「システィーナの聖母」（アルテ・マイスター絵画館蔵）、また「レオ10世の肖像」（ウフィツィ美術館蔵）などを完成させ、「聖母子像」で名声を得た。

１５０８年からラファエロはローマ教皇ユリウス2世の招きでローマへ居を移し、残りの生涯を過ごすこととなった。さっそくヴァチカン宮殿のローマ教皇となる専用図書室の複数部屋の一室のフレスコ壁画制作依頼を受けた。4部屋で構成されるヴァチカン宮殿の通称ラファエロの間のうち、最初に手掛けたのは「署名の間」と呼ばれ、そのフレスコ壁画は「アテナイの学堂」（描かれているのは哲学者ヘラクレイトスだが、当時「システィーナ礼拝堂天井画」を手掛けていたミケランジェロがモデル）、「パルナッスス山」「聖体の論議」など当時衝撃を与え、現在でも最高傑作と言われる。制作の進行とともにラファエロ自身の携わる割合は徐々に減り、工房の熟練画家たちが多くを手掛けるようになっている。

カラヴァッジョは38歳で没するまで、現存する直筆は60点強と言われているが、その中には移動不可能な作品が多数あり、２０１６年春の上野・国立西洋美術館での「日伊国交樹立１５０周年記念　カラヴァッジョ展」には、日本で過去最多で傑作と言われる10点が終結した。中でも「トカゲに噛まれる少年」や「ナルキッソス」をはじめ、風俗画の「女占い師」、殺人を犯してローマから逃亡した直後に描いた「エマオの晩餐」など、ローマを熱狂させた〝ルネサンスを超えた男〟と言われた作品群とともに、カラヴァジェスキ（継承者たち）の作品も同時展示され、そ

これらの偉人たちを描くのに、彼らに匹敵すると自負する同時代の友人たちの顔を借りる誘惑に、画家は抗しきれず、レオナルド・ダ・ヴィンチは見事にプラトンになりすまし、また、おそらく階段上に横たわるディオゲネスの役も演じている。前面中央のミケランジェロは何を考えているのかよくわからない、瞑想的な顔つきで机に肘をついているが、彼の役どころは哲学者ヘラクレイトスである。この巨大なフレスコ画の全体で、「真理」の知的探求のテーマが表現されている。

の影響はルーヴェンスやレンブラントなどバロック時代開花の原動力ともなった。
システィーナ礼拝堂は、宮殿、美術館と繫がっていて、ミケランジェロが4年かけて描いた大天井画の「創世記」や、壁面の左側は旧約聖書のキリスト伝、右側はモーゼ伝を主題としており、「アダムの創造」「楽園追放」「ノアの洪水」は見事である。６年の歳月をかけた祭壇画「最後の審判」は、絵の中央にマリアと聖人を従えたキリストが審判を下し、右側は選ばれた人が天へと昇り、左側は罪深い人間が地獄へ落ちていく劇的な構成になっており、見る人を瞑想の世界へと引き込む。ラファエロの間はコンスタンティヌスの間、ヘリオドロスの間、署名の間、火災の間に分かれている。

美術館の所蔵品は、ユリウス2世の彫刻コレクションが中心であるが、キリスト教美術以外でも、古代ギリシアや古代エジプトの膨大なコレクションを誇る。サン・ピエトロ大聖堂の当時の建築責任者の死去に伴い、ラファエロがその後任に命ぜられたが６年後建築中に死去、最終的にはミケランジェロが設計、採用を引き継いだ。類い稀な才能を持った人物たち、ラファエロとレオナルドとミケランジェロは、どちらが上で、誰が有名でかつ愛された画家と見なされたのだろうか？

ヴァチカンは世界最小の独立国で、面積０・４４平方キロ、14年の人口８４２人、国教のカトリック信者１００％、大半は法王庁の聖職者と唯一の軍隊で中世の衣装に身を包んだスイス衛兵である。衛兵は１５２７年神聖ローマ帝国軍の「ローマ略奪」の最中、兵力の四分の三にあたる１４７人の戦死者を出しながら、時の教皇クレメンス7世を守り抜いた武勇伝を持ち、現在総兵力は１００人ほどで一国の軍事力としてはおもちゃのようだが、

アテナイの学堂（部分））
（ヴァチカン宮殿「署名（センヤトゥーラ）の間」
ラファエロはこの建物の中に古代世界の賢者、哲学者らを集めた。中央で人々を束ねるプラトンは、自著『ティマイオス』を小脇に抱え、人差し指で天を指している。傍らのアリストテレスは、プラトンと何やら討論しながら、左手に『倫理学』を持ち、右の掌を地面に向けている。二人のその単純な仕草の中に、それぞれの思想の本質が要約されているのである。

今なお存続する世界最古の歴史を誇る。公用語はイタリア語とラテン語、歴代の教皇が何百年もかかって築き上げた偉大な世俗的所領であり、ムッソリーニ政権時のラテラノ協定でイタリアと最終的な決着がつき、ヴァチカンに対する統治権を得る代わりに教皇領に対するすべての権利主張を放棄した。教皇は絶対的な立法的、行政的、司法的権力を持ち、5人の枢機卿と任命長官による委員会と議会を通じて実際に行使される。

1517年ドイツのマルティン・ルターによって火蓋を切られた宗教革命は、カトリックによるヨーロッパ統一の時代を終焉させた。その引き金となったのは免罪符論争だが、第1にドイツ皇帝への農民や職人の不満表明、第2に人文主義者らの教皇の徴税への反発、第3に修道院の富と贅沢な司教の生活などである。ルターによる宗教改革の恩恵に最も浴したのは、神聖ローマ帝国内の諸侯であった。現在のヴァチカンはローマ教皇を頂点とする強固なピラミッド体制が築かれ、通貨はユーロで、財源はラテラノ条約締結時にイタリアが支払った賠償金などの運用益や、各国の教会献金など資金力は豊富で、私もかつて少々貢献したハガキ、切手、コインの売り上げを始め、美術館の入場料のほか、教皇領の不動産の賃貸料、さらには個人や団体の寄付金があり、極秘献金も歓迎される。原発ゼロを目指すイタリアの一角で、エネルギーは太陽光発電により全て自力で賄っている。

ヴァチカン市国内に敷設された太陽光発電パネル。（撮影：脇坂紀行）

ヨハネ・パウロ2世とフランシスコ教皇

第二次世界大戦後の東西冷戦終結において陰の立役者として知られるヨハネ・パウロ2世は、ポーランドの古都クラクフ近郊に生まれ、後に聖職者となりローマ教皇になった。イタリア人以外の教皇は455年ぶりで、スラブ人としては初、共産主義体制下の出身というのも初であり、異色の教皇誕生であった。彼の行動の原点となったのは、母国でナチスや共産政権と、長年にわたって無神論の全体主義を体験したことにある。特に戦後ポーランドの共産党政権が、ワルシャワ大司教を逮捕するなど宗教弾圧に乗り出したことから、ソ連・東欧圏の状況を熟知していた彼は、教皇就任直後母国を訪れ首脳陣に対して、「政治的、経済的、文化的植民地主義は国際秩序の要求に矛盾する」と説き、ポーランドのソ連への隷属状態を批判した。この行動と呼びかけがポーランドのみでなく、ソ連崩壊後に東欧共産主義陣営がドミノ倒しのように崩壊する先駆けとなった。

ヨハネ・パウロ2世は日本を訪れた1981年、サン・ピエトロ広場のオープンカー上で多くの市民の声援に応えていた最中、東欧の共産主義スパイ組織に撃たれ瀕死の重傷を負ったが、奇跡的に一命をとり止めたことがあった。2005年に死去した時の葬儀には、ヨーロッパ中の元首はもとよりアメリカの三代の大統領が顔を揃えるなど、アジア、アフリカ、南北アメリカの首脳たちがそろって出席したが、日本からは川口順子首相補佐官のみだった。イタリア在住の歴史家塩野七生氏はその著『日本人へ・リーダー篇』の中で、教皇の葬儀に際し「キリスト教徒の国ではないイスラム諸国でさえも、これ以上はない『ハイレベル』の首脳を送ってきた中で、日本政府と外務省の考えが首相補佐官だったとは、元首級でなくても、その日の結婚式を延期してチャールズ皇太子とブレア首相が出席したイギリスを真似るならば、我が国も皇太子と首相を送ってもよかった」のにと怒っている。また「なぜリスクをとるリーダーが出ないの

皇室外交
来日したローマ教皇ヨハネ・パウロ２世（1920～2005）を皇居・宮殿で出迎える79歳の昭和天皇。（共同通信社　1981年２月24日）

か、危機の時代こそ歴史と向き合え！」と憂い、「絶望的なまでの外交感覚の欠如」と批判している。さらに『ローマから日本が見える』では、「カエサル登場までのローマの元老院は５００年機能したが、自民党は半世紀しか経ってないのに」と「日本版元老院」に〝喝〟を入れている。

ヴァチカン市国は、イタリアとは独立したラジオ局、電話および郵便制度を持ち、独自の通貨を発行し、為替管理のない独自の銀行制度を持ち、修道会信用金庫（ヴァチカン銀行）を通じて行われる。主な生活品はすべて輸入だが、世界中で売られる膨大な出版物は、重要な輸出産業である。宗教的重要性と恵まれた歴史的・文化的遺産があり、多くの人々を引き付ける観光産業も盛んである。

世界のカトリック教徒の数は、世界中のキリスト教徒信者21億人のうち約半分の11億４７００万人で、世界全人口の17％を占めるとみられている。ヨーロッパとアメリカ大陸、特にラテンアメリカに多く、近年信者数が増加しているのはアフリカである。現在頂点に立つのが２０１３年３月に就任した、アルゼンチン出身の第２６６代フランシスコ教皇で、中南米から誕生した初の教皇である。清貧をモットーとし、歴代教皇が住んだ豪華な邸宅ではなく、ヴァチカン内の宿舎で質素な生活を送るなど飾らない人柄で、その生きざまと活動はヨハネ・パウロ２世同様世界中で圧倒的な支持を得ており、就任直後から中東やアジア、欧州など積極的な外交を展開し、宗教間の対話と融和の促進やヴァチカン改革に取り組み、未来への期待が高い。

教皇を選出する会議・コンクラーベの原型は13世紀に遡り、教皇クレメンス４世の死去後欧州各国の思惑や圧力が入り乱れ２年経っても結論が出ず、業を煮やした人々が外から会場に鍵をかけ、パンと水による兵糧攻めで決着を迫ったことから誕生したという。まさに〝根比べ〟（?）の成果だったのか、この会議で教皇に選ばれたグレゴリオ10世は、以後この密室方式を正式に採用した。コンクラーベの投票は無記名投票で午前に2度、午後に2度行われ、出席した枢機卿の三分の二の票を得る人が出るまで続けられ、その間見聞きしたことは選出後も決して漏らしてはならないとされる。システィーナ礼拝堂の煙突から出る煙の色が白なら「決まった」、黒なら「まだ、決まらない」と、投票用紙に化学薬品を垂らして燃やし外部へ知らせる。コンクラーべとは「鍵と共に」という意味のラテン語である。

フランシスコ教皇は第二次世界大戦終結から70年にあたって、中東をはじめ世界中でテロや紛争が続き、多くの人々が犠牲になっている状況にあらためて警鐘を鳴らすとともに、核兵器の脅威にもさらされている現状を憂い、広島や長崎の被爆の歴史などから「人類は何も学んでいない」と、核廃絶に二の足をふむ日本政府の対応も含め嘆いたという。戦争が続く背景には「拝金主義システムを維持しようとする政治・経済的な問題がある」と言い、イスラム国の中東やアフリカなどでのテロや暴力は、一部の原理主義者によるもので「テロとイスラム教を結びつけることで、多くのイスラム教徒が傷ついている」とした上で、宗教間の相互理解と融和を促した。米経済紙フォーチュンは14年「世界で最も偉大な指導者50人」を発表したが、第1位に「カトリック教徒以外の人々をも魅了した」との理由でフランシスコを選んだ。

またフランシスコ教皇は15年、冷戦時代から国交を断絶していた米国とキューバの国交正常化交渉仲介役を果たし、16年2月にはキューバのラウル・カストロ国家評議会議長の仲介により、ロシア正教会のキリル総主教とフランシスコ教皇がキューバで会談した。１０５４年に東方正教会の最大勢力、ロシア正教会とローマ教皇庁（ヴァチカン）とが分裂して以来、トップ同士が会うのは初めてで歴史的な出来事であった。このことは両宗派を抱えるウクライナをめぐる欧米とロシアの対立や、中東やアフリカなどでのキリスト教徒の迫害に良い影響を及ぼすものと思われる。

伊東マンショと天正遣欧使節

日本へのキリスト教の最初の宣教は、1549年カトリックの司祭、イエズス会のフランシスコ・ザビエルらによるものと確認されている。ザビエルは06年スペイン生まれで、19歳でパリ大学に留学し聖職者を志し、34年同国バスク地方生まれのロヨラら7人で、神に生涯を捧げるという「モンマルトルの誓い」を立て、イエズス会を創立した。一同は教皇パウルス3世の知遇を得て、37年ヴェネツィア教会で司祭に叙階された。ザビエルは41年ポルトガルの首都リスボンを出発しアフリカ・モザンビークで過ごし、1年がかりでインドのゴアに着き各地で宣教した。47年マラッカで鹿児島出身のアンジローに会い、アンジローは洗礼を受けた後一緒に日本を目指した。到着後は薩摩で布教後、長崎、山口、京から豊後（大分）に赴き、大友宗麟に迎えられ宣教を行った。70年にはオルガンティーノが来日し、京都に南蛮寺を完成し、織田信長に願ってセミナリヨを建てた。

イエズス会の日本巡察師ヴァリニャーノは、豊臣秀吉誕生の2年後にナポリ王国キエティの名門に生まれ、パドヴァ大学に学んだ後「東インド巡察師」に任ぜられ、織田信長の登場で来日し布教の成果を上げた。西日本各地には十数万人の信徒が誕生し、キリシタン大名となった大友宗麟・有馬晴信・大村純忠の名代として、有馬のセミナリヨに在学中の13歳前後の少年4人を選び、ローマ教皇のもとに「天正遣欧使節」として派遣することとした。使節一行の日本名は明らかでない（日本側の資

イエズス会
イグナチオ・デ・ロヨラ（右）（1491〜1556）がパウルス３世（1468〜1549）に教団の会則を手渡している。反宗教改革の主要な担い手となったこの教団は、ヨーロッパの宗教地図を塗り替え、プロテスタンティズムの伸長を食い止め、ヨーロッパ中部とポーランドにおいてプロテスタンティズムの立場を弱めた。（ローマ、ジェズイット（イエズス）教会蔵）

料に「伊東満所」などの人物は全く記録がない）が、西欧側の資料ではその名を使節正使伊東マンショ（日向の大名飫肥藩伊東義祐の娘町上と伊東祐青との間の子）、千々石ミゲル、原マチルノ、中浦ジュリアンというキリスト教名で記録がある。目的は日本人をキリスト教世界に広く知らせ、日本での布教活動援助の道を拓くとともに、少年らに世界を見せその見聞を基に帰国後日本国民に伝えることで、布教上の効果を期待したのである。

１５８２（天正10）年2月20日、少年使節を見送りの母親たちにヴァリニャーノが「あなたたちの子供は必ず４人とも無事に日本に連れて帰る」と約束して、使節一行は巨大なポルトガル船で長崎を出港、荒波逆巻く東シナ海を経てマカオやインドのゴアに立ち寄った。当時のゴアは人口30万人で、「東方のバビロン」「東洋のローマ」などと言われるほど繁栄を謳歌したが、後に9回にわたるコレラの流行で壊滅した。出発の４カ月後に織田信長が本能寺で非業の最期を遂げた頃一行は、インド管区長となったヴァリニャーノをゴアに残して、サンティアゴ号に胡椒や食料品を積み込んで大海原に乗り出し、アフリカ南端・喜望峰を迂回して大西洋上では孤島・セント・ヘレナ島（ナポレオンの流謫地で有名）のみに立ち寄り、天運にも恵まれ航海は実に順調で、当時スペイン領だったポルトガルの首都・リスボンに安着した。百数十名の乗組員のほか大勢の船客がいたが、少年使節の食事は格別で、米飯を給されていたとの記録もある。喜望峰付近は海の難所である一方、魚や鳥が群がって来て少年たちは船から釣りを楽しみ、大きな鱰がかかると釣り針が折れたこともあったという。

スペインの首都マドリードで一行はドン・ドゥアルテ公に歓待され、カタリーナ妃は同じ年頃の子供がいることもあり、少年たちが長い旅の末にたどり着いたことを聞くと母性愛が湧き起こり、「深い親愛の情と歓喜」を表して少年たちを迎えた。マドリード辺りから使節はヨーロッパ各地に知れ渡るようになり、南蛮の大王・フェリペ２世謁見後の南のトレドでは見物人があふれ、宿舎では馬車から降りるのも容易ではなかったという。使節一行が、フェリペ2世により20余年の歳月をかけて完成して2カ月後の、世界屈指の豪壮建築エル・エスコリアールのサン・ロレンソ修道院を見物していたその日、時差8時間の日本では、秀吉が新築の大坂城で千利休や細川幽斎らと茶会を楽しんでいた。

スペイン艦船でアリカンテ港を離れ、途中逆風のためマヨルカ島に避難したが、恐れられていたイスラムの海賊にも襲われず、トスカーナ大公国のリヴォルノ港に着くと大公フランチェスコ1世は、ピサやフィレンツェにおいて最高の栄誉を以て歓迎した。ピサ生まれのガリレオは当時21歳で、使節が訪れた時は前年からフィレンツェに移り住んでいたが、マンショらとは会っていない。この頃地球の裏側の母国では、主君信長の仇を討った羽柴秀吉はまぎれもない天下人となり、石山本願寺跡に史上類例を見ない巨大な大坂城の構築を進めていた。一行はピサで5泊、フィレンツェで7泊の後ローマ入りした。

85（天正13）年2月22日、病気の中浦ジュリアンを除く正副3使節が、ローマ教皇グレゴリウス13世から公式謁見を賜ったことは、ローマでは「未曾有の最大の行事」「ことごとく歓喜に湧き立つ」豪華さであり、一行は大友ら三侯の書状を捧呈し、サン・ピエトロ大聖堂の儀式にも参列した。私がかつて野宿したサン・ピエトロ広場の円柱回廊は、17世紀にベルニーニが製作したものなので当然使節の時代にはなかったが、ミケランジェロの設計による132メートルのクーポラや、ラファエロなどの巨匠たちの作品は建築半ばであった。教皇はかのユリウス暦を「グレゴリオ暦」に改めたことで知られるが、病状が悪化してその翌月没、新法王シスト5世が就任したが前教皇同様に4使節を戴冠式に招き、ラテラノ教会行幸に列するなど寵愛を保証し、ローマ市会は盛大な儀式で使節らにローマ市民権証書を授与、ローマの貴族に

JR日南駅前に建つ伊東マンショ（1569頃～1612）像。西方イタリア・ローマの方角を見て立っている（2016年春 著者撮影）。後方の樹木はオーストラリア原産ユーカリの木。

列せしめた。これに伊東マンショは一同を代表して、

「かくのごとき名誉は、ただに我らのみならず、ローマにとりても光栄なるべし。ローマは世界の女王となるために生まれ、まずは武力により、次に神聖な宗教により、しかして今や、我ら、ならびに（日本）国民を加えることにより、ついに世界の極をも支配するに至れり」（バルトーリ）と答辞を述べた。6月に一行は教皇シスト5世のもとへ訣別の挨拶に伺い、ローマを離れて帰路につき、アッシジなどイタリア北東部の諸都市を訪れた後、ジェノヴァを出港してスペイン、ポルトガルに戻っていくころ、日本およびこの使節に関する書物が続々ヨーロッパ各地で出版され、85年中だけでもその数は48種にも及んだという。日本人として最初の公式外交使節団であるとともに、ヨーロッパ旅行でもあった。

豊臣秀吉がバテレン追放令を発していることで、入国許可（今の査証）が下りるまでの1年8カ月をマカオで過ごした後、日本へ向け最後の航海に出た。90（天正18）年7月28日に長崎に着いたとき、禁教令の中波止場には知らせを知った群衆が詰めかけていたが、予想通り歓喜のどよめきは無かった。日本出発から8年4カ月余の歳月が流れており、4人の少年たちはほぼ同じ年齢であり、今なら中学1年の頃出発し大学卒業の頃に帰国したことになる。

一行はヴァリニャーノ（この時はインド副王の使いとして）らと京都に上り、今は跡形もないが豪華な聚楽第において秀吉に謁見、各地で贈られた印刷機など見事な品々が運ばれ、また伊東マンショらは秀吉の前でクラビチェンバロ、ビオラなど携え帰った楽器を演奏して聞かせた。謁見式は「遣欧使節」では決してなく、あくまで「インド副王使節」に対してであり、神戸の南蛮美術館の「南蛮人行列屏風」などにもバテレンや船員、黒人らが描かれているが、日本人の使節一行はどこにもいない。宴会後関白は、伊東マンショに「伊東（祐兵）に飫肥城をとらせた。（マンショも）余に仕えてはどうか」と言ったが、「バテレン様への

恩義」を伝えて辞退したところ、関白は「尤もなことだ」と言ったという。

マンショがローマのイエズス会総長に「キリシタンの弾圧で信徒を増やすのは困難」との書簡を送った後に、フェリペ2世が息を引き取り、その5日後に太閤秀吉が露と消え、1600年の関ケ原合戦の末、徳川家康が征夷大将軍となった。ヨーロッパではスペインからイギリスの世紀に移った。使節4人のうちの千々石ミゲルは、還俗(棄教)して千々石清左衛門と称したが惨めな晩年を過ごし、伊東マンショ、原マルチノ、中浦ジュリアンは長崎の聖母教会で司祭に叙せられた。マンショは主として九州各地で布教に従事し、伊東祐兵に招かれて飫肥にも赴いたが、生まれた都於郡を訪ねた形跡は無い。母親の町上は飫肥に住んでおり、その後もう一人の息子を連れて長崎へマンショを訪ねて行ったが、母の願いもむなしくすでに世捨て人になっており、同行の息子もジュストという名でバテレンに奪われた。

マンショは司祭職4年後の1612年、長崎のイエズス会の学院で43歳で病没し同地に葬られたが、墓は長崎奉行の手でこわされ骨は海に捨てられた。それが信者によって拾い上げられて母町上のもとに届けられ、飫肥楠原の伊東家廟所五百《いお》撰《し》神社(報恩寺跡)に、12年後に逝去した母と一緒に葬られている。近年同神社が老朽化していて危険だったため、私の市長時代にふるさと納税を募って改修し、合わせて近隣の整備を行った経緯がある。同じ墓地の一角には、小村寿太郎侯の墓もあり毎年墓前祭を催している。

23年に三代将軍に徳川家光が就任後は、キリシタン弾圧は一層残酷で熾烈な様相を帯びた。原マルチノが29年に60歳で病死したため、ただ一人の生存者となった中浦ジュリアンも32年小倉で捕吏の手に落ち、長崎に護送のうえ西坂の刑場に連行され、幕吏の思い付く限りの最も残酷で最も苦痛な拷問が加えられ、長崎船出から50年後、その殉教によって使節は終わりを告げた。使節一行の日本の社会や文化への貢献は、史実の確証が困難であるとともに、彼らが携えてきた活字印刷技術を含め、文物が近世の日本に役立ったことを証明できる資料も見当たらない。

実現はしなかったが第二次世界大戦後宮崎県議会は、「請願書―遣欧使節伊東満所の顕彰事業について」を国会に提出したので、その内容を紹介しておきたい。

《宮崎県が生んだ伊東満所は四百年前の天正十年正月、時のキリシタン諸侯の少年遣欧首席使節として年齢僅か十三歳の身を以て鵬程二万余哩の欧州各地を訪問し、その任務を辱めなかったのみならず空前絶後の歓迎を受け、欧州人の愛敬を博し得たことは世界史上における不滅の功績として讃えられるものであります。

本県においては満所の偉業を永久に顕わさんがため、昨年3月議会においても、満場一致の決議を以て活発なる顕彰事業の推進を企画致したのであります。即ち県内有識者を結束し伊東満所顕彰会を結成以来各種事業を行いつつありますが、就中伊東満所記念館を設立し、本県内における文化活動の殿堂たらしめたい熱願をもつものであります。

茲に顕彰会は、広く県内よりの浄財をつのり、且又県費をも支出して着々その実をあげつつあるのでありますが、政府においても、本事業の目的達成のため相当額の補助金交付方法御詮議相仰度、右国会法第七十九条により請願書を提出します。

昭和二十五年九月十五日

宮崎県議会議長　日　高　彌　一

衆議院議長　弊原喜重郎　殿

参議院議長　佐藤　尚武　殿》

伊東マンショらの天正遣欧使節は、当時東洋と欧州の間を行き来する船の半分も沈没し、ほとんどが目的を果たせなかった時代に、日本人がそれを初めてやってのけた壮挙は大いに顕彰の価値があるのに、この事業が国会で採択されなかったのは、第二次世界大戦後我が国の多くの日本史家が、神話を含めてキリスト教への歴史認識をかなり冷ややかに扱ってきたことがうかがえる。

禁教令から近代日本へ

日本巡察師ヴァリニャーノが企てたこの使節行は、16世紀の東西交渉史上の壮挙であるが、必ずしも本来の企画が成功したとは言い切れない。功績を挙げれば日本をヨーロッパ全域に知らしめたことと、洋式印刷機と印刷術を持ち帰ったことであるという。実は、マンショらがローマへ向かうころのキリスト教は、九州から西日本、近畿地方を中心に多くの信徒を獲得し、キリスト教は「耶蘇教」、教徒は「吉利支丹」、宣教師は「伴天連」と呼ばれ、織田信長が宣教師に対して好意的であり、その政策を踏襲した豊臣秀吉も当初は保護した。

しかし、九州でキリシタン大名が仏教徒や神道を迫害、またポルトガル商人によって日本人が海外に奴隷として売られていることを知った秀吉は、バテレン追放令を発布して、宣教師の国外退去命令とキリスト教宣教の制限を表明した。後しばらくは、南蛮貿易優先政策で事実上黙認されていたが、１５９６年のサン＝フェリペ号事件で態度を硬化させ、翌年長崎でキリスト教徒26人を処刑した。

その後徳川家康も、当初はキリスト教に対しては寛容な態度をとっていたが、禁教令を発布し、教会の破壊と布教の禁止を命じた。また１６３７年、島原と天草を支配していた各藩による残酷な収税制度が原

アレッサンドロ・ヴァリニャーノ（1539~1606）。

因で起こった島原の乱から、徹底した禁教政策をとり、39年に寛永の鎖国令を発してポルトガル船の来航を禁止、九州沿岸の防備体制を整えるとともに、キリスト教の根絶に乗り出した。以後探索と迫害で根絶させられたかのように見えたが、長崎などで一部の信徒が地下に潜り、潜伏キリシタンとして信仰を守り続けた。

禁教令から約230年後の幕末1865年、できたばかりの長崎・大浦天主堂で、フランス人ベルナール・プティジャン神父（後に司教）の前に潜伏キリシタンが現れて信仰告白を行い、その後続々と信者が詰めかけた。彼らが祈りと洗礼の儀式などを守り受け継いできたことがわかり、ニュースが欧米にも伝えられ多くはカトリック教会に復帰したが、寺請制度を拒否したため長崎奉行所が迫害に乗り出し、68年成立の明治政府もこれを継続し、この時もキリスト教弾圧が全国的に行われた。

しかし、欧米諸国からの強い抗議で73年、禁制の高札を撤去した。カトリックとプロテスタント諸教派は、学校（ミッションスクール）や病院を建て活動し、それらを通じてキリスト教とその文化に触れ影響を受けるものが続出、また実践の延長として社会福祉活動を行うものもいた。セツルメント運動や神戸での生活協同組合なども、キリスト教文化の影響下に生まれた運動である。

戦前・戦中を通じても、キリスト教に対する環境は厳しく、とりわけ1930年代から諸派に対する政府の統制は厳しさを増し、教徒にも靖国神社参拝が強制された。32年上智大生の靖国神社参拝拒否事件が起こり、参拝強要反対への厳しい弾圧を受けて以後、戦争については沈黙した。大戦後はGHQの意向により日本基督教団が存続し、またプロテスタントの各教派の教会も別に再建し、救世軍など活動禁止の教派も活動を再開した。20世紀後半以降現在に至るまで日本は、クリスマスやバレンタインデーのように年中行事として、あるいは教会での結婚式やミッションスクール人気などの形で、純粋な信仰とは別にその文化・行事が国民の間に浸透しつつある。現在長崎の教会群などの建築物が世界遺産登録へ向け動いていることはいいことだ。

明治初期、世界を学んで近代日本の近代化に生かそうと派遣された岩倉使節団一行は、汽車でフィレンツェからローマ入りした。その著『米欧回覧実記』のローマの一部を紹介すれば、「わが使節団は、5月11日より19までローマに滞在している。街並みはふぞろいで狭く、埃やゴミが散乱し、掃除をしていない。建物は大きくて古いだけで荒れている。しかも古代の遺跡が放置されているために、その感がより強くなる。乞食の子供が多く、寺の門でローソクを買ってくれとしつこい。夕方になると、ありとあらゆる寺院の鐘が鳴るのはやかましくて仕方がない」という初印象をもって、一行はローマを歩き回っている。

カトリックの総本山に入って、報告書はその華麗なる様子を細かに書き留めているが、明治の日本人も現代人もあまり変わらないようで、装飾過多にうんざりしている様子も見て取れる。ヴァチカンの中に入っては「奢靡淫功ヲ窮メシ、其極ハ此甚シキニ至レリ」とあるのは、一行には「イタリア統一の障害になったのはローマ教皇だ」との、政治的な軽い反発感があったものと思われる。しかし、キリストの物語などを聞かされているうちに、一行もイエス・キリストその人については、そして殉難の初期伝道者たちについては理解の度が増した様子である。

ローマの東のアニーナという小さな町は、37歳でローマ教皇に推されたインノケンティウス3世の出身地で、ラテラノ宗教会議で神聖ローマ皇帝や英仏王を破門し服従させ、「教皇は太陽、皇帝は月」と言ったことで知られる。第4回十字軍を仕立てて、ビザンティン帝国の首都コンスタンティノープルを占拠、略奪を行って、当初の目的とは外れたラテン帝国が成立した。またフランチェスコやドミニコの開いた「托鉢修道会」の保護にも努めた。

3章　ヴェネツィア

ヴェネト州

ヴェネツィアの名称はヴェネティ族の土地を意味し、ヴェネティ族が住んでいたアドリア海の奥に拡がる土地をヴェネティア（Venetia）と呼んだことから来ており、この綴りをそのままラテン語の読み方に従うと、ヴェネツィアとなる。英語ではVenice、英語由来の日本語表記ではヴェニス、ベニスなどと書かれることもある。「アドリア海の女王」とか「水の都」と称され、まだ訪れたことのない人には一生に一度は行ってみたいと思わせ、一度訪れた人は何度でも戻ってきたいという魅惑の街でもある。

世界で最も幻想的な「水の都」ヴェネツィアを州都とするヴェネト州は、イタリアの北東部に位置し、東南でアドリア海に面し、南にポー川が流れ北西にはアルプス山脈、特に氷河のあるドロミティ山脈などがあり、平原にはエウガネイの丘がある。ヴェネト州の歴史は、古代にはインド・ヨーロッパ語族言語を話すヴェネティ族が居住し、歴史的、芸術的に価値のある美しい街を多く抱え、ポー川流域は農業が盛んである。ローマ帝国の支配後、395年に東西にローマ帝国が分かれた後は、一時期ラヴェンナと同様、東ローマ帝国の勢力下にあった。

土地は大陸から川の流れに乗ってくる土砂、そしてアドリア海の波と風の力によって作られた沼のような入り江の中の湿地帯のため、防御のための城壁や城門をもたない唯一の中世都市で、入り江の奥までは侵入者が追ってくることができなかったという。

州都ヴェネツィアは、６９７年、都市国家ヴェネツィア共和国として、アドリア海の海上交通を掌握し中世を通じて独立を保ち、13世紀第4回十字軍に参加し地中海の覇権を確立、イスラム圏とヨーロッパの中継貿易により、海洋国家として繁栄した。最盛期にはパドヴァやベルガモなどの内陸の都市を勢力下におくだけでなく、16世紀前半には神聖ローマ帝国とフランス王国がイタリアで戦争した。ルネサンス芸術が浸透してからは、毛織物、絹織物、華麗なガラスなどの手工業が大いに発展した。同時にキプロス島、クレタ島なども領有して栄え、まさにヴェネツィアの爛熟期が続いた。

１７９７年にナポレオン・ボナパルトに攻略されてヴェネツィア共和国は滅んだが、ナポレオン戦争後の１８１５年のウイーン会議で議定書が締結され、ベルギーの領有権と交換にオーストリア領ロンバルド＝ヴェネト王国となった。

ヴェネツィアはアドリア海の最深部、ヴェネツィア湾にできた潟「ラグーナ」の上に築かれ、ヴェネタ潟の島々や、メストレなどの本土側も市域に含んでおり、面積は４１２・５４平方キロに及ぶ。島としては南に「サン・ジョルジョ・マッジョーレ島」や「ジュデッカ島」、さらに南に映画『ベニスに死す』で有名な「リード島」がある。北には墓地となっている「サン・ミケーレ島」、さらに北にはヴェネツィアングラスで有名な「ムラーノ島」、レース編み産業の地「ブラーノ島」、そして、もっとも古い時代に栄えた「トルチェッロ島」がある。

本島は大きな魚のような形をして、全体が小さな島々からできており、その真ん中を「カナル・グランデ（大運河）」が市街を二つに分けながら湾曲して流れ、150を超える運河が177の島々を分け、運河には400におよぶ橋が架かる。地上は迷路のように狭く、曲がりくねった路地や通りに車は入れず、橋も歩行者専用で、長い間輸送を担ったのはゴンドラと呼ばれる手漕ぎボートだった。今は水上バスやフェリーが市民や貨物を運んでいるが、ゴンドラも観光などに利用されている。干潟に建物を建てるため、大量の丸太の杭を打ち込みそれを土台としたため、「ヴェネツィアを逆さまにすると森ができる」と言われ、まさに海上交通と貿易のために作られた都市であり、繁栄した港町でもあり、造船でも中心地だった。

かつては陸の孤島だったが、1846年に本土との間に鉄道が敷かれ、後に自動車用道路の「リベルタ橋」も架けられたが、橋を渡ってすぐの「ローマ広場」の駐車場に置いてから、島内は徒歩か船舶で移動することになる。主な交通機関は、水上タクシー、水上バス、渡し船などで、警察や消防、救急輸送も船舶でその業務を担っている。近年人口流出、水害や地盤沈下、大気や水の汚染、建造物の老朽化など多くの問題に直面しているのも事実である。

大潮、低気圧、海の風「シロッコ」による高潮「アックア・アルタ」がヴェネツィア湾で起こり、50年前に私が訪れた時はそうまでなかったが近年は街中まで水が入り、一番低い「サン・マルコ広場」は水没する。地下水使用の制限やアルプスからの水道の導入などで対処しているが、地球温暖化による海面上昇が加速されれば、将来街全体

溢水の問題

サン・マルコ広場は、ヴェネツィアで最も低い地点で、潮位が海面より60㎝高くなると水があふれてしまう。市のラグーンの周囲に防潮堤が計画されたが、180万米ドルを超えると見積もられている費用をめぐる論争のため、対応が遅れてしまった。

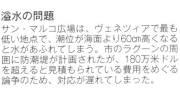

がアドリア海に水没してしまうことが懸念されている。可動式防潮堤も環境影響から市長の反対もあると聞くが、沈んでしまう前に世界一美しい街へ足を運んでみてはいかがですか。

ヴェネツィアの守護聖人サン・マルコを祀った、サン・マルコ寺院とドゥカーレ宮殿は、世界中の旅行者の集うサン・マルコ広場に面し、9世紀エジプトから運ばれた聖マルコの遺体を納めるために建てられた。入り口上部の4頭の「青銅馬像」(レプリカ)は、13世紀ヴェネツィアの十字軍がコンスタンティノープルから持ち帰ったもので、紀元前4世紀頃の作品とされ特に名高く、天を衝く鐘楼や時計塔からの眺めはよい。ドゥカーレ宮殿の地下牢獄は満水時には水牢になり、「溜息の橋」を渡って入牢すると2度とこの世に戻ってこられないという逸話があるが、あのカサノヴァはこの牢から脱獄している。

大運河は逆S字に蛇行して町を二分し、海上バス・ヴァポレットに乗るとゆっくり風景を堪能でき、そこに架かる「リアルト橋」には貴金属の店がひしめき、一日中人であふれており賑やかだ。ヴェネツィア派絵画の傑作を集結したアカデミア美術館や、海洋王国ならではの船の博物館もある。ムラーノ島はヴェネツィアングラスの島で、ヨーロッパの人々の憧れの品を製作し、貴重な輸出品でもあり当時莫大な富をもたらした。トルチェッロ島はヴェネツィア発祥の地で、最も古いS・M・アッスンタ聖堂の教会がある。リド島はフランスのリビエラやアメリカのマイアミと並ぶ国際的なリゾートで、ヴェネツィア映画祭やヴェネツィア・ビエンナーレ展が開催され、砂浜には映画『ベニスに死す』に登場する休息用の小屋が立ち並んでいる。

ヴェネト州などイタリア北部の料理には、水の都ヴェネツィアあたりで獲れたカニ料理など海の幸や、パダナ平野の米を使ったものが多く、山手では風乾牛肉の薄切り、サン・ダニエルの生ハムなどは折り紙付きである。美味しいワインの産地でもあり、ヴァルポリチェッラやソアヴェ、プロセッコ、火酒と言われるグラッパなどもある。観光が主な収入源で物価はとても高く、観光客はもとより住民にとっては大変深刻である。

海洋国家

ヴェネツィアは古代ローマ帝国の末期、421年3月25日の創設と伝えられている。当初はコンスタンティノープル（現イスタンブール）にあるビザンティン帝国の保護のもとで、選挙で選ばれた総督のもと独自の共和制を採用し、1000年以上に及ぶ政治的安定が続いた。11世紀、弱体化した東ローマ帝国の要請でアドリア海沿岸の国防を担うことになり、その代償として帝国内での貿易特権を得て、海洋国家として発展した。やがてアルプスの北の諸大国から恐れられるほどの軍事力を有し、東方航路を独占するとともに世界の富を集め、いわゆる「ベニスの商人」にふさわしい経済力もあり、「歓楽の首都」でもあった。

1104年に工廠が創られ軍船の修理を始め、1320年には軍船や大型商船の造船所となり、1日1隻の造船能力があった。1370年代以降は銃器も生産され、16世紀には世界における造船・兵器製造の一大拠点となり、1797年のナポレオン支配終了すなわちオーストリア支配開始まで繁栄が続いた。ピサ生まれのガリレオ・ガリレイは、顧問として就任している。当時は富を目当てに海賊も襲って来たが、21世紀の今は武器の代わりにケータイを持った難民が押し寄せて来る。

1204年、第4回十字軍とともにヴェネツィア艦隊は東ローマ帝国首都のコンスタンティノープルを攻略、代償としてクレタ島などの海外領土を得て東地中海最強の海軍国家となり、また東ローマ帝国分割で莫大な利益を獲得し、東地中海から黒海にかけての海域はまさに「イタリア商人の海」のようになった。

シェークスピアの戯曲『ベニスの商人』（喜劇）は有名だが、ヴェネツィア生まれと言われるマルコポーロが、黒海北岸から中央アジアを経て、元（現中国）へ向かうことを容易にさせたことは納得できる。

マルコポーロはヴェネツィアの豪商の子に生まれ、16歳で父と貿易旅行に同行しモンゴル帝国に来て、フビライ・ハンの使節となって26年間各地域を訪問した。後年「自分が実際に見聞きした経験を書き取らせ、見聞きしてないほかの人たちに書物を通じて知らせないとしたら、それは大きな不幸だ」と考え、ジェノヴァで入獄中に、同房の物語作家ルスティアーノ（ピサ出身）に書き留めさせたのが、『世界の記述』（東方見聞録）』である。多少誇張もあったが、大航海時代の先駆者たちの意欲を駆り立てることになり、その一部に日本（ジパング）が紹介されており、

「シパングは東方の島で、大洋の中にある。大陸から１５００マイル離れた大きな島で、住民は肌の色が白く礼儀正しい。また、偶像崇拝者である。島では金が見つかるので、彼らは限りなく金を所有している。しかし大陸からあまりに離れているので、この島に向かう商人はほとんどおらず、そのため法外の量の金で溢れている。

この島の君主の宮殿について、私は一つ驚くべきことを語っておこう。その宮殿は、ちょうど私たちキリスト教国の教会が鉛で屋根をふくように、屋根がすべて純金で覆われているので、その価値はほとんど計り知れないほどである。床も二ドワの厚みのある金の板が敷き詰められ、窓もまた同様であるから、宮殿全体では、誰も想像することができないほどの並外れた富となる。また、この島には赤い鶏がたくさんいて、すこぶる美味である。多量の宝石も産する」

1271年、ヴェネツィア港からアジアに向けて船出するマルコ・ポーロ（1254~1324）。繁栄する当時のヴェネツィアの様子が見てとれる。

とある。この話を聞かされたフビライ・ハンは、日本を征服しようと2人の将軍に多数の船と騎兵と歩兵をつけて派遣した。泉州と杭州の港から大洋に乗り出し、長い航海の末島に上陸するとすぐに平野と村落を占領したが、その時、凄まじい北風が吹いて島を荒らしまわり、大半の船団はひとたまりもなく破壊され、軍隊の大部分は滅びた。いわゆる「元寇」である。

サン・ミケーレ島は北東の潟に浮かぶ島で、ヴェネツィアの墓地である。ロシア・バレー団創始者でチャイコフスキーの「白鳥の湖」や「眠れる森の美女」などオペラ上演に貢献したセルゲイ・ディアギレフ、サンクトペテルブルク生まれの「火の鳥」「ペトルーシュカ」で知られる指揮者・ピアニストのイーゴリ・ストラヴィンスキーなど多くの有名人が眠っている。

しかしヴェネツィアは探検家コロンブスがアメリカ大陸に到達し、航海者ヴァスコ・ダ・ガマが喜望峰を回るインド航路を発見してから、時が大航海時代へ遷るとともに、貿易の舞台はアドリア海から大西洋や太平洋に移り、ヴェネツィアの影響力は低下し、オーストリアも港湾都市としてヴェネツィアよりもトリエステを重視するようになった。

街の世界的に有名なモニュメントはサン・マルコ広場であり、それはサン・マルコ聖堂と総督の宮殿に囲まれている。ヴェネツィアは世界中の民族と言葉が混じり合った社会であり、今日でもその建物はゴシック風、アラビア風、ビザンティン風、ルネサンス風、バロック風など、さまざまな様式が豊かに混合されている。その混合にもかかわらず、石、空気、水、光が調和し、すべてが一体となっている町である。

１６７８年ヴェネツィア生まれのヴィヴァルディは、ピエタ音楽院の「協奏局長」に奉職し、オペラの作曲に精力的に取り組んだ。１７１６年のオラトリオ「勝利のユディータ」が初演されてから、ローマをはじめヨーロッパの各都市を旅行し作曲家兼興行主となり、「四季」を含むヴァイオリン協奏曲集「和声と創意への試み」を出版し、トリエステでは神聖ローマ帝国のカール6世に協奏曲集「チェートラ」を献呈した。現役時代は高い評価で大変な蓄財ができたが、18世紀末から19世紀末にかけてバッハと同様、まったく顧みられず忘れ去られるようになり、没後270年以上を経てやっと日の目を見た。

ヴェネツィア大学では古くから東方への関心が強く、19世紀末から日本語教育が行われており、ナポリ東洋大学とともに中心的役割を果たした。その後、ローマ大学、ミラノ大学などが日本文化の専門課程を置き、現在は20以上に増えている。ビエンナーレとはイタリア語で「2年に一度」の意味で、2年に1回開かれる美術展覧会のこと。語源となったヴェネツィア・ビエンナーレは100年以上の歴史があるが、1990年代以降世界中で数が増えた一方、差別化ができていないという批判もある。日本にも神戸、大阪・堂島、北九州、神戸・西宮などたくさんあるが、ヴェネツィア・ビエンナーレには丹下健三や黒川紀章ら建築家の多くが参加している。

さて、伊東マンショら使節一行がローマを後にしてヴェネツィアへ向かう途中、アッシジやペルージャからアペニン山脈を越えてイタリア北東部のアンコーナ、リミニ、ボローニャ、フェッラーラを通った。この山越えの街道は、文豪ゲーテの『イタリア紀行』に「私が今まで通って来たうちで最も美しい、最も気持ちのいい散歩道」と言い、「自然および自分自身のみを友とすることの幸福を感じた」と、ドイツの「ロマンチック街道」と並び讃えており、私も同様の感想を持っている。マンショ一行の行く先々の町では「他の都市を凌げ」とこれ歓迎に努めたため、宴会、祝砲、花火など「歓喜で燃えるがごとく」だった。来る日も来る日もご馳走攻めに会ったが、粗食で育った一行には、金銀の器に盛られた数々の料理は「猫に小判」で、高価なブドウ酒も一口も飲まず「お湯ばかり」飲んでいたという。きっとごはんやみそ汁、梅干しなどが欲しかったに違いない。

ヴェネツィア共和国のドージェ大統領は、マンショらがローマ滞在中に在ローマ大使をしてシスト5世に、一行を自国へ招かせることを依頼していた。ヴェネツィア入国までの各地での歓迎ぶりの情報が伝わるや、政庁は宿泊予定の修道院の改修など多くの予算を提案、市会は賛成182票、反対0、無効5票で可決した。一行がキオッジャから領内に入り、島々を伝って町に近づくにつれ花火や祝砲が打ち上げられ、出迎えの船やゴンドラ（当時のヴェネツィアのゴンドラ数は約1万隻）が群がって通行不能となり、迂回してサン・マルコ広場に至った。来る日も来る日も「陶酔」と「驚嘆」が続いた後、別れに際して大統領は使節一行に、ヴェネツィアで最高級の豪華な品々を贈った。しかし松田毅一著『天正遣欧使節』に「このヴェネツィアに至るまで、一行が各地で土産品として贈られ受理した物品は実に莫大なもので、いったいどれだけのものが無事に日本にもたらされたのであろうか。残念ながら、それらのうちのただの一点すら確認されたものは現存しない」とある。この後も一行はパドヴァ、マントヴァ、クレモナと大歓迎を受けながらミラノへと向かった。

明治の岩倉使節団著『米欧回覧実記』のヴェネツィア編に目を向けると、その一部に、

「この町はイタリアの真珠だ。こんな町は見たことはない。この潟の上の都市のなかにあるものは、どこにも比すべきものが見当たらない。この町の大理石の宮殿、橋、教会を見たり、柱、バルコニー、窓、ゴチック風、モール風、ビザンチン風の柱頭のすばらしい組み合わせに視線を走らせ、動き、光る水面がどこにでもあるのを感じると、どうしてイタリア滞在のすべてをヴェネツィアにしなかったのか。ここに、永住する計画をたてたくなり、かならずもう一度来る、その時はと考える。最初は見惚れるだけ、頭だけで見るのではなく、心で、感覚で、全人格で見惚れる。幸せになる予感がある。生きているのはなんとすばらしいと思わず口をついて出てくる。ゴンドラは体に感じないで進んで行く。寝そべってい

ると心も体も勝手に運ばれていく。甘く、やさしい風がほほを撫でる。静かで爽やかな明け方に、まどろむバラ色や白亜の宮殿が、運河の水面にゆれている」と、これまでになく最大限の評価を与えている。「ゴンドラの唄」は1915（大正4）年に発表された歌謡曲で、「カチューシャの唄」を手掛けた中山晋平により作曲され、歌詞はアンデルセンの「ヴェネツィアのゴンドラ」から引用した。芸術座第5回公演「その前夜」の劇中歌として生まれ、松井須磨子らが歌唱、その後日本で永く流行った。ちなみに歌詞は以下の通り。

〽いのち短し　恋せよ乙女
あかき唇　あせぬ間に
熱き血潮の　冷えぬ間に
明日の月日は　ないものを

いのち短し　恋せよ乙女
いざ手をとりて　かの舟に
いざ燃ゆる頬を　君が頬に
ここには誰れも　来ぬものを

いのち短し　恋せよ乙女
波にただよう　舟のよに
君が柔わ手に　わが肩に
ここには人目も　無いものを

いのち短し　恋せよ乙女
黒髪の色　褪せぬ間に
心のほのお　消えぬ間に
今日はふたたび　来ぬものを

私がヴェネツィアのゴンドラに初めて接したのは、約50年前の若いころ一人旅で訪れた時のことで、テーマソングにのってゆったりと動くゴンドラは感動的だったし、ショーンコネリー主演の映画『007ロシアより愛をこめて』の終わりに近い場面に出てくる風景も有名で当時を懐かしんだ。

パドヴァの街はヴェネツィアのすぐ西にあり、歴史は古くローマ時代にさかのぼる。当時より産業が

ヴェネツィアのゴンドラ
春から秋にかけては観光客でにぎわいを見せるが、冬の何カ月か、ゴンドラに乗る客は死者しかいない。水の上の葬列は、ヴェネツィア人にとって見慣れた光景である。

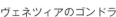

発達し経済的に豊かな街で、ローマに次ぐ「富裕の町」と呼ばれ、15世紀からヴェネツィア共和国の支配に入った。13世紀にボローニャ大学を飛び出した教授、学生らによって創立されたパドヴァ大学の伝統と名声から、「大学者の町」とも呼ばれる。ヴェネツィア共和国の唯一の大学として手厚い保護を受け、医学や自然科学の研究ではヨーロッパ髄一の名声を獲得、コペルニクスやW・ハーバーが学び、ガリレオ・ガリレイやダンテらが講義し、世界初の円形階段状の解剖学教室も創設された。「天正遣欧使節」を企画したあのヴァリニャーノは、パドヴァ大学で法学博士になった。

パドヴァ駅からポポロ通りを500メートルほど歩いて、運河を渡ったところの緑の公園の一角に、スクロヴェーニ礼拝堂がある。その入り口の壁には、ジョットの最高傑作である「最後の審判」が残されており、天井から壁画まで彼のフレスコ画で埋め尽くされ、聖母とキリストの生涯が38面にわたって描かれている。ヴェネツィア派の絵画が充実しているのは市立図書館で、ジョットの「十字架刑」やグアルティエーロの「武器を持つ天使」などのコレクションがある。繁栄のシンボルであるラジョーネ宮やドゥオーモのほか、広場や教会も多い。

ヴィチェンツァはパドヴァの西30キロにあり、「パッラーディオの町」という異名を持つ。天才的なルネサンスの建築家パッラーディオとその弟子たちが、ヴェネツィアに負けてはならじと、ローマで学んだ正面に列柱を使った古代建築のスタイルの宮殿造りに精魂を傾けた。パッラーディアン様式と呼ばれ、人口12万弱の小都市にはルネサンス期の優雅さと、躍動感あふれる彼の宮殿群があふれている。初期の傑作キエリカーティ宮の絵画館には、フランドル派のメムリング作「キリストの磔刑」やベルリーニの「キリストの洗礼」、ヴェロネーゼの「三賢王の訪問」があり、古代円形劇場を模したオリンピコ劇場、バジリカや時計塔も堂々としている。

ヴェローナ

ヴェローナはアルプス山脈の麓でヴェネト州西部、ヴェネツィアから西へ約１２０キロのところにある交通の要衝の地で、中心部の古代ローマ時代の円形競技場跡（アレーナ・ディ・ヴェローナ）が街の象徴となっているほか、中世の街並みが多く残っている。ユネスコの世界文化遺産に登録され、ドイツの詩人ゲーテの『イタリア紀行』に登場し、イギリスの詩人・劇作家シェイクスピアの戯曲「ヴェローナの二紳士」（喜劇）や「ロミオとジュリエット」（悲劇）の舞台でも有名で、それらのイメージがあちこちに残る町である。ジュリエットの家と呼ばれる家は、モデルとなったカプレーティ家の娘の家で、映画や舞台で有名なバルコニーもそのまま残され、前庭にはジュリエットの像が建ち、館内には当時の家具や日用品が展示してある。「ロミオの家」も残っているが、個人の所有のためここは非公開である。

円形競技場は紀元前1世紀初めに造られ、ローマのコロッセオ、ナポリの円形劇場に次ぎ、イタリア国内3番目の大きさを誇り、最も保存状態が良いといわれる。夏のオペラ・シーズンには、規模、演奏水準でも屈指の音楽祭となり、２０１２年の第90回オペラ・フェスティバルでは、「ドン・ジョヴァンニ」「アイーダ」「カルメン」「ロミオとジュリエット」「トスカ」「トゥーランドット」の6演目、計50回の公演が行われた。エルベ広場は古代ローマから存在し、サン・マルコの円柱やカンピオーネ作によるマドンナの噴水があり、奥にはバロック様式のマッフェイ宮殿が建っている。シニョーリ広場の中央にはダンテの像が立っており、周りにはコンシリオの回廊やスカラ家の館、市庁舎などが建つ。

歴史は古く先史時代末期にはすでに集落が創られ、エトルリア人、ガリア人、ローマ人と交流があったことが出土品からわかっている。紀元前3世紀には共和制ローマとの同盟関係に入りガリア人のローマへの侵攻、カルタゴやゲルマン人との戦いでもローマ側に参加した。中世のヴェローナは時代の波に翻弄され続けたが、1136年都市特許状を得てコムーネとなり、1405年ヴェネツィア共和国の支配下に入った。ルネサンス期は商業、文化の中心として発展したが、1530年のペストのため、55万人の人口が20万人にまで減少した。ナポレオン支配以降はヴェネツィアと同じ歴史をたどった。

マリア・カラスはギリシア系移民の子としてニューヨークに生まれ、20世紀最高のソプラノ歌手といわれた。1947年ヴェローナ音楽祭で「ラ・ジョコンダ」の主役を歌ってデビュー、センセーショナルな成功を収めた。イタリア・オペラの広いレパートリーでロッシーニ、ドゼッティ、ヴェルディ、プッチーニなど並外れて優れた歌唱で、各地のオペラハウスに出演し喝采を博した。74年には日本を訪れ、「スター千一夜」などテレビにも出ている。パリの自宅にて53歳の若さで没し、遺灰は生前の希望により出身地のギリシア沖のエーゲ海に散骨された。

エミリア・ロマーニア州

エミリア・ロマーニア州はヴェネト州の南に位置し、州の中央を貫通するエミリア街道を中心に、古代から交通の要衝として発達してきた。エトルリアの遺品からビザンティン、ロマネスク、ゴシック、ルネサンスなどの多くの美術品が、よく保存された町が点在する。ポー川流域は豊かな穀倉地帯で、小麦やブドウ栽培、牛や豚の飼育が盛んであるとともに、パルマの生ハムやチーズは世界的に有名であり、州都ボローニャは交通産業の中心地で農産物の集散地でもある。

ボローニャやラヴェンナなどはローマ以前に起源を有する都市で、ローマ人はガリア人が暮らす北部イタリアを「ガリア」と呼び、ポー川の南側の地域を「ポー川の手前のガリア」を意味する「ガリア・キスパダナ」と呼んだ。紀元前3世紀以降、共和制ローマはこの地域に進出し、リミニ、ピアチェンツァを建設した。前187年エミリア街道が完成し、沿線にボローニャ、モデナ、レッジョ・エミリア、パルマなどが建設された。

ローマ人はガリアとの境界を、ラヴェンナとリミニの中間を流れるルビコン川としたが、この川はカエサルがガリア戦争でルビコン渡河を決行（ローマ内戦・「賽は投げられた」）するとともに、前42年ころアウグストゥスがイタリア本土に編入した歴史がある。中世になってキリスト教が広まると、この地域に多くの修道院が建設され、政治的には紆余曲折があったが、文化的、宗教的な繁栄がもたらされた。「ラヴェンナの初期キリスト教建築物群」は、世界遺産である。

この地方は食文化も盛んで、指輪型のパスタ料理は有名であり、食肉加工品も名高くサラミやパルマの生ハムをはじめ、大きな塊の牛や子牛、豚，鶏などをボイルしたボッリート・ミストも代表的だ。パルメザンチーズは20キロ超の大型のチーズで、最低2年の熟成が義務付けられている。またアルバーナやランブルスコなどのワイン、バルサミコ酢、エキストラ・ヴァージン・オリーブオイルなどは世界中で大好評であり、州のどこでも美味しいものが揃っており、グルメファンには避けて通れない地域である。

パルマはスタンダールの小説『パルムの僧院』の舞台となった町で、パルメザンチーズと生ハムの町でもあり「食と芸術の町」とも言われ、近くの村ハルナではチーズの残滓を豚の餌にして、幻の高級生ハムを生産している。チーズは約5000年前メソポタミア文

型に入れて並べられたパルメザンチーズの塊。
2～3日寝かせた後、塩水に漬け熟成される。

明の地で生まれ、ギリシアを経てヨーロッパへと入っていく中で、イタリアは重要な役目を果たしている。イタリアでのチーズの始まりは約3000年前で、チーズはローマ軍兵士たちの食料としてアルプスを越え、ローマ帝国の支配下に置かれていった地域には順次チーズ文化が伝わり、その土地ならではの製法と風味を持ったチーズが作られるようになった。イタリアがヨーロッパチーズのふるさとと言われる所以である。

西欧最古の大学都市の風格をたたえるボローニャ（39万人）は、エミリア・ロマーニア州の州都で「芸術の町」といわれ、今も中世、ルネサンス、バロック時代の息吹が感じられる古都である。そしてスーパーカー・ランボルギーニ社の本社があるなど重要な経済都市でもあり、絵本、靴、美容器具などの国際見本市が開かれることでも有名。一方、昔ながらの市場や個人商店のにぎわいに驚かされ、エコロジー、地産池消という堅実な暮らしぶりがうかがえる町でもあり、ほかの町にはない独特の景観と雰囲気をもっている。

豊かな歴史的、芸術的記念物を有する文化的中心地で、1088年創立のボローニャ大学（現在はアルキジンナージオ宮）では、教会の反対を押し切り世界初の人体解剖が行われ、解剖学大階段教室が残されている。大学ではコペルニクスも学び天体の観測、研究をし、「地球の動き方」に関する新しい理論の創造に向けて論文を書いた。しかし、ガリレオ・ガリレイに対する裁判が始まる直前に、地球が動いているという著書「天体の回転について」の内容が「聖書」に反するとされ、ローマ教皇庁から閲覧が一時停止となった。ちなみに聖書には「初めに、神は天地を創造された」という記述はあるが、天動説が載っているわけではないのにである。

市立考古学博物館は古代各地のコレクションが豊富で、特にエトルリアの壺類はすごいという。ポルタ・ラヴェニャーナ広場には、2本のボローニャの斜塔があるが、黄金時代には200本あってダンテもびっくりしたとの話が伝わっている。町の中心にはシンボルである、海神ネプチューンの大噴水のあるマッジョーレ広場があり、周りには美術コレクションがある市庁舎(コムナーレ宮)や、14世紀から始まり今も未完成のゴシック様式のサン・ペトロニオ聖堂には、初期ルネサンス期の傑作「聖母とキリスト」などの彫刻が飾られている。神聖ローマ帝国皇帝ゆかりのエンツォ王宮殿やポデスタ館のほか、国立絵画館にはジョットの祭壇画「聖母子」やラファエロ「聖チェチリアと聖人」などがある。

天正遣欧使節伊東マンショらを引見したグレゴリウス13世は、ボローニャの生まれで反宗教改革運動を進める一方で、教会内部の改革を推進するとともに、海外の布教活動に力を入れた。同時に、科学と芸術の分野でも極めて積極的で、ユリウス暦をグレゴリウス暦に改めるなど改革を行った。フォンタネージは1818年、レッジョ・エミリア生まれでボローニャの美術学校で学び、58歳の時明治のお雇い外国人教師の一人として来日、画学教科書や画材などを携帯してデッサンや油彩の本格的な基礎教育を行い、その力量は高く評価された。

モデナも歴史は古く、先史時代からローマ人の居住、自治都市、宗教戦争などボローニャと似た歴史をたどりながらも、二つの町はライバルだった。中でも約2世紀に渡ってエステ家の居城となったドゥカーレ宮殿は、豪奢な館で内部にはエステ家の人々の肖像画やフレスコ画が飾られ、フランチェスコ1世が死刑の署名をした場所「金の間」もある。町の西には古びた「イタリアで最も美しい美術館」と称され、エステ家の至宝が凝縮したエステンセ美術館があり、バロックの巨匠ベルニーニの傑作「エステ家のフランチェスコ1世の彫像」などのコレクションが並ぶ。スポーツカーやF1のマシーンで知られる創始者エンツォ・フェラーリの本拠地があり、生家も再現され博物館になっている。

油彩画・フレスコ画で知られるコレッジョは、ルネサンス期に隣町パルマを中心に活躍、12世紀半円形アーチのロマネスク建築、サンタントニオ大聖堂の祭壇画として描かれた「聖ヒエロニムスのいる聖母」は代表作で、レオナルド・ダ・ヴィンチの「キリストの降誕」と対で紹介されることが多い。コレッジョの作品はバラ色に輝くドゥオーモの「聖母被昇天」、エヴァンジェリスタ教会の「聖ヨハネの幻視（キリストの昇天）」、国立絵画館などに多く残されている。

ピアチェンツァはミラノにも近く、永いこと近隣の諸勢力の間でその運命は揺れ動き、16世紀からの300年間は、パルマのファルネーゼ家が支配した。町の中心のカヴァッリ広場には赤煉瓦と大理石の堂々とした旧市庁舎があり、近くのドゥオーモ、ファルネーゼ宮殿と博物館も見る価値あり。

ファシスト発祥の地

ボローニャ東南50㌔の、フォルリ近郊プレダッピオ市ドヴィア地区に、1883年7月29日ベニート・ムッソリーニが、熱心な社会主義者の鍛冶屋を父、小学校教師を母とする3人兄妹の長兄として生まれた。少年期は「手の早い乱暴者」と言われ2回の放校処分を受け、腕っ節の強さは村の少年たちのリーダーだったが、周囲に心を開かず仲間と群れることを嫌って一人での行動が多かったと言われている。教職時代や社会党機関紙「前進」の編集長時代も変わらなかったという。

王制後期の政界でイタリア社会党員（PSI）として活躍し、第一次世界大戦後に自らの政党として結党した、国家ファシスト党（PNF）の統帥としてファシズム（結束主義）運動を展開、6万人を率いてのローマ進軍によるクーデターで首相に任命され、ファシズム政権を樹立した。1925年議会で独裁体制を宣言し、「国家統領」を創設して自ら初代統領に就任、ファシスト一党体制を確立した。エチオピア帝国征服後イタリアは植民地帝国となり、ムッソリーニは「帝国の創設者」「ファシストの指導者」となって、国王から元帥首席を奪取した。第一次世界大戦では勝ったものの泥沼化し悲惨な戦いとなったことから、第二次世界大戦に対する判断は、当初、中立的な態度を維持していたが、一カ月という短期間でフランスが降伏に追い込まれた情勢から、準備不足のままドイツ側での世界大戦参加を決断した。

ドイツでは1889年、後に政治家、ナチズムの指導者、第三帝国の独裁者となったアドルフ・ヒトラーが、オーストリアの田舎町ブラウナウで下級関税官吏の子として生まれた。若いころ、放浪の末ミュンヘンに移住し、第一次世界大戦に志願兵として赴き、敗戦後ミュンヘンにもどってドイツ労働者党(のちのナチス)に加入した。天賦の弁舌の才能を武器に党の勢力は伸長し、ミュンヘン一揆で禁固刑を宣告され、その間に反ユダヤ主義、民族主義的国家などを説いた『わが闘争』を書いた。帝政ドイツ崩壊後は、民主憲法の先駆け、典型といわれた素晴らしいワイマール憲法下にあったが、1929年の世界恐慌勃発後、ナチス勢力は飛躍的に伸び32年選挙で第1党となり、ヒトラーは直ちに独裁体制を樹立、ワイマール憲法の解釈変更によりユダヤ人排除と再軍備計画を国会で成立させ、戦争放棄から参戦を可能にした。

日本では日露戦争後外交に代わって軍部独裁が続き、第一次世界大戦で中国へ21カ条を要求して大陸へ侵攻するとともに、資源を求めて南方へ関心を持った。大戦後のヴェルサイユ条約で千島、樺太南半分、大韓民国、台湾までと南太平洋諸島を領土とした。国際連盟では常任理事国入りを果たしたが、大韓民国

ムッソリーニ(左)(1883~1945)とヒトラー(右)(1889~1945)。イタリアとドイツは同盟関係にあったが、イタリアの劣勢が明らかになるとヒトラーの態度は冷淡になった。

が日本の満州権益の拡大反対を連盟に提訴し、賛成42、反対1（日本）で否決されたのを機に、イタリア、ドイツとともに連盟を脱退した。１９４０年近衛文麿首相、東条英機陸相らは日独伊三国軍事同盟を結び、開戦に疑問を持っていたと言われる天皇を説得、41年ハワイの真珠湾を奇襲攻撃して太平洋戦争へと突入し、ファシズム帝国主義の日独伊３国は世界を敵に戦争を始めた。

イタリアでは開戦直後からレジスタンス運動が始まり、43年連合軍がシチリアに上陸するや、ファシスト党の大幹部グランディが国権の最高機関の大評議会に、ムッソリーニの持つ統帥権を国王に返還させる決議案を提出した。これに休戦派が賛同し、激論の末賛成19、反対7で可決されムッソリーニは議会で罷免、追放され、国王は首相を解任しファシスト党は解散、終戦直前には連合国の一員に参加したがドイツがこれに怒ったため、国王や首相ら国家指導層は終戦までイタリア東南部ブリンディジへ逃げた。

45年4月ムッソリーニは銃殺刑に処され、遺体はミラノのロレート広場に吊るされたうえ、墓は生地のドヴィア地区（人口６０００人）の山中にあり訪れる人はいないという。戦後のイタリアは「自らの手でファシズムの首領ムッソリーニを追放した」とし、「第二次世界大戦を勇敢に戦った勝利者」との認識が一般的であり、大戦関連の唯一の祝日4月25日は、ドイツ軍とファシズムの戦いに勝利した記念日となっている。

ドイツのヒトラーは45年5月、ベルリンの地下壕で自殺してナチスが滅亡、5月に無条件降伏した。遺骸は埋葬場所がネオナチの聖地にならぬようにと、埋めたり掘り返したりを繰り返したが、70年、完全に焼却しその灰をエルベ川に散骨したため、墓はない。大切なことはイタリアに戦没者の国立墓地があるように、ドイツでも「ファシズムと軍国主義による犠牲者」の墓があり、真ん中に「永遠の炎」が燃え続けていることである。フランスは凱旋門を追悼所とすることを国民議会で議決、アメリカには南北戦争後の

「無名戦士の墓」アーリントン国立墓地があり、カナダでは国会議事堂内の「平和の塔」に6冊の「追悼の書」が置かれており、全て無宗教の施設で国内外の誰もが当たり前に参拝している。かつて「侵略した加害国と侵略された被害国」であった独、伊、仏、英などの近隣諸国が友好関係を構築したのに、なぜ日本ができないかは戦争指導者も戦没者も同等に神として祀っている靖国神社に問題があり、その「戦後のけじめ」を付けぬまま、先送りを続けているからに他ならない。

日本では連合国軍が沖縄から本土への爆撃を強めたことで、東条英機首相らは1億総玉砕を叫んで本土決戦を固め、敗戦が濃厚となったにもかかわらず戦争を続けたが、45年8月、広島、長崎への原子爆弾の投下によってようやく無条件降伏した。大戦後、東条英機ら戦争指導者は裁判で死刑となったが、雑司ヶ谷霊園などにきちんと墓がある。一方、軍人や戦没者は靖国神社に合祀され、天皇・皇后両陛下も参拝され手を合わせてこられた。しかし78年福田内閣当時（私が法務大臣秘書在任中）、東条英機らいわゆるA級戦犯14名を、先代の筑波宮司の反対にもかかわらず、後任の松平永芳宮司が独断・強引に合祀を決めたことで、靖国問題が政治問題化する原因になった。この合祀を昭和天皇は非常に不快視され以後参拝はなくなり、現天皇も昭和天皇の意を汲み今日まで参拝はない。93年中曽根康弘首相が参拝したが、日中関係を配慮してその後は中止、小泉純一郎首相は気を使って8月15日を避けて13日に実行した。安倍首相の公式参拝では中韓の反発と、米政府の〝失望〟を招くに至った。

A級戦犯の1人、木村兵太郎陸軍大将の長男木村太郎氏（元日本銀行監事）は、「文芸春秋」2015年9月号で次のように訴えている。「靖国神社に祀ってもらうことは期待も想像もしていなかったので、望外のことと素直に喜んだが、そのことで天皇陛下の参拝が止まる事態を招いた。宮内庁長官の書いた「冨田メモ」でも、昭和天皇はA級戦犯が祀られたことに不快感を持ったとある。公式参拝の妨げになっている現状には心を痛めている。そこで遺族から取り下げを願い出ようとしたが、東条英機次男の東条輝雄さんは「我々が願い出たものではないし、我々から取り下げを願い出るのは筋が違う」で立ち消えになった。宮司は合祀に慎重に配慮して欲しかったし、あの時は合祀しなかった方がよかった。逆を言えば現在の宮司の決断で取り下げられるはず」と、〝父を靖国神社から分祀して欲しい〟と苦渋の決断を告白している。ちなみにヒトラーのユダヤ人大虐殺のニュルンベルク裁判では、終了後42巻の文書を一般公開したが、東京裁判ではそうした記録を一切公表しなかった。

　靖国神社の起源は1869（明治2）年に、明治天皇により「東京招魂社」として創建され、53（嘉永6）年のペリー来航以来の維新・戊辰戦争の戦没者を祭神として祀ることを目的としていた。79年の太政官通達で靖国神社と改称し、西南戦争、日清戦争、日露戦争、第一次世界大戦、満州事変等々での戦争で亡くなった軍人、軍属、準軍属などを合祀して戦後に至った。吉田松陰、坂本龍馬、高杉晋作、大村益次郎ら幕末の志士も「維新殉難者」として合祀されているが、会津藩を除く幕府軍や新撰組などは賊軍ということで合祀されていない、ということでの混乱もある。1946年に東京都知事の認証により宗教法人として発足したが、神社本庁には属せず本庁の神職の資格も必要なく、松平宮司は旧軍人で自衛隊出身である。分祀や新しい追悼施設の建設が叶わないならば、靖国神社近くの千鳥ヶ淵戦没者墓苑には、世界最多とも言われる30万柱を超える無名戦士者の遺骨があるが、これを国会議決により靖国神社に代わる「国民的な慰霊碑」とするのも、一つの考えではなかろうかと私は思う。

　ラヴェンナの町はヴェネツィアの南150キロ、フォルリの近くでアドリア海沿岸に位置する。ビザンティン文化が花開いた古都でモザイク美術の宝庫と言われ、満天の星が煌くような荘厳さは多くの人を魅了し、ダンテも「色彩のシンフォニー」と称賛し、その完成された美しさを詩に歌った。彼はフィレンツェを追われて以来、ここを終焉の地として定め名作『神曲』を書き上げ、サン・フランチェスコ教会のダンテの墓には、追放されたフィレンツェから奉納される油で灯明が絶えることがないという。町の建築物のモザイクは圧倒的で、５４８年建立の八角形のサン・ヴィターレ教会、ラヴェンナの基礎を造ったガッラ・プラチーディアの廟、十二使徒が見守る円天井のネオニアーノ洗礼堂、「キリストと十二使徒を表す羊」のあるサンタポッリナーレ・クラッセ聖堂などは、指折りの美しさを放っている。

フェッラーラの町も、ルネサンス時代にはフィレンツェと並び「芸術の街」と称され、エステ家の宮廷文化が花開き、「理想都市」として整備された町で世界遺産に登録されている。オペラ劇場などの建築物や貯水モニュメントはルネサンス時代の建物である。14世紀のエステンセ美術館城は、美しいフレスコ画が飾る「オーロラの間」が見どころで、カテドラルにはフェッラーラの守護聖人サン・ジョルジョが祀られ、ディアマンテ宮殿の中は国立絵画館になっている。

東のアドリア海に面したコマッキオの町は、運河が多くリトルヴェネツィアとも言われ、トレッポンティ橋などとともにカプチーニの回廊は知られる。ゴンドラの船頭は皆ボランティア団体がやっており、ワインの醸造地でも有名である。

エミリア・ロマーニア州出身の人物には、ブッセート生まれのジュゼッペ・ヴェルディ、モデナ生まれでフェラーリ創業者エンツォ・フェラーリ、チェント生まれのランボルギーニ創業者フェルッチオ・ランボルギーニ、リミニ生まれの映画監督フェデリコ・フェリーニ、そしてメルドラ生まれで、チェゼナーティコ育ちのサッカー選手・指導者である、アルベルト・ザッケローニ元日本代表監督など数多くいる。

リミニから20キロほど西へ行と、ユネスコの世界遺産にも登録されているサンマリノ共和国がある。サンマリノは面積60平方キロ、人口3万人のアペニン山中の内陸国で、世界で2番目に小さく世界最古の共和国である。首都も国と同名のサンマリノで、言語はイタリア語、カトリックが国教である。丘陵地帯のほぼ中央に、壮大な岸壁をそびえたたせた標高750メートルのティターノ山があり、山上は360度絶景が見渡せる要塞都市で、下の町とは城壁と急坂の小道で結ばれている。温和な地中海性気候に恵まれ、農業が主で山間部の牧場では家畜が飼育され、低い斜面にはぶどうや穀物が栽培されている。

ティターノ山に人が住み始めたのは4世紀後半であり、ノルマン人やイスラム教徒に迫害されたキリスト教徒とそれに従う牧夫と農夫で、険しくて隔離された地形に城を築き完成させ、ロッカ砦は騒然としたルネサンスやそれ以後の時代を通じて、周囲からの略奪からこの国を守るのに役立ったのである。ローマ教皇が2度もこの小さな国を併合しようとしたが、市民は結束し危機を乗り切るとともに、ナポレオン支配に際してもこれを拒否し、さらにウイーン会議でもサンマリノの主権は尊重され、どんな干渉も受けなかった。軍は有事の場合に、16歳から55歳までの健康な全成年男子によって構成される。

現行憲法は1559年に発布され、立法権は60名の議員からなる全国大評議会にゆだねられ、5年ごとに改選される。執政官は議員から選ばれ、国家元首と国会議長を兼ね政治全般を監督する。EUには加盟していないが、イタリアとの取り決めで通貨はユーロで、イタリア＝リラやヴァチカン市国の通貨も流通を認められており、切手も発行している。高度な福祉制度が整い、国民の多くは国に関連する仕事に就き、持ち家助成があり、14歳までの教育費は無料で、海外で勉強する場合には奨学金制度もある。

1996年日本と国交を樹立し、在留邦人は4人（13年）。14年6月東日本大震災の犠牲者の慰霊を

ロッカ砦

12世紀以来自治が行われている、ヨーロッパ最小の共和国にある三重の城壁をもつ首都、サンマリノにそびえている。その最初の定住者として知られるのは、4世紀に迫害から逃れようとしたサン・マリヌスに率いられた一団である。

目的に、「サンマリノ神社」が建立されたのは嬉しい。若いころの旅で、サンマリノの切手とハガキを買って日本の友人達に近況報告をしたことがある。ちなみにロードレース世界選手権で有名なアレックス・デ・アンジェリスは、リミニ生まれでサンマリノ国籍である。

フリウリ・ヴェネツィア・ジュリア州は北イタリアで最も東に位置し、オーストリアとスロベニアに接し文化的にも東欧の影響を受けており、美しい海岸線と砂浜がある。州都はさらに東端のスロベニアとの国境に近いトリエステで、古代ローマ時代に源を発し、中世には海洋都市ヴェネツィアの支配下に置かれ、後オーストリアとの併合、国連の管理下に置かれるなど、目まぐるしい変遷を遂げ、1954年にイタリア領として復帰した。特殊な地理条件と複雑な歴史的背景のせいで、人種も言語も多様で一種独特の雰囲気を持っている。町の中心は船会社や政庁舎が並び、海沿いのウニタ・ディタリア広場には、今も古き良き面影を残す建物が並び、絶好の散歩道でバラ窓とモザイクが美しいサン・ジュスト聖堂や、エレガントな白亜の古城・ミラマーレ城などがあったのを思い出す。

トレンティーノ・アルト・アディジェ州は山々に囲まれ、ドロミティをはじめとしてスキー場も多くウインタースポーツが楽しめ、オーストリアと国境を接しているため、文化的にオーストリアの影響が色濃い。州都はドロミティ山地の入り口にあたるトレントであり、町の西側をアディジェ川が流れ、東側には大きさに圧倒されるブオンコンシリオ城の雄姿がそびえ、かつてルターやカルヴィンの率いた宗教改革運動を食い止めるため、カソリックの勢力を結集しようとしてトレント公会議が開かれた。町の中心にはドゥオーモ広場やネプチューン広場があり、プレトリオ宮殿やブオンコンシリオ城、カステルヴェッキオ(旧城)、マーニョ宮殿など詩情豊かな風情をしている。

ボルツァーノは、トレントからさらにアルプス山脈へと入ったドロミティ山地のど真ん中にあり、アルト・アディジェ地方の州都でオーストリアに近い（国境まで50キロ）。チロル風の雰囲気がある町で、人々はイタリア語とドイツ語を話し、１００キロ余のドロミティ街道はかつてのオーストリアとを結ぶ通商路であり、街道沿いの小さな村々の生活風景や大自然の風景は極めて新鮮である。中心にはヴァルター広場とパロッキア広場、果物や野菜の市の立つエルベ広場があり、旧石器時代から10世紀までの発掘品を展示した考古学博物館には、約５３００年前に死亡し標高３０００メートルの山中に氷河に閉じ込められていた、アイスマンと呼ばれる凍結ミイラの姿や持ち物が良い状態で保存されており、見学者が絶えない。最近そのＤＮＡからピロリ菌が確認され、胃炎に悩んでいたとイタリアの欧州アカデミーが発表した。13世紀に建てられたコンコロ城は、サレンティーナ渓谷の緑の高台に雄姿を見せている。

ドロミティ山塊は３０００メートル級の山々が連なり、赤茶色の岩肌、垂直に切り立った山々、日暮れ時の夕日などいずれも息をのむほどに感動の連続である。ドロミティ街道の西の拠点がボルツァーノで、東がコルティナ・ダンペッツォで6～9月までがシーズン、２０００メートルを超える幾つかの峠を越える途中では、峡谷を流れ落ちる清冽な川、山と森に囲まれた美しい湖、夏でも雪をかぶる氷河、カウベルが響く牧草の広がる丘と大自然への畏敬を感じさせる。

オーストリア

ヴェネツィアを中心とするイタリア東北部は、スロベニア（バルカン半島）、オーストリアに国境を接し、その北にはドイツがある。バルカン半島については後で触れることとし、まずオーストリアについて述べることとしよう。

オーストリア共和国は欧州大陸のほぼ中央に位置し、8カ国と国境を接し国土の約47%が森林で、中南部でアルプス山脈が東西に走り、ドナウ川が北部を東西に貫流している。面積約8万4千平方キロ(日本の22%)、人口は約853万人、首都はウイーン(約174万人)で他にグラーツ(27万人)、リンツ(19万人)、ザルツブルク(15万人)など。オーストリア人88%のほかドイツ人などで、言語はドイツ語。カトリック教徒が74%、プロテスタント5%、イスラム教徒4%である。連邦共和制・議院内閣制を採用し、元首は大統領で直接選挙により選ばれ任期6年、下院の第一党から首相を任命する。

歴史は8世紀末、カール大帝の伯領が基になりやがてドイツ人の支配と植民が続いた後、1278年、ハプスブルク家の領有に帰し、同家は約400年の間神聖ローマ帝国の帝位を独占した。第一次世界大戦の敗北に伴い帝政が崩壊し、ハンガリー、チェコスロバキアが独立するなどしてオーストリア共和国が成立、1920年連邦制の憲法が制定された。38年ナチス・ドイツに併合され第三帝国の一州になったが、第二次世界大戦後の55年独立を回復した。後社会党長期政権、国民党政権などを経て、現在大連立政権が続いている。

1995年欧州連合(EU)加盟と同時に永世中立を宣言し、NATOには未加盟だが「平和のためのパートナーシップ」(PFP)に調印、協力関係にある。6カ月の徴兵制を敷いており、総兵力は2万2800人、予備役17万1400人で、13年徴兵制の賛否を問う国民投票の結果、賛成が有効票の約6割に上り、徴兵制の維持が決まった。これはスイスと同じく自分たちの「国を守る」ためだけの兵で、一兵たりとも国外へは出さないという憲法を守ることに徹している。

2014年12月8~9日、核兵器が人類に及ぼす影響を議論する第3回「核兵器の非人道性に関する国際会議」がウイーンで開かれ、核保有5大国のうち、米国と英国が初めて参加した。この採択に当たって日本は、広島、長崎でその悲惨さを体験した唯一の国であるのに、福島の教訓も生かせないまま、アメリカの「核の傘」に気を使ってその削減案を拒否した。日本人として日本国として世界の先頭に立つべきなのに、人類の未来、地球の未来から目を逸らした行動をとったことは、恥ずかしいことこの上ない。

1976年ウイーンの西50㌔にツウェンテンドルフ原子力発電所が完成、一時は施設内に核燃料棒が搬入されたが、稼働の賛否を問う国民投票の結果、反対派が50・47%と小差での勝利だったが、稼働しないまま閉鎖された。99年の憲法で原発建設は禁止し、ドナウ川などの豊かな水資源を背景に、水力で電力需要のほとんどを賄う欧州連合（EU）有数の水力発電国である。実は日本にも数多くの河川があるとともに、太陽は降り注ぎ風も吹き、四面を海に囲まれ火山や地熱もあるが、これらは国が原発ありきの政策のため再生可能エネルギーは国が民間にブレーキをかけた状況となり、一部を除いてほとんど活用されていない。確かに石油などの資源は出ないものの、エネルギー資源となるものは山ほどあるのにである。

私が市長現職時、地元企業である王子製紙日南工場が、85億円かけて造るバイオマス発電所を誘致したことがある。これは日本の山々は緑で覆われたくさんの木材を産出するが、その廃材などは多くが捨てられたままで終わっていたため、それらを活用して発電しようということである。2014年春遂に稼働が始まったが、これは約4万戸分の発電能力があり、仮に日南市の全戸が何かで一斉停電となった場合即カバーできる量であり、合わせて発電所や山林、製材などで働く人たちの場も拡がることになった。国定公園日南海岸にある串間市が原発誘致問題で揺れていたが、東日本大震災の福島第一原発事故を機にすぐに取り下げとなった。日南市内でもそれまで誘致賛成の人がいて、私は全国市長会を含め常に日本は再生可能エネルギーに変換すべきと訴えてきた経緯があり、今でもその思いは変わらない。

かつてウイーンを訪れた時、市内の環状道路・リンクは、銀杏などの落ち葉がいっぱいで郷愁を覚えた思い出がある。欧州の鉄道網に繋がるウイーン中央駅が14年新装オープンし、イタリアやドイツなど近隣はもとより、15年にはパリやアテネなどとも結ばれたのは嬉しい。

オーストリアは多くの作曲家・演奏家を輩出し、ドイツ圏全体として圧倒的に世界一のクラシック音楽大国として知られ、オペラですら本場イメージの強いイタリアの4倍以上の上演数を誇り、名門オーケストラや国立歌劇場、音楽学校を擁する首都ウイーンは「音楽の都」と呼ばれている。作曲家人気調査などでは、上位三傑はドイツのベートーヴェン（ウイーンで活動）やJ・S・バッハ、オーストリアのモーツァルトが常で、十傑でもブルックナー、シューベルト、マーラーといったオーストリア出身者に、ドイツ出身のブラームスほか3人（4人とも活動の本拠はウイーン）が入る状況。実際には18世紀半ばまではイタリアやフランスの方がどちらかといえば音楽先進国であり、音楽大国ドイツ・オーストリアの歴史は、18世紀後半にウイーン古典派の台頭とともに急速に形成されたもので、モーツァルトのオペラの大半も台詞がイタリア語で書かれている。

欧州芸術の殿堂オペラハウスとして、指揮者の小澤征爾が監督を務めたウイーン国立歌劇場やブルク劇場などがあり、また演奏団体にはウイーン・フィルハーモニー管弦楽団やウイーン交響楽団など多い。欧州で権威ある音楽コンクールの一つ、ヨハネス・ブラームス国際コンクールでは14年、チェロ部門で上野通明さんが1位になるなど日本人の大活躍が見られた。「ユーモレスク」や「新世界より」のドヴォルザークはチェコ人である。ちなみに義務教育は6～15歳である。

ザルツブルクはオーストリア中部、ザルツブルク州の州都で政令指定都市、大司教座所在地である。中

ベートーヴェン（1770頃～1827）は身だしなみに無頓着であった。髪はぼさぼさで、素行も荒っぽかったため、散歩に出ている最中に、不審人物と間違えられ、逮捕されることもあったという。

央をザルツァハ川が南東から北西に貫流し、周りを三つの丘が囲んでおり、川の名前にちなんで文字資料に登場するのは、755年のことである。ラインベルク城のホーエンザルツブルク要塞は、1077年に造営が始まり15~17世紀にも拡充されたもので、町は中世後期には交通上の好位置から中継貿易で栄えた。途中経済的衰退が目立ったが、1860年代に鉄道の開通が復興のきっかけとなり、20世紀からは音楽、演劇、観光の中心地として蘇生した。

ザルツブルクでは、1920年に発足した「モーツァルト祭」を前身とした音楽祭が毎年7月末から8月にかけて行われる。現行の内容は、オペラ公演、オーケストラコンサート、モーツァルト・マチネー、歌曲の夕べ、教会コンサート、そして演劇やバレエなどの公演からなり、世界のトップクラスの出演者が顔をそろえる。旅の途中、モーツァルト記念館に立ち寄ったことがあるが、机や椅子とわずかの楽譜が並んでいるだけで少しがっかりしたことと、秋の終わりでユースホステルが閉まっていたことを思い出す。モーツァルトは3歳でピアノを弾き、5歳でメヌエットを作曲、11歳ではオペラを書き上げた。6歳の演奏旅行中、同年齢のマリ・アントワネットに「お嫁さんにしてやる」と言ったという。数々の名曲を創作し、鎮魂ミサ曲「レクイエム」作曲中に腸チフスに罹り、35歳の短い生涯を終えた。

ドイツ

ドイツ連邦共和国は限定的統治権を保有する16の州から成り、総面積は36万平方キロで日本とほぼ同じ、人口8069万人、首都で最大都市はベルリン（347万人）で、100万人以上はハンブルク（175万人）、ミュンヘン（141万人）、ケルン（102万人）などで、ヨーロッパ大陸における経済的、政治的な主要国である。西欧および中欧に属し、北にデンマーク、東にポーランドとチェコ、南にオーストリアとスイス、南西にフランス、北西にベルギーとオランダと各々国境を接し、北西部の北海、北東部のバルト海に及ぶ。地形は北ドイツの低地帯から南のアルプス地方の間に、ライン川、ドナウ川、エルベ川が流れ、東側部分は湖沼が多く、中部は丘陵、平野、森林で変化に富み耕地や緑が広がっている。おおむね北は海洋性気候、東は温和な大陸性気候で、南は降水量が多く、かつて自転車旅行中は時折雨に祟られた。

住民はゲルマン系が大半で、カトリック教徒30％、プロテスタント29％、イスラム教徒1・9％などだが、旧東ドイツでは無宗教も多い。連邦共和制・議院内閣制を採用し、元首は大統領で任期5年の間接選挙制、首相は連邦議会で選出し大統領が任命する。経済情勢は極めてよく、失業率は5・0％である。

古代以来、ゲルマン人がドイツ北部及びスカンジナビア南部に居住し、ゲルマニアと呼ばれた。紀元前58年以後、カエサルのガリア遠征などを経てゲルマン人は傭兵や農民としてローマ帝国に溶け込んでいった。ローマ帝国の衰退による民族大移動時代、ゲルマン人は南方へと拡大し、アウグストゥスによる神聖ローマ帝国の時代、連合体の中央部を形成して、宗教改革やナポレオン戦争などを経て1871年、国家の統一をもたらしプロイセン支配のドイツ帝国に帰着した。1919年第一次世界大戦の敗北とドイツ革命で多くの領土を失い、帝政ドイツの崩壊に伴って民主主義体制のドイツ共和国（ワイマール共和国）に代わり、民主的なワイマール憲法が制定された。

新憲法は国民主権、議会制民主主義を採用し、当時世界でも最先端の思想を盛り込んだもので民主主義憲法の先駆けと言われた。起草者はドイツの国法学者・政治家のユーゴ・ブロイスら3人のユダヤ人であり、戦争放棄をうたった素晴らしい憲法との評価を受けた。しかし22年イタリアで、ムッソリーニが圧倒的多数で首相になりファシスト政権が樹立されると、世界恐慌後の29年、ドイツでもヒトラーのナチス党が大幅に勢力を伸ばして第一党となり、党首のヒトラーは絶対的多数で首相に推挙され、ナチス政権を樹立した。独裁体制下では、国民の声をバックに「ユダヤ人抑圧・排斥法案」や「再軍備法案」などを、ワイマール憲法の解釈変更で次々と国会成立させた。日・独・伊の三国は国際連盟を脱退、三国軍事同盟を結んで世界を相手に戦いを始めた。２０１５年の日本の「安保法案」審議中、麻生副総理が、「ワイマール憲法もいつの間にかナチス憲法に変わっていた。あの手口に学んでは」と発言したことから内外から批判が沸騰し、すぐに口止めされ撤回したが責任を問われることはなかった。

日本国憲法は、戦後ＧＨＱ民政局次長のユダヤ人・ケーディスを実務責任者として2週間で作成、46年11月3日からの帝国議会において1週間で可決された。ワイマール憲法の丸写しと言われるのは、両憲法ともユダヤ人による起草と平和憲法としての中身を持っているからである。15年の集団的自衛権・安保法案は、憲法の条文解釈変更が徹底議論も無く与党の圧倒的多数で成立したが、国会中に証言した与党推薦を含めた憲法学者の全員や、山口元最高裁判所長官が憲法違反だと断定した。日本国憲法は41条で「国会は、国権の最高機関であって、国の唯一の立法機関である」とあるが、公布70年の今、国会の立場は弱く安倍首相の追認に終始している。国民主権とは国民一人ひとりが国を誰に託すかを決めることから、ナチス独裁政権の台頭を許したのは、ナチス党を支援した多くのドイツ国民であったことを考えると、歴史や他国を教訓にすることは肝要である。

ナチス党は開戦初期にはイタリアを除く近隣諸国はもとより、北・東ヨーロッパや北アフリカへ戦線を拡大したが、連合国の激しい反撃にあいベルリンは陥落、ヒトラーは長年の愛人エヴァ・ブラウンと挙式後、地下壕の自室で拳銃自殺した。ドイツはその1週間後に無条件降伏し、米英仏の占領地区の全土とベルリンには西ドイツが、ソ連占領地区には東ドイツがそれぞれ誕生した。ちなみにナチスの迫害を受けオランダに移住し隠れ住み、多感な少女の絶望と希望を書き残したアンネ・フランクの『アンネの日記』は、世界的ベストセラーとなり、今でも人気がある。

東西冷戦の最中東ドイツ政府は１９６1年、国民の脱出を防ぐために西ベルリンを包囲する長さ１６０キロの石とコンクリートによる「ベルリンの壁」を建設したが、壁を乗り越えようとして射殺されるなどした犠牲者は、少なくとも１３６人に上ったという。若いころの旅で西ベルリンを訪ねた時、ブランデルブルク門近くの見学台から東ベルリン側を見ると、１００メートルほどの緩衝地帯の対岸東ベルリン側からもこちらを見ていたのを覚えている。壁建設から28年後の89年、85年のワイツゼッカー大統領の演説や東西冷戦の終結があり、壁は崩壊した。

壁崩壊から25年目の２０１４年11月9日、あのブランデンブルク門を起点に次々と風船を空に放ち、「光の国境」と題されて、発光ダイオード「ＬＥＤ」を内蔵した白い風船７０００個を15キロにわたって並べるイベントがあり、特設ステージにはメルケル首相のほか、冷戦終結の立役者の一人ゴルバチョフ元ソ連大統領らが登壇したとの報道があった。

ベルリンの壁建設

1945年から61年までに、300万人の東ドイツ国民が西側に亡命した。このような逃亡は共産主義政権にとって我慢がならないものだった。61年８月13日に、石工が人民警察官に守られて、長さ43キロにおよぶ石積みの壁を築き上げた。鉄のカーテンがベルリン市内の真ん中に降りたのである。

ベルリンの壁崩壊

1989年夏、あらゆる手段を使って数千人の東ドイツ人が西ドイツへ逃亡し、その後11月９日に壁が倒されたのち、12月22日にはブランデンブルク門が開かれ、ドイツ問題は新展開をみた。二つのドイツの統一が90年10月３日実現した。ヨーロッパ史の新たな段階が始まったのである。

ナチスとの訣別

戦後ヒトラーの遺骸は、ネオナチの聖地となることを恐れ転々と移され、１９７０年には完全に焼却され遺灰はエルベ川に散骨、今は墓も無く国や海外のトップも国民も誰も手を合わせるところは無いと述べた。

85年5月8日西ドイツのワイゼッカー大統領は、ボン（当時の首都）の連邦議会で、第二次世界大戦終結40周年を機に「荒れ野の40年」と題して、「過去に目を閉ざす者は現在にも盲目になる」との演説をした。同氏はホロコースト（ユダヤ人６００万人大虐殺）などナチスの蛮行を批判した上で、ナチス体制が終焉を迎えた終戦の日をドイツ国民が「解放された」日だと強調するとともに、ドイツ国民が過去にナチス党を支援した責任を呼びかけ、国内外で大きな感銘を呼び世界中の信頼を獲得した。この演説をめぐり、戦後処理で中韓ロとぎくしゃくした関係が続く日本と、ドイツを比較されたこともあった。

ワイゼッカーは20年、南部シュツットガルトに生まれ、父はナチス時代に外務次官を務めた外交官だったが、ナチスの戦犯を裁くニュルンベルク裁判で被告となった父を弁護した。後政界入りし連邦議会議員、西ベルリン市長を経て西ドイツ大統領になった。演説以来、東独内でデモが活発化して、西側への出国が自由化され、89年「壁」は崩壊した。一説によると、85年ソ連（当時）でゴルバチョフ書記長が就任し、「ペレストロイカ（改革）」に取り組んで東欧諸国で民主化が進み、「壁」崩壊に繋がったと聞くがそれも一理あると思う。翌90年、西ドイツが東ドイツを編入する形で東西ドイツは統一を実現し、41年間の分断の歴史に終止符を打ち、ワイゼッカーは統一後の初代大統領に就任した。

第二次世界大戦終結・アウシュビッツ強制収容所解放から70年を迎えた２０１５年の1月31日、94歳で死去したが、ドイツをはじめ欧州では「反ユダヤ」や「反イスラム的」な感情が高まっているともいわれる中、演説は今も重要な意義を持っている。ホロコーストをめぐるドイツとの和解に貢献し、ノーベル平和賞受賞者のペレス・イスラエル前大統領は「政治家は過去の歴史は変えられない。専念すべきは未来を変えることだ」と語るとともに、ロート・ドイツ連邦議会副議長も「悲惨な前世期の歴史を克服してこそ、世界と友好関係の持てる大国となれる」とも言っている。

２０１６年、戦後発禁となっていたヒトラーの著書『わが闘争』がドイツで再出版された。これまでも計画が持ち上がったが、ヒトラーの生前の住民登録先で著作権を保有するバイエルン州が、ホロコースト生存者に配慮して認めてこなかった。著者の死後70年間保護される著作権が15年末に切れ、学術目的での第三者による出版が可能になった。原著は７８０ページ程度だが、ネオナチによる悪用を防ぐために現代史研究所が原文に批判的な注釈を付け、2巻合わせて計２０００ページに膨らんだ。

折しも日本でも安倍首相が「戦後70年談話」を発表したが、文案作成にあたって首相執務室の傍らには、故ワイゼッカー大統領の「荒れ野の40年」の一節が置かれてあったという。しかし「侵略」や「おわび」を自らの言葉としては明示することなく、歴史認識を鮮明にしない形での〝過去へのけじめ〟の構想を練ったと言われるが、歴代の談話の言葉の引用だったこともあり、前向きのポーズの割には信念のないものに終わった。

そのほかドイツの戦後補償で特筆すべきは、２０００年政府と企業が半分ずつ基金を負担して「記憶・責任・未来」財団を設立し、強制労働させられた生存者に対して07年まで１６６万人に直接、金銭を払い個人補償したことなども、戦後の「けじめ」を果たしたと広く評価されている。

西ドイツは、統一ドイツが成立するまでの暫定的との立場から、あえて憲法とせず「基本法」と呼んでいたが、統一で西ドイツの基本法が統一ドイツに適用されることになった。連邦議会（下院）は直接選挙で選ばれた国民の代表で定数598人、連邦参議院（上院）は各州などの代表による定数69人で構成される。内閣は05年からキリスト教民主同盟（CDU）党首、メルケルがドイツ初の女性首相に就任し、大連立政権を樹立して現在に至っている。他に社会民主党、キリスト教社会同盟、90年連合・緑の党などがある。

欧州連合（EU）の主要国として、かつての敵フランスとの関係を主軸に推進しつつ、北大西洋条約機構（NATO）の枠組みを重視している。ドイツでもイスラム系移民が急増しており、あのフランス週刊誌銃撃事件をうけてパリでの大規模デモ行進に、世界各国の首脳ら50人とともにメルケル首相も肩を並べた。イラクやシリアに渡航し「イスラム国」など過激派に加わろうとする若者を阻止するため、公的身分証明書を最大3年間取り上げることを可能にする法改正を閣議決定した。同時に外交政策を大きく転換し、「イスラム国」と戦うイラク北部のクルド人治安部隊に、兵器類の供与を決めた。また西部のケルンで15年の大みそかに難民による性犯罪や窃盗が、16年には南部バイエルン地方で銃撃事件多発、メルケル首相は厳罰の方針など事態の収拾に追われている。ウクライナ東部の問題に対しては、メルケル首相はロシアのプーチン大統領、米国のオバマ大統領、ウクライナのポロシェンコ大統領らとそれぞれ会談するなど、戦闘の完全停止に向けても積極的に取り組んでいる。

ドイツの実質国内総生産（GDP）は欧州で1位であり、経済が極めて順調で就業者数が増加し、全体的に税収も増えており、財政均衡と新規借り入れゼロが可能となり、15年の予算は46年ぶりに財政黒字で組み、18年まで新規国債を発行しない状態が続く見通しである。このことはワイマール公国の宰相として行政にも精通していた、文豪ゲーテの警告を忘れていないことにある。ゲーテは「財政拡大で景気を支える」という英米流のケインズ主義は悪魔の誘いにうつり、金融緩和と財政出動で景気を上向かせるいわゆるアベノミクスとそっくりのやり方を「魔法」だと描写している。ドイツは第一次世界大戦後、ゲーテの遺言を軽んじて借金を重ね、超インフレに乗じて権力を握ったナチスに魂を売り渡した、「忌まわしい過去を繰り返してはいけない」と反省している。ドイツ版「武士道精神」とでも言うか「通貨の安定」を最優先に、有権者や経済界も「節約は美徳」の倹約精神が流れ、景気対策を求める声は無い。

イタリアやギリシアも混迷の中にあるが、日本でも借金1000兆円超がいまだに続く中、円安、株高による大企業の増収増益が税収増を押し上げているものの、日本の景気は「3年経っても消費や地方の雇用は横ばいが続き、むしろ物価高で一般国民の収入の目減りが顕著にみられ、底堅さはいまだ見られない」と報道されている。今こそ大盤振る舞いをせず、健全財政を進めるドイツに習うとともに、地に足をつけた安全保障や外交政策、環境重視に舵を切るときである。

ドイツは戦前から科学技術に優れガソリン自動車やディーゼルエンジンの発明、ナチスの液体燃料ロケットの開発をはじめ現在でも、自動車はメルセデスベンツ、ポルシェ、BMW、アウディ、フォルクスワーゲン、化学・薬品のバイエル、電機のシーメンス、光学機器のライカなど、世界的大企業が多い。

脱原発と環境立国

ドイツは世界的に環境保護先進国と呼ばれ、再生可能エネルギー産業が急成長している。それは2011年3月11日の東京電力福島第一原発事故を受けて同年6月、当初の計画を前倒しし当時稼働中だった17基の原発を22年までに全て閉鎖することを閣議決定した。このうち8基は事故直後に運転を停止し、残る

9基も15年から順次、運転を終了する計画で進めている。15年訪日したメルケル首相は福島の被災者の心情や進まない事故処理を心配し安倍首相に、原発に頼らないエネルギー政策のビジョン策定を提言したが、安倍氏はそれを拒否した。国内の原発再稼働や中東など海外への原発輸出を進めることは、経済最優先のアベノミクスが最終段階に来ていることも背景にあったと言われている。

日本における原子力発電は、11年の事故までは「原発は安全」という神話の下、国策として進められてきた。福島原発事故後、被災現地の復旧はおろか復興にも程遠い中、安倍首相はメルケル首相の進言を拒否するとともに記者会見で、福島第一原発からの汚染水流出が止まらないことで「東電の情報公開が不十分で遺憾」と人ごとのように述べ、今後は国が乗り出し「必要な支援は全てやる」と東京電力への資金投入を意気込んだ。少し前アルゼンチンのブエノスアイレスでの東京オリンピック招致活動で、首相自ら「汚染水は完全にブロックされている。事故の影響は全くない」と発言した手前慌てたものと思われる。

東日本大震災から16年3月で5年、国がこれまで使った予算は総額26兆円超で、阪神大震災の9兆円を大きくしのぐ巨額の国費が投下されたが、被災自治体や民間企業が行うインフラ整備や生活再建、雇用創出は監視が甘く、不正の温床となっており裁判も進んでいるという。また会計検査院の調べでは、東京電力福島第1原発1〜4号機の廃炉・汚染水対策や事故の賠償費の9兆円を東電に国債で交付した場合、借入利息約1264億円も実質的に国民の税負担であり、除染費用は約2兆5千億円という。さらに原発事故で発生した指定廃棄物の最終処分場の目途も一向に進まず、ましてや最長30年間保管する中間貯蔵施設の候補地がなぜ千葉など人口の多い首都圏近くなのか、素人の私でも理解できない。かつて強力な原発推進論者だった小泉純一郎元首相が、反省を込め「トイレ無きマンション」と言ったが、一向に解決へ向かう兆しは見られない。

東日本の被災地には市長退任後毎年訪れているが、原発事故現地を通る国道6号（浜通り）が全線開通したのを報道で知り、リュックサックを担いで行った。上野駅からJR常磐線でいわき市北の竜田駅まで行き、そこから原ノ町駅までの原発避難区域間46キロは、JR代行バスが1日に2便往復しており、乗客は私と報道関係者らしき人の2人のみであった。乗り込むとすぐに女性車掌から（運転手も別にいる）「窓は絶対に開けないように」との注意があり、そこから先はずっと交差点や脇道の入り口にはバリケードが築かれ、バスは国道をノンストップで走り抜けた。

途中の谷間には国道沿いを除染したと思われる、黒い大きなビニール袋が山積みになっているのが見え、これが「汚染土壌」の一部かと考えるとその多さに気が遠くなりそうになった。高濃度汚染水や汚染土の中間貯蔵施設は原発事故現地になるとして、30年後から放射能がなくなると言われる10万年後までは、どうするのか？　私が言いたいことは、日本列島はイタリアよりも地震や火山が多く海底火山も活発で、太平洋を隔ててチリからの津波もやって来る国土であることを考えれば、原子力政策はゼロから見直し将来的には廃炉にすべきである。東日本被災地の訪問記録は、毎年報告書にまとめて地元日刊紙宮崎日日新聞社へ寄稿しているが、川内原発の影響は宮崎県には他山の石なのか、「フクシマ」が風化してきたのか、掲載されたことは無いのでこの場を借りて紹介したい。

途中の浪江町辺りを通るとき、「原子力明るい未来のエネルギー」と書かれた大きな看板がまだかかっていた。福島第一原発は目視できなかったが、車掌の説明によると「避難地域一帯は人が住んでいないためイノシシなどの天国となっており、最近は避難地域以外にも活動範囲を広げて、放射能を含んだ糞を撒き散らして困っている。ごく一部の「避難指示解除

福島県双葉町

全町避難が続く双葉町の原発PR看板は、事故から5年を前に2016年3月4日に撤去された。立ち入りが制限される帰還困難区域にあり、町によると「管理が行き届かず、老朽化で部品落下の恐れがある」ためという。看板は震災遺構として、復元可能な状態で保存されている。
（毎日新聞 2016年3月11日）

準備区域」では、道路や住宅の除染が進み帰宅可能なところも出てきているが、山林や田畑などはほとんどそのままで除染の見通しもないので、帰るとしても水も食べ物も全て他所から買ってくる必要がある。将来ほんとに住めるようになるのかは分からない」などとも言っていた。また「県外出身の労働者が大半を占め、除染作業員による窃盗、傷害、覚せい剤などによる治安の悪化も増加、また数兆円の震災復旧予算に群がる指定暴力団の介入や工事を巡る業者の談合も顕在化している」という。およそ2時間後にバスは終点の南相馬駅に着き、そこからは再びＪＲ常磐線で仙台駅へと向かった。

福島原発事故からちょうど2年後、イタリア北部のヴァル・セジア地方で捕獲された野生のイノシシから、セシウム１３７が基準値の約10倍（キロ当たり５６２１ベクレル）もの濃度で検出、チェルノブイリ原発事故による放射能汚染と関連しているものと推定され、改めて放射能による環境汚染が長期にわたることが明らかになったという。読売新聞は16年1月11日付けの1ページを使って、東日本大震災被災地などの「命を守る」防災教育の取り組み事例を紹介しており、全村避難が続く福島原発事故付近の学校は、近隣の町の仮設庁舎で「放射線から自分の体を守るには」をテーマに合同授業が行われたとある。祖父母が育てた柿やニンジンなどを避難先に持ち寄って放射性物質の濃度を測定したり、県教委も一緒に校内などの放射線量を計測したという。

鹿児島の川内原発が15年8月、原発事故から4年5カ月後再稼働した。事故直後は日本全国で電力不足が予想され大騒ぎしたが、国民は電気料金の値上げ分省エネを進め、太陽光発電などの普及で猛暑でも逼迫しなかった。すなわち原発ゼロでも安定供給が可能と証明されたわけであり、原発再稼働の必要性は薄れてきているのだ。特に川内原発の周りは雲仙岳、阿蘇山、霧島新燃、桜島などの活火山がひしめいているのに、原子力規制委にはメンバーには火山学者が入っていないことに異論が出たが、政府は「大噴火の際には運転を止める」と決めた。住民の避難計画も作ったが一度も本格訓練は行っておらず、16年3月には放射線測定装置の半数が事故時には性能不足と判明し、再稼働ありきの国や原子力規制委に地元はまたもや疑問を投げかけた。

15年秋、国際原子力機関（IAEA）は福島第一原発事故の最終報告を出し、その主な原因を「〝原発は安全で、大きな事故は考えられない〟という思い込みだった」として、再稼働や新増設に対し警鐘を鳴らすとともに、天野之弥事務局長は「責任の所在も明確でなく、教訓を学び続けることがカギ」と指摘した。イタリアは日本に次ぐ火山・地震国、古くはヴェスヴィオがポンペイなどを埋め、エトナはヨーロッパ最大の活火山で今も活動を続けており、脱原発の英断は地球の未来のために正しいと思料される。日本の現政権が進める「安全神話」「安価なエネルギー」「環境に良い」などのキャッチフレーズはもはやいずれも満たされず、安倍首相は太陽光・風力・地熱など再生可能エネルギーにブレーキをかけつつ、「日本は〝資源小国〟で……」と電力会社、大企業の代弁を続けているのはいかがなものか。

米誌タイムは15年、年末恒例の「パーソン・オブ・ザ・イヤー（今年の人）」に、ギリシア財政危機などの経済的混乱と難民危機に直面する中、指導力が「開かれた障壁のない欧州の維持、促進に貢献してきた」ことを理由に挙げ、「事実上のEU指導者」と世界で評価されたメルケル首相を選んだ。

ドイツの14年再生可能エネルギー法改正案を見ると、脱原発への障害となっている再生可能エネルギーによる電気代高騰を抑制するため「固定価格買い取り制度」を見直し、再生可能エネルギー発電容量の毎年の新規増加分を制限し、買い取り価格も引き下げた。ちなみに基本法（憲法）第20条に、大気、

年末恒例の「パーソン・オブ・ザ・イヤー（今年の人）」を伝える米誌タイムの表紙（同誌提供、共同）

メルケル・ドイツ首相（1954〜）は就任十数年になるが、国内の政治・経済、EU諸国のとりまとめ、国際関係の調整など積極的に進めている。（宮崎日日新聞 2015年12月11日）

土壌、水質の保護は経済発展の前提条件とされ、エコノミーとエコロジーは対立するものではないとし、「国の未来に対する責任」の条文が採用されている。日本国憲法には環境権の規定がないので改正議論の中に真っ先に取り入れる必要がある。旧西ドイツは日本同様、大戦後急速な経済発展を成し遂げたが、１９９０年の東西統一以降旧東ドイツへの援助コストの増大、社会保障のためのコスト増大などが重荷となっている。

ドイツ連邦軍は陸軍、海軍、空軍、救護業務群、そして戦力基盤軍に分けられ、総兵力は18万６４５０人、予備役は４万３２０人であり、基本法は自衛のみを容認している。軍事支出も低めに抑えられ、相互防衛条約に基づき５万５０００人の米軍、１万６５００人の英軍が駐留している。連邦軍は、平時は国防相が、戦時は首相が指揮する。外交立国を掲げ、１９０カ国以上との外交関係を結び、２２９カ所の在外公館を有し、欧州連合へは最大の、国連に対しては第３位の分担金拠出国であり、ＮＡＴＯ、ＯＥＣＤ、ＩＭＦ、Ｇ７などにも加盟し、大戦時の敵、隣国フランスとは密接な同盟関係を保っている。

日本との関係では、江戸時代来日し徳川綱吉とも会見した博物学者エンゲルベルト・ケンペルがおり、著書『日本誌』は詳細な博物誌であり、ゲーテも愛読したという。またシーボルトは西洋医学を伝えた。江戸時代末期の１８６１年日本とドイツは修好通商条約を締結。明治維新は68年だが、少し遅れて71年ドイツ帝国が成立し、73年岩倉使節団がベルリン、ハンブルク、ミュンヘンを歴訪しており、その後の日本の文化や制度に大きな影響を与え、日本の近代化は「ドイツ的近代化」であるとも言われる。大日本帝国憲法の作成にはベルリン大学の憲法学者ルドルフ・フォン・グナイストらに師事し、大日本帝国陸軍は普仏戦争後、軍制をフランス式からプロイセン式へと変え、その制度と理論による近代化に努め、日露戦争の勝利に繋がった。日本にとって欧州最大の貿易相手国であり、在留邦人は約４万人。

科学と文化

科学分野での業績は大きく、これまでに103人のノーベル賞受賞者を輩出しており、第1回ノーベル物理学賞は、1901年ヴィルヘルム・レントゲンがX線を発見し受賞した。著名な発明家や技術者も多く、活版印刷を発明したグーテンベルク、計数管を開発したハンス・ガイガー、全自動デジタルコンピュータ初製作のコンラート・ツーゼほか、自動車や航空輸送技術を形づくった。ユダヤ人として生まれたアインシュタインは、一貫教育のギムナジウムで学びスイスのチューリヒ工科大学で理論物理学を専攻、時間、空間、質量を相対的とした「特殊相対性理論」を、後に重力との関係を明らかにした「一般相対性理論」を発表した。さらに「光量子理論」では世界中から講演依頼が殺到し、日本へ向かう船上でノーベル物理学賞受賞の知らせを聞いた。

アインシュタインはナチスのユダヤ人迫害によりアメリカへ移住し、オッペンハイマーから「原子爆弾」をナチスが作成中との情報（後に誤報と判明）に接し、苦悩の末決断し原爆製造計画（マンハッタン計画）がスタートし完成、戦争指導者による一億総玉砕へ突っ走る日本の広島と長崎に投下された。親日家のアインシュタインは生涯そのことを後悔し、戦後は核兵器禁止の平和運動を支持し、「核廃絶」を訴え続けた。史上初の宇宙ロケットを開発したヴェルナー・フォン・ブラウンは、後にNASAの主要メンバーとなり、サターンV型ロケットを開発してケネディ大統領のアポロ計画（月面着陸）にも貢献している。

1947年、アインシュタイン（左）（1879~1955）と会談するオッペンハイマー（右）（1904~1967）。

ドイツの教育制度は州に任されており、およそ12歳までが義務教育、13歳以降は「マイスター制度」で就職のための専門的な職業教育が行われ、大学進学希望者はギムナジウムという進学校に進学する。大学はほぼ全てが州立大学で、近年の日本とは異なり基本的に学費は要らない。若いころの旅で、野宿生活とともに時々ユースホステルを利用したが、夏になると田舎を中心にどのユースホステルも高校生らで賑わっており、大自然の中でのびのびとした教育がなされ、夕食後には「初めての東洋人」と言ってダンスパーティーにも招かれ、楽しいひと時を過ごした思い出もある。健康面では世界で初めて公的年金、公的医療保険制度を導入した国であり、今では日本など多くの国が取り入れている。

歴史的に「詩人と思想家の国」と呼ばれてきたが、教育・文化施設は連邦各州が担当しており、国から助成を受けた２４０の劇場、数百の交響曲オーケストラ、数千の博物館や2万５０００以上の図書館がある。ユネスコは36件を世界遺産リストに登録している。英国ＢＢＣの50カ国世論調査「世界で最も良い影響を与えている国」によれば、以前は日本が1位でドイツは2位だったが、なぜか２０１３年からはドイツがトップになり、日本はカナダ、イギリスにも負け4位に下がり逆転している。

「バロック音楽」を集大成したバッハは、オルガン奏者として活躍するとともに、「G線上のアリア」や「管弦楽組曲」など１０００曲を超える作品を残し、イタリアの「四季」で知られるバイオリニスト・ヴィヴァルディや同年齢のヘンデルを尊敬していたという。またベートーヴェンはボンで生まれ17歳でモーツァルトに師事、ハイドンに教えを受けているとき聴力を失うが、不屈の闘志で作曲を続け力と希望にあふれる大作を残した。ウイーンにある「ベートーヴェンの小径」は、散歩しながら交響曲「田園」の構想を練ったと言われる。

大詩人のゲーテは１７４９年、ドイツのほぼ中央に位置するフランクフルト・アム・マイン（70万人）に生まれ、1832年ワイマールでその生涯を閉じた。その頃は政治的、経済的、社会的、文化的に激動の最中で、リベラルな人間中心主義の時代でもあり、有能な青年たちは何よりも学問的な知識・教養を拠りどころとした。ゲーテも幼少時からラテン語など6カ国語を習得し、視野を広めるために国内外を歩きまわり『若きヴェルテルの悩み』を上梓、イタリア旅行も複数回実行して大作『イタリア紀行』を出版し、晩年には叙事文学『ファウスト』を世に問うている。「ドイツ古典主義文学」を大成した日本におけるゲーテ論は、89年「国民之友」に発表された森鷗外訳「ミニョン」をもって始まり、ほかに高山樗牛、国木田独歩、島崎藤村、芥川竜之介、内村鑑三、西田幾太郎など、主にヒューマニズムの側面から強い影響を与えた。

　私が学生時代にみんなでよく歌った歌の一つが、「妻を娶らば才たけて」に始まる『妻を恋うる歌』であり、その2節に「ああ我ダンテの詩才なく、バイロンハイネの熱なくも、ハイデルベルクの学び舎の—……」とある。ハイデルベルク人は化石人類の一つで、ホモ・ハイデル・ベルゲンシスと言われ、ドイツ最古のハイデルベルク大学があり、ルネサンス、バロック様式の古い建物を残す歴史的観光都市である。若いころ訪れきれいな公園に野宿をしたが、古城には22万2000リットル入りのビア樽(中身はワイン)があり、見学のついでに一杯頂いたことを思い出す。バイロンはイギリスのロマン派詩人で、イタリア放浪中には『ションの囚人』『カイン』などを書き、日本でも森鷗外の『於母影』などがある。

　詩人で作家のハイネは、1797年デュッセルドルフのユダヤ人の家庭に生まれ、名門ゲッチンゲン大学卒業後ボン大学、ベルリン大学で学び、ヘーゲルの教えを受け作家として出発し、『歌の本』などの叙事詩をはじめ、多くの旅行体験をもとにした紀行や文学評論、政治批評を執筆した。1827年にはミュンヘンに移りグリム兄弟やシューマンらと知己を得、その間イタリアなどを旅行、それらの体験は『ミュンヘンからジェノヴァへの旅』『旅の絵』などの作品に結実する。パリでは作曲家のショパン、リスト、ロッシーニ、メンデルスゾーンらと、作家ではバルザック、ヴィクトル・ユーゴーらと交流を持った。詩集『歌の本』からの歌曲には、ジルヒャーによって曲が付けられた「ローレライ」がよく知られており、シューマンの「詩人の恋」、シューベルトの「白鳥の歌」、メンデルスゾーンの「歌の翼に」などもある。日本では、森鷗外はじめ萩原朔太郎、佐藤春夫ほか多くの詩人に親しまれた。88年デュッセルドルフ大学は、「ハインリヒ・ハイネ大学」に改称された。2014年東部ライプチヒで開かれた国際バッハコンクールのバイオリン部門で、日本人として初めて東京芸術大2年の岡本誠司さんが1位になった。

言語学者であるグリム兄弟は、「赤ずきん」や「白雪姫」などの童話を収めた『グリム童話』を出版するとともに、『グリムの法則』や『ドイツ語辞典』の編纂にも着手した。哲学者では『悲劇の誕生』を著し「神は死んだ」と宣言したニーチェ、「弁証法哲学」の提唱者ヘーゲルがおり、また富の配分を追究し『資本論』を刊行したマルクスとエンゲルスや、ツベルクリンを創製した細菌学者コッホ、「X線」を発見し第1回ノーベル物理学賞を受賞したレントゲン、社会主義者のラサールもいる。放射性物質のポロニウムとラジウムを発見したマリ・キュリーは、ポーランド生まれで女性初のノーベル物理学賞と化学賞を2度受賞した。同じポーランド生まれのコペルニクスは、「聖書」の天動説を覆した「地動説」の発表を差し控え、最晩年になって『天球の回転について』にまとめ出版、予想通り禁書目録に載せられたが後のガリレオ、ケプラー、ニュートンに続く近代科学の幕開けに大きく寄与した。「太陽の運動と見えるのはすべて実は地球の運動である」の名言がある。

2度のノーベル賞を受賞したマリ・キュリー（1867~1934）
マリは、放射線治療発展の妨げになるとして、ラジウム精製技術の特許を取らず無償で公開。「特許を取れば莫大な報酬を得られたはず」との言葉に対し、「人生最大の報酬とは、知的な活動の財産です」と答えた。

ミュンヘンは3回訪れたが、ドイツ東南部を構成するバイエルン州の州都で、ベルリン、ハンブルクに次ぐ経済・文化の一大中心地であり、かつドイツ最大の観光都市で第20回夏季オリンピックの開催地でもある。南のアルプス山地と北のドナウ川に広がる高原地帯の真ん中に位置し、その名は「修道士」を意味するメンヘンに由来する。発展の原動力は、「塩の道」や筏によるイーザル川の水運だったという。またミュンヘンと言えばビールで、その歴史は19世紀と新しいが、ヒトラーのミュンヘン一揆の第一声はビアホール「ＨＢ（ホーフブロイハウス）」で行われており、若き日の旅の途中では地元の人たちに交じって2リットルジョッキを傾けたことが懐かしい。巨大な体育館の中央には楽団が演奏をかき鳴らし、目の届く限り人々はビールで盛り上がっていた。ミュンヘン国際音楽コンクールは１９５２年以来毎年行われており、日本人で第1位になったのは東京クアルテットと声楽の田中淑恵さんである。

オランダ美術を代表する画家フェルメールは、光の反射やハイライト部分などを点描によって表現するポワンティエ（点綴法）、写実性の高い描写、綿密な空間構成などが特徴である。名作「真珠の耳飾りの少女」などに見られる鮮やかな青色は「フェルメール・ブルー」と呼ばれる。

4章　ミラノ

ロンバルディア州

イタリア北西部にある内陸の州で、北にスイスと国境を接し、州都ミラノは首都ローマから西北へ476キロ、ヴェネツィアから西へ244キロの距離で、州は本土の中でピエモンテ州に次いで2番目に広い。地勢により大きく三つの地域に分けられ、まず州北部の山岳部はアルプス山脈の一角で、最高峰はスイスとの国境に位置するラ・スペラ峰（4020メートル）である。その南には氷河を起源とする宝石のような湖水がちりばめられ、西から順に静かなオルタ湖、マッジョーレ湖、スイスと共有しているルガーノ湖、イギリスの詩人シェリーが「あらゆる美を超えた」と称賛したコモ湖、イゼーオ湖、そしてガルダ湖などの大きな湖が連なり、流れ出した川はポー川に合流する。若いころの旅で、スイスへ抜けるときコモ湖畔に沿って北上したが、古くはカエサルやアウグストゥスというローマの皇帝に愛され、今ではイタリアきっての避暑地でありその素晴らしさは感動を絶する。

コモ湖畔にはエステ家の別荘（現在はホテル）があり、その東イゼーオ湖の北のスイスとの国境近くにティラーノがあるが、ここはスイス最大の私鉄会社レーティッシュ鉄道・ベルニナ線の終点である。１９１０年に開通した絶景の鉄道路線で、サンモリッツを経由し、４０００メートル級のベルニナ山群や氷河が煌くアルプスから、のどかな緑の谷へと１８２４メートルの高低差を走り抜ける。ゴルナグラート鉄道は、その歴史と伝統と周辺に広がる景観が評価され、スイスとイタリアにまたがる世界遺産に登録された。

　マッジョーレ湖には三つの島があり、ベッラ島には17世紀のボッロメオ家の宮殿と、バロック様式の超豪華な庭園がある。ガルダ湖はイタリア最大であり、エメラルド色の自然美が特徴で、湖畔のオリーブやレモン、ライム、月桂樹などの林の中には、スカラ家の城塞やローマ時代の遺跡が点在している。湖の玄関口はデセンツァーノ・デル・ガルダで、ドゥオーモ内にはティエポロの「最後の晩餐」がある。

　アルプスの南には、最後の氷河期に形成された氷河地形モレーン（堆石）に起源を持つ、低い丘陵地帯が広がり、狭く肥沃な台地と、荒野と針葉樹によって特徴づけられる。ロンバルディア平野は沖積平野で田園風景が広がり、そのうち高い土地は水が浸透して地下水となる土地であり、低い土地は地下水が地上に現れる湧水線によって特徴づけられる。州内を流れる多くの川は、ポー川の支流である。

　ロンバルディアの歴史はピエモンテと共に、古代ローマ時代からガリア・キサルピナと呼ばれる属州の一つであり、カール大帝やフリードリヒ大王支配などの時代を経て、１３９５年ミラノ公国が成立した。その後ナポレオン占領があり、イタリア独立戦争の結果、１８６１年イタリア王国の一部となった。

　ロンバルディア料理は、同じ州内でもミラノ料理、クレモナ料理、マントヴァ料理など地域ごとに郷土料理のバラエティがあり、古都ではそれぞれの食文化が発展している。ポー川流域では、稲作が行われていることから米がよく使われ、平原地帯は牛や豚などの集約的畜産業を可能にしており、牛乳、バター、チーズ、ハム、ソーセージやサラミなどが生産され、料理に使用されている。湖沼地帯では淡水魚を活かした食文化が、また土壌のやせた山岳地帯では蕎麦が栽培されるほか、ハムやチーズ、ワインなどの生産地でもある。牛もも肉を塩漬けにした生ハム「ブレザオラ」は、ヴァルテッリーナ地方が発祥地である。

イタリアにおける政治の中心はローマで、経済の中心はミラノ（132万人）である。ミラノはヨーロッパの東西および南北を結ぶ位置で、かつロンバルディアという肥沃な平原の中心にあり、商業・経済都市として大きく発展する要素を兼ね備えていた。ロンバルディア州の州都でもあり、北イタリアの工業地帯の中心都市として周辺の都市を合わせた大都市圏を形成し、その人口は300万人に達する。市内では典型的な、放射状および環状道路網を備えるとともに、欧米都市の中では珍しく、路面電車網が今なお公共交通機関として重要な役割を果たしており、さらに交通の結節点として鉄道網の中心であるのみならず、トリノ方面、ジェノヴァ方面、ローマ方面、ヴェネツィア方面およびコモを経てスイス方面へ向かう多くの高速自動車道の起点にもなっている。

ミラノ・コレクションなどで知られるように、古くから服飾・繊維産業などファッション関連の産業が盛んな土地柄だが、近年は航空産業や自動車産業、精密機器工業なども発達しており、イタリア最大級の経済地域を形成している。2014年アメリカのシンクタンクが公表したビジネス・人材・文化・政治などを対象とした総合的な世界都市ランキングにおいて、世界第44位の都市と評価されており、イタリア国内ではローマに次ぐ第2位であった。

ミラノの起源は、紀元前400年ころ、ケルト人によって建設された交易の中心、軍事的拠点を兼ねた都市だが、紀元前3世紀ローマ人に征服されてから発展を遂げ、後何回かのゲルマン諸族による占領、略

ミラノのガレリア

人通りの多いショッピング・飲食アーケード街である。戦後、貧困にあえぐ南部からの移住者が大量に殺到したため、ミラノはイタリアの金融、製造および商業面での中心となった。

奪にもかかわらず、ローマ都市としての性格を保ちつづけた。一時期西ローマ帝国の首府となり、西方キリスト教の中心地として栄え、飛躍的発展をもたらしたのは十字軍による東方遠征で、ミラノ公国時代を通じて富裕市民を生み、レオナルド・ダ・ヴィンチを迎えるなど彼らによる学芸の保護・奨励が、やがてルネサンス文化となっていった。新大陸発見などで、15世紀末貿易体系が大きく変わるとイタリアの各都市は沈滞を始め、イタリア戦争後神聖ローマ帝国に、次いでスペイン・ハプスブルク家の統治下を経てオーストリア・ハプスブルク家に帰属した。ナポレオンは、オーストリア人を追い出し、ミラノをイタリア共和国、イタリア王国の首都としたが、それは１８７０年のイタリア統一まで続いた。

　町の中心にあるドゥオーモ（大聖堂）は、町のシンボルであり町のヘソにもあたる。14世紀後半に着工され、建造初期にはフランスやドイツなどから著名建築家が招かれ、19世紀初めナポレオンによって正面の完成を見、イタリアのゴシック建築中最大の規模を誇る。20世紀に造られた5枚のブロンズ製の扉は、左から、信仰の自由「ミラノ勅令」、守護聖人「聖アンブロジウスの生涯」、豪華な中央扉は「聖母マリアの生涯」、右へ「ミラノの中世の歴史」、「ドゥオーモの歴史」である。内部は広く、天井は高く、ステンドグラスは美しく、地下には宝物庫がある。ドゥオーモの右側にはヴィスコンティ家のネオクラシック様式王宮があり、1階はドゥオーモ博物館があり５００年の歴史を紹介している。ドゥオーモの脇にはガラス張りのアーケード、ヴィットリオ・エマヌエーレ2世の美しいガレリアがスカラ広場へと通じている。

　スカラ座はオペラの殿堂と呼ばれる３６００人収容の歌劇場で、サンタ・マリア・スカラ教会の跡地に建設されたことから命名された。19世紀末から20世紀初めにかけて、ジュゼッペ・ヴェルディの「オテロ」やジャコモ・プッチーニの「蝶々夫人」など、今日古典的名作とされる数々の作品が初演されている。第二次世界大戦中空襲で破壊されたが、46年には再建され、トスカニーニ指揮による演奏会を開催し現在にいたっている。スカラ座のシーズンは、伝統的に「聖アンブロジウスの日」から始まる。全ての公演は深夜零時までには終了しなければならず、長大なオペラは必要に応じ開始時刻が繰り上げられ、入場券を持っていても開演後には入場が許されない。中にはスカラ座博物館がある。

ロンバルディア派やヴェネツィア派の作品を集めている絵画館は二つあり、一つはブレラ絵画館で、ラファエロの「マリアの結婚」やベッリーニの「ピエタ」「聖母子」など、今一つはアンブロジアーナ絵画館で、ダ・ヴィンチの「音楽家」やラファエロの「アテナイの学堂」の下絵デッサンなどがある。スフォルツァ城の市立博物館には、ミケランジェロの彫った4つのピエタ（嘆きの聖母）像の中の最後の作品、未完の「ロンダニーニのピエタ」が、またS・M・デッレ・グラツィエ教会には油絵の世界遺産「最後の晩餐」があり、「汝らのひとり、我を売らん」というキリストの言葉が発せられた瞬間の印象が、ドラマチックに描かれている。レオナルド・ダ・ヴィンチ記念国立科学技術博物館には、科学者レオナルドの才能と偉業を感じさせる作品群が展示されている。

ヴェルディは1813年パルマ公国に生まれ、幼いころから当時の音楽の中心地ミラノへ出て、19世紀を代表するイタリアロマン派音楽の作曲家として活動し、主にオペラを制作し1901年ミラノで没した。処女作「オベルト」はスカラ座で上演され、サンクトペテルブルグでは「運命の力」、パリでは「シチリアの晩鐘」と「マクベス」、そしてマリア・カラスの「椿姫」「アイーダ」「オテロ」などもスカラ座でそれぞれ開演、「リゴレット」を超える大喝采を浴びた。シェイクスピアの「リア王」を長年温めていたが、完成することはなかった。1962年から81年まで紙幣に肖像が採用、「国民の父」と呼ばれ、アルプスの北はワーグナー、南はヴェルディとも言われた。

プッチーニは1858年トスカーナ地方の5代続いた音楽家の家系に生まれ、ミラノ音楽院に学び、ヴェルディの「アイーダ」の上演に接してオペラ作曲家を志し、オペラ「マノン・レスコー」で成功を収め、「トスカ」、「蝶々夫人」、「西部の娘」、女性像へのこだわり「ラ・ボエーム」と傑作を書き続け、絶筆「トゥランドット」など多くを世に出し、イタリアの生んだ最大のオペラ作曲家と言われている。

1955年スカラ座に、客席わずか500の室内歌劇場用の小劇場ピッコロ・スカラが併設されたが、ミラノ市立劇団「ピッコロ」座はそれに先立つ47年に創設された。イタリアでは中央集権化されていないため、政治、文化、産業などの領域では地方や民間が主役となる。よって国立劇場や国立劇団はなく、地方の主要な都市などがみずからの劇団を運営し、ピッコロ座もそうした地方劇団の一つである。79年日本でも、東京で14回、横浜で1回上演された。

オペラは16世紀末、芸術音楽のジャンルとしてイタリアに生まれ、本来は「音楽による舞台付き作品」と呼ぶべきものを、略してオペラと呼ぶようになった。最古の作品は、1600年にフランス国王アンリ4世とメディチ家のマリア姫の結婚を祝して、フィレンツェで上演されたペーリの「エウリディーチェ」である。代表的なオペラハウスには、スカラ座のほかウイーン国立歌劇場、パリのオペラ座、コロン劇場、ザルツブルク祝祭劇場、バイエルン国立歌劇場、ハンブルク国立歌劇場、ベルリン国立歌劇場、ボリショイ劇場、メトロポリタン歌劇場などがある。

日本におけるオペラは、明治年間ドイツに留学した森鷗外が、故郷への便りの中で、オペラという言葉に変えて「西洋歌舞伎を見た」と記したという。両者はいずれも音楽を伴う総合的な舞台芸術なので、共通するところが多く非常に巧みな比喩と言え、違いはオペラでは音楽の占める比重が多く、台詞作者よりも作曲者の方がはるかに優位に立っていることである。日本での上演は、1903年(日露戦争の前年)、東京音楽学校の奏楽堂で行われたグルックの「オルフィス」であり、23年の関東大震災で主な会場や楽譜などが全て消滅したが、震災後の25年ラジオ放送が始まり、藤原歌劇団や二期会が日本に定着させるために努力を続けて今日に至っている。その間、団伊玖磨の「夕鶴」、清水脩の「修善寺物語」など日本人作曲家も現れ、53年からＮＨＫがテレビ放送を開始した。

２０１６年２月宮崎県立芸術劇場（メディキット県民文化センター）で上演予定だった演劇「三文オペラ」が、前代未聞の開演30分前に突然中止となり、観客や演劇界に衝撃が走った。ドイツの劇作家ベルトルト・ブレヒトの作（１９２８年初演）で、著作物の財産的価値に関する死後50年の「著作財産権」は切れているものの、演出改変での作者の人格的利益を守る「著作者人格権」が残っており、契約段階で同国の著作権管理会社との認識に甘さがあったという。その後の、福島、神奈川での予定も中止になったようで、関係者は再発防止と信頼回復に努めるとともに、教訓として生かしオペラ文化の発展に挑戦してほしい。

スタンダールはフランスの地方都市、グルノーブルの富裕なブルジョア家庭に生まれたが、反抗的な少年時代を送り16歳でパリに出た。結局は受験を放棄し、ナポレオンのイタリア遠征軍に加わり、１８００年春ミラノの土を踏んだ。帝政崩壊とともに失職し、イタリアに長期滞在して文筆活動に力を入れ、『恋愛論』や代表作『赤と黒』さらに『イタリア紀行ローマ、ナポリ、フィレンツェ』『旅行者の手記』などを発表した。後年、パリで口述筆記による長編傑作『パルムの僧院』を完成後、街頭で脳卒中に襲われこの世を去った。生涯を通じてイタリア体験は作品に決定的な影響を与え、ちなみに彼が自ら選んだ墓碑名は、「アッリコ・ベール、ミラノ人。生きた、書いた、愛した」である。

ドゥオーモの西にレオナルド・ダ・ヴィンチ記念国立科学技術博物館が、その隣にはレオナルドの名画「最後の晩餐」のある「サンタ・マリア・グラチェ教会」がある。もう一つの名画「モナ・リザ」は、ルーブル美術館に展示されていたのをパリで見た思い出がある。戦後のモダン・デザインの発信地としても知られ、国際デザイン美術展であるミラノ・トリエンナーレが開催されている。

万国博覧会

２０１５年5月から10月までの半年間、ミラノ国際博覧会（万博）が１０９年ぶりに開催された。近年では05年の愛知、10年の上海に続くもので、「食」をテーマに約１５０の国や国際機関が参加し、多彩な食文化の魅力を紹介したほか、飢餓や肥満、安定的な食料供給など世界が抱える課題へのメッセージを発信した。会場内を南北に結ぶ通り「カルド」では開催国イタリアがパスタやチーズなど多彩な特産品を展示したほか、伝統の食文化の保護を目指す同国発祥の「スローフード」運動も提唱した。会場には54カ国・機関が独自の展示館を設け、最大規模の「日本館」は「共存する多様性」をテーマに、ユネスコの無形文化遺産に登録された伝統の「和食」文化の魅力をアピールするとともに、展示デザイン部門で史上初めての金賞を受賞した。

イタリア料理の起源は古代ローマに遡り、ギリシアやペルシャ、エジプトなどの影響が多く、中世からルネサンス時代には生活水準が向上し、調理法もいろいろと発達した。近世になってボローニャ大学出身のペッレグリーノ・アルトゥージが、庶民の料理を『料理の科学と健康になる食事のとり方』として出版し、〝健康・経済的・美味〟を提案しベストセラーになった。イタリア料理はそれぞれ歴史と伝統を持った地方料理が主であり、州によって違いがある。主なものを紹介したい。

・ラツィオ州……ワインに加え、アンティチョークやポルチーニ茸、豚の丸焼き、ポル

ミラノの大聖堂前で行われた万博前夜祭イベント（2015年４月30日）

ケッタ。ローマの料理は庶民的と高層階級向きとの二極性。テルミニ駅周辺やテヴェレ川沿いに手軽な店あり。

・ヴェネト州……農業が盛んで海の幸も多い。ソフトシェル・クラブ、モレケは絶品。ワインの年間消費量イタリア最多。サンタ・ルチア駅からサン・マルコ広場までの通りには手頃な店が多い。

・エミリア・ロマーニア州……農業・牧畜が盛んでクラッテロサラミ、パルミザンチーズなどはD・O・P（原産地呼称制度）認定。畜産加工品多。手作りパスタ料理多。美食の都とも言われる。

・ロンバルディア州……牧畜・農業が盛んでサフラン使用のリゾット・アッラ・ミラネーゼ、仔牛の肉使用のコストレッタ・アッラ・ミラネーゼが有名。クリスマスケーキのパネトーネはミラノが発祥地。

・ピエモンテ州……肥沃な田畑と牧草地。アルバの秋の白トリュフ、ファッソーネ仔牛の生肉、最多認証のD・O・Pチーズ。料理と特産のワインが味わえる店が多い。

・トスカーナ州……ブドウ畑が続く。手間をかけ調理した豆料理リボリータやズッパ・ディ・ファジョーリは伝統美食。キアナ牛使用のビステッカ・フィオレンティーノは世界一の美味。

・カンパニア州……豊富な野菜・トマトのサン・マルツァーノ、水牛の乳のモッツァレラはD・O・P認定。グラニャーノはパスタ産業発祥地。〝真のナポリのピッツァの10カ条〟の策定。

・カラブリア州……農業・オリーブ（オイルも）、レモン、赤オレンジ、アーモンドが豊富。海の幸多く、トラパニ近くはマグロ漁基地。

・シチリア州……周辺の海で採れる魚介類を使った珍しい料理が楽しみ。臓物料理やピッツェリア、カフェの立ち食いなどがある。

イタリア料理で最も大事な調味料は、古代から使われてきた風味豊かなオリーブオイルであり、ニンニクとアンチョビを加えた三つの調和だけでも、イタリア的な多くの料理を調理できる。イタリアは医療費削減も含め栄養面においても食事のバランスを勧めているが、食事の前の2杯のワインとチーズをよく使う。日本では食料自給率がＯＥＣＤ中最低である一方で、飽食や廃棄が横行していると言われる。また一般サラリーマンの昼食はバランスの点では非常に問題があると言われ、かけそば1杯、弁当は揚げ物、定食はツマと漬物で済ませ、自慢できる状態ではない。

イタリアワインの良さは美味しさとともに、何といっても歴史的・地理的背景にあり、紀元前8世紀ギリシア人によるシチリアや本島南部への葡萄の移植から始まった。彼らは〈ワインの大地〉と呼び敬意を表し、カエサルの時代になってガリア人がワイン略奪を理由に侵略、幾度か争いを繰り返したが互いに知恵を出し合い、ワインをビジネスと考えガリアを「金のなる木」と呼ぶとともに、やがてドイツやスペインへと広まっていった。東洋の諺に「古き皮袋に新しい酒を注ぐ」があるが、ヨーロッパでは「古きローマ人の知恵袋に新しいワインを注ぐ」と言えないだろうか？

チーズに於いては前30世紀メソポタミア文明の地で生まれ、ギリシアを経て前10世紀にイタリアに入ってから、ローマ軍兵士たちの食料としてアルプスを越え、帝国の支配下に置かれていった地域には順次チーズ文化が伝わった。時代とともにその地ならではの製法と風味を持ったチーズが作られるようになったことから、イタリアがヨーロッパチーズのふるさとと言われる所以である。１９８７年から隔年で、スローフード運動の一つとして「チーズ」に特化した国際見本市が、ブラで開催されている。

ミラノ万博開幕日、万博開催に反対するグループの一部が市の中心部で暴徒化し、治安当局との衝突があった。反対派は銀行のガラスを割って手製爆弾を投げ込んだり、車に火を付け警官ら当局側の11人が負傷した。理由は国の財政難の中、万博会場建設などに巨額の資金が投じられ、汚職事件も発覚したことから抗議の声が上がった、との報道があった。次回の万博は20年、ドバイで開かれる予定。

ところで伊東マンショら使節一行が、当時のスペイン領だったミラノに到達すると、これまで以上に最高級の歓迎が展開された。それは使節の最大の保護者の一人スペイン・フェリペ2世国王から、かねて訓令を受けていた総督ドン・カルロが、それまでの各地での歓待に引けをとらぬようにと、面目にかけて手ぐすね引いて待ち構えていたのだ。スフォルツェスコ城では五百発の巨砲とカノン砲五十発が放たれ全市が振動、14世紀から400年以上かけて完成を見た巨大な大司教座のドゥオーモは、当時は工事中だったが一行を驚嘆させるなど、ミラノ市は市中の「主なものをことごとく」使節に観覧させた。一行がイタリア各地で受けた史上類例を見ない名誉や好意、歓待の数々は、トスカーナ大公、ローマ教皇、ヴェネツィア政庁やフェリペ国王らの負担においてなされたが、この壮大な大舞台を動かし続けたのは「信仰」であると松田毅一氏は言っている。一行はミラノからジェノヴァに入りスペイン艦船で船出、マドリード経由でポルトガルのコインブラを目指した。

ベルガモはミラノの北西に位置し、二つの顔を持つといわれる。小高い丘にあるベルガモ・アルタは中世そのままに時が止まっているが、丘の麓の町ベルガモ・バッサは、近代的でスマートな都会である。中世から13世紀まで自治都市の繁栄を誇り、数々の美しい建築物が建てられた。ミラノとヴェネツィアという強国に挟まれ揺れたが、こと芸術となると、ベルガモの顔コッレオーニ礼拝堂に代表されるように、両者にはない独自のルネサンスを開花させた。町の中心で中世のヴェッキア広場には、ブラマンテのフレスコ画が残るラジョーネ宮や、ヴェネツィアの傭兵隊長コッレオーニに捧げられた礼拝堂、ロマネスク様式

スペイン・フェリペ２世国王

フェリペ２世（1527~1598）は几帳面な性格で、「書類王」「慎重王」とも呼ばれるが、その治世に、スペイン文化は大きく開花した。

のサンタ・マリア・マッジョーレ教会があり、華麗なタペストリーや戦場を描いた寄木細工もある。また仮面劇コンメーディア・デラルテの故郷でもある。

ブレーシャは噴水の多い町で、16世紀から今も当時のままと変わらず有名であり、旅人の心を癒してくれる。コムーネ広場には新旧のドゥオーモが並び、古代ローマを伝えるサンタ・ジュリア博物館には、1世紀の「翼を持つ勝利の女神」や大理石版に刻まれた「孔雀のレリーフ」などがある。クレモナの市立博物館にはカラヴァッジョの「聖フランチェスコの瞑想」があり、マントヴァは北イタリア・ルネサンスの中心であり、町のシンボル・ドゥカーレ宮殿にはラファエロのデザインによるタペストリーの間や、ルーヴェンスの名画などがあり、どの町を訪ねても文化のかおりにあふれている。

ミラノから西へロンバルディア州とピエモンテ州にまたがる地域、いわゆるノヴァーラの町一帯に世界文化遺産サクロ・モンテがある。広大な森の中に9カ所、45の礼拝堂が点在し、キリストの受難の生涯が表現されている。最も歴史が古く、規模の大きいのがヴァラッロ・セジアで、見逃せないのが35「キリストの死刑判決」、38「磔刑」などで、奥行きのある等身大の彫像が並ぶ様子は迫力があり、その技術と伝統はまさに民衆芸術の結実の場と言われている。

トリノ

近代イタリアの統一の拠点となった典雅な王宮都市、トリノ（90万人）を州都とするピエモンテ州は、スイスとフランスの国境に接し、北と西をアルプス山脈に、南をアペニン山脈に囲まれ、豊富な水力発電によるエネルギーが確保されるとともに、アルプス山脈を源流とする国内最長であるポー川流域の広大なパダナ平野を抱えている。トリノは18世紀末に新たな工業都市としてよみがえり、百年後にはフィアットの自動車産業を中核として「フィアットの町トリノ」として隆盛を誇り、ミラノに次ぐイタリア第二の大工業都市になった。フィアットの創業者らの手により自動車博物館が設立されており、歴史的なクラシックカーやスーパーカーの展示とともに、自動車の社会的な変遷を分かりやすく楽しく解説している。

また洗錬された気風の残る芸術・文化都市でもあり、南に広がるモンフェッラートの丘陵は、ワインとチーズの生産地として有名である。イタリアにおける航空産業の中心地で、イタリア放送協会（RAI）が設立されメディア産業の発祥地であるとともに、またマカロニ・ウエスタンで知られる映画産業の中心でもあり、国立映画博物館がある。

ピエモンテ地方の歴史は、古代にはケルト・リグリア人系の諸部族がいるなどローマ以前に起源を有するが、紀元前220年ころ、先住の民をローマ人が征服してその支配下に置き、トリノなどいくつかの植民都市を建設した。州の大部分は属州ガリア・キサルピナに属していたが、1世紀にイタリア本土に編入、西ローマ帝国の崩壊に伴い、6世紀に東ローマ帝国に繰り返し侵攻された後、神聖ローマ帝国の一部となった。

11世紀からはサヴォイア家によるサヴォイア伯国、サヴォイア公国と移り首都をトリノにし、この間都市整備と建築活動が進み、現在のイタリアン・バロック様式の美しい町並みが造られた。フランス革命後、ピエモンテ共和国を経てイタリア王国が建国、一時期トリノは王国の首都で（主な首都はフィレンツェ、後ローマ）、その皇太子は「ピエモンテ公」の称号を名乗っていた。サヴォイア家の夏の別荘白亜のヴェナリーアの王宮、バロック様式の豪壮な狩りの館ストウピニージ狩猟宮殿、ピエモンテ建築の大傑作でサヴォイア家の墓所スペルガ聖堂も見事である。

サヴォイア王家の王宮群は、二人の未亡人が住んだマダーマ（令夫人）宮殿を含め世界遺産に登録されており、２００６年のトリノオリンピックを機会に、観光産業にも力を入れている。トリノの街は広場がランドマークとなっており、芝生と噴水の美しいカルロ・フェリーチェ広場、中央にサン・カルロ広場、そして世界遺産のカステッロ広場の三つは有名で、都市計画によって造られた町のシンボル、モーレ・アントネッリアーナは目立っている。サヴォイア王家のエジプト博物館は、ヨーロッパで最も優れたコレクションとして有名で、紀元前15世紀作成とされる「エル・レシア」や、前13世紀の「ラムセス２世」とともに、オリンピックを機に新設された「彫像の間」は人気がある。またサバウダ美術館も王家のコレクションでアンジェリコの「聖母と天使」などがある。

イタリアの大俳優マルチェロ・マストロヤンニは１９２４年、ピエモンテ州北部の小さな町に生まれ、トリノを中心に育った。第二次世界大戦では兵士として参戦したが、終結後演劇界に入り、ローマ大学の演劇センターでレッスンを受け、巨匠ルキノ・ヴィスコンティ監督に才能を認められ、47年に『レ・ミゼラブル』で俳優としてのキャリアをスタートした。その後『男と女』や『白夜』で世界的な名声を得、典型的なイタリア美女を演じるソフィア・ローレンと『バストで勝負』『昨日・今日・明日』『ひまわり』『プレタポルテ』など多数の映画で共演した。フェデリコ・フェリーニ監督の『甘い生活』では典型的なプレイボーイ役を演じるとともに、『黒い瞳』『ジェラシー』により、カンヌ国際映画祭、ヴェネツィア国際映画祭で主演男優賞などを次々に受賞している。

トランペット奏者・作曲家のニニ・ロッソは１９２６年生まれのトリノ出身で、ジャズトランペッターとして活躍、「さすらいのマーチ」は映画『前進か死か』のテーマ曲に採用されヒットする。世界的なヒット曲「夜空のトランペット」は欧州各国でチャート１位の座を獲得、67年以降はたびたび来日し、歌謡曲などをカバーした作品を残した。

スローフードの里

ピエモンテとは山の麓を意味し、険しいアルプスの山々の南に広がる平地のことで、そこはイタリア屈指の米作地帯である。料理は特産のコメはもとより、山間で捕ったカモシカ、野ウサギ、キジやキノコ、そして清流の鱒が並び、イタリアの他の地方と比べるとワイルドな雰囲気が漂う。アルバの白トリュフや牛肉のバローロワイン煮は美味しく、「王のワイン、ワインの王」と呼ばれるバローロのほか、バルバレスコやバルベーラなどの高価なワインも生み出している。

ミラノ万博で「スローフード運動」が提唱されたが、これはスイスに近いピエモンテ州ブラという小さな町で１９８６年、現在のスローフード協会会長であるカルロ・ペトリーニ氏の仲間が、ファーストフードの画一化された食に対抗して始めたもので、地域の食文化と食の多様性を守り、それらに経済性と永続性を持たせようとする運動である。もともと「バローロ愛好協会」というワイン好きのグルメの集まりだったが、86年ローマにファーストフードのマクドナルドが進出したとき、食の画一化が始まり安い食材、低賃金の労働者、仕事のマニュアル化、人工的な味と香り、コマーシャルでの集客などに対して、地場産業や伝統の食文化に危機感を持ったと言われる。「向こうがファーストならこちらはスローでいこう」と「アルチゴーラ・スローフード協会」の名が生まれたという。

日本においても運動が広がったがその背景には、バブル崩壊による価値観の激変、ファーストフードへの危機感、食料自給率の低下、食育の提唱、食の安全性、地産池消・直接販売などが考えられる。特に日本の食料自給率はカロリーベースで、1960年に79%だったのが、2001年には40%に、11年の東日本大震災から39%に低下し、畜産物の餌の輸入まで入れれば30%少しとも言われる。ちなみにイタリア73%、ドイツ96%、スイス61%、フランス132%、イギリス74%となっている。近年の地球温暖化や穀物市場の高騰、国内の食料安全保障の欠如など考えると、金さえ積めば食料はいつでも手に入る時代は終わり、特にTPPは慎重でなければならない。

食生活においては洋食化やインスタント食品への添加物の急増、食のバランスの乱れなどにより子供ではアトピーや肥満が、成人では脳卒中、心臓病、がんなどが増えている。私の市長時代、「知育」「徳育」「体育」に合わせて、学校、家庭、生産者を巻き込んだ「食育」に取り組んだことがある。まず学校ごとに作っていた給食を一カ所にまとめた共同調理場（通称つわぶき給食センター）を建設し、地元で獲れた作物を集めて一括料理し、昼食時に生産者や調理士に学校に来てもらい子供たちへ、どうやって育て、収穫し、調理し目の前に出され、どんな効果があるのかを話してもらった。子供たちはうちに帰って母親たちに話し、親が家族にふるまうなどによりその料理を広めていくというものである。合わせて「早寝早起き朝ごはん」や、「いただきます」「ごちそうさま」などの「感謝の心」も育成にも努めた。

食の安全については当時、BSE（牛海綿状脳症）の不安や食品の偽装表示、中国野菜の農薬問題などが相次ぎ、全国で消費者の安全志向が広まった。そのような中で2010年宮崎で口蹄疫が発生、29万7808頭の牛が殺処分され、被害総額は約2350億円に上った。口蹄疫は海外の病気ではないことを教訓に、平常時にリスク管理をするとともに、その悲惨な経験を風化させないことが大切である。近年ヨーロッパでも発生し、イギリスでは1967年43万頭、2001年に600万頭が、またオランダでは同年28万頭が殺処分された。14年現在の発生国は世界の三分の二がアジア、アフリカであり、イタリアを含む欧米やオセアニアは清浄国と言われる。

瑞穂の国日本が１９７０年、「水田に米を作るな」とした減反政策を打ち出してから45年、この間、水田面積は50％減少した。これは単に食料の問題だけでなく、農業・農村の持つ生産と生活の直結、自然の創造と生態系保存、洪水防止と水の循環など多面的機能も減少したことを意味する。一方で90年代に入ると、保全の対象として「棚田」が国民の意識に上るようになったが、それは利便性や経済性の「ものの豊かさ」よりも「心の豊かさ」、農村から都市への労働人口の移動、多面的な機能への関心の高まり、都市生活者のゆとりや安らぎへの欲求などが背景にあると言われる。１９９９年に「日本の棚田百選」が農林水産大臣により認定され、宮崎県日南市の坂元棚田（２００６年全国棚田サミット開催）など１１７市町村１３４地区の棚田が選定された。ちなみにオーナー制度は坂元棚田など全国15カ所で実施されている。

「スローフード運動」が始まったころから、医食同源、身土不二などの言葉が使われるようになったが、そのほかイタリアで起こり発展した地域文化顕彰活動には、「スローライフ運動」や「スローシティー運動」が知られる。スローシティーは人口５万人未満で、有機農業や食育を実践しているなど加盟審査には55の指標を設けており、５年ごとに実態審査が行われる。イタリアではアマルフィなど72の町が加盟しているが、日本は気仙沼市のみである。指定により一時の観光客の増加が期待できる一方で、観光地化による喧噪と俗化の波が押し寄せゴミの増加や自然破壊が進み、国や地域によってはあまりの猥雑さに訪問者も辟易して、改善されなければ登録更新も危ぶまれているという。

ヴァッレ・ダオスタ州は、イタリアの北西の角に当たるアルプス山中の小さな州だが、四方をモンブランやマッターホルン、モンテローザ、グランジョラスなど４０００メートル級の名峰に囲まれ、自然は手付かずに残り素朴な人々が住み、高山植物群や珍しい野生動物の生息するアオスタ渓谷を擁している。イタリア・アルプスの指折りのリゾート地で、冬はスキーなどウインタースポーツのメッカとなり、夏は避暑客をはじめトレッキングやアルピニストのあこがれの地になっている。私はかつてマッターホルンのスイス側からアオスタに入り、モンブランからフランス側へ抜け、ボルドー、マドリードへと向かったが、アルプスの懐に抱かれたその雄姿を眺めながら、峠道や谷沿いの草花を愛でるとともに、清流のせせらぎに耳を傾けるだけでも、十分に訪ねる価値がある。

　州都アオスタは、初代ローマ皇帝アウグストゥス（オクタウィアヌス）により造られ、古代ローマの兵士のキャンプ地に始まる古い町として栄え、約２０００年前の姿がほぼ完璧に引き継がれている。アオスタは、マッターホルン（４４７８メートル）側の大サン・ベルナール峠を越えてスイスへ行く道と、モンブラン（４８１０メートル）側の小サン・ベルナール峠を越えてフランスへ抜ける道の分岐点に位置する。かつて『ガリア戦記』を遺したカエサル（シーザー）やカルタゴの英雄ハンニバル、ナポレオンのイタリア遠征などもアルプスを越え、谷を渡り通ったといわれ、古くから戦略的に重要な地であったためか、中世の城や見張りの塔が点在し、アウグストゥスの凱旋門も残されている。宝物館のある大聖堂が町の中心にあり、ローマ時代の橋や円形劇場跡、新石器時代以降の出土品が収められた考古学博物館もあり、歴史と文化の香りが感じられる。

　料理は野性味が濃く、カモシカや山羊の乾燥肉が多く、ミンチにしてパスタソースとしても使われる。ここで造られるワインはよく知られるとともに、木をくり抜き人数分の飲み口を付けた、アオスタ風コーヒーも楽しく体が温まる。闘牛が盛んな上、セントバーナード犬のふるさとでもある。

アウグストゥス（紀元前63～後14）は、臨終の床で友人に向かい、「私がこの人生の喜劇で自分の役を最後までうまく演じたとは思わないか。この芝居がいくらかでもお気に召したのなら、どうか拍手喝采を」と述べたといわれる。

スイス

スイス連邦はアルプス山脈を挟んでイタリアの北に位置し、中南部は山系の中心部に重なり４０００メートル級の美しい山々が連なる。国土の大部分が山地で、気候は温和だが、高度１０００メートル以上は山岳気候である。面積４万平方キロ（日本の11％）、人口８３０万人で首都はベルン（13万人）、主要都市にチューリヒ（38万人）、ジュネーブ（19万人）など。住民はドイツ系65％、フランス系22％、イタリア系が８・３％で、公用語もほぼ同率で使われており、宗教はカトリック38・２％、プロテスタント29・６％である。

歴史は、１２９１年８月１日、ウリ、シュヴィーツ、ウンターヴァルデンの原始３州が、既得権益だった自由と自治を守るため誓約同盟を結成した。この日がスイス建国の日とされている。その後ハプスブルク家との戦いやスイスの宗教改革などを経て、１６４８年正式に神聖ローマ帝国からの独立を達成、１８１５年ウイーン会議で国家としての「永世中立国」が認められた。１９２０年、国際連盟に原加盟国として加盟し、本部をジュネーブに設置した。第二次世界大戦では、フランスの降伏により四方を枢軸国のイタリアとドイツに囲まれながらも、なお武装中立を維持した。45年国際連合が成立したが、翌年スイスは国連に参加しないという書簡を議長あてに送った。ただ国連機関の設置や、国連の非軍事組織には参加していたが、２００２年国民投票の結果を受けて、１９０番目の国連加盟国となった。

スイス連邦憲法は１８７４年に採択され、２０００年１月１日に発効した。連邦国家であり、統治形態は連邦議会を最高機関とする議会統治制、つまり立法府が行政府を兼ねており、議会は両院制で、直接選挙（比例代表制）で選ばれる２００議席の国民議会と、州代表の46議席の全州議会から構成される二院制である。連邦政府（内閣）は、議会から選出される7人の連邦参事で形成される合議体で、その中の1人が兼任のまま任期1年の連邦大統領となり、残りの参事が各省を統括する。大統領の権限は儀礼的なものに限られ、憲法には国民の政治参加の特徴として、国民発議と国民投票という直接民主制の制度が認められている。憲法改正は容易で、10万人の改正要求があった場合には、提案に対する国民投票が実施され、これまでもたびたび行われている。国民議会、全州議会共に任期は4年で、解散はない。地方自治が根付いており、六つの準州を含む26州が連邦を構成し、各州は独自の憲法を持ち、州政府と州議会を選出する。

下級審の裁判は州の管轄だが、連邦最高裁はローザンヌにあり判事38人。任期は6年で国会が選出する。死刑はないのだが安楽死が可能で、その目的で近年スイスへの移住者が急増している。医師が薬物を処方し、死を選んだ患者が自ら使用する「自殺ほう助」が事実上認められているという。

２０１４年、ＥＵ加盟国などから来る移民の数を規制することの是非を問う国民投票の結果、賛成が50・３％と反対の49・７％を上回り、可決された。スイスはＥＵ未加盟だが、自由貿易協定（ＦＴＡ）や国境審査を廃止するシェンゲン協定にも参加しており、ＥＵ欧州委員会は「自由な往来の原則に反する」と批判した。国連の一員としての活動とともに中立政策も維持しているため、国連機関や国際機関も多い。

軍事面は、通常の兵力は２万２６５０人だが、非常事態には25万６２００人（民間防衛隊を含む）が動員でき、有事の際は焦土作戦も辞さない毅然とした国家意識を持って永世中立を維持してきた。傭兵の精強さは、ヨーロッパの歴史上有名であり、軍事基地は岩山をくり抜いた地下に要塞化され、国境地帯の橋やトンネルには、有事の際速やかに封鎖できるよう、解体処分用の爆薬を差し込む準備が整い、仮に、失敗して侵略を受けても、主要道路には戦車の侵入阻止のための障害物や、トーチカが常設してある。冷戦時代、家を建てる際には、防空壕（核シェルター）の設置が義務付けられていたが、その数・収容率と強固な構造は他国の群を抜いており、古いものは地下倉庫などに再利用されている。スイスは山岳に囲まれた国土だが、日本は四方を海に囲まれるとともに80％は山であることを考えると、わが国の国土防衛の在り方も自ずから知恵が出るのではないのか？　国連のＰＫＯへの参加に積極的で、国外に武装した部隊を派兵しているが、武器を用いない人道支援に徹し、決して武力行使はしない。

国民皆兵を国是とし徴兵制度を採用しており、20～30歳の男子に兵役の義務があり民兵として訓練を受け、女子は任意である。男性の大多数は予備役軍人のため、各家庭には自動小銃などが貸与され各自で保管しているが、対戦車兵器や迫撃砲など大型の武器は、地区単位で設置されている武器庫に収められ、厳重に管理されている。それらと共にスイスは、食料の計画的自給・備蓄や湖・河川の防衛は、政府の責任として平時にも怠らないという気概を持っており、食料安全保障などの議論さえ行われない日本とは、「国民の生命」や「国を守る」覚悟においては雲泥の差がある。

東西冷戦の一時期、戦車や航空機も生産していたが開発費用の高騰などで断念し、今では、小火器や装甲車は依然として高い競争力を持ち、日本にも輸出され警察庁・都道府県警察、自衛隊、海上保安庁で採用されている。スイス国防の基本戦略は「拒否的抑止力」であり、敵国にとって、スイスを侵略することによって得られる利益よりも、スイス軍の抵抗や国際社会からの制裁によって生じる損失の方が大きくなる状況を作り出すことによって、国際紛争を未然に防ぐという戦略である。国連加盟後もこの基本戦略は、変わっていない。

原発は北部ベズナウなど4カ所、計5基が稼働中だが、東京電力福島第一原発事故を受け、事故から3日後の2011年3月14日に、原発の改修と新規建設の凍結方針を表明した。14年には政府は、19年から順次既存の原子炉を廃止し、34年に全基の運転を停止させる「脱原発」政策を決定した。また原発災害に備え半径50キロ以内の全住民約460万人にヨウ素剤の配布を始めたが、これは1人当たり12錠であり、10年間保管できる。スイスもドイツも地震や津波、火山の噴火などほとんど無いのに、国民の「命を守る」ため常に最悪を想定しているのも日本とは違う。

1864年の修好通商条約により日本と国交を樹立、2009年貿易自由化を柱とするEPAが発効し、対日輸出は医薬品、時計などで、輸入は自動車などである。14年は国交樹立150周年で皇太子さまが訪問し、暖かく歓迎された。在留邦人は9870人。

フランス

フランス共和国は、西ヨーロッパのフランス本土（コルシカ島などを含む）とフランス領ギアナなどの海外県、フランス領ポリネシアなどの特別自治体から成る単一主権国家である。地勢的にはイタリア、スイス国境にアルプス山脈などがあり、西のスペイン国境にピレネー山脈、西北には大西洋、ドーバー海峡と続きベルギーに接している。ドイツとはライン川で一部国境を接し、主な河川はローヌ川、ロワール川、セーヌ川、ガロンヌ川などがある。総面積54万平方キロ（日本の1・4倍）、人口6440万人。首都はパリ（228万人）で、国内最大都市で主要な文化や商業の中心地であり、主要都市にマルセイユ（86万人）、リヨン（50万人）、ニース（35万人）、ボルドーなどがある。

住民はケルト系、ゲルマン系、ノルマン系などの混血や北アフリカなどからの移民で、フランス語が主要言語だが地方語もあり、ブルターニュやバスクには独自の民族が住む。宗教はカトリック教徒が50％、イスラム教徒が10％、ほかプロテスタント、ユダヤ教徒などである。共和制をとり大統領（直接選挙で首相の任免権あり）が最高権力者で、1958年に第5共和制憲法の制定により、人民主権をもとに政教分離及び民主制の国として建国され、以来これまで24回の改正が行われた。議会は二院制で、国民議会（下院577、任期5年）と上院（348、任期6年）である。

歴史的には、ガリアは鉄器時代にギリシア人がそう呼んだケルト人のことで、紀元前9世紀ころからガリア全土に広がり、紀元前5世紀には最盛期に達し、優れた金工技術と独特の装飾様式を持つラ・テーヌ文化を残した。政治的にはガリア諸部族が統一されることはなく、この諸部族間の分立・反目がやがてローマのガリア進出を招くことになり、カエサルのガリア遠征で征服され、アウグストゥスの行政区分の整備により、都市化・ローマ化が進展した。6世紀にクローヴィスはローマの慣習を取り入れたフランク王国を設立、王国の基礎を築き、8世紀にカール大帝が戴冠し王国の領土を拡大、西ローマ帝国を復活させた。以後、「ローマの平和」のもとイタリアから入ったブドウ酒醸造や製陶業も栄えた。

「神の声」を聴いたとされる少女ジャンヌ・ダルクの活躍は、イギリスとの百年戦争に勝利し、中央集権型の絶対君主制への道を開き、フランスは大国であり続けた。フランソワ1世のルネサンス時代には膨大な文化的発達を経験するとともに、世界的規模の植民地帝国を確立、ルイ14世は「朕は国家なり」と言い有力な文化力、政治力、軍事力を整え、ヴェルサイユ宮殿を建てた。しかし、ルイ16世は増税を提案したことで周りの猛反発に会いこれを弾圧、民衆は政治犯の牢獄・バスティーユを襲撃しフランス革命が勃発、君主制は崩壊し、王妃マリ・アントワネットは故郷オーストリアへ亡命を図ったが幽閉され、16世はギロチン台で斬首された。フランス革命は、人権に関する世界最古の文書である「人間と市民の権利の宣言」で、今日に至るまで国の理想を表現している。

政治的混乱後の1799年、ナポレオン・ボナパルトが権力を握り、やがて皇帝に即位して第一帝政を開き、ナポレオン戦争と呼ばれる一連の戦争を通じてナポレオンの軍隊は、数百万人の犠牲を伴いながらヨーロッパの大部分を制覇、彼の一族が新たに作られた国々の王位に就いた。広大な地域をまとめるため、36カ条の民法典（ナポレオン法典）を起草して、法の下の市民の平等など法律の統一を完成させた。１８１５年にナポレオンがワーテルローの戦いに敗れた後、30年にフランス領北アフリカのアルジェリア、チュニジア、モロッコが成立した。

第一次世界大戦では領土の一部が占領されただけなのに、１４０万人が犠牲者となった。第二次世界大戦ではドイツの電撃戦に敗れ全土が占領されたが、死者は第一次世界大戦よりも少なかった。１９５６年モロッコとチュニジアが独立を達成後、「アフリカの年」こと60年にはほぼすべてのアフリカ植民地が独立、そして核兵器保有による米ソと並ぶ第三極を目指したフランスは、アルジェリアのサハラ砂漠で核実験を強行したが、62年和平交渉を通じてアルジェリアも独立した。

外交と原子力核

現行憲法発足後の初代大統領にはドゴールが当選し、今日までにミッテランの左翼政権、シラク及びサルコジの保守政権と続き、12年から社会党のオランド大統領が就任している。憲法改正の発議権は大統領と議会に属し、両院一致の条文で議決後国民投票を経て改正され、これまで24回改正されて

皇帝ナポレオン

ローマ皇帝のように着飾ったナポレオン・ボナパルト（1769~1821）は、1804年12月２日、皇帝ナポレオン１世になった。この絵では、11カ月前に公布された36カ条の民法典を誓っているように見える。これはそののち、ナポレオン法典の名で知られることになる。

いる。ドイツ・ヒトラー政権がとった、いわゆるワイマール憲法の条文を読み替える、憲法違反のまま法案をごり押しするという手続きは取られないようにしている。

外交面ではドゴール時代から冷戦下の東西ブロック化を非難、国益優先の独自外交が特色で、冷戦終結後は統合欧州建設を主導することで国際的な影響力の維持を図った。第三世界や南北問題、人道外交も重視し、ドイツとともに欧州連合を主導、13年オランド大統領とメルケル首相はパリで会談し、若者の失業対策など欧州レベルで実施する共同提案をした。「イスラム国」では米軍の限定的空爆の全面的支持を表明するとともに、「地球的規模の対策が必要」と国際社会の団結を訴えるとともに、15年は独、英などと協力して移民・難民対策を進めたが、16年イギリスがEUからの脱退を表明した。

フランスは独自の核抑止力を安全保障の要としており、1992年の核拡散防止条約（NPT）に調印、98年の包括的核実験禁止条約（CTBT）を批准しており、核戦力は航空機と潜水艦のみで地上基地には無い。総兵力は22万2200人。

もともと核保有国は米国、ロシア、英国、フランス、中国に限定していたが、その後イランやイスラエル、北朝鮮などにも広がっている。アメリカのオバマ大統領は立候補に当たって、「核兵器をなくす。Yes we can!」と言って他を圧倒して当選、チェコ・プラハでは「核兵器なき世界」を訴え、その期待を込めてのノーベル平和賞も受賞した。世界の共感を呼んで8年、しかし中国やロシアなどの思惑もあり、一歩も進んでいない。また米国の同盟国であるはずの日本は広島、長崎そして東日本大震災での福島原発事故などたび重なる悲惨極まる教訓にもかかわらず、2015年訪米時安倍首相は、オバマ大統領にも米国議会でも核兵器の「カ」の字も口にしなかった。同年、5年に1度開かれる、

1954年3月1日、マーシャル諸島・ビキニ環礁で行われた水爆実験「ブラボー」。（15メガトン。広島型の1000倍。アメリカ核防衛局提供）

ニューヨーク国連本部での核拡散防止条約（NPT）再検討会議は、段階的核軍縮を主張する核保有国と、より一層の軍縮を求める非核保有国が対立、「核兵器なき世界」へ向けての最終文書はまとまらず、会議は決裂し閉幕した。

日本政府代表である広島県選出の岸田外相の発言も、広島、長崎両市長や被爆者ら日本からの参加者をよそ眼に、「核兵器」については一言も触れなかった。一方で英国のデス・ブラウン元国防相は「（日本の）被爆者の証言を聞き、心が揺さぶられた。日本はもっと強く核の非人道性を訴えるべきだ」と語るなど、今や「核廃絶」の動きは国際的にも大きな流れになっているものの、ロシアのプーチン大統領がウクライナ危機で核の使用をちらつかせるなど、現実は厳しく停滞している。最終文書に世界の指導者に広島、長崎訪問を促す文書を明記するよう提案もあったが、中国の「日本を第二次世界大戦の加害国でなく被害国として描き、歴史を歪曲する」との反対で削除された。核兵器使用の非人道性について、オーストリアなどが国際会議を開き、「人道の誓約」への賛同の輪は確実に各国に広がっている。

米科学者連盟（FAS）推定による14年現在の核弾頭数は、米国が4760、最多のロシア8000、フランス300、中国250、英国225、イスラエル80、パキスタン100～120、インド90～110、そして北朝鮮が10未満とある。核保有国と非保有国すなわち安全保障と人道をどう調和させ、解決の役割を果たすのには日本は最適任なのである。日本は唯一の被爆国として「人道」で先頭に立つ責任があり、一方、アメリカの「核の傘」の下で「安全保障」を享受してきたのだから、核の役割を減らしながら抑止力を保っていく外交が試される。今一度言いたい、「かけがえのないこの宇宙船「地球号」が難破しないように、今こそ「核廃絶」へ向けて先頭に立つべきである」、と。

大統領（任期5年）は首相を任命するが、首相は大統領にも議会にも責任を負うという半大統領制のため、両者の所属政党の勢力が異なる場合、いわゆるねじれ現象を起こし政権が不安定になることもある。議会は二院制を採用し、上院に当たる元老院と、下院に当たる国民議会があり、優先権は国民議会にあり、元老院は諮問機関としての色彩が強い。また労働人口に対する公務員の比率が極めて高く、「官僚天国」「役人天国」と形容されることがある。地方行政単位は全国３万６７００のコミューン（市町村）で、大都市も小村も同等の扱いである。

２０１３年現在ＧＤＰは、アメリカ、中国、日本、ドイツに次ぐ世界第5位、一人あたりは４万３００0ドルで世界水準の約4倍となり日本より多く、観光客入国数では世界一、農産物輸出額では世界第二位を占める。エネルギーでは原子力発電の依存率は高くおよそ73％に達し、稼働中はアメリカに次ぐ58基、12基が廃炉である。オイルショック以降景気が後退し、慢性的な高失業率に悩まされ、国民の購買力や国内総生産（ＧＤＰ）は伸びず、財政赤字は増大している。合わせて西アフリカや中東、北アフリカなどの元植民地からの移民とその子孫の失業率が高いため、不満が鬱積したこれらの失業者による暴動やイスラム国に影響を受けた事件も度々起きている。

15年7月24日の新聞報道によると、「発電量に占める原子力発電への依存率が世界最高とされるフランスの国民議会（下院）が22日、現在の依存率73％を25年までに50％へ引き下げるエネルギー転換法案を可決し、国会を通過した」とあった。東日本大震災の翌12年の大統領選でオランド大統領が、包括的エネルギー転換のビジョンを策定し国民に公約していたもので、法案は原子力発電の増加を認めず、再生可能エネルギーの比率を12年の２・５倍に相当する32％に拡大するなど6つの数値目標を掲げているという。原発を重視していたフランスは東日本大震災後、「フクシマ」へ原発事故処理にかかる専門家を派遣しており、その報告を受け地球環境の未来を鑑みて英断したものと考えられる。

自由と責任

人類の歴史はよく移民の歴史とも言われ、この地球上に単一民族国家は存在しない。日本は同一民族と見なされる大和民族が人口の95%以上を占めるが、そのような国は極めて少ない。フランスで週刊誌シャルリエブドが２０１４年1月、「表現の自由」と言ってイスラムの預言者を辱めた風刺画を掲載したことから、「イスラム国」なる「人格」「民主主義」などを忌み嫌う過激派の影響を受けたアルジェリア系移民の兄弟から襲撃を受け、12人が死亡した。テロを批判した大規模なデモが行われ、その後出した風刺画は売れに売れたというが、15年11月の同時パリテロに参加した若者同様、兄弟も貧しい移民街の出身だった。「人は貧困には絶えられても、尊厳を失うことには耐えられない。シャルリエブドも、この国の人々もそれを理解していない」と、多くのイスラム信者は肩身の狭い生活を強いられている。

パリ郊外のジュヌビリエ地区の移民街には、アフリカなど元フランス植民地からの移民が多く住んでいるが、そこではイスラム過激派の戦闘員勧誘が横行し、失業や差別に苦しむイスラム系の若者らは、「フランス人として認めてもらえない」と疎外感を持っているという。言論や表現を含め「自由」は、「責任」を伴うものでなければならない。10月シャルリエブドは移転したが、新しい住所は秘匿されており、報道では約４００平方㍍のフロアには、万一のテロに備えて社員が逃げ込む「シェルター」が設置されたとあるが、そのような場所と方法での活動に違和感はないのだろうか？　フランス政府も「イスラム国」空爆も重要だが、合わせて国内の格差解消などに取り組むことが不可欠である。

日本でもテロの標的となった週刊誌が掲載した風刺画を収録した本が出版され、国内のイスラム世界の対日感情への影響を気遣う声が広がった。折しも安倍首相が中東訪問の際レバノンで、「イスラム国と戦う国に2億ドルを支援する」と言ったことで、イスラム国側が「日本人も標的にする」との声明を出し、結果、後藤健二氏らが殺害されたばかりでもあり、公安関係者が「イスラム世界と日本の決定的な亀裂につながりかねない」との懸念を示したが、まさに海外各地で日本人が狙われ死者が出ている。

フランスは早くから国をあげて少子化対策に取り組み、GDPの約3%の巨費を投じて出産・育児を支援する制度を採り入れ、その結果、1995年に1・65人にまで低下した出生率は2000年に1・89人に、06年には2・005人にまで回復した。代表的なのは、世帯員（特に子供）が多い家庭ほど住民税や所得税などが低くなる「N分N乗税制」や、公共交通機関の世帯単位での割引制度、20歳までの育児手当などにより、子供を4人以上産めば事実上各種手当だけで生活が可能となり、結果として低所得者が多いアフリカ系の移民や、イスラム系の外国人労働者を激増させているとの指摘もある。先進国で出生率が2人を超える国は、他にはアメリカとニュージーランドくらいである。

カトリックの歴史は古く、代表的な教会はノートルダム大聖堂、サン・ドニ聖堂などがあり、国民の約7割がカトリックと言われている。フランス革命以来の伝統で政教分離（ライシテ）には徹底しており、04年には公教育の場でムスリムの女子学生のスカーフをはじめとして、ユダヤ教のキッパなど宗教的シンボルを禁止する法案が成立し、それに対する反発もあり危惧されている。

教育は2歳から5歳までの就学前教育の後、6歳から11歳までの6年間が小学校、その後4年間が中学校となり、高等学校、職能教育まですべてが無料である。代表的な高等教育機関としてはパリ大学、モンペリエ大学、マルセイユ大学、リヨン大学などがある。

ルネサンス時代のフランスにおける文化面では『人間喜劇』のバルザック、ロマン派小説『ノートルダムのせむし男』や亡命生活中の長編『レ・ミゼラブル（ああ無常）』のヴィクトル・ユーゴー、耽美主義の詩集『悪の華』のボードレールなど知られる。ファッション分野ではイタリアと並び世界をリードしている。またパリを中心に多くの国の芸術家を引き付けており、サイエンスフィクションの先駆者となった、ジュール・ヴェルヌの『八十日間世界一周』もよかったが、『海底二万哩』の映画は何回見たことか。モンマルトル広場には、東京・上野公園とは比較にならないほど多くの絵描きがひしめき合っていたのを思い出す。またモンテーニュ、ルソー、モンテスキューが現れ、第二次世界大戦後は実存主義哲学を迎え、サルトルらが出た。哲学者等には「我思う、ゆえに我あり」のデカルト、『法の精神』で三権分立論を展開したモンテスキュー、『社会契約論』を上梓し「人民主権」を主張したルソー、『人間は考える葦』で「パスカルの原理」を発見したパスカルなど思い出される。

スタンダールはグルノーブルのブルジョア家庭に生まれたが、7歳で母を失い反抗的な少年時代を送り受験も放棄、やがてナポレオンのイタリア遠征に加わりミラノの土を踏んだ。帝政崩壊で失職後、イタリアを第二の故郷として長期滞在する中で評伝などに筆を染め、代表作『赤と黒』のほか『カストロの尼』『イタリア年代記』などを発表した。生前自ら選んだ墓碑名は「アッリゴ・ベール、ミラノ人。生きた、書いた、愛した」である。

またパリで生まれたサルトルは、早く父を失い3歳で右眼を失明し後母が再婚、少年時代は幸福とは程遠い生活だったが、やがて小説『嘔吐』を発表、『存在と無』で

ジャン・ジャック・ルソー（1712〜1778）は『社会契約論』と『エミール』を著した。彼の思想は、フランス革命に際して、国民議会に深い影響を及ぼすことになる。

モンテスキュー（1689〜1755）が唱えた三権分立論は、アメリカ合衆国の憲法やフランス革命の理論的根拠として大きな影響をもたらした。

は後の哲学的基盤となる思想を体系的に展開した。第二次世界大戦でドイツの捕虜となったが、釈放後は、長編小説『自由への道』や戯曲を書き、生涯の伴侶ボーボワールらと「レ・タン・モデルヌ」誌を創刊し、〝実存主義者サルトル〟として論壇に登場して発言し続けた。

フランスは芸術の国と言われるように、印象派の画家ゴッホ、ピカソ、ドラクロワ、マネやモネ、セザンヌ、ゴーギャン、マチスらが活躍、国内外を問わず多くの芸術家が創作活動を行った。ミレーは田園画家と言われ「種を蒔く人」や「落穂拾い」、「晩鐘」などの傑作を描き、飛行家で作家のサン・テグジュペリは『夜間飛行』や、ナチスに追われてニューヨークで『星の王子様』を執筆し、後北アフリカ戦線で地中海の偵察中消息を絶った。またプルーストは『失われた時を求めて』7巻を執筆、『ジャン・クリストフ』のロマン・ロラン、童話劇『青い鳥』のメーテルリンク、アルジェリア生まれでレジスタンス活動を描いた『異邦人』のカミュなども知られる。

世界最大のルーブル美術館、印象派中心のオルセー美術館（門扉にロダンの「地獄の門」や「考える人」がある）、ポンピドゥー芸術文化センター、パリ市立近代美術館など有名である。南仏の都市カンヌでは、毎年5月、カンヌ映画祭が開催されている。またファッションではイヴ・サンローランやジバンシー、クリスチャン・ディオール、ココ・シャネル、ルイ・ヴィトン、エルメスなどのブランドが注目を集めている。

フランスと日本の初めての接触は、１６１５年、仙台藩の伊達政宗がローマに派遣した慶長遣欧使節の支倉常長がサントロペに上陸したときで、一方フランス出身の人物が日本を訪れたのは、19年フランソワ・カロンがオランダ東インド会社社員として着任したのが最初である。カロンは20年間の滞在中商館長にまで出世し、帰国後フランス東インド会社の設立時の社長になった。１８４４年アルクメネ号に搭乗したフランス海軍の探検隊が、沖縄（琉球王国）に到達して55年条約を締結、３年後江戸において、日本（徳川幕府）との間で日仏修好通商条約（不平等条約）が調印され、外交関係が開設された。第三共和政成立直後、明治政府の岩倉使節団がフランスを訪問、ポール・ブリュナーにより日本初の近代絹糸工場である富岡製糸場がイタリア製の機械を使って開設された。

第一次世界大戦で共に連合国側で戦い、国際連盟発足では、日仏両国は常任理事国として参加したが、第二次世界大戦では日本軍が仏領インドシナへ進駐、米英の反発で太平洋戦争が始まった。ドゴールはドイツ軍がパリを占拠した時、ロンドンに亡命し「自由フランス政府」を樹立、ノルマンディー上陸作戦でパリが解放されると、フランス臨時政府首相に選ばれ共和制により大統領に就任した。凱旋門のある広場は「シャルル・ドゴール広場」と名付けられた。サンフランシスコ講和条約により日仏間の戦争状態が終結し、東京裁判の戦争指導者・A級戦犯を除くBC級戦犯38人が、フランス政府により恩赦された。

知日派のシラク大統領時代は対日関係が良好だったが、サルコジ大統領は04年の訪中時に「相撲は知的なスポーツではない」と発言するなど日本への関心が薄く、関係の後退が指摘された。オランド大統領は対日関係を修正し日本重視の方針を示し、13年日本を初訪問して外相、防衛省の2プラス2の創設と、防衛装備品の共同開発などで合意した。

近年において俳優アラン・ドロンが初来日、ルーブル美術館所蔵のモナ・リザが上野の東京国立博物館で展示、宝塚歌劇団がミュージカル「ヴェルサイユのばら」を初演、フランス産赤ワインの新酒ボジョレ・ヌーボーの人気などがあり、1997年「フランスにおける日本年」を機に、パリ日本文化会館が創設された。テレビ番組「料理の鉄人」などに見られるように、フランス料理は日本の料理界に大きな位置を占めている。スポーツではテニスの全仏オープン、自動車耐久レースのルマン24時間、自転車ロードレースの最高峰ツール・ド・フランスなどがある。

かつての旅では1回目にスイス・ローザンヌからフランス入りしてパリなどを経由してアムステルダムへ向かい、2回目にイタリア北西アオスタを経由して、クレルモンフェラン、ボルドー、そしてピレネー山脈を越えてマドリード、ジブラルタルへと移動した。クレルモンフェランでは雪の中で一週間野宿したが、お巡りさんが心配して時々様子を見に来てくれたり、悲喜こもごもの思い出の残る町だった。南西部の中心都市・ボルドーはうわさには聞いていたが、ブルゴーニュと並び称されるフランスワインの大聖地でもあり嬉しかった。

スペイン

欧州大陸の南西部でイベリア半島の五分の四を占めるのがスペインで、残りの五分の一がポルトガルである。スペインは地中海のバレアレス、大西洋のカナリア両諸島を含み、北アフリカのセウタ、メリリヤは海外領土であり、イベリア半島南端ジブラルタル（英国領）の領有権を主張している。北東のピレネー、北のカンタブリア、南のシエラネバダ、シエラモレナの4山脈があり、大部分は高原地帯で内陸部は乾燥して暑さ寒さが厳しい。面積51万平方キロ（日本の1・34倍）で人口は4612万人、首都はマドリード（320万人）で主な都市にバルセロナ（161万人）、バレンシア（79万人）、セビリア（70万人）などがある。住民は先住のイベリア人とケルト人、ローマ人などで、フランス国境にはバスク人などの少数民族もおり、カトリック教徒が94%にのぼる。立憲君主制で議院内閣制を採用し、元首は国王・フェリペ6世、国王が多数党の党首を首相候補に指名、下院で信任後任命される。

スペインは長くローマ帝国の属領だったが、5世紀ゴート族による王国ができ、後イスラム教徒のムーア人が侵入し、コルドバを首都として繁栄した。１４９２年、スペイン王国がイスラム教徒を追い出しイベリア半島を統一し、16世紀前半には、ブラジルを除く中南米を領有した。日本とスペインの関係には、４７０年近くの交流の歴史があり、スペイン人はポルトガル人と並んで日本人が初めて接触したヨーロッパ人であることから、伝統的に良好な関係にある。

フランシスコ・ザビエルはスペインのナバラ王国のザビエルに生まれ、１５４１年ポルトガル国王の要請でインドに布教で赴いた際、マラッカで日本人アンジローと出会い日本行きを決意。49年バレンシア出身のトーレス神父と、コルドバ出身のフェルナンデス修道士やアンジローを随行させて到来し、鹿児島や豊後などで１０００名前後改宗させた。その後17世紀前半（江戸初期）にかけてキリスト教の布教（キリシタン）と南蛮貿易を通じて、日本とスペインの間には盛んな往来が見られ、南蛮文化を生んだ。その後、キリシタン禁教の強化と鎖国政策によってスペイン船の来航は禁止され、関係は途絶した。ザビエルは１５５１年に日本を離れるが、フェルナンデスは67年に長崎で、トーレスは70年に天草で没している。

コルテスは下級武士の出身であり、コロンブスの新大陸への道筋を開き、マゼランの世界一周で勢いに乗るスペインが、カトリック布教の名目でアステカ王国（メキシコ）に送り込んだ「征服者（コンキスタドール）」である。キューバ征服後ユカタン半島へ渡り、アステカ王国を滅ぼし文明を破壊、兵士は彼らを奴隷とし、強姦し、財宝を略奪した。またピサロは地方貴族出身で第２のコルテスを夢見、「コンキスタドール」として１８０人の兵士を連れ、アンデス山脈を越えてインカ帝国（ペルー）皇帝アタワルパを処刑し滅ぼした。首都クスコでは弓矢などで応戦したが、スペイン軍は鉄砲だったため難なく制圧し、インディオを奴隷化し、女性を強姦、妾にし、莫大な財宝を手にしたが、その凄惨な行動に悪評を買い遺児一派によりリマで暗殺された。

２０１３年夏、初めて南米大陸の土を踏んだ時、ブラジル（ポルトガル語）を除くペルーやアルゼンチンなどほとんどの国が、スペイン語だったことを思い出す（拙著『続・清流第四編〝南米紀行〟』（鉱脈社刊）で紹介）。ちなみにインカ皇族の避暑地と言われたマチュピチュだけは侵略を免れたが、１０００人もの人々はいずこかへ去り廃墟と化し「失われた天空都市」とも言われ、４００余年後の１９１１年、アメリカ人歴史学者ハイラム・ビンガムに発見されるまで眠り続けていた。当時宣教師のラス・カサスは、コロンブスの第4回中米航海に同行した際、コルテスら植民者の残虐とインディオの悲惨さを、著書『インディアス破壊小史』にまとめスペイン王室に訴え続け、「インディアス新法」を成立させて制度廃止への道を開いた。

　マドリードはイスラム教徒のトレド王国の前線基地として9世紀後半につくられ、１５６1年にフェリペ2世が王室を移すまでは、司教座もない小さな村に過ぎなかった。以後スペインは「太陽の沈まぬ帝国」となって、宮廷に伺候する貴族及びその一族、芸術家たちが集まり人口は1万４０００人になり、市域の拡張とともに大きくなった。当時スペイン王はポルトガル王を兼ねていたため、ポルトガル・イエズス会と密接な関係にあった。伊東マンショを首席正使とする天正遣欧使節の一行が訪れた時も、ポルトガルから陸路スペインに入って、各地を訪問後マドリードにおいてフェリペ2世に謁見後に、イタリアのヴァチカンでローマ教皇に謁見している。

　しかしフェリペ2世のオスマン帝国との戦いは支出がかさみ、アメリカ大陸からの膨大な銀は浪費とインフレを引き起こし、経済は混乱し計4回の破産宣告を行った。マドリードはイベリア半島のほぼ中央でスペインの首都、標高６５５メートル、北と北西はグアダラマ山脈が迫り、南と南西には乾いたラ・マンチャ地方が続いている。

　１８６８（明治元）年日西修好通商航海条約が結ばれて、日本とスペインの国交が樹立され、両国の所領権を明確にするために、台湾（日本領）とフィリピン（スペイン領）の間のバシー海峡を境界線と定めた。１９３６年にヘミングウェイ著『誰がために鐘はなる』で知られるあのスペイン内戦が勃発、フランシスコ・フランコ政権は日本に承認を求めてきたが日本側は無視した。その後日独伊防共協定の成り行きから日本はフランコ派を承認、スペイン政府は防共協定に加盟するとともに直ちに満洲国を承認したことにより、日本の外交的孤立が緩和した。

日本の真珠湾攻撃成功は、スペイン国の新聞で熱狂的に受け止められ、アメリカの不興を買い石油供給を断たれた。しかし日本軍がフィリピンを占領後、英語とスペイン語の禁止と日本兵の不法行為が問題化し、スペインは徐々に距離を置くようになった。45年のマニラの戦いでは、スペイン人２００人以上が死亡し、旧市街と領事館も破壊され激しい反日感情が盛り上がり、再び国交は断絶した。

戦後の52年再び国交を回復、日本はスペインに５５０万ドルの補償をし、その後日本の皇室とスペイン王室の間には緊密な交流が続いている。貿易など経済面では、スペインの輸出入のほとんどは欧米諸国が占め、日本との関係は薄く日本からの輸出品は自動車などで、スペインからの輸入品はバッグや靴などのファッション関連である。在留邦人は７６８０人で、在日スペイン人は２０５７人である。かつてマドリードを訪れた時は、野宿ではなくユースホステルに泊まって夕食代１７５円で久しぶりに腹いっぱい食べるとともに、市内各国大使館を訪ねては北アフリカや中東などの情報を得るとともに、ビザを取った。

78年12月、国民投票により新憲法が承認された。１６９条から成り、立憲君主制、民主的人権保障、地

スペインの独裁者として君臨し、第２次世界大戦後はアメリカに接近したフランコ（1892~1975）。彼の死後、フアン・カルロス１世が即位し、王政が復古した。

方自治権の保障などを規定している。スペイン北部のバスク自治州で、分離独立を求める非合法組織「バスク祖国と自由」（ETA）は、これまで国王暗殺未遂など過激なテロ事件を起こしてきたが、２０１４年２月武装解除を発表した。一方、北東部のカタルーニャ自治州では同年11月、分離独立の是非を問う非公式の投票が中央政府の反対を押し切って強行されたが、憲法裁判所は差し止めを決定している。スコットランドにおけるイギリスからの独立の是非を問う住民投票の影響ではないかと思われる。

外交の基本方針は、欧州連合（EU）との統合推進で、中東諸国や旧宗主国として中南米諸国との外交関係を重視している。南部のロタ海軍基地とモロン空軍基地を米軍と共同使用しているが、スペイン国防省は、西アフリカでのエボラ出血熱対策の際両基地の使用を認めた。若いころの旅で、スペインからアフリカ・モロッコへ渡るとき、バスでジブラルタル半島を訪ねた。バスの乗客は底抜けに明るく、後ろの席でギターをかき鳴らす人がいて手拍子をとると歌が出、運転手もハンドルから手を放し調子を合わせていた。そのジブラルタルは18世紀英領となったが、スペインは今でも主権を主張している。

経済は１９９０年代後半から高い成長を続けてきたが、２００７年の住宅バブルの崩壊や世界金融危機の影響で消費や投資が落ち込み、GDPはマイナスに転じ失業率も14年９月24・０％を超える高率で、EUの平均10・１％を大きく上回り、域内でギリシアに次いで悪かった。稼働中の原発は７基あるが、スリーマイル島とチェルノブイリの原発事故を受けて増設計画は相次いで中止となり、福島第一原発事故以降サパテロ政権は、段階的閉鎖による脱原発を打ち出し、新しいエネルギーの将来計画を発表した。総兵力は統合軍２万１３００人を含め13万４９００人、予備役１万４２００人で、ほか治安警察８万７００人などである。米スペイン防衛協定により、米海空軍１４８０人が駐留している。

芸術においてゴヤは孤高の画家と言われたが、カルロス４世に抜擢され首席宮廷画家となり、「ロココ様式」に写実性を加えた。ナポレオン1世のスペイン侵入を描いた「5月3日の処刑」や代表作「着衣のマハ」があり、「裸のマハ」は西洋絵画で初めて陰毛が書き込まれた裸体画だったため、猥褻とされ裁判になったが、義理堅く依頼主の名は明かさなかったという。新しい芸術で世界に衝撃を与えたピカソは、「青、バラ色、ニグロの各時代」を経てキュビズム（立体派）を創始、「アヴィニオンの娘たち」や大作「ゲルニカ」などを残した。超現実主義の代表と言われるダリは、夢のような風景画「記憶の固執（柔らかい時計）」を残した。

ポルトガル

ポルトガル共和国はイベリア半島西端の本土と大西洋のアゾレス、マデイラ両諸島から成り、本土はスペインに連なる東部の山地から西の海岸部に傾斜した地形で、南部は標高が高く平坦である。温暖な海洋性気候で年平均気温は16℃、内陸部は高温で乾燥している。面積9万平方キロ（日本の24％）で人口1035万人、首都はリスボン（55万人）で、他にポルト（24万人）やコインブラ、ナザレなどがある。言語はポルトガル語で、カトリック教徒が81％。共和制・大統領制だが行政の実権は首相が持っている。

リスボンの狭い河口に守られた港は自然の良港で、ヨーロッパ唯一の中継港である。世界的にも古い歴史がある都市の一つで、西ヨーロッパでは最古の都市であり、ロンドンやパリ、ローマなどよりも数百年遡り、カエサルはムニキピウムを創建した。紀元前1200年ころフェニキア人の影響に遡ることが提唱されているが、ポエニ戦争でハンニバルの敗北に続いてローマが支配、海賊から守るため入植地リスボンの周りに壁を作り、アウグストゥスの統治時代、ローマ人は巨大な劇場やカシアンの浴場、神殿や広場などを都市の中心部に建てた。マドリードと違い海に面していたため交易の中心となり、フランス、スペインなどと同様にイタリアからワイン、塩、馬の繁殖などがもたらされ、ローマの文化は後背地へと浸透していった。

ローマ帝国崩壊後には、北アフリカや中東からベルベル人やアラブ人がやってきて、キリスト教徒とユダヤ教徒、イスラム教徒が等しく暮らしていた。1108年、リスボンはノルウェー十字軍に攻略され、イスラム教徒の住民は力ずくでカトリックに改宗させられるか追放され、モスクは破壊されキリスト教会に変えられた。新しいポルトガル人の首都となって13世紀には国内最古のコインブラ大学が設立、やがて北ヨーロッパや地中海の重要な交易地となっていった。

15世紀の大航海時代の始まりとともに、多くのポルトガルの遠征隊がリスボンから旅立ったが、これはエンリケ航海王子が海洋事業の必要性から航海士を養成し、アフリカ・インド航路開拓を奨励し探検させたことによる。航海で獲得した豊富な香辛料や奴隷、砂糖、織物などの商品は、ヨーロッパとアフリカ、インド、極東などとの交易の中心となった。ヴァスコ・ダ・ガマは王マヌエル1世の命で、4隻170人の船団で喜望峰を回ってインドへ到達、結果インド航路を発見し、香辛料を買い付けて60人が生還した。

マゼランはポルトガルの貴族出身だが、軍務中、国王に嫌疑を掛けられ隣国スペインの宮廷に仕え、王カルロス1世の命を受けて西回りの航海に出た。南アメリカ大陸を東岸に沿って南下し、南端の海峡（マゼラン海峡）を通過し、太平洋を北西に向かい2年後今のフィリピンに到達。イスラム教徒の先住民と戦闘になってマゼランは戦死したが、翌年一行はスペインに帰国し、地球が球体であることを初めて実証した。またカブラルのブラジル発見などの拠点となり海洋国家として栄えた。歴史的建造物も多く、サン・ジョ

エンリケ（1394~1460）は、テンプル騎士団の後継であるキリスト騎士団の団長に就任し、騎士団の莫大な財産を航海事業の資金源とした。終生妻を娶らず、航海事業に没頭した。

ルジ城や大聖堂、外面が四角錐のカーザ・ドス・ビコスの館や河畔の大航海博物館は見逃せない。18世紀ブラジルからもたらされた金は、バロック様式の教会や劇場を街に建築することを可能にしたが、内政の乱れから国力が衰え、19世紀に最大の植民地ブラジルが独立、１９１０年革命により共和国となった。

リスボンはいくつかの大地震を経験し、市内の重要な建物が失われ、津波も破壊的で悲惨であり、これはヨーロッパ中に衝撃を与えた。19世紀初めにはナポレオンの軍隊に攻め込まれ、多くの建物や資産は略奪されるか破壊された。第二次世界大戦中リスボンは、僅かしかなかった中立のヨーロッパの大西洋側の港で、スパイにとっては避難場所となり、アメリカへ向かう難民にとっては主要な玄関口で、10万人を超える難民がナチス・ドイツから逃れることができた。首都圏人口は３００万人を超え、金融や商業、出版、娯楽、芸術、貿易、教育、観光と様々な分野で重要な都市であり、ベレンの塔とジェロニモス修道院の二つはユネスコの世界遺産に登録され、１９９４年、欧州文化首都になった。

外交政策はＮＡＴＯとＥＵへの積極参加と、ブラジルや他のポルトガル語圏諸国との関係強化が基本である。軍事防衛分野では、アゾレス諸島のラジェス空軍基地を米国に提供しているが、米政府は12年同基地の大規模な縮小計画を発表した。対中国では、１９９９年のマカオ返還後も友好関係が続き、14年カバコシルバ大統領が訪中し投資、輸出、観光の三分野での交流促進を確認した。

日本とは１８６０年日葡修好通商条約を締結し、第二次世界大戦中は一時断絶したが１９５３年国交を回復した。２０１４年安倍首相は日本の首相として初めて訪問してコエリョ首相と会談し、ポルトガルは日本企業の投資を歓迎するとともに、安倍首相からは海上防衛など安全保障分野での話をして合意した。両国の貿易は輸出入ともにほとんどが自動車で、13年現在在留邦人は５５９人である。

軍事面では完全志願制で、総兵力が４万２６００人、予備役21万１９５０人である。サッカーのポルトガル代表クリスティアノ・ロナルドは、14年と15年、国際サッカー連盟（FIFA）の世界年間最優秀選手賞を2年連続受賞した。義務教育は6～18歳。

コインブラはリスボンの北２００キロに位置するポルトガル第二の都市で、古来大学都市としてその名も高く、伊東マンショら使節一行が旅の帰りに到着した当日、大学や諸学校は学生生徒が歓迎のため登校しないので急ぎ休校日とした。これまではローマやボローニャ、パドヴァなどでは世俗の学生たちがいる大学を敬遠し、イエズス会聖職者たちの学院のみであった。一行が各学部の廊下を歩くと、教授たちは教室の外に出て敬礼したことを考えれば、マンショらこそ最初の日本人ヨーロッパ留学生とも言える。一行はナザレの聖母教会などを訪れた後首都リスボンに戻った。

１５８６年４月10日、ブラジルやインド行きを合わせ総数28隻の大船隊の１隻、船団のうちで最大かつ最も堅固な「サン・フェリーペ号」で、一行は思い出尽きないヨーロッパ大陸を後にしリスボン港を離れた。船には使節たちがヨーロッパ各地で賜った金銀財宝、絵画、楽器、印刷機など莫大な品々と大量の食料が積み込まれ、まるで「宝船」のようだったという。喜望峰、モザンビークを経由してインドのゴアでヴァリニャーノと再会した。ゴア滞在中に母国日本では、大友宗麟がこの世を去り、豊臣秀吉が突如イエズス会に対し「日本在住のバテレンどもは、今日を限り20日以内に日本を退去せよ」との定書をつきつけたのである。リスボンを船出してから2年半、長崎を発ってから6年半の歳月の後、ようやく母国に近づいた喜びは、マカオに入港すると同時に一瞬にして悲しみへと変わった。

5章　フィレンツェ

トスカーナ州

イタリア半島の中西部に位置し、ティレニア海とリグリア海に面して、エルバ島などトスカーナ群島の島々を含む。州全体が穏やかな丘陵地帯に広がる小麦畑、点在する糸杉の並木、丘の上の城郭都市と、小さな町や村すべてが美しく歴史を感じる。州都はルネサンス芸術を生んだ「花の都」フィレンツェ（36万人）で、ボローニャから南へ80キロ、首都ローマから北北西へ230キロの距離にあり、メディチ家の紋章のユリの花をかたどったことで「花の都」とか、フィレンツェ歴史地区の世界遺産から「屋根のない博物館（美術館）」とも称される。北東部はアペニン山脈によって区切られ、地形は丘陵が多くアルノ川が盆地を形成し、気候は温暖湿潤気候と地中海性気候で、活発な降水による蒸し暑い夏と、涼しく湿った冬が特徴で沿岸部は温暖である。フィレンツェの最高気温の公式記録は1983年7月26日の42・6℃で、最低気温は1985年1月12日のマイナス23・2℃である。

「花の都」フィレンツェの町並み。

古代ローマ進出以前はエトルリア人が多く住み、トスカーナという名前も「エトルリア人の土地」を意味する。直接の起源は紀元前59年、執政官カエサルによって入植者（退役軍人）への土地貸与が行われ、ローマ植民都市が建設されたことに始まる。西ローマ帝国滅亡後は様々な帝国に支配され、都市コムーネの時代になるとフィレンツェ共和国（後にトスカーナ大公国）に統治された。トスカーナ地方出身のグレゴリグスは遠隔地との交易を盛んにし、合わせて毛織物業を中心とする製造業と金融業でフィレンツェ市民は莫大な富を蓄積し、トスカーナの中心都市となった。

ルネサンス時代は、メディチ家が市政の指導的な立場に立ち美しい都市にする事業に着手するとともに、学問と芸術の大保護者となりレオナルド・ダ・ヴィンチ、ミケランジェロ、ラファエロ・サンティといったトスカーナ人が注目を浴びるなど大輪の花が開き、ローマ教皇領と並び中心地の一つとなった。15世紀、メディチ家の傍系からフィレンツェ公となっていたコジモ1世に、教皇ピウス5世の手でトスカーナ大公の称号がメディチ家に授与され、フィレンツェはトスカーナ大公国の首都となった。

伊東マンショら使節一行に対しては、大公がイエズス会の学院への宿泊を許さず、ダンテも徘徊したシニョリア広場の自らの宮殿・ヴェッキオ宮に起居するように命じた。コジモ1世の孫のロレンツォ・デ・メディチは、「ロレンツォ偉大公」としてフィレンツェの最盛期を創出し、人望も教養もある文化人で、芸術家や人文学者のパトロンになり少年ミケランジェロの才能を見出し、自宅で教育を施しルネサンス文化の普及を図った。

１７３７年、第7代トスカーナ大公ジャン・ガストーネに世継ぎが無く一時オーストリア・ハプスブルク家の支配下となった。ナポレオン敗退後再びハプスブルク家の下に戻り、１８６１年にイタリア王国が成立するが、旧トスカーナ大公家は同族のオーストリア皇帝家の庇護の下、20世紀初頭までトスカーナの領有権を主張した。第二次世界大戦中、京都や奈良と同様フィレンツェの記念建築物の大部分は被害を免れたが、ヴェッキオ橋を除く橋のすべてが破壊された。

主要産業は農業で、ワイン、オリーブ、小麦などを生産しており、特にワインはキャンティやスーペル・トスカーナといった、世界屈指の銘醸地で中心部は「キャンティ・クラシコ」と呼ばれる伝統的地区である。フィレンツェでは観光業、繊維工業、金属加工業、製薬業、ガラス・窯業、ジュエリーや刺繍などの工芸が盛んである。観光はサンタ・マリア・デル・フィオーレ大聖堂などの歴史的な建造物が数多くあり、皮革製品やフィレンツェ紙、手作り香水や化粧品、焼き物など、伝統的手工芸製品の小売店も多い。海辺の町では新鮮な魚が採れ、山間の町々では秋の味覚の王様ポルチーニ茸、トリュフ、オリーブ油や有名なワイン・キャンティが生まれ、ハム、サラミ、ソーセージの一大産地でもある。特にいのししのハムやスパイシーな大型ソーセージ、野うさぎのソース手打ち麺、アーモンド入りハードビスケットなどは、トスカーナの銘醸ワインとともに楽しみである。言語は、標準イタリア語がトスカーナ方言をもとに創られていることもあり、イタリア語を使用する割合がイタリアで最も高く、84％に達する。多くの古都を擁する屈指の観光地で州内にはユネスコ世界遺産を６つ持ち、本拠を置くプロサッカークラブは13チームある。

フィレンツェの街には、１２９６年から１７２年間の年月をかけて建設された、〝荘厳かつ豪勢な〟花の聖母教会ドゥオーモがあり、大クーポラはブルネッレスキ設計で、ヴァザーリらによるフレスコ画「最後の審判」などは見逃せない。八角形の洗礼堂にはミケランジェロが名付けた「天国の門」などがモザイクで飾られている。ジョットの鐘楼はダンテが『神曲』の中で、「過去の芸術よりも完全なもの」と言わしめた。広場の北側にはミケランジェロによる「曙」「黄昏」「昼」「夜」の、４体の像の置かれたメディチ家礼拝堂、菩提寺サン・ロレンツォ教会や住居だったリッカルディ宮が集中し、南へヴェッキオ宮がある。アルノ川にかかる金銀細工の店が軒を連ねるフィレンツェ最古の橋ヴェッキオ橋があり、橋を渡ると緑の広がるボーボリ庭園や街のシンボル、ダヴィデ像の立つミケランジェロ広場に出る。

ウッフィツィ美術館は珠玉のコレクションで、官能的なボッティチェリの作品「春」「ヴィーナスの誕生」やラファエロの「ひわの聖母」、ジョットの「玉座の聖母子」、ダ・ヴィンチの「マギの礼拝」、ミケランジェロの「聖家族」、マルティーニの「受胎告知」、アンジェリコの「聖母子」、ルーヴェンスの作品群など数多い。アカデミア美術館はミケランジェロの作品を集めており、「ダヴィデ像」のオリジナルのほか「パレストリーナのピエタ像」や「サン・マッテオ像」などがあり、ミケランジェロ広場の大きな「ダヴィデ像」はレプリカである。代表的な人々を祀るサンタ・クローチェ教会には、ダンテやミケランジェロ、マキャヴェリ、ロッシーニ、G・ガリレイなど276の墓が収められ、ジョットのフレスコ画「聖フランチェスコ伝」などが飾られている。実はかつて私が訪れた時は全国的なストライキ中で、王宮も博物館もヴェッキオ橋の店を除くすべての施設が閉鎖中で、絵はがき1枚買うことができず残念だった。旗やプラカードを持った長い長い行列が大声で叫びながら練り歩き、街角ごとにポリスや自動小銃を構えたMPの集団が、大デモ隊に目を光らせていた記憶がある。

明治初期に広く世界の先進国を見て、日本の近代国家建設に生かそうとした岩倉使節団の『米欧回覧実記』によれば、1873年5月7日の夜、一行はミュンヘンを列車で発ちフィレンツェに直行、8日の未明3時に到着した。夜汽車なので途中の感想は何もないが、実はそれより100年前にゲーテが列車ではなく、馬車でたどったのと同じ道程である。ゲーテ著『イタリア紀行』に、特にオーストリアのインスブルックからブレンナー峠（1375メートル）を越え、ドロミティ山地一帯の景観を「まったく筆舌の及ぶところではない」と、その感動を書きつけている。

使節団一行が訪れたころはイタリア統一直後だっただけに、当時のイタリア人は「みんな政治にいれあげていて、国王のヴィットリオ・エマヌエーレ、ナポレオン三世、教皇といった、イタリアの将来を左右する人物たちの風刺ポスター、それも悪趣味の似顔絵で街中溢れていた。イタリア人に会えば、カトリックは時代の要請に応えるべきとか、フランス革命を取り上げては革命と宗教は両立しないとか、まさに袋小路に入っていた。一行は、このような政治的な議論を戦わすまでは、考え方の修練もできてなく、かつ、これから日本が学ばねばならない実際上の見聞に忙しかった」とある。

5月と言えば、フィレンツェでは毎年音楽祭が開催されるなど一番美しい季節であり、街から出れば〝まさしくトスカーナの絵のような風景〟と『実記』は表現している。フィレンツェのエピソードとして「偶々案内のイタリア人が、使節団を日本の工芸品を売っている店に連れていく。店には、日本の茶わん、漆、銅器や七宝、象牙の人形や根付け、はては錦絵まで取り扱っていた。これまで、あちこちで日本の工芸品を売っている店を見たが、ガラクタばかりでロクなものはなかったのにこの店はなかなか良いのを置いている。実に良心的でわれわれも鼻が高い。しかし、イタリアの細工も日本と似ていて、精巧で美しいし、出来もすばらしい。第一値が安い」などと続いている。

5月10日夕方、一行はフィレンツェからローマ行きの汽車に乗り込んだ。駅に止まると、必ずワインとか果物ジュースを売っていて、上戸はワイン、下戸はジュースで喉を潤したようだ。アルノ川の夕暮れは黄金色に輝いて、口や文字では表せないほどだが、使節団一行も同じ夕日を眺めたに違いない。

無限の可能性を秘めた風景
イタリア中央部にあるトスカーナ地方の丘陵地帯で、耕地と果樹、ブドウ、オリーブが入り交じった特色ある風景がみられる。この地域では、古代からこうした風景が卓越してきた。樹高の高いイトスギは、地中海地域に典型的なもので防風林として効果的である。

ルネサンス

「ルネサンス」とは14〜16世紀、ローマ・カトリック教会に束縛されていた中世ヨーロッパから人々を解放するため、古代ギリシア・ローマの文化を再生・復興しようとする運動がイタリア・フィレンツェで始まったもので、現実主義、合理主義が芽生え科学の発展にも繋がった。16世紀に入ると「宗教改革」(旧カトリック側)も引き起こし、航海術・天文学の進歩と重なって布教活動を伴った大航海時代の幕が上がった。言葉は「再生」(re-再び+naissance誕生)を意味するフランス語で、1855年フランスの歴史家ミシュレが『フランス史』第7巻に表題を付け、初めて学問的に使用したのに続き、60年スイスのヤーコブ・ブルクハルトの「イタリアルネサンスの文化」によって決定的に認知されるようになった。「再生」という意識は、14世紀のダンテやペトラルカの著作に見られるが、ルネサンスに相当する言葉は16世紀から用いられている。時期としてはおおむね14世紀中頃のペスト流行以降から、16世紀中頃宗教改革後のトリエント公会議までが想定される。

ギリシアやローマなどの古典的な知の遺産は、ほとんど8〜9世紀にかけてアラビア語に次々と翻訳され、初期のイスラム文化の発達に多大の貢献をもたらした。特にアッバース朝がバグダッドに設立した「知恵の館」では、膨大な翻訳作業が行われるとともに、それが次々とラテン語に翻訳されていき、西ヨーロッパの人々はその古典を読めるようになった。翻訳作業の大半はイスラム圏とヨーロッパ大陸の中継基地であるイスラム支配下のスペインで行われ、イスラム教徒、キリスト教徒、ユダヤ教徒など、多くの集団が参加した。哲学者アリストテレスの『霊魂論』、イブン・スイーナーが著した『医学典範』、哲学者・医師のアル・ラーズィーが著した『アル・マンスールの書』は、西欧の学生たちにとって必読書であり、500年もの間変わらなかった。

ルネサンス期のヨーロッパの学者たちは膨大なギリシア・イスラム文献に取り組み、印刷技術の飛躍的な革新でヨーロッパ全土に普及し、相前後してイスラム文化が衰退をたどり始めた。1397年、ビザンティン帝国からギリシア語学者マヌエル・クリュソロラスがフィレンツェに招聘されてギリシア語学校を開いてから、帝国に保管・継承されていたギリシア語の古典文献の読解が可能となり、ルネサンスの一助となった。1453年のコンスタンティノープル陥落によるビザンティン帝国の滅亡によって、優れた学者たちが相次いでイタリア半島に移住し古典文献研究は大きく進み、その中心地となったのは地中海貿易で繁栄したトスカーナ地方の諸都市である。特にフィレンツェは、毛織物業と銀行業が盛んになり、大きな経済力を持っていた。

イタリアでルネサンス文化が開花したのは、フィレンツェ、ミラノ、ローマ、ヴェネツィア、ナポリ、フェッラーラなどの都市であり、学芸を愛好し、芸術家たちを育てたパトロンとして、フィレンツェのメディチ家、ミラノのスフォルツァ家、フェッラーラのエステ家などがある。ルネサンス教皇も出現し、ローマのサン・ピエトロ大聖堂などの建設が行われ、多くの芸術家を集めた。文化活動「ルネサンス」は、神や教会を中心とした宗教的呪縛から解放され、古代ギリシア・ローマ時代への「再生」「復興」が模索され、「人間性」重視の世界観が広まったものであり、作品には遠近法の使用や幾何学的な構図などの特徴が見られる。

宗教改革で打撃を受けたローマ教会も、トリエント公会議により態勢を立て直し、新大陸からもたらされる莫大な富を背景に、16～17世紀にかけてバロック美術の時代に入り、文化の中心地は次第にフランスや北方の国へ移って行った。ルネサンスのイタリアは、文化の先進国としてヨーロッパを近代に導く役割を果たしたが、その時代はすべてが明るいわけではなく、ペストの流行や政争、戦乱の続く波乱の時代でもあった。文化を享受していたのも宮廷や教皇庁など一部の人々に過ぎず、魔術や迷信もまだ強く信じられていたとも言われる。ここでルネサンスに関係する言葉の意味を見てみよう。

●「ロマネスク」とは10～12世紀にかけて、西ヨーロッパに広まった中世の建築、彫刻・絵画・装飾、文学の様式を指した、建築用語および美術用語である。この時代の建築に半円アーチや重厚な壁体、ボルトを用いるという特徴を見出し、ゴシック建築が尖塔アーチやリブ・ボルトを用いてそびえ立つのとは大きく異なり、古代ローマ建築の影響を色濃く残すものであり、これに「ロマネスク」(ローマ風の)の名がついた。後建築だけでなく絵画や彫刻にも適用されるようになり、古代ローマ美術をはじめケルトやゲルマン、ビザンティン、イスラム、エジプトなど東方キリスト教美術の影響も指摘され、また地理的範囲もイタリアやフランス、ドイツ、イギリスにも広がったという。ゴシック美術の中心が都市の大聖堂であるのに対して、ロマネスクは修道院の芸術だとしばしば言われる。ロマネスクに関する文献は、日本でも金沢百枝・小澤実著『イタリア古寺巡礼　フィレンツェ―アッシジ』(新潮社・とんぼの本)、『同　ミラノ―ヴェネツィア』、『同　シチリア―ナポリ』など数多く出されている。

●「ゴシック」は、本来ルネサンス以前12世紀半ばの西洋の建築様式を示す言葉で、北フランスから始まった大聖堂などの宗教建築に共通の特徴は、①尖塔アーチで建物の高さを強調し、天にそびえるような印象を与えようとしていること②建物の壁に大きな窓を開けて堂内に大量の光を取り入れていること③柱を細くして堂内の空間を広く空けるために、建物を外側から支えるアーチや柱などの構造物が外壁にせり出していることである。北方ヨーロッパ独自の様式だったが、イタリアでは高い価値を認めず軽蔑をこめてイタリア語で「ゴート人の」と呼んだことに由来する。中世ヨーロッパの建築様式とともに、絵画や彫刻など美術全般、さらには哲学や神学、政治理論なども「ゴシック精神」と称されることがある。日本での書体の一つ「ゴシック体」とは異なる。

●「マドリガーレ」はイタリア発祥の歌曲形式の名称で、時代も形式も異なる2種類がある。一つは中世マドリガーレで、14世紀初頭のトレチェント音楽初期に、北イタリアのロンバルディア地方の宮廷で演奏されたイタリア最初の多声歌曲であるが、堅苦しい形式で感情表現が難しいためか、この流行はすぐにバッラータに取って代わられた。いま一つはルネサンス・マドリガーレで、16世紀初頭に突如現れ、詩節が無くリフレインも無い自由詩を用い、テキストの抑揚に合わせてメロディーが作られた。感情表現を豊かにするためにあらゆる音楽形式が採られ、多くの作曲家が作品を手がけたが、17世紀に入るとカンタータに取って代わられた。

●「バロック」という語は、本来真珠や宝石のいびつな形を指すポルトガル語のbarrocoで、16世紀末のローマで生まれたが、現在の意味は後世の美術評論家によって作り出されたものであり、バロックの初めの着想は1580年頃、ミケランジェロの仕事に見いだされる。イタリアではルネサンス演劇からバロック劇へと変化を遂げ、音楽では17~18世紀前半にかけてJ・S・バッハ、ヘンデル、ヴィバルディらの名が広く知られ、美術ではレオナルド・ダ・ヴィンチ、レンブラント、ルーヴェンスなどがあげられ、建築でもバロック様式の教会としては初めての、ローマのジェズ教会のファサードが建設されたという。

●「オペラ」という単語はイタリア語で「仕事」「作品」を意味するが、今日では単独歌唱による演劇ないし楽曲作品をいう。ルネサンス後期の16世紀末、フィレンツェで古代ギリシア演劇復興の動きが始まり、ギリシア悲劇を模範に、歌うような台詞を用いる劇が考えられた。今日に残る最初のオペラ作品は、

1600年以降にヤコポ・ペーリが作曲した「エウリディーチェ」で、今でも上演される最古の作品は、1607年マントヴァで初演されたクラウディオ・モンテヴェルディ作曲の「オルフェオ」である。19世紀末〜20世紀初頭にかけて、プッチーニ、ヴェルディ、ヴァーグナーの後、ドイツのリヒャルト・シュトラウスの「サロメ」、フンパーディンクの「ヘンゼルとグレーテル」などが最後を飾った。

ダンテの『神曲』

ダンテ・アリギエーリは1265年フィレンツェで、金融業を営む教皇派の小貴族の息子として生まれ、生後聖ジョヴァンニ洗礼堂で洗礼を受けたが、少年時代の記録は乏しく、成長過程は定かでない。ダンテ自身の作品である『新生』や『神曲』に頼れば、ラテン語の古典文法や修辞学、哲学などを学んできたと思われ、ボローニャ大学入学後は天文学なども研究した。最初の詩文作品『新生』には、ダンテが9歳の時同じ年の少女ベアトリーチェ・ポルテナーリに出会い、魂を奪われるかのような感動を覚えたという。それからは疎遠だったが9年後、ともに18歳の2人は聖トリニタ橋のたもとで再会した。会釈してすれ違ったのみだったが、以来ダンテはベアトリーチェに熱病に冒されたように恋い焦がれた。

ダンテの片思いのところもあり2人はそれぞれ結婚したが、ベアトリーチェは数人の子供をもうけて24歳の若さで病死した。それを知ったダンテは狂乱状態に陥り、生涯をかけて彼女を永遠の存在として賛美していくことを誓い、生前の彼女を詩にまとめて『新生』『抒情詩集』を著したとの

ダンテの肖像画

ダンテ（1265〜1321）の『神曲』の３部は、それぞれ33歌からなり、冒頭の序歌を合わせて合計100歌となる。その均整の取れた構成は、ゴシック建築の大聖堂にたとえられる。

思いを綴っている。

当時の北イタリアの各自治都市は、ローマ教皇庁の勢力（教皇派）と神聖ローマ帝国の勢力（皇帝派）に分かれて反目しており、教皇派内でも自主独立を掲げる「白党」と封建貴族支持の「黒党」に分裂、対立し、ダンテは白党に所属し要職に就いていた。１３０１年、政変で黒党が実権を握ると白党への弾圧が始まり、ダンテをはじめ幹部は死刑宣告を受け追放され、以来二度と故郷フィレンツェに足を踏み入れることはなかった。北イタリアの各都市で放浪生活を送りながらダンテは本格的に執筆活動を始め、未完の論文「俗語論」や「饗宴」「帝政論」を手掛けた。

『神曲』３篇は１３０７年頃執筆を始め、地獄篇、煉獄篇と順次進め、最後の天国篇が完成したのは死の直前１３２１年であり、その内容は、ダンテ自身が宇宙遍歴の旅に出て、苦悩と錯誤から魂の純化に至るというものである。天国への導き役として登場するベアトリーチェに対する神格化とすら言えるほどの崇敬な賛美と、自分を追放した黒党および腐敗したフィレンツェへの痛罵、そして理想の帝政理念、「三位一体」の神学などが織り込まれており、波乱に満ちた人生での精神的成長が窺える。特に『新生』に続く『神曲』の中での永遠の淑女・ベアトリーチェの存在は、文学史上に永遠に残ることになった。

ダンテは晩年にラヴェンナの領主のもとに身を寄せ、子供を呼び寄せて暮らしながら、トスカーナ地方のイタリア俗語による『神曲』全篇を完成させたが、その直後の１３２１年、外交使節としてヴェネツィアへ赴く途中マラリアにかかり、夜中に死亡した。客死したダンテの墓は、ラヴェンナのサン・フランチェスコ教会の近くに小さな霊廟が造られており、フィレンツェはたびたびラヴェンナにダンテの遺骨の返還を要求している

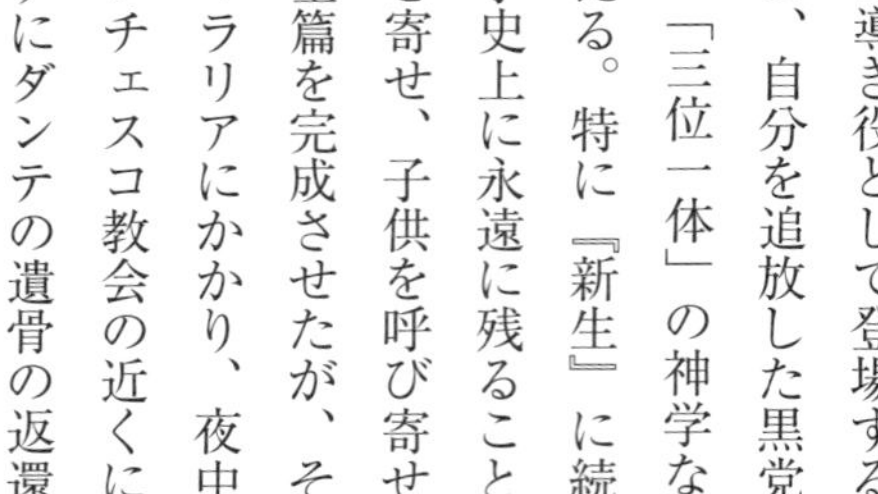

３匹の獣から遁《のが》れるダンテ

『神曲』３篇の地獄篇の冒頭の挿し絵で、右下から上へ順に豹・獅子・牝狼から逃れて森へ逃げこもうとするダンテを、やさしくかつ毅然と制止するベアトリーチェ。懇請により飛来したウェルギリウスの霊（左上）。

が、ラヴェンナは今もこれに応じる気配はないという。

ちなみにベアトリーチェ・チェンチはダンテとは無関係だが、同時代のルネサンス末期の可憐な美少女で、暴力と不道徳で悪評の高い父・フランチェスコを家族と殺害、市民の猛抗議をよそにローマ教皇クレメンテス8世により母と共に斬首、兄は四つ裂きにされ財産は没収された。その悲劇的な生涯は、文学やオペラなどの題材となり、頭に刃物のすべり止めのためのターバンを巻いた肖像画が残っている。

ジョヴァンニ・ボッカッチョは1313年、フィレンツェ商人の私生児として生まれたとされる。父は後妻を迎え嫡子も生まれたことで一家の厄介者となり、幼いうちにナポリの支店へ見習いとして遣られた。文学者を目指したが芽が出ず、第二の故郷となったナポリを離れ、フィレンツェに帰ったところ居場所がなく、就職口を探して北イタリアの諸国を歴訪した。うだつが上がらぬまま再びフィレンツェに帰った時、この世の地獄と言われた黒死病（ペスト）が彼を待っていた。まもなく地中海諸島はもとより北欧やロシアにまで広がり、当時のヨーロッパの総人口約1億人のうち2500万人以上が命を落とした。ペスト菌は1894年になって北里柴三郎によって発見されたが、ネズミに付く蚤を媒介して、人間や動物の血液内に侵入し発病する。当時ヨーロッパには生息していなかったクマネズミという家鼠が、十字軍の船によって東方から渡ってきて、繁殖力の旺盛さと経済成長に伴う環境の悪化、商業路の発達等で瞬く間に惨禍は全欧に広がったというものである。

ボッカッチョの代表作『デカメロン』（十日物語）は、フィレンツェの10人の若い男女がペストを避けて森の中で過ごし、毎日各人が1人ずつ物語をし、10人が10日で話す100の物語で構成され、地獄のような環境の中でも生命力にあふれている。ボッカッチョは早くからダンテの作品を学んでいたといわれ、最も早いダンテの理解者、賛美者であり、当時「戯曲」とのみ題されていた叙事詩に「神聖なる」の冠辞を付け、『神曲』の名を定着させ、自ら講談に立って注解したが金にはならず、ナポリ仕込みの浪費癖が治らず、蓄財には全く無縁で、晩年は年の瀬を超すのに難渋するほど貧乏になっていた。若いころは詩人フランチェスコ・ペトラルカとは親交が深く、互いに研磨し合い古代の思想、芸術、文化に対する熱情を高め、その創作活動はイタリアルネサンスの先駆けともなった。

サンドロ・ボッティチェリは１４４５年、フィレンツェのポルチェッラーナ通りに地区住民の多くが従事していた皮なめし職人の家に生まれ、貧乏ではないものの質素な家庭で育った。19歳の時プラート大聖堂の礼拝堂にて、一連のフレスコ画〈聖ステファノと洗礼者聖ヨハネ伝〉を作成中のフィリッポ・リッピの工房に入り、修業をした。そこで最初期の作品〈聖母子と天使〉（捨て子養育院蔵）を描いた後、フィレンツェで最高と評されていた芸術家ヴェロッキオの工房に移り、〈バラ園の聖母〉（ウフィッツィ美術館蔵）〈聖母子と天使たち〉（カポディモンテ美術館蔵）など絵画様式を進化させ、メディチ家の依頼で宗教画、神話画など優雅な作品を数多く制作した。

ボッティチェリは28歳で「東方三博士の礼拝」を手掛けた後、ピサに招聘され共同墓地の祭壇画「聖母被昇天」を描いた。代表作「プリマヴェーラ（春）」や「受胎告知」「ヴィーナスの誕生」は有名で、異教的、官能的なテーマはフィレンツェ・ルネサンスの最盛期を告げるもので、「プリマヴェーラ」に見られる多くの草花は、ほとんど今でもトスカーナ地方に自生しているという。ダンテ『神曲』の挿し絵（前々頁の絵）なども残している。２０１４年秋東京都美術館で、名画の宝庫で世界屈指の美術館として有名な、フィレンツェ・ウフィッツィ美術館のボッティチェリ作品を中心に集めた展覧会が開かれ活況を呈した。

レオナルドとミケランジェロ

レオナルド・ダ・ヴィンチは1452年、フィレンツェ共和国のヴィンチに公証人の子として生まれたが幼少期についてはほとんど伝わっておらず、正式ではないがラテン語、幾何学、数学の教育を受け、14歳の時ボッティチェリと同じヴェロッキオの工房に弟子入りした。レオナルドはこの工房で様々な分野で目覚ましい才能を見せ、ヴェロッキオと「キリストの洗礼」を合作してから弟子の技量があまりに優れていたために、以来師ヴェロッキオは二度と絵画を描くことはなかったという。ヴェッキオ宮殿サン・ベルナルド大聖堂の祭壇画制作や「東方三博士の礼拝」の制作を手がけたが、レオナルドがミラノ公国へ向かったため中断され、未完成に終わっている。ミラノでは17年間活動し、「岩窟の聖母」(ロンドン・ナショナルギャラリー蔵)やサンタ・マリア・グラツィエ大聖堂の壁画「最後の晩餐」などを手掛けたほか、音楽や自然科学分野でも業績を挙げた。

第二次イタリア戦争の勃発で、一時ヴェネツィアへ避難した後、1500年故郷フィレンツェに帰還し、サンティッシマ・アンヌンテツィアータ修道院で工房が提供され、「聖アンナと聖母子」の習作とも言われる「聖アンナと聖母子と幼児聖ヨハネ」(ナショナルギャラリー蔵)を描き、多くの見物人で賑わい祭りのようだったという。「モナ・リザ」の大部分もここで描かれた。08年フィレンツェ政庁舎(ヴェッキオ宮殿)大会議室の壁画「アンギアーリの戦い」のデザインと制作に携わった時、同室の反対側の壁では、ミケランジェロが「カッシーナの戦い」の制

レオナルド・ダ・ヴィンチ(1452~1519)は、「万能人」として解剖学、地質学、水力学などに関心を示し、絵画・彫刻だけでなく舞台装置の設計に携わり、音楽家・軍事技術者・建築家(都市計画や治水事業も含む)として活躍した。

作に取り掛かっていた。

16年フランス王フランソワ1世に招かれて、1世の居城アンボワーズ城近くのクルーの館がレオナルドに邸宅として与えられ、最晩年の3年間を弟子や友人たちとそこで過ごし、死去後の遺体はアンボワーズ城のサン・ユーベル礼拝堂に埋葬された。20年ほど後フランソワ1世は「かつてこの世界にレオナルドほど優れた人物がいただろうか。絵画、彫刻、建築のみならず、傑出した哲学者でもあった」と語ったという。

「盛期ルネサンス三大巨匠」はレオナルド、ミケランジェロ、ラファエロと言われているが、この3人は同年代人ではない。レオナルドはミケランジェロが生まれた時に23歳、ラファエロが生まれた時には31歳だった。またレオナルドは67歳で、ミケランジェロは88歳で、ラファエロは37歳で死去している。

ミケランジェロ・ブオナローティは1475年、フィレンツェ共和国のカプレーゼに元銀行業の子として生まれたが、母は5人の子供たちを残して世を去った。若いころは学問には興味を示さず、教会の装飾絵画の模写や画家たちとの交際を好み、13歳の時に画家ドメニコ・ギルランダイオに弟子入りし、翌年には一人前の画家と認められたが、当時では極めて異例のことだった。この時期にレリーフとして「階段の聖母」や「ケンタウロスの戦い」を制作した。17歳の時、後援者のロレンツォ・デ・メディチの死去と、フランス軍のイタリア侵攻などによりフィレンツェから追放され、ヴェネツィア、ボローニャと移り、21歳の時に枢機卿ラファエーレ・リアーリオからローマに招かれ、枢機卿から依頼を受けた神話上のワインの神「バッカス像」制作を始めるとともに、教皇庁依頼のサン・ピエトロ大聖堂に代表作の一つ「ピエタ」を完成させ、「彫刻作品の限界を超えた」と大評価された。

政情が変化したことによりミケランジェロはフィレンツェ共和国に帰還し、フィレンツェの象徴として制作を請け負った「ダヴィデ像」を１５０４年29歳の時に完成させ、彫刻家としてのたぐいまれな才能、技量、創作力への評価を決定的なものとした。翌年再びローマ教皇庁に呼び戻されて、歴代の教皇から次々と芸術作品制作を命じられ、システィーナ礼拝堂だけでも天井画の「創世記」「アダムの創造」「大洪水」や7年かけた祭壇壁画「最後の審判」などは有名で見る人が絶えない。晩年は早世したラファエロを引き継ぎ、サン・ピエトロ大聖堂修築の主任となった。ローマで死去後遺体は遺言どおりにローマからフィレンツェへ運ばれて、サンタ・クローチェ聖堂に埋葬された。

　レオナルドとミケランジェロは芸術観が異なり、レオナルドにとっての芸術は「探求」でその対象は「自然」であり、そこに潜む根源的な力と原理の把握である。ミケランジェロにとって芸術は「表現」であり、表現されるものは「理念」だとし、「ダヴィデ像」もメディチ家から敢然として自由政府を防衛する若きダヴィデである。

　ルネサンス期の画家としては、先鞭を切った画家・建築家のジョット、ヴェネツィアの画家で「聖母被昇天」を手掛けた色彩の魔術師ティツィアーノ、「聖マタイの殉教」を完成させルネサンスを超えた男・ローマ画壇の寵児カラヴァッジョなども忘れられない。政治学者マキャヴェリは外交使節時代の経験を踏まえ『君主論』を著したほか、フランドル地方（現ベルギー）生まれで「フランダースの犬」のルーヴェンスに出会ってバロック美術の巨匠となったスペインのベラスケス、オランダ生まれの「光と影の画家」レンブラント、ギリシア出身の近世スペイン画の祖エル・グレコなどは、ほぼ同時代の文化人である。

　アメリゴ・ヴェスプッチは、１４５４年にフィレンツェ共和国の公証人の子として生まれ、子供のころ

最後の審判（ヴァチカン市国・システィーナ礼拝堂）
ミケランジェロ（1475~1564）が劇的な効果と動きを生かすために均衡を犠牲にしたことは、ルネサンスの古典主義との決別を物語っている。

からラテン語とギリシア語を習得し、プラトンをはじめとする古代古典の文学や地理学に親しんだ。ヴェスプッチ家はメディチ本家と分家の両方に関わっており、一族のグイド・アントニオがフィレンツェ大使としてフランスに派遣された際、当時24歳のアメリゴを秘書官として同行させた。帰国後今度は、スペイン・セビリアのメディチ銀行代理店の不正調査に派遣されてその帰り道、ピサに立ち寄り航海地図を購入した。

91年アメリゴが、メディチ家の代理店事業監督のため再びセビリアに赴いた折、スペインのカトリック国王フェルナンドは、西インド探検航海を企画し参加を要請し、43歳で初航海に出てから1505年まで4回の航海に出た。第1回はカリブ海沿岸、第2回は南下してブラジル北岸まで、第3回は南米大陸東岸を南下（暴風雨で途中引き返す）、第4回では南米北東部沿岸を探検してセビリアに帰還し、フェルナンド王は初代航海士総監に任命した。

アメリゴは論文「新世界」を発表し、南米大陸がアジア最南端（マレー半島、北緯1度）とアフリカ最南端（南緯34度）の緯度をはるかに超えて南へ続くため、それが既知の大陸のどれにも属さない「新大陸」であることに気付いた。ヨーロッパの古代からの伝統的世界観、アジア・アフリカ・ヨーロッパからなる三大陸世界観を覆すほどの主張は当時最先端の知識人層である人文学者たちにはセンセーショナルに受け入れられたが、ヨーロッパ全土にすぐ浸透したわけではない。アメリカという名前はアメリゴから来ている。ちなみに私のケータイの着メロは、2013年の南米旅行以来ドヴォルザーク作曲「新世界」にしている。

ニッコロ・マキャヴェリは1469年、フィレンツェ共和国の要職を幾人か輩出した名家の子に生まれ、父母の愛情に包まれ上流階級の必須教養であったローマ・ギリシア古典やラテン語等を学んで育った。激動の時代の中、〝自由と平和のための十人委員会〟秘書官に任命され、委員会の依頼で「ピサ問題に関する論考」を書き、ピサはイタリアの三大海洋国家の一つであり、海を持たないフィレンツェにとっては、ピサの港が自由に使えることが何としても不可欠と纏めた。1500年のピサ戦役にマキャヴェリはフィレンツェ軍顧問の副官として参加した。ピサの領有は、援軍であるフランス兵の略奪などで水泡に帰したが、その自らの経験と体験から、国の根源は傭兵に拠らない軍事力にあると確信し、国民軍の創設を計画し実現させたが、期待された成果はなかった。

1513年マキャヴェリは、冤罪で拷問を受けたうえ、大赦による釈放の時多額の借金をして保釈金を払った。財産は自宅と近郊の山荘があったが、家を離れブドウやオリーブの収穫時期ぐらいにしか行かなかった山荘に、家族7人（本人・妻・子供5人）で移り住み43歳で隠遁生活に入り、昼間は農業を、日が落ちると読書、執筆三昧の日々を送った。執筆活動は政治、歴史、軍事から劇作まで及び、喜劇は大好評を博して著作家としての名声を得た。ロレンツォ・デ・メディチが政権に就くと謁見の機会が与えられ、著書『君主論』を献上した。その中で、混乱するイタリアの国を治めるために、自国軍創設や深謀遠慮の重要性を説き、政治の安定やイタリア半島統一実現のための手法など君主像を論じている。27年メディチ家が追放されると〝裏切り者〟扱いされて、失意のうちに病を得て急死した。

ナイチンゲール

フローレンス・ナイチンゲールは1820年、裕福なジェントリの家庭である両親の2年間の新婚旅行中にトスカーナ大公国の首都フィレンツェで生まれ、フローレンス（フィレンツェの英語読み）と名付けられた。幼少期は、贅の限りを尽くした教育が施されたが、慈善訪問の際に接した貧しい農民の悲惨な生活を目の当たりにするうちに、徐々に人々に奉仕する仕事に就きたいと考えるようになった。友人とのローマ旅行後、精神を病んだ姉の看護を口実に、ドイツの病院付きのカイザースヴェルト学園に滞在、看護師を志した。父の援助でロンドンの病院へ無給で就職し、のちに婦人病院長になった時、イギリス各地の病院の状況を調べた。当時の看護婦は、病院で病人の世話をする単なる召使と見られ、専門知識は必要がないと考えられていた時代で、調査結果をもとにナイチンゲールは、専門的教育を施した看護婦の必要性を訴えた。

54年にクリミア戦争が勃発、前線から負傷兵の悲惨な状況が伝えられると、ナイチンゲールは自ら看護婦として従軍する決意を固めた。事態を重視したシドニー・ハーバート戦時大臣は即従軍を依頼し、シスター24名、職業看護婦14名の計38名の女性を率いて後方基地と病院のあるスクタリに行った。現地のホール軍医長官らは縦割り行政を楯に従軍を拒否したため、どの部署の管轄にもない病院の便所掃除から始め、次第に病院内へと割り込んで行った。ヴィクトリア女王からの声が届いたことから、ナイチンゲールや看護婦団、そして傷病兵らは元気づけられるとともに、対抗勢力には無言の圧力となった。

当時、その働きぶりは「クリミアの天使」とか、施設内の夜回りを欠かさなかったことから「ランプの貴婦人」と呼ばれ、看護師を「白衣の天使」と呼ぶのはナイチンゲールに由来する。本人は「天使とは、美しい花をまき散らす者でなく、苦悩する者のために戦う者である」と言っている。後に兵舎病院での死者の大多数は、傷ではなく病院内の不衛生（蔓延する感染症）によるものだったという。

56年クリミア戦争が終結し病院の最後の患者が退院してから、ナイチンゲールは英雄視されるのを嫌い、

ナイチンゲール（1820～1910）は、クリミア戦争後は病身となり医療現場に立てなかったが、約150点の著作と１万2000点の書簡を残した。その内容は看護学から統計学、社会学など多岐にわたっている。

偽名を使って人知れず帰国した。その後衛生面と感染症、死亡率などの統計をとって数値で分析し、病院改革案としてまとめヴィクトリア女王に献策、制度の改善に大きく寄与し名声を得た。しかし、クリミア従軍の折心臓発作で倒れてから体調を崩して、１９１０年に死去するまでの約50年間はほとんどベッドの上で過ごし、本の原稿や手紙を書くことが活動の柱となった。ナイチンゲールは生涯、ボランティアによる救護団体の常時組織の設立には真っ向から反対し、マザー・テレサと同様、赤十字活動には関わらなかった。いみじくも国際赤十字連盟を創設したデュナンは、第1回ノーベル平和賞を受賞した。

フィレンツェ生まれの人物は枚挙にいとまがないが、ロッソ・フィオレンティーノは画家としてアヌンツイアータ教会の悪魔的な画像「聖母の被昇天」や、初期マニエリスムの傑作「キリストの降架」などを残した。コジモ・ロッセリもシスティーナ礼拝堂の壁画制作のために招いた画家の一人で、「最後の晩餐」などを製作した。プラトリーニは作家として壁画的な長編『貧しい恋人たちの年代詩』のほか、代表作『メテロ』とともに三部作『イタリア史』がある。ロッセリーノはフィレンツェ近郊の大理石の産地セッティニャーノで生まれで、彫刻家で建築も手掛け代表作「レオナルド・ブルーニの墓」などを手掛けた。

フィレンツェの北西隣にプラートという小さな町がある。歴史は古く周辺の丘陵には旧石器時代から人が住んでいたことが証明されており、後に平野部はエトルリア人に植民地化された。紀元前5世紀以降は古代ローマ人がカッシア街道を通ってやってきたが、定住地は作らず羊毛と繊維産業で栄えた。しかし、１５１２年カンブレー同盟戦争の最中、教皇ユリウス2世と神聖ローマ皇帝カール5世によって招集されたスペイン軍により略奪を受け、市民のほとんどに当たる5万人が虐殺されたという。１９０１年になって町の人口はやっと5万人になり、20世紀からは多くの移民を受け入れ、２００１年には18万人になった。10世紀に建てられたロマネスク様式のドゥオーモや、13世紀のゴシック時代の赤煉瓦の建物パラッツォ・

プレトーリオなどは残されている。

ピサはフィレンツェの西方、アルノ川の下流でリグリア海に接し、起源は数世紀にわたって不明なままであるが、ギリシア人、エトルリア人ら多様な民族が創立者として名を連ね、ギリシア、ガリアと交易を行っていた。古代ローマの作家が紀元前13世紀に町を作ったとされ、ローマ海軍の対リグリア、ガリア、カルタゴ遠征の基地とされ、皇帝アウグストゥスは重要港として防衛を強化した。中世にはコルシカ島やサルディーニア島、フランス、スペインの南岸間の主要貿易の中心地となった。

ピサの力は強固な海運国家として成長し、１０１７年ジェノヴァと同盟してサルディーニアを陥落、後北アフリカのカルタゴを征服した。88年にはピサ艦隊は１２０隻で第1回十字軍に参加し、シリア、レバノン、パレスチナの東地中海沿岸諸都市で通商地点や植民地をつくった。12世紀ピサはヴェネツィア共和国に打ち勝ち、東ローマ帝国と軍事同盟を結び西地中海で最高位を狙える地位を得た。地中海での大きな拡張と商人階級の突出は一般市民の暴動に繋がり、１２８４年メローリアの海戦でピサ最高艦隊がジェノヴァ艦隊に大敗を喫したとき、ピサの衰退が始まった。

１３４３年創立のピサ大学は、特に物理学、数学、工学、コンピュータ科学の各分野で名高く文化的役割を十分に果たし、サンターナ大学院大学、ピサ高等師範学校は、イタリアの学問研究のエリート養成機関で、主として大学院生の教育と研究を行っている。１１７３年の建設当時から地盤沈下のため毎年傾き続けているピサの斜塔は、もっとも有名な市のイメージであり、私が訪れた時はゼネストのため入れなかったが、後２００年は倒壊しないという。旧市街の北にあるミラコリ広場にはピサ大聖堂、ピサ洗礼堂、ガレリオ・ガリレイが自分の天体望遠鏡で惑星を発見したパラッツォ・レアーレや墓所もある。

ガレリオ・ガリレイは１５６４年トスカーナ大公国領のピサで、フィレンツェ生まれの音楽家の家に生まれた。81年ピサ大学に入学し、トスカーナ宮廷付きの数学者オスティリオ・リッチにユークリッドやアルキメデスを学び、85年には退学しアルキメデスの著作に基づき最初の科学論文『小天秤』を発表した。89年ピサ大学教授となり数学を教え、92年パドヴァ大学に移り教授の職を得、幾何学、数学、天文学を教えながら、多くの画期的発見や改良を成している。物体の運動の研究は高く評価され、現代では「科学の父」と呼ばれているが、当時の物理学である古代ギリシアのアリストテレス自然科学に反発し、科学は実験と数学的論理を土台にすべきと言って、ピサの斜塔では「落下の法則」の実験をし、ドゥオーモに吊り下げたランプから「振り子の法則」を発見した。

ガリレオは敬虔なローマ・カトリック教徒であり、物理や天文の研究に関しては天才的であったものの、当時の権力者たちの権力争いの渦に巻き込まれる中で、政治や人間関係には不得手で素朴な考え方をしていて、他の世渡り上手な学者たちに比べるとうまく立ち回れず、次第に敵を増やす形になった。『二大世界系対話』（1632）で地球中心説と太陽中心説を論じ、地動説を口実に異端尋問（宗教裁判）に追い込まれ職を失ったり、軟禁生活を余儀なくされ失明したりして体を壊したが、そうした困難な状況でもガレリオは口述筆記で成果を残し、「それでも地球は動く」とつぶやき1642年に、フィレンツェ郊外のアルチェトリにて没した。

木星の三つの衛星発見（ガリレオ衛星）では「星界の使者」として論文発表され、『太陽黒点論』『天文対話』『新科学対話』などを出版して地動説を確信した。晩年にはピサの斜塔での実験による、振り子時計の発明や、落体の法則を発見したことにより、アリストテレス派研究者との論争にもなったという。ガリレオは、コペルニクス、ケプラー、ニュートンと並び、科学革命の中心人物とされている。

晩年、最愛の長女ヴィルジニア（マリア・チェレステ）を失った後のガリレオ（1636年）。（1564～1642）

オペラの魅力

ジャコモ・プッチーニは1858年、ピサの東北隣の小さな町ルッカで、18世紀から続く宗教音楽家の家系に生まれ、5歳で父が没したため叔父により教育を与えられた。初めは教会オルガニストの職を得たが、ヴェルディのオペラ「アイーダ」の上演に接してから、家系の中で唯一オペラ作曲家を目指し、80年「4声のミサ曲」(「グローリア・ミサ」)の完成をもって、初期の音楽修業と家業である宗教音楽家の道に区切りをつけた。ミラノのオペラ作曲コンクールに提出した作品「妖精ヴィッリ」は舞台化され、出版社リコルディ社主ジュリオ・リコルディに注目されるきっかけとなった。

2作目のオペラ「エドガール」に続き、「マノン・レスコー」は大成功となり、優れた台本作家ルイージ・イッリカとジュセッペ・ジャコーザの協力をもたらし、「ラ・ボエーム」と「トスカ」「蝶々夫人」の3曲が書かれ、成功を博した。その後自転車による交通事故で足を骨折、ジャコーザに続いて恩人のジュリオが他界、さらには家庭内のスキャンダルなど悩みの中で、会心の作品「西部の娘」を完成させた。1918年、〈三部作〉と呼ばれるオペラの連作、恐ろしいエピソードの「外套」、感傷的な悲劇「修道女アンジェリカ」、笑劇の「ジャンニ・スキッキ」の3曲が、パリのグラン・ギニョール劇場で初演された。最後のオペラ「トゥーランドット」は、23年へビースモークによる喉頭癌で急死したため未完成のまま残され、彼の遺稿も参考にして友人が補筆した。

プッチーニの音楽はヴェルディ亡き後、イタリア・オペラにおける最高の作曲家であり、伝統にのっとった劇的な展開と緻密な表現、和声技巧、オーケストレーションの豊かさに加えて、旋律の美しさは覚えやすく口ずさみやすいため、クラシック音楽やオペラの初心者にも親しみやすく魅力的であると言われる。

ピサの北にあるカッラーラは、大理石の産地で今でも石を切り出しており、山全体が一皮むけば白い大理石で、かつてミケランジェロもここから大きな石を掘り出し、作品を作ったという由緒ある町である。当時は、長さ3メートル近くある大きな塊を台車に載せ、木の「コロ」の上を滑らせ山を下り、平地では牛に引かせて工房まで運んだと言われる。今ではトラックで輸送でき、切断作業も機械を使って容易になっており、また近くでは、多くの彫刻家が工房を構え制作に励み、未完成品や失敗作が所狭しと並んでいる。町の見どころは12世紀建築のロマネスク＝ゴシック様式のドゥオーモで、白と灰色の大理石に縞模様が施されていて、見事なバラで飾られた窓を持っている。

リヴォルノの街はピサの南隣に位置し、リグリア海に面し人口約15万人の基礎自治体（コムーネ）である。市内は運河が交差し、要塞化した壁に囲まれ、ルネサンスの間「理想都市」と定義づけられ、トスカーナ大公がここを免税特区にして貿易を行うなどメディチ家の港として発展した。多国籍都市となり、多くのユダヤ人、アルメニア人、ギリシア人、イギリス人らが移住し貿易を営んだ。ナポレオン戦争の間に、イギリスとの貿易を禁止され経済が落ち込み、イタリア王国併合後は伝統あるフランコ港の地位は失われ、都市の重要性は衰えた。アメデオ・モディリアーニはリヴォルノ生まれの画家である。

シエナは丘の上の中世都市で、フィレンツェの南約50キロ、ローマからは北西へ約１８５キロに位置し、古代の姿は明らかでなく、ローマ時代には主要街道からも外れており、キリスト教が伝わったのも4世紀だった。重要な都市として明確な位置を占めるようになったのは中世以降で、ランゴバルド人が北イタリアに侵入してランゴバルド王国を建設した。アウレリア街道やカッシア街道などの幹線道路は東ローマ帝国側の勢力下にあったため、ランゴバルド人たちは北方とローマを結ぶ安全な交易路としてシエナを経由する道をとるとともに、ローマへ往来する巡礼者たちもいて安定した収入がもたらされ、交易の拠点として栄えるようになり、1240年には、法学と医学で知られるシエナ大学が設立された。

シエナ共和国は、内に貴族と市民の対立を抱えながら、外には皇帝派に立ってライバルである教皇派のフィレンツェとの抗争を繰り広げた。1348年、黒死病の流行で大打撃を受けてから、貴族と市民との内部抗争が激化していった。1472年には、モンテ・デイ・シエナ銀行（通称モンテパスキ銀行）が創業し、現在営業中では世界最古の歴史を持ち、今も本店はシエナにある。16世紀から20世紀のイタリア統一までトスカーナ大公国領となり、トスカーナの古都「シエナ歴史地区」は糸杉とぶどう畑に囲まれ、まさに絵のようなユネスコの世界文化遺産である。

詩人ペトラルカはフィレンツェ東南シエナの東アレッツォに、ダンテと同じくフィレンツェを追放された一書記の子として生まれ、聖アウグスティヌスの『告白』や野心作『アフリカ』（未完）を執筆した。このころフィレンツェの惨状を背景に語られている『デカメロン』の作者ボッカッチョと出会い、深い友情を結び度々会っている。詩作品に「牧歌」、歴史物に「偉人伝」、思想を知る書簡集に「親交書簡」「晩年書簡」、教皇庁非難の内容ゆえにあえて名を伏せた「無名書簡」など、ダンテの『神曲』と似た詩形を用いて描いている。すなわち一世代前のダンテの見た神の光はもはや無かったが、『カンツォニエーレ』で鋭く直感し表現することで、近代叙事詩への道を開いた、

ウンブリア州はイタリア半島のほぼ中部、アペニン山脈の中腹に位置する緑豊かな州で、州都は基礎自治体（コムーネ）であるペルージャで、地中海性気候でブドウやオリーブの栽培が盛んである。州名は紀元前6世紀頃この地方に住んだウンブリイ族にちなみ、中世から近世にかけてはローマ教皇領に属し商業で栄え、エトルリアの遺跡や中世の町並みが多く残っている。中世末期アッシジに出たフランチェスコの築

いた托鉢修道会フランシスコ会は、カトリック世界最大の修道会の一つとなり、アッシジは今も重要な巡礼地である。

ペルージャはウンブリア人が居住していたが、エトルリア人に取って代わり紀元前216年と205年に、ローマの援軍として第二次ポエニ戦争に加わった。混乱の時代を経て11世紀までにコムーネは自治を主張し、その後何世紀もの間独立状態を維持し続けた。フランスの三色旗を基本とするティベリーナ共和国の誕生に伴い、10年間その首都となったが、後ローマ共和国に併合された。人口は16万人で90・84%がイタリア人、大多数の住民がローマ・カトリックを信仰している。ペルージャ大学には、外国人のためのイタリア語講座が設けられ国際色に溢れており、町の中心は「11月4日広場」で、シンボルの大噴水や大聖堂などがあり、またチョコレートでも有名で〝チョコレート祭り〟が開催される。ペルージャの西寄り古代ローマのカッシア街道の近くにオルヴィエートの町があり、13〜14世紀には多くの教皇の隠れ里として黄金時代を築き、壮麗なドゥオーモとともに教皇の宮殿やポポロ宮が残っている。

フランチェスコの生涯

アッシジはペルージャの東に位置する人口3万人弱の小さな町で、聖フランチェスコの出身地で知られており、キリスト教の巡礼地としての性格を持つ都市でもある。紀元前1000年ごろウンブリア人が現れ、前450年ごろにエトルリア人がそこを奪い、前295年ローマ人が来て城壁や広場、劇場、円形闘技場、ミネルヴァ神殿など街を築いた。以後は近隣の各都市同様、抗争など時代に翻弄されながらも、フランチェスコを生むなど発展してきた。見逃せないのがサン・フランチェスコ聖堂で、上下2層になっており上はマルティーニによる「聖マルティーニの生涯」や、チマブーエによる「聖母と天使と聖フランチェスコ」など優れた中世絵画がある。下はジョットによる「聖フランチェスコの生涯」を描いたフレスコ画で、彼のエピソードが28場面に描かれており、有名な「小鳥に説教する聖フランチェスコ」は入り口の上部にある。印象的なフレスコ画「聖女キアーラの生涯」の描かれたサンタ・キアーラ聖堂や、木立の中の聖なる地サン・ダミアノ修道院もある。

フランチェスコは１１８１年頃アッシジの裕福な毛織物商の子として生まれ、洗礼名はジョヴァンニだったが、当時では珍しかったフランチェスコと呼ばれるようになった。理由は父がフランスとの商取引でフランス贔屓だったことと、フランス人の母親への敬意からなどと言われる。少年期にラテン語の読み書きを学び、陽気でスマートで男ぶりが良く、町の人気者で娘たちの憧れの的となり、謝肉祭のパレードでは毎年「王様」に選ばれた。青年時代は誰にでも礼儀正しかったが、気前良い散財家でもあり、プロヴァンス（南フランスの地方）の言葉で歌われていた宮廷詩や吟遊詩を吟じ、珍奇な衣服を好み宴会の支払いを引き受けていた。前出のように当時のイタリア諸都市では、神聖ローマ皇帝のドイツ勢力（皇帝派）とローマ教皇の勢力（教皇派）が対立し、都市内の領主や貴族・騎士と平民が対立して都市間の争いと複雑に絡み合っていた。

１２０５年フランチェスコは戦功を立て騎士への取り立てを目論み、南部のプーリア地方への出征を申し出装備を整え出立したが、アッシジ近くのスポレートで突然引き返した。戦わずして帰ってきた青年を見て仲間は嘲り、父は不機嫌になったが、聖人伝は彼が幻覚した「神の声」を聞いたとしており、父や友人の忠告も耳に入らず、時折洞窟などで祈りや瞑想を行い、ある時恐れられていたハンセン氏病患者に近づき、抱擁して接吻すると恐れが喜びに代わり、以後病人への奉仕を行うようになったという。また郊外のサン・ダミアノ聖堂での祈りの時、磔のキリスト像から「フランチェスコよ、行って私の教会を立て直しなさい」という声を聞き、サン・ダミアノ教会はじめ方々の教会を修復していった。やがて実業家の父との確執が生まれ、司教の前で裸になり衣服を父に差し出して、フランチェスコにとっての父は「天の父」だけだとして、親子の縁を切った。

フランチェスコの日々の食事は肉体労働もしくは托鉢で得、福音書でイエスが命じるすべてを実行することが生活の全てとなり、同時期の「ドミニコ修道会」と共に「托鉢修道会」と呼ばれた。宣教もはじめ、街頭や広場に立って分かりやすい日常語のイタリア語で、歌や音楽も交えながら人々の心を捉えた。世は自治都市の時代で、物資は豊富、聖堂は立派、学問研究は発展、大学も生まれたが、社会が豊かになるほど人々はいがみ合い、宗教や道徳より金銭や利権に夢中になった。フランチェスコの説教は自分たちの貧しく厳しい生き方を押し付けたりはせず、ただ善行を励むようになど素朴だったが、慕って集まる信徒の数はみるみる増えていった。アッシジの裕福な貴族だったベルナルドは、財産を処分して貧しい人に与えた上でフランチェスコと共に生活を始めるなど、宣教の旅でも新しい仲間を迎え「小さき兄弟団」と名乗り現在でも正式名称である。修道院の中に閉じこもって祈りと瞑想に身を捧げる従来の修道会と、小さき兄弟団は全く性格を異にする集団だったが、教皇イノケンティウス3世は、活動の仮認可を与えた。

ローマから帰りアッシジ郊外のポルチウンクラの小聖堂を、毎年家賃として一籠の魚を送ることでベネディクト会から借り受け、ここを拠点に規模を拡大し毎年聖霊降臨祭には総会を開いた。エジプトへ渡り駐留中の第5次十字軍に戦闘の中止を呼びかけるなど国外への宣教も始まり、後のグレゴリウス9世の庇護もあり、1219年の総会参加者は5000人とも言われる。奇蹟噺として有名なものに、弟子たちは、小鳥たちが木の枝から地上に降りてきて、さえずりをやめて彼の説教に聞き入り、祝福を与えてもらうまで動かなかったのを見た。また狼に噛みつくのをやめるという同意取り付けの話や、他にもうさぎ、魚、蟬、コウロギなど自然の万物を相手に話をしたという。アッシジの貴族の娘クララは知人女性と家を出、フランチェスコによる剃髪の後、近隣の女子修道院に身を寄せ病人などへの奉仕活動に身を捧げ、女子修道会「貧しき貴婦人たち」として発展し現在クララ会と呼ばれている。

トスカーナのラヴェルナ山に籠もっていた時、生涯最大の「聖痕の奇跡」が起こり、晩年代表作『太陽の賛歌』（「あらゆる被造物の賛歌」）が作られた頃に、頭痛に悩まされ、目はほとんど見えなくなり、ポルチウンクラに運ばれた。26年の臨終では「太陽の賛歌」の斉唱と「ヨハネ福音書」の朗読が行われ、地面に敷いた苦行衣の上に裸で横たわり息を引き取った。グレゴリウス9世により死後2年で列聖に宣言され、サン＝フランシスコ大聖堂の地下に埋葬されている。ヨハネ・パウロ2世は1980年、フランチェスコを「自然環境保護（エコロジー）の聖人」に指定するとともに、「フランシスコの平和の祈り」と呼ばれる祈祷文は広く知られ、ヨハネ・パウロ2世やマザー・テレサ、マーガレット・サッチャーなど著名な宗教家や政治家が公共の場で引用し、聴衆と共に朗誦するなどして有名である。カルチェリの庵は鬱蒼とした緑の中の隠遁と瞑想の場で、風の音と鳥のさえずりだけのする、聖フランチェスコやその信者の祈りの場だった洞窟が点在している。

テルニはペルージャから64キロ、ローマから67キロとほぼ中間に位置し、人口11万人の「鉄鋼の町」であるとともに、歴史・文化的遺産や自然環境を生かした観光も盛んである。また街の守護聖人である聖ヴァレンティヌス（聖バレンタイン）にちなんで、「恋人たちの町」とも称される。この地方には青銅器時代からウンブリア人が暮らしていたとされ、ローマ人によって都市がつくられた。13世紀にはアッシジのフランチ

ジョットが描いた「小鳥への説教」。フランチェスコ（1181～1226）が小鳥へ説教する伝説の場面を描いたものである。

ェスコがしばしば訪れ祈りの場としていたが、抗争は絶えなかったという。

19世紀には豊富な水源を利用して、鉄鋼業のほか兵器製造、製麻、羊毛などで栄えた。第二次世界大戦中重要な工業都市だったため、連合国軍による格好の爆撃対象となり１０８回に及ぶ空襲に見舞われたが、戦後の都市の産業復興は速やかであり、「イタリアのマンチェスター」と呼ばれた。重要産業の３拠点は、テルニ東部のＡＳＴステンレス鋼製鋼所、西部のポリマー製造工場、そして新産業研究機関のあるテルニ研究所ではグリーン・エネルギーの研究・開発を行っている。

文化・観光面では、紀元前32年建設１万人収容の円形劇場、バロック様式のドゥオーモ（聖母被昇天教会）、聖フランチェスコ教会、町の守護聖人記念の聖ヴァレンティーノ教会などのほか、Ｐａｌａｚｚｏ Ｓｐａｄａは16世紀に建てられ、現在は市役所として用いられている。州内には４つの世界遺産があり、テルニ郊外にあるマルモレの滝は、古代ローマ時代につくられたヴェリノ川から運河を引き、断崖からテルニ川に落とすという人工滝で、３段になっており高さは１６５メートルである。

マルケ州はイタリア中部のアドリア海側に位置し、州都はアンコーナ（10万人）でイタリア人が92・77％、ローマから北北東へ２１０キロの距離にある。アンコーナの街は紀元前３９０年頃、古代ギリシア植民都市シラクーザ（シチリア島）によって建設され、アンコーナという名前を与えられた。古代ローマの植民地にいつなったか分からないが、カエサルはルビコン川を横断後ただちにアンコーナを所有、トラヤヌス帝が埠頭を建設してから後、長い間重要な海洋共和国として続いた。１１５年に港へ続く入口に建てられた大理石製のトラヤヌス帝アーチがあり、美しいと言われるロマネスク建築の大聖堂は12世紀に60年以上を費やし完成し、13世紀建設のファザードは、ゴシック様式などの歴史・文化が数多く見られる。

ジョアキーノ・ロッシーニは１７９２年、アンコーナからアドリア海に沿って西北西へ60キロほど行ったペザロの音楽一家に生まれ、早くから音楽教育を施され8歳にしてボローニャ音楽学校に入学した。18歳でフィレンツェで、一幕のオペラ・ファルサ「結婚手形」を初演、オペラ作曲家としてデビュー、「タンクレーディ」と「アルジェのイタリア女」でオペラ作曲家としての評判を確立、そして24歳時の「セビリアの理髪師」はヨーロッパ中に名声を轟かせ、「ゼルミーナ」上演のため訪れたウイーンで熱烈歓迎を受け、ベートーヴェンは「あなたはオペラ・ブッファ以外のものを書いてはいけません」と述べたという。

パリでも大歓迎を受け、スタンダールは「ナポレオンは死んだが、別の男が現れた」と絶賛、貧困生活にあえいでいたワーグナーは、ロッシーニを目標にして自らを奮い立たせた。フランス国王シャルル10世の即位に際して、記念オペラ・カンタータ「ランスへの旅」を作曲、国王に献呈した。37歳で「ウイリアム・テル」発表後オペラ界から引退を表明。以後宗教曲などを作曲しながら、料理の創作や高級レストランを経営するなど日々の生活はフランス料理に費やし、「○○のロッシーニ風」とか「トウールヌド・ロッシーニ」などは、彼の名前から取られた料理の名前である。1868年病を得て生涯を閉じ、現在はイタリアのサンタ・クローチェ教会に眠っている。

ラファエロ・サンティはペザロの西南サンマリノの南、アペニン山脈の麓に位置する小さな町ウルビーノに生まれ14歳まで過ごしたが、父のジョヴァンニ・サンティがローマの宮廷画家であったため、ローマにおけるルネサンス期の画家・建築家として〝2章のローマ〟でも取り上げた。同町は地元で宗教画・肖像画を描いた画家バロッチや、ミラノ、カリアリ、ボローニャ、フィレンツェの各大学で教鞭をとった科学思想史家ロッシ、さらにはルネサンスの偉大な建築家ブラマンテの出身地でもある。この古都は12世紀からモンテフェルトロ

ラファエロ(1483~1520)23歳頃の自画像。
端正な顔立ちをうかがうことができる。

侯爵家により治められ、15世紀フェデリコ公の時代には善政と学芸保護の下見事なルネサンスの華が咲いた。モンテフェルトロ家の壮大・華麗なドゥカーレ宮殿（現在美術館）は、その美しさのあまりに「神の建築」と称賛され、ヨーロッパ中の学者、思想家、芸術家が集まり宮廷や上流社会の礼儀作法が生まれたという。

ジェノヴァとコロンブス

リグリア州はリグリア海に面して東西に細長く広がる州で、西にフランスと接し、州都ジェノヴァ（60万人）は誇り高き海洋帝国の都で、フィレンツェから西北西へ１９７キロ、ミラノから南へ１４５キロ、ローマから西北へ４００キロに位置する。70％の住民がイタリア語を話し、その比率はトスカーナ州に次いで２番目に高い。ジェノヴァ湾は東端をラ・スペツィアのポルトヴェーネレ岬から、西端はメーレ岬で囲まれるエリアとされ、海岸はリヴィエラとも呼ばれるリゾート地である。北と西にはアペニン山脈によって造られた渓谷地帯が続くが、農村地帯はオリーブ栽培が盛んで、海岸地帯は花とシュロの木が美しい一大リゾート地でイタリアン・リヴィエラと呼ばれる。湾の外はリグリア海、さらに南にはコルシカ島がある。

リグリア州の料理は、温暖な気候で光に恵まれオリーブ油の大産地でハーブの産地でもあり、これらを中心としたパスタ料理やトマト風味の魚介スープが多く、南イタリアに見られる素朴な野菜料理も多い。ワインも美味しく辛口の白ワインはルマッシナ、その他ではチンクエテッレやヴェルメンティーノなどがある。

ジェノヴァの名はケルト語の「入り口」の意味で、紀元前６世紀頃から人類が居住していたとされ、ローマ時代にローマと南仏を結ぶアウレリア街道が建設されてから、天然の良港を活かし海運業や軍港として発展し、十字軍遠征のころからルネサンス期に黄金期を迎えた。１１００年頃より自治都市となり、その後はジェノヴァ共和国として発展し商船、軍艦による通商・金融の分野でヨーロッパ全土に権威をふるい、覇権をヴェネツィアやオスマン帝国と争った。ナポレオン支配下でリグリア共和国となったが、イタリア統一の指導者ガリバルディが、ジェノヴァ港から統一軍をシチリアに送ったことにより、新生イタリアの主要港としてイタリアとともに発展し、中世の海運王国は現在でもイタリア最大の港湾都市である。港町らしく細くて薄暗い坂道や華麗な邸宅群があり、大型客船が寄港するヴェッキオ港は、広々とした明るい開放的なプロムナードに生まれ変わっている。２０１２年にティレニア海北部ジーリオ島付近で座礁した、全長約２９０メートルの豪華客船コスタ・コンコルディアの船体は、14年ジェノヴァの港に運ばれ費用15億ユーロ、２年がかりで解体された。

１９９２年「国際船と海の博覧会」(特別万博)を開催し、新しい町づくりに取り組み文化観光地域に生まれ変わっている。バルビ家の大邸宅である王宮やドゥカーレ宮殿、ニコロ・パガニーニのヴァイオリンが保管され市庁舎となっているドーリア・トゥルシ宮殿、コロンブスが少年時代を送った家はもとより、世界遺産も州内で2カ所登録されている。グエルキーノのフレスコ画「クレオパトラの死」のある赤の宮殿や、ルーヴェンスの絵画「ヴィーナスとマルス」のある白の宮殿がある。

東洋美術のコレクションが充実しているキヨッソーネ東洋美術館は、画家キヨッソーネが明治時代にお雇い外国人として日本滞在中に集めたもので、古美術や絵画、武具、陶磁器、漆器類、仏像と、３０００点を超す版画などでどれも保存状態が良い。物語「母を訪ねて三千里」は、中世の栄華から衰退していくジェノヴァの市民の生活を表現したもので、１８８２年主人公マルコ少年がジェノヴァから、アルゼンチンのブエノスアイレスに出稼ぎに行った母親を探しに旅に出るという話で、２０１３年８月の南米旅行の際にブエノスアイレスでその話を聞いたのを思い出す。

ジェノヴァから東へラ・スペツィアにかけての海岸は、チンクエテッレと呼ばれる自然と歴史が育んだ風光明媚な５つの漁村が並び、旅人を遠い昔の世界に誘ってくれ世界文化遺産でもある。ラ・スペツィアは海軍基地、商業港、工業都市として発展し、サンタ・マリア・アッスンタ教会から現代的な町並みが整然と続き、遊覧船が発着する海岸通りの遊歩道には椰子の木がいっぱい並び、背後にはサン・ジョルジョ城からは緑の丘が続いている。遊覧船はチンクエテッレの集落見学へ向けて、復活祭の時期から11月初旬まで運航している。ラ・スペツィア湾の突端にはポルトヴェーネレがあり、リグリア海で最もロマンチックで「女神の港」と呼ばれ、高台にサンピエトロ教会が立ち、海辺にはバイロンの洞窟が続き、バイロンがこよなく愛した地でもある。

クリストファー・コロンブスは１４５１年、毛織物職人の子としてジェノヴァ辺りで生まれたとの説がある。コロンブスと海とのかかわりは10代のころから始まり、最初は父の仕事を手伝って船でチュニスに渡り、後雇われ船員となってエーゲ海のキオス島へ行き、イギリスやフランドルへの航海の際は他国の攻撃を受け、船が沈没したこともあり一命をとりとめたとも言われている。

コロンブスは積極的にスペイン語やラテン語などの言語や天文学、地理、航海術の習得に努め、仕事の拠点となったポルトガルのリスボンでパオロ・トスカネッリと知り合う機会を得た。当時はすでに「地球球体説」は一般に信じられていたが、トスカネッリはマルコ・ポーロの考えを採り入れ、大西

サンサルバドル島に上陸し、神に感謝を捧げるコロンブス（1451～1506）。発見した新大陸を死ぬまでインドだと信じていた。

洋を挟んだヨーロッパとアジアの距離はプトレマイオスの試算よりもずっと短いと主張していた。『東方見聞録』にある黄金の国・ジパングに惹かれていたコロンブスは、ここに西廻りでアジアに向かう計画に現実性を見出した。その理論根拠は〝地球は球体であり、西に進めば東端にたどりつく〟など5つを構築している。

ポルトガル王ジョアン2世に航海のための援助を求めたが、要求が過剰だと委員会で否決されたため8年間過ごしたポルトガルに別れを告げ、スペインへ向かい努力の結果メディナ・セリ公が興味を抱き、コロンブスが求めた数隻の船や食料など相当の物資の準備に合意した。しかし、計画は紆余曲折の末、セリ公を信頼する女王イサベル1世がその夫フェルナンド2世を説き伏せ、スペインはやっとコロンブスの計画を承認した。この時、コロンブスはまさに次の援助を求めフランスへ向け出発したところで、女王の伝令は彼を追いかけ、15キロ先のピノス・プエント村の橋の上で追いつき、この橋には劇的ともいえるその出来事を解説する銅板が残っている。

コロンブスは1492年、3隻・90人でパロス港を出港したが、大西洋は島が無く船員の中には不安が募り、小規模な暴動が起こった。やがて陸地を発見、上陸してサンサルバドル島と名付け、インディアンは水や食料、オウムや綿の玉などを持って来て歓待をしたが、興味は黄金のみで提供品も含めて略奪した。翌年一旦帰国し、契約に基づき略奪した金銀宝石、真珠などの戦利品の十分の一を手にした。93年2度目の航海は、植民目的もあり17隻・1500人で出発、コロンブス率いるスペイン軍は、行く先々の島々で非武装のインディアンに無差別殺戮を繰り返し、全てを略奪し破壊し尽くした襲撃戦略は、以後10年間、スペイン人が繰り返した殺戮モデルとなった。2011年私が南米旅行中各地で耳にしたのも、フランシスコ・ピサロらによる「インカ帝国の滅亡」の際に、インカ兵の弓矢に対してスペイン軍は鉄砲で面白半分に殺戮と略奪を繰り返したことであった。

3度目は南米ベネズエラ近辺に、4度目は小型のボロ舟4隻でパナマ周辺を6カ月さまよったが、最後は難破して別の舟に救助されスペインへ戻った。しかし信頼のイサベル女王が死去し、スペイン王室はさらに冷淡になり、後病気になり1506年死去、遺骨はサントドミンゴ教会に納められている。

ドイツの地理学者ヴァルトゼーミュラーの地図には、アメリカ大陸の発見者はコロンブスではなくアメリゴ・ヴェスプッチの名が記され、その結果ヨーロッパでは、「新大陸」全域を指す言葉として「コロンビア」ではなく、「アメリカ」が使われるようになった。ヴェスプッチはイタリアの航海者・商人で、アメリカ大陸に渡りブラジルに到達し、南米大陸をマゼラン海峡近くまで南下して探検、コロンブスが到達したのはインドではなく「新大陸」であるとした。

アメリカの記念祝日である10月12日の「コロンブス・デー」は、インディアンにとっては「白人による侵略開始の日」に他ならず、現在も「反コロンブス・デー」運動のデモが行われ、「全米インディアン・デー」も提唱されている。新大陸へのコロンブス上陸時に800万人いたインディアンは、4年間で三分の一まで減り以後も死亡率は倍加していったという。1992年の「コロンブス500年祭」でAIMスポークスマンのラッセル・ミーンズは、「コロンブスは大西洋を横断した世界初の奴隷商人。ヒトラーなどただの不良少年」とコメントし、中南米でもインディオなど多くの民族や団体らが、コロンブスを「発見者」として讃える歴史観への見直し運動が高まっている。

コロンブスがマルコポーロの言う財宝を目当てに、太平洋を越えて日本に上陸し、その夢を実現させていたとしたら、その後の日本の歴史は一体どうなっていただろうか？　カリブ海のサンサルバドル島を死ぬまでインドだと信じ、先住民をインディオと呼び航海を繰り返したが、最後まで金銀は手に入らなかった。大西洋を横断してアイスランド、カナダへ到達したのは、イタリアの探検家でイギリスに移住したガボットで、北米大陸で活動した最初のヨーロッパ人と言われる。

カルロス・スピノラは１５６４年ジェノヴァに生まれ、ミラノで司祭叙階後日本布教を志し、京都においてローマ在学時代にクラビウスから学んだ数学、天文学を教授した。また長崎で月食を観測し、マカオのアレニら中国イエズス会の観測と合わせて、長崎の経度を明らかにし、日本における月食の科学的観測の草分けと言われる。

エドアルド・キヨッソーネは、ジェノヴァで代々製版・印刷業を営んでいた家系に生まれ、14歳からリグリア美術学校で銅版画の彫刻美術を学び、22歳で卒業、特別賞を受賞し教授となった。１８６７年のパリ万博に出品した銅版画の銀賞受賞を機に、紙幣造りに興味を持ちイタリア王国国立銀行に就職、同国の紙幣を製造していたドイツ・フランクフルトのドンドルフ・ナウマン社に出向した。当時ナウマン社は日本の明治政府が発注した政府紙幣（明治通宝）を製造しており、彼も製造に関わった。

キヨッソーネが大隈重信の招聘に応じて来日したのは１８７５（明治8）年で、樹立間もない明治政府にとって偽造されないような精巧な紙幣を製造するのは大きな課題であり、経費面と安全性を考慮して国産化を目指しその技術指導のできる人材を求めたものである。来日後、大蔵省紙幣局（現国立印刷局）を指導し、印紙や政府証券の彫刻をはじめとする日本の紙幣・切手印刷の基礎を築いたほか、新世代を担う若者たちの美術教育にも尽力した。奉職中の16年間に、５００点を超える版を彫ったほか、元勲や皇族の肖像画も残した功績で、勲三等瑞宝章を与えられた。退職金で購入した日本の美術品や工芸品は現在、ジェノヴァ市立キヨッソーネ東洋美

日本銀行

1882（明治15）年設立。国でただ一つ銀行券（日銀券）を発行する権限を持つ銀行。国の金融政策の総本山。写真は96年建設の日本銀行本店本館（辰野金吾設計）で、国の重要文化財（左）。

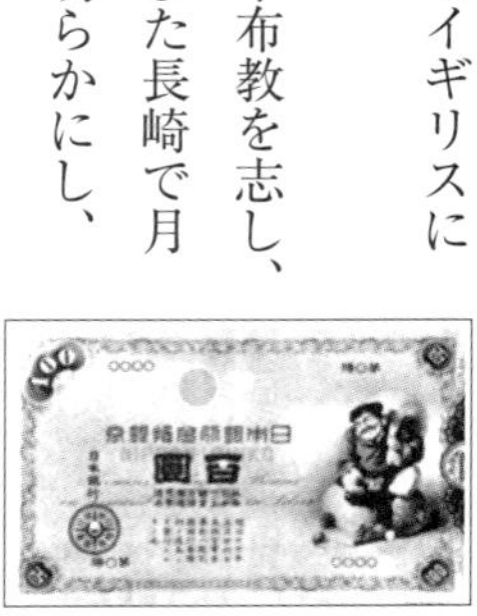

最初の日本銀行兌換券（上）。

（高校教科書「新日本史」（山川出版社）より）

術館に収蔵されており、1898年に死去後は小村寿太郎侯らと同じ青山霊園に眠っている。1988年には母国イタリアで、和服姿の彼の肖像を描いた切手が発行されている。

1843年生まれのジョヴァンニ・カッペレッティはイタリアの建築家で、キヨッソーネの来日より1年遅れてやって来たお雇い外国人である。工部美術学校の図学教師の後工部省営繕課に奉職し、ルネサンス様式の永田町の参謀本部の設計、ロマネスク様式の東京・九段の遊就館の設計などを手掛けた後、85年日本を離れ、サンフランシスコで建築設計事務所を開いたとされる。

ガリバルディとイタリア統一

コート・ダジュールは、リグリア海に面したイタリア西部から、地中海沿岸に面したフランス南部一帯の総称で、ヴァカンスにはヨーロッパ各地から人が集まり、世界有数の観光・リゾート地でもある。

リグリア州西端の風光明媚なサンレモの町は、毎年ポピュラー音楽の音楽祭が開催され、白亜の宮殿のカジノもある。音楽祭で披露される「カンツォーネ」とは流行歌・歌謡曲・ポップス・民謡などの大衆歌の総称で、起源は紀元前ローマ帝国最大の商業港ナポリで、船乗りたちが海上での会話にメロディーがついて生まれた土着の民衆の歌に、よそから来た人々の歌が混ざり合ってできたものとされ、世界の流行歌の元祖でもある。

音楽祭は第1回（1951年）の出場歌手はわずか3組、応募した20曲を繰り返し歌うという小規模なものだったが、高級リゾート地サンレモのカジノから、国営ラジオ放送で平日夜10時から30分間歌合戦が生中継され、たちまち聴衆の心をつかんだ。58年の優勝曲「ヴォラーレ」がアメリカでミリオンセラーを記録し、第1回グラミー賞を受賞したことを機に、サンレモ音楽祭は一躍世界的に認められ、その後も多くの曲を生んでいる。60年代のジリオラ・チンクエッティの「夢みる想い」や、ボビー・ソロの「君に涙とほほえみを」などは懐かしく、コニー・フランシスやポール・アンカなどの外国アーチストも出場し、今では国際的な行事となっている。

モナコはサンレモを西へフランス国境を越えたところに位置し、日本語の表記では「モナコ公国」と言い、ヴァチカン市国に次ぐ世界第2の小国で、人口3万8000人、カトリック教徒が約91％である。地名はギリシア語で「一軒家」を意味し、神聖ローマ帝国時代にジェノヴァ共和国が今日のモナコを建設した。その後フランスに占領・編入、サルディーニア王国の保護下を経て、1861年モナコ公国の主権を回復し立憲君主制となったが、第二次世界大戦中はイタリア・ファシスト政権に、続いてドイツ・ナチス政権に占領された。2005年フランス・モナコ友好協力条約を締結し、フランスはモナコの存続の保証と防衛の任務を担うこととした。日本とも06年外交関係が樹立し、駐仏日本大使が駐モナコ大使に任命され、駐日モナコ大使は本国駐在のまま任命されており、両国内に大使館は置かれていない。14年12月10日、アルベール国王に男女の双子が誕生した。

モナコの西・フランス南部に夏のヴァカンスのメッカと言われるニースで、1807年、貿易業を営む家の子としてジュゼッペ・ガリバルディが生まれた。常に海の上で育ち32年には商船隊のキャプテンとなり、ロシアの海港タガンログに停泊していた時、イタリアからの政治亡命犯で「青年イタリア」のメンバーであるジョヴァンニ・クーネオと出会う。これを機に「青年イタリア」に参加し、人生をオーストリアの支配を受ける祖国イタリアの自由のために戦うことを誓った。

33年ガリバルディは、自由な共和国の建国をめざす運動家ジュゼッペ・マッツィーニとジェノヴァで会見、ここで「青年イタリア」への正式参加を認められた後、フランス、チュニジアから南米へと航海をし、ブラジルで羊飼いの娘アニータと恋に落ち、結婚した。ウルグアイやアルゼンチンでゲリラ戦術のスキルを身につけ48年、革命運動を聞きつけてイタリアへ帰国した。マッツィーニの指導で「ローマ共和国」が成立したが、ナポレオン三世はこれを倒すために軍を送り激しい戦闘に突入、ローマ防衛の責任者となったガリバルディらは市街地での玉砕を選ばず、4000人の兵士を連れて北イタリアへと脱出した。しかしラヴェンナ近くで、常に夫と共に前線で戦い「イタリアのアマゾネス」と呼ばれた女傑、妻のアニータが戦死した。

その後アメリカへ渡り、船に乗りオーストラリア、イギリスなどを訪れた後、54年イタリアに帰国。60年初頭、シチリア王国のパレルモ、メッシーナで反乱が起き、ガリバルディは1000人の義勇兵を集め千人隊（赤シャツ隊）を結成、2隻の船に分乗してジェノヴァを出港、シチリア島の最西端のマルサーラに上陸した。住民の支持もあり連戦連勝でメッシーナ海峡を渡り、義勇軍がナポリに着くころは2万5000人に膨れ上がっていた。イタリア半島統一のためガリバルディは、サルディーニア王国のエマヌエーレ2世と会談（「テアーノの握手」として有名）し、彼の占領したすべての地域を献上し同時に軍の職を辞したことで、イタリア統一は大きな軍事的衝突を回避する形で成就した。

後年ガリバルディは、彼の働きに対するどんな見返りも断りつつ、カプレーラ島へと退いた。アメリカの南北戦争に際しては、リンカーン大統領から自由主義を奉じる北軍の司令官の打診があったが実現はしていない。最後までイタリア統一完成に向けて近隣諸国との調整に努めた。たびたび王国や議会から受

中部イタリアを併合したヴィットーリオ・エマヌエーレ2世（中央）（1820~1878）が、ナポリ王国を征服したガリバルディ（左）（1807~1882）とナポリ近郊で出会う場面。ヴィットーリオはイタリア統一後、普墺戦争でプロイセン側について勝利し、ヴェネツィアを併合。さらに普仏戦争でフランス撤退を機に、ローマを占領し、これを首都とした。

勲や議席が与えられたが、全てを拒み隠居生活を送る中で、ただ生粋の旅人としての気質が残っていたのか、カラブリアやシチリア島に旅行している。1882年、カプレーラ島の別荘で死去した。当時もしガリバルディに野心があったら、日本の幕末の戊辰戦争や西南の役のような内乱に発展して多くの死者を出し、イタリア統一は大きく遅れた可能性があったと言われる。

カンヌはニースの西に位置し、そこで開かれる国際映画祭はヴェネツィア国際映画祭、ベルリン国際映画祭と併せ、世界三大映画祭の一つである。併設されている国際見本市（マーケット）もMIFID、American Film Marketと並び世界三大マーケットのひとつで、マーケットには例年800社、数千人の映画関係者が揃い、世界中のマスメディアから多大な注目が集まる。開催期間中は、メイン会場をはじめ各映画館では映画が上映され、見本市では各制作会社によるブースでプレゼンとパーティーが行われ映画が売買される。

マルセイユはニースからさらに西に位置し、旧港側はナポレオンによる新しい街づくり以前の古い街並みが残って趣があり、2013年に欧州文化都市になったことから再開発が一気に進み、港湾都市からイメージも変わったが吹き渡る風は今も同じだ。北へ入ったエクサン・プロヴァンスはポール・セザンヌが晩年を過ごした街で、レ・ローヴには小ぶりだが天井の高いアトリエがある。その西ローヌ川のほとりにヴァン・ゴッホが暮らしていた街アルル（有名な作品「アルルの跳ね橋」）をはじめ、ローマのコロッセオのような大きな石造りの円形闘牛場や、堂々とした石柱が建つ古代劇場跡などローマ時代の遺跡が多く残り、世界遺産に登録されている。闘牛場は現在も使われているが、スペイン式とは違って牛を殺さず、牛の角につけられた紐を闘牛士が指につけたかぎ爪で取るのを競うゲームである。

リグリア海の南にはフランス領コルシカ島があり、1769年ナポレオン・ボナパルトが判事の子として、12人の子供の4番目に生まれた。ボナパルト家は中部イタリアのトスカーナ州に起源を持つ古い貴族で、ジェノヴァ共和国の傭兵隊長としてコルシカ島に渡って16世紀頃に土着し、ナポレオンが生まれる直前のコルシカ独立闘争の時フランス側に転向、その見返りとしてフランス貴族と同じ権利を得た。無口で小柄な少年ナポレオンに教育を施すためフランス本土へ送り、陸軍士官学校に入学。通常の在籍期間は4年だが、開校以来の最短距離のわずか11カ月で卒業した。

フランス革命後の85年ナポレオンが砲兵士官に任官した頃、物価高騰で民衆の不満が募る中、王党派が政権奪還の暴動を起こしたのを颯爽と鎮圧した。イタリア遠征では方面軍砲兵司令官、フランス軍司令官となり英雄ナポレオンが生まれ、フランス革命戦争からナポレオン戦争への転換点とも言われる。ナポレオンは、宗教の自由化、商工業と教育の振興、フランス銀行の設立、そして各地に残っていた種々の慣習法、封建法を統一した初の本格的民法典「ナポレオン法典」を公布した。これは「万民の法の前の平等」「信教の自由」「経済活動の自由」などの近代的価値観を取り入れた画期的なもので、教育改革では「公共教育法」を制定した。同時に国会の議決と国民投票の圧倒的な支持で、ナポレオンは「フランス人民の皇帝」の地位に就き世襲制とした。

ナポレオンは各地の戦いで勝利をおさめ、その勢力はイギリス、スウェーデンを除くヨーロッパ全土を制圧、特にイタリアでは、自由、平等、博愛の標語を掲げて眠りこけていたのをベッドごとひっくり返し、ローマ教皇を追い出した。進歩的文化人は万歳を叫んだが、金品や美術品が略奪されパリへ送られてから「解放」でないことを知った。イタリアはドイツ、ポーランドとともに属国となり、オーストリア、プロイセンは従属的な同盟国となりナポレオンは絶頂期を迎え、10世紀から続いた神聖ローマ帝国は消滅した。その後スペイン内紛で敗北してから、ロシア遠征ではモスクワでアレクサンドル1世に焦土戦術を取られて敗退、ロシア国境まで生還したフランス兵は全軍60万人超のうち1％以下のわずか５０００人だった。トルストイ作『戦争と平和』がそれを詳細に物語っており、フランスへ逃げ帰ってから地中海のエルバ島に追放され、島を抜け出して再び帝位に就いたが、ワーテルローの戦いで連合軍に完敗、ナポレオンの百日天下は幕を閉じた。

イギリスの軍艦に投降し、南大西洋の孤島セント・ヘレナ島に幽閉された。イギリスの探検家のバジル・ホールが帰国途中ナポレオンに面会し、ユーラシア大陸の東に位置する琉球王国のことを報告したとき、武器を持たずに外国と交易ができる王国の話に驚き「そんな国があるのなら行ってみたい」と語ったという。また最盛期に「余の辞書に不可能の文字は無い」との名言があるが、ベートーヴェンは交響曲第3番「ボナパルト」をナポレオンに献呈する予定だったが、皇帝即位に失望して彼へのメッセージを破棄、曲名も「英雄」に変えたという逸話もある。またゲーテは「徳を求めたもののこれを見出せず、権力を摑むに至った」と酷評している。

6章　ナポリ

南部イタリア

イタリア本土南部は、情熱にあふれる海港都市ナポリ（96万人）のあるカンパニアのほか、アブルッツォ、モリーゼ、プーリア、バジリカータ、そしてカラブリアの各州から成る。東北部はアドリア海に、東南部はタラント湾の先イオニア海に、そして西方はティレニア海に面しており、まさに地中海性気候で年間を通して温暖かつ雨が少ない。ティレニア海はシチリア島やサルデーニャ島に囲まれており、カラブリア半島の西、シチリア島北のエオリア諸島にあるストロンボリ火山は、地中海の灯台と呼ばれるほど見事な噴火を見せる。「ティレニア」の名前は、この海域の沿岸の住人で最も早く文化を発展させたエトルリア人を、古代ギリシア人が「テュレニア人」と呼んだことに由来する。

特に、経済力と活力に富んだローマ、ヴェネツィア、ミラノ、トリノなどを訪れた後で長靴のくるぶしから下に当たる地方へ旅をすると、状況は一変し別の国へ足を踏み入れたような印象を受ける。自然は荒々しく、乾ききった土地は苛酷で、畑仕事には不向きで難儀の割には報いが少なくしかも風土病が多い。

小麦とオリーブが主要作物だが、1951年の農地改革以来ブドウ、モモ、トマト、レモン、オレンジの栽培も奨励されている。汽車で旅をすると車窓からは、歴史を感じさせる太い幹のオリーブの木があちこちに茂っているのが見られる。漁業は経済全体への貢献度は取るに足らない。

ナポリ湾を囲む肥沃な土地には、麻やたばこ、オリーブやぶどうの畑が広がる。ヴェスヴィオ火山がそびえ麓にポンペイの遺跡などが広がる風景は、魅力的であり古代への夢をかきたてるロマンを秘め、「青の洞窟」で知られるカプリ島やソレントの美しさは抜群である。海岸部は強烈な太陽と澄んだ海が広がり、内陸部に一歩踏み込むと大地は乾燥し、赤茶けた山に牧人たちが牛や羊を連れた姿が目に入る。

第一次世界大戦以前は、幾万もの人々が南北アメリカとオーストラリアなどへ移民した。1950年以降には彼らの移住により、スイス、ドイツ、フランス、ベルギーの民衆人口膨張の一つの原因となり、ローマやミラノ、トリノも含めると、この100年ほどで故郷を去った南部のイタリア人の数は500万人に達すると言われる。

福祉年金、政府の助成措置、そして仕事口にありつくのは至難の業に等しい。国が市民に設けた障害の多くは、仲介者に謝礼を払うか、有力者にすがるか、ワイロに頼るかなどに心を砕き、儚い努力をする。市民としての権利の主張、縁者や友人を通じての政治活動は、証明書や旅券の発行などの申請に効果を発揮し、また医者の診断書発行には神父の紹介状が要り、外来診療所では婦長あての地方政治家の一筆が一番など、例をあげればきりがない。理由の一つは、日本ほどではないがイタリアも借金大国で、たとえば農民の年金制度がつい最近発足したが、国庫資金が限られているため受給有資格者の数に見合っていないこともある。

ミラノ万博は「食」をテーマににぎわったが、南部イタリアの食文化はどうだろうか。料理と言えばアジア料理や西洋料理もあるが、普通イタリア料理、日本料理、フランス料理などの下に地方料理や郷土料理があり、南部イタリアでは〈パスタ感覚〉が文化を読み解く鍵になるといわれる。パスタは単純そうでなかなか手のかかる料理と言われ、小麦や雑穀、トウモロコシやジャガイモを粉にし、水と併せて練り、捏ねて打って伸ばしてまた捏ねる。これを繰り返して広げたものを切って成型し、場合によっては乾燥させて保存するまでが、食材成立の工程だという。

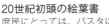

最初にパスタが誕生したのはナポリやシチリアで、政治は近世以降一貫して北が南を支配してきたが、こと食に関しては逆に「南」が「北」を征服した。立って手で食べる「マッケローニ食い」、すなわちパスタ食いと呼ばれる食習慣は、南方から北方・全国へと普及していったという。パスタの原料の小麦（粉）は、もともと東地中海沿岸に自生しており、紀元前９０００年以降にメソポタミアで栽培されるようになり、西地中海へと広まっていった。小麦の支えがあってエジプト、ギリシア、ローマの諸文明は栄え、これらの地域の食生活および経済にとって、基本中の基本の食材であった。

20世紀初頭の絵葉書
庶民にとっては、パスタは手で食べるのが、あいかわらず普通であった「マッケローニ食い」。パスタの手食は、風俗写真や絵画の恰好の題材にもなった。

カンパニア州

カンパニア州はイタリア半島南西部に位置し、東にアペニン山脈が走り西はティレニア海に面しており、近年南部の山中では35万年前のものとみられるヒトの足跡が発見されている。面積は1万３６００平方キロで人口５８０万人、州都ナポリはローマから南東へ１９１キロ、パレルモから北北東へ３１４キロの位置にあり、語源はギリシア語の「ネアポリス」（新しい都市）に由来する。州内の世界遺産は６つ、本拠を置くプロサッカークラブは10チームで、著名な人物は、バロック期の彫刻家、建築家、画家であるジャン・ロレンツォ・ベルニーニ、ゆかりのある人物には女優のソフィア・ローレンがいる。

ナポリはティレニア海に面した基礎自治体（コムーネ）で、人口は96万人（都市圏人口３００万人）で、ローマ、ミラノに次ぐイタリア第三の都市である。ナポリを「イタリアの永遠の劇場」というが、お調子者でウィットに富んだ憎めないナポリ男と、情け深く気立てよくたくましいナポリ女が繰り広げる人間模様ということか。古代ギリシアの時代からイタリア統一までの２０００年間、ヨーロッパの人種に支配され続けたことにより処世術の知恵が生まれたのだという。名言「ナポリを見て死ね」は、日本で言う「日光を見ずして結構と言うな」と同意語である。

ナポリ市は、紀元前６世紀に古代ギリシア人（特にアテネ人）の植民活動によって建市されたと考えられ、長い間ローマ帝国の支配下にあったが、４７６年の西ローマ帝国滅亡後東ローマ帝国の属州となり、11世紀にノルマン人が南イタリアに到来、１２２４年には神聖ローマ皇帝フリードリヒ２世がナポリ大学を設立した。ナポリ王国、スペイン支配、ナポレオン戦争と続く中で、15世紀末に10万人だった人口は17世紀初めには27万人に達し、当時パリに次いでヨーロッパ第２位となった。１６５６年のペストの流行で一挙に15万人に減少したが、両シチリア王国がガリバルディに征服された１８６１年のイタリア統一の時点で、再びナポリの人口は45万人となり、続くローマ、ミラノ、トリノは20万人前後だったという。

イタリア以外の外国人が想像する、輝く太陽と温暖な気候・陽気な人々というイタリアのイメージは、ナポリが基になっている。その一方で、今日でもナポリを拠点とするマフィア・カモッラによる影響が強い都市である。また２００７年以降、ナポリではごみの増大に処理場の増設が追い付かず、街中に未回収のごみが散乱する状態がたびたび起こっている。さらには最近の調査で、この地域ではガン発生率の上昇が判明、原因はマフィア組織カモッラが１９８０年代からゴミ処理ビジネスに参入し、有害物質を含むゴミを不法投棄したことによる。特に街の北部のナポリ湾など主要観光地近辺は、地元で「死の三角形」と呼ばれるほど環境が悪化している。

１９９５年、「ナポリ歴史地区」が世界文化遺産に登録され、交通の要所ムニチーピオ広場からヌオーヴォ城を行くと、ヴェスヴィオ火山、サンタ・ルチア湾、卵城が眺められる。ナポリは南イタリアの首都で、17世紀のスペイン治政下に造られた赤い建物の王宮には、ノルマンのロジャー王からヴィットリオ・エマヌエーレ2世まで、８人のナポリ王の立像が納められ、内部は王宮歴史的住居博物館になっている。イタリア三大歌劇場の一つサン・カルロ劇場は、１７３７年ブルボン家のカルロ3世により建てられ、ほとんど当時のままで音響効果と内部装飾は抜群である。歌に歌われたサンタ・ルチア地区は、かつては美しい海岸通りの漁村で、12世紀に海に張り出して建てられたのが古城の卵城で、ここからのナポリ湾とヴェスヴィオ火山の風情は絵はがき以上であった。

トレド通りの先には古代芸術の宝庫・国立考古学博物館が、さらには19世紀建築で高さ58《メートル》のガラス天井を備えるウンベルト1世のガッレリアがあり、ドゥオーモはナポリの守護聖人サン・ジェンナーロを祀った教会で、ナポリっ子の信仰の拠りどころとなっている。ナポリ大学は、教皇権と密接に関係したシチリア王国唯一の大学として認められ、学生組合主体の自主的大学であったボローニャ大学に対抗する大学として設立された。オペラにおけるナポリ学派は、バロック時代にナポリで活躍ないし教育を受けた作曲家を言い、ヘンデル、セバスティアン・バッハ、モーツァルトらが与えた影響は大きい。

ピザは日本でも馴染みが多いが、その起源はアラブ圏のパンの一種ピタがナポリに伝わり、ナポリでピッツァと呼ぶようになったもので、ナポリピッツァの代表はマルゲリータである。統一イタリア王国のマルゲリータ王妃がナポリ来訪の折、ブランディという店がイタリアの三色旗を模してトマト（赤）、バジリコ（緑）、モッツァレラチーズ（白）で生地を飾って捧げたことに由来する。

トマス・アクイナスは13世紀初旬ナポリ王国に生まれ、ナポリ大学で学び、ドミニコの開いた「托鉢修道会」に入り、パリ大学で教鞭をとった。テーマは「アリストテレス哲学と教会の調和」で、ギリシア哲学とキリスト教との融合であり、「スコラ哲学」と呼ばれ集大成『神学大全』を著した。「ヒューマニズム」（人間中心主義）を打ち立て、中世キリスト教世界を精神的に支えた。

ジャン・ロレンツォ・ベルニーニは1598年、彫刻家の子としてナポリに生まれた、バロック期を代表する彫刻家、建築家、画家である。父ピエトロ・ベルニーニはフィレンツェ郊外生まれのトスカーナ人だったが、サン・マルティーノのカルトゥジオ会修道院で仕事をするため、ナポリ人の妻アンジェリカ・ガランテと共にナポリに住んでいたもので、ベルニーニが7歳の時に一家はローマに戻り、ピエトロは教皇パウルス5世のために仕事をし、サンタ・マリア・マッジョーレ大聖堂の洗礼堂に〈聖母被昇天〉を表した大理石の浮彫などを制作した。これら父親の仕事を学びながらもジャン・ロレンツォは、若いころから彫刻に才能を発揮していた。

20歳を過ぎてからの〈プロセルピナの略奪〉〈ダヴィデ像〉〈アポロとダフネ〉などの彫刻群は即座に名声を手にし、共にローマのボルゲーゼ美術館に所蔵展示されている。ウルバヌス8世依頼の〈聖女ビビアーナ像〉に続き、ミケランジェロやラファエロなど大巨匠の作品の残る、サン・ピエトロ大聖堂が次なる作品の芸術創造の場に選ばれ、教皇の依頼でらせん状の円柱を持つブロンズの巨大天蓋が、足掛10年で大理石の台の上に設置された。サ

ベルニーニ「聖女テレサの法悦」
（ローマ、サンタマリア・デラ・ヴィットリア教会内コルナロ礼拝堂）
ムーブマン（動感）、身振りの演劇性、光の効果、感情表現が演劇的で官能的な神秘主義を表している。ここには反宗教改革が勝利を収める時期の表現がみられる。ベルニーニ（1598~1680）は、彫刻家、建築家、室内装飾家、劇作家、そして詩人として、17世紀イタリア・バロック芸術を代表する巨匠である。

ンタ・マリアヴィットーリア教会礼拝堂の〈聖女テレサの法悦〉は見る人の足を止め、またナヴォーナ広場の〈四大河の泉〉は、4つの大陸を流れるガンジス川(アジア)、ナイル川(アフリカ)、ラプラタ川(南米)、ドナウ川(ヨーロッパ)の4大河を擬人化することで、4大陸の支配を表現している。

サン・ピエトロ広場の建設などを通じて「ベルニーニはローマのために生まれ、ローマはベルニーニのためにつくられた」と称賛されたバロック芸術の巨匠であり、古代遺跡が残る古き都ローマは、彼の手によって壮大なスケール、絢爛豪華な装飾にあふれる美の都に変貌していった。人々は彼の作品を「芸術の奇跡」と絶賛、1984年から99年まで発行された、5万イタリア・リレ(リラの複数形)紙幣に肖像が採用されていた。

ヴィクトル・ユーゴーが生まれたのは1802年、父の任地フランス東部のブザンソンである。父はフランス革命以来の軍人で生粋のボナパルト主義、母は根っからの王党派で政治思想の違いによる確執で夫婦の不和をもたらしていた。そのため主に母親らと共にナポリ、パリ、マドリードなどヨーロッパ各地を転々とし、生まれた時の状態や長きにわたる父親不在の生活のために、非常にマザーコンプレックスが強かったという。これらの出来事が不朽の名作『レ・ミゼラブル』に登場する人物の確執の原型となっていると言われている。

政治家としてのユーゴーは、死刑廃止や教育改革を訴えてルイ・ナポレオンを先頭に立って支援したが、1848年独裁体制を樹立してからは強力な反対者となった。ユーゴーら反対派への弾圧が始まって以後19年に及ぶ亡命生活が始まり、52年にはナポレオン3世を弾劾した『小ナポレオン』をブリュッセルで出版して熱狂を起こし、62年には中断していた『レ・ミゼラブル』が完成して出版され、これまた大反響を巻き起こした。日本の自由党党首・板垣退助が欧州視察の際、ヴィクトル・ユーゴーに会ったと言われる。

1885年パリで死去、文豪としてパンテオンに埋葬された。

カポネ家はイタリアからアメリカへ移民した家族で、理髪師のガブリエーレ・カポネがナポリで成長し結婚してから1894年、30歳の時に妻テレジーナと幼い男児2人の3人を連れて、ニューヨークの同じ地方出身者が暮らすブルックリンに移住し落ち着いた。生活は厳しかったがその後、連続して5人の男児とさらに2人の女児に恵まれ、子供たちには英語名も付けられたが、1920年、ガブリエーレは55歳の時心臓発作で死んだ。家族で葬儀を済ませて後、一家でブルックリンからシカゴへ移り住み、子供たちはそれぞれマフィアに関わっていった。

ヴィト・ジェノヴェーゼはナポリ近郊の小さな町ロシリーノに生まれ、1912年、家族と共にアメリカ・ニューヨークのリトル・イタリー地区に移住すると、すぐにギャングの世界に足を踏み入れ、長じてラッキー・ルチアーノらの犯罪組織の仲間になった。ルチアーノがボスの座に就くと副ボスとなり、ボッシア殺人事件に関わり現金75万ドルを持ってイタリアへ逃亡、25万ドルをファシスト政権に献金しムッソリーニと親しくなり、ナポリで幅を利かせ大きな利益を上げた。第二次世界大戦中の43年、連合軍が上陸すると一転してアメリカ軍情報部に取り入り、イタリア南部のブラックマーケットを支配した。

ジェノヴェーゼはボッシア殺人事件に関わって逮捕、45年アメリカへ連行されたが、重要証人が毒殺されて証拠不十分となり訴追を免れ、フランク・コステロの下で幹部の一員となった。麻薬取引を積極的に続け、コステロが投獄された後はトップの座を奪い取り、ライバルを組織から次々と外しニューヨーク最強のボスとなった。しかし、自らを「ボス中のボス」宣言のための全国のマフィアのボスを集めた会議を開いたが、警察の捜査が入り多くのボスが逮捕されるという大失態を犯した。59年麻薬取引の罪で15年の

禁酒法時代、アメリカ・シカゴのギャングを支配したアル・カポネ（1899~1947）。映画『アンタッチャブル』のほか、多くの映画やドラマのモデルになっている。

禁固刑を受けてからも、刑務所の中からファミリーを支配し続けた。69年ジェノヴェーゼは心臓発作で死亡したが、コステロらの陰謀により自分が刑務所に入れられたことを知らなかったと言われる。

ソフィア・ローレンは1934年にローマで生まれたが、幼少時ナポリ近郊のポッツォーリに移り貧困の中で成長した。映画の端役として出演したとき、後の夫カルノ・ポンティに見いだされ多くの作品に出演したが、幾つかの作品には肉感的なトップレス姿もあり、ヨーロッパでは受け入れられたがイギリスやアメリカではその場面はカットされた。17歳の時の映画『島の女』で国際的スターと見なされ、『月夜の出来事』や『黒い蘭』はセックスシンボルだけではなく、演技力と喜劇的実力も証明した。『ふたりの女』でアカデミー主演女優賞を受賞し、喜劇王チャーリー・チャップリンの最後の監督作品『伯爵夫人』では、マーロン・ブランドと夢の共演を実現した。2010年「第22回世界文化賞　演劇・映像部門」の受賞で4度目の日本訪問を果たし、明治記念館で受賞式典が行われ、九段南のイタリア文化会館での記念上映会では舞台挨拶をした。ヴィットリオ・デ・シーカ監督の『昨日・今日・明日』(1963)は、ナポリ、ミラノ、ローマの異なる三都市の風土を舞台とした喜劇である。アラン・ドロン主演の『太陽がいっぱい』も、風光明媚なナポリの港が記憶に残る映画である。

米欧を訪問していた岩倉使節団一行は1971年5月20日、汽車でローマからナポリに向かう窓からの景色を『回覧実記』に、「一面の草原、所々に現れる廃墟、長く続く水道橋、これがところどころ切れている。東の方を見れば遠くにアペニン山脈が暗く連なり、西の方は畑、黄色っぽい水の小川が流れている。道中の駅舎はさらに物寂しげであった。まさに木の小屋で、旅客はストーブにあたっている。乞食や子どもが入り口に立っていて、小銭を、哀れな声を出してねだる」などと北イタリア地方との差を表現している。

またナポリでは旧政権に対して「雄将ガリバルディ氏ノ兵ニヨリ、撃チ入ラレ、民ミナ億万心ニテ、防戦スル能ハス、一敗地ニ塗レ、国忽ニ滅亡セシ、貴族権豪ミナ椅頼ヲ失ヒ、分散離折シ、憐レム能トナリ」と『回覧実記』は冷たい判定を下している。また海岸通りの美しさと、鯛料理の旨さに大いに気を良くし、「ナポリを見て死ね」の諺の由来も、ヴェスヴィオ火山の風景、ポンペイの遺跡、珊瑚の細工の三つを見ないで死ぬなという意味であると解説しており、加えてヴェネツィアのガラス、フィレンツェのモザイクがイタリアの名産代表であるとして紹介している。

ポンペイとアマルフィ

ポンペイはナポリ近郊にあった古代都市で、ヴェスヴィオ火山大噴火による火砕流によって地中に埋もれたことで知られ、当時ローマ人の余暇地として繁栄し最盛期の人口は2万人と言われる。先住のオスキ人によって集落が形成されたが、ギリシア人そしてローマ人の支配下に入ってからは、アッピア街道の重要拠点となり、以後商業都市として栄えていた。

紀元79年8月24日午後1時ころヴェスヴィオ火山は大噴火、一昼夜に渡り火山灰が降り続け、噴火から12時間後火砕流が発生して街は一瞬にして埋まった。時の駐ナポリローマ艦隊司令長官大プリニウスが、ポンペイ市民を救助するため船で急行したが、有毒火山ガスに巻かれて死んだことが甥の小プリニウスの記述にある。その後１０００年以上の間散発的に古代の品が発見され、下に街が埋まっていることは知られていた。やがて１７３８年にヘラクラネウム（現エルコラーノ）が、48年にポンペイが再発見され、断続的に発掘が行われた。火砕流や有毒ガスは人々の命を一瞬にして奪った一方で、堆積物には乾燥材用のシリカゲル成分が含まれ湿気を吸収したため、埋め尽くされた街全体の壁画や美術品の劣化が食い止められる結果となり、悲劇が皮肉にも古代ローマ帝国の栄華をそのままに今に伝えることとなった。

大プリニウスと一般に呼ばれるガイウス・プリニウス・セクンドゥスは、古代ローマ時代の22年にミラノの北のコモに生まれたが、23歳のころ軍隊に入りゲルマニア遠征に従軍した後、スペイン北部に皇帝代官として赴任、現在世界遺産にもなっているラス・メドウラスの鉱物採掘作業に接している。イタリアへ戻ってから要職に就き、ストア学派の論理学と自然哲学と倫理学を信奉して徳の高い生き方をしながら、ローマ史31巻をまとめ、ネロ帝の時代から材料をまとめ続けていた自然と芸術の百科全書『博物誌』37巻の大半を書き上げた。甥の小プリニウスによると、夜明け前から仕事を始め、勉強時間以外はすべて無駄と考え、読書をやめるのは睡眠中と浴槽内だけだったという。

約半世前の若いころの旅で訪れた時には気が付かなかったが、近年建築物が発掘によって白日の下に晒されることになったことにより、止まった時計が再び動き出すかのごとく、風雨（特に酸性雨）による腐朽が進行しているとの報道があった。２０１０年11月に「剣闘士の家」と呼ばれた建物が、翌11年10月には「ポルタノラの壁」がそれぞれ倒壊し、他の建築物や木や革、パピルス紙、食物繊維といった有機物にも及ぶのではと言われている。日本でも「吉野ケ里」遺跡や高松塚古墳などの発掘により、貴重な遺跡の風化が危惧されている。遺跡は「ポンペイ、ヘルクラネウム及びトッレ・アンヌンツィアータの遺跡地域」の主要部分として、ユネスコの世界遺産に登録されている。

ナポリとポンペイの中間に位置するエルコラーノは、ヘラクレイトスによって建設されたという伝説のある町で、ポンペイとともにヴェスヴィオ火山の噴火で一瞬にして埋まった町である。ここはポンペイの商業都市と違い人口５０００人ほどの港町で、富裕な貴族たちが保養地として愛した地であり、家具や各施設の木材が炭化してそのままの姿を今に残すポンペイと並ぶきわめて興味深い町である。

ナポリ中央駅から東南へ1時間余、美しいギリシア神殿の残る町ペストゥムがあり、紀元前に植民地として建設されたが時代の波に洗われ廃墟と化し、その後18世紀の道路工事の際に偶然発見された。広い遺跡は今も修復が続いているが、巨大な神殿が三つと円形球戯場やバジリカなどがあり、遺跡から大通りを渡ると発掘品を展示した国立考古学博物館がある。

ナポリの北30キロのカゼルタには、ナポリ王国・ブルボン家の部屋数1200室の壮大な王宮があり、その庭園と泉には圧倒される。東北に位置するベネヴェントの起源は古く紀元前8世紀に遡り、古代ローマ時代にはアッピア街道の要として恩恵に浴し、高台の旧市街入り口には今も、アッピア街道の完成を祝って建てられたトラヤヌス帝の凱旋門が当時のまま残っている。より複雑なロンゴバルド建築のサンタ・ソフィア教会や、先史時代からの歴史を伝えるサンニオ博物館などは見る人を飽きさせない。

「フニクリフニクラ」とは、ヴェスヴィオ山の山頂までの登山電車（イタリア語のフニコラーレ）の愛称である。当初敷設された「ヴェスヴィアナ鋼索線」は利用者が少なく、運営会社が宣伝曲を作ることを考え、作曲家のルイージ・デンツァに作曲を、ジャーナリストのジュゼッペ・トゥルコに作詞をそれぞれ依頼してできたもので、世界最古のコマーシャルソングと言われる。題材となったフニコラーレは、1944年に起きたヴェスヴィオ山の噴火によって破壊され、以来運行を終了している。日本語版歌詞は61年開始したNHK「みんなのうた」で紹介され、当初は「登山電車」だったのが、70年原題どおりの「フニクリフニクラ」と改題された。

カプリ島はナポリからナポリ湾を挟んで南へ30キロに位置し、小さな島だが風光明媚で、かつてローマ皇帝ティベリウスが統治期間の後半を過ごしたことでも知られる。島の周囲の大部分は断崖絶壁で、島を周遊する観光船が運航されており、「青の洞窟」には入り江から手漕ぎの小舟に乗り換え、入り口が狭いので乗客は舳先より下に頭を下げるが、天候や波の状態では侵入不可能な時もある。内側は広大な空間が広がっており、天井の穴から水中に伸びる光を受け、洞窟全体が紺碧色となり神秘的であるが、太陽光線の向きの関係で午前中に行くのが良い。アンデルセンの恋愛小説『即興詩人』では重要な舞台となっており、森鷗外は「青の洞窟」を「ロウカン洞」と翻訳した。他に「緑の洞窟」「珊瑚の洞窟」「白の洞窟」などの名所もあり、島は特産物のレモンにちなみ「レモン島」とも言われ、リモンチェッロ酒を産する。

イスキア島は海水浴や温泉も楽しめる美しい緑の島で、かつて古代ローマのアウグストゥス帝が所有していた島で、島の最高峰エポーメ山（788メートル）の麓には、古代ローマ人が植え付けたブドウ畑が広がり、今もワインの産地になっている。港の脇のアラゴン城からの眺めは天下一品で、島特産品の焼き物を見たり、海水浴や温泉につかったり、誰もがゆったり気持ちよく過ごすことのできるリゾート地である。

サレルノはアマルフィ海岸とソレント半島のサレルノ湾に位置し、ナポリから南東へ46キロ、ローマから南東へ236キロの距離にあり、周辺を含む人口13万人の基礎自治体（コムーネ）である。起源は古代ギリシアの後ローマの植民地となり、9世紀にサレルノ王国が成立、オートヴィル朝のもとで海洋王国として経済的繁栄を遂げた。サレルノ大学は、現存する世界の大学でボローニャ大学に次ぐ古い歴史を持ち、ボローニャが法学を、サレルノは医学を看板にしており、今日の解剖学教室のような階段教室が当時からすでにあったという。第二次世界大戦では、連合国軍がサレルノ湾岸に上陸したことでも知られる。ノルマン時代のアレキ城や椰子の木並木の海岸沿いの遊歩道がある。

アマルフィ海岸はナポリから南へ、海岸巡りではサレルノからソレントへそれぞれ50キロであり、国定公園日南海岸のほぼ日南・南郷から宮崎・青島までの距離である。温暖で風光明媚、碧い海と空と輝く太陽と、地上の楽園と錯覚しそうなこの地は、ローマ帝国の時代から多くの人々から愛されてきた。海岸巡りの玄関口はサレルノとソレントで、どちらから行っても南国情緒そのままに、ブーゲンビリアや夾竹桃の花が咲き乱れ、丘にはレモンやオレンジが実りオリーブの木々が風に揺れ、絵にかいたような太陽に白く輝くヴィラ（別荘）群が点在しており、まさに民謡「帰れソレントへ」にある情景である。拠点となるアマルフィは海洋共和国として、ローマ帝国滅亡後も地中海に君臨し、現在もモザイクの美しいドゥオーモとその広場を中心に、ロマネスク風の天国の回廊や、白い壁と細い路地を進むとあのアマルフィ博物館がある。

　高台になったところに天然のバルコニーと言われるラヴェッロの町があり、アマルフィの海岸を一望でき、まさに絶景とはこのことか。ここを訪れた作曲家ワーグナーはその美しさに感動し、「これこそパルシファルにあるクリングゾルの神秘の庭だ」と叫んだという。毎年7月、この絶景をバックにワーグナー音楽祭が催される。私はかつて自然の美しさから言えば、アマルフィよりも日南海岸の方が上かと思ったことがある。碧い空と海は似ているが、堀切峠から見る１８０度超見渡せる大パノラマや宮崎層群と呼ばれる鬼の洗濯板、そして有数の透明度を誇る黒潮の水質は誇らしく思ったものだが、今はトンネルやバイパスで絶景は見られなくなってきた。一方アマルフィ海岸は海沿いの道や景色をそのまま活かすとともに、建物や芸術品などに歴史と文化が息づき、花や木が多くどの家の窓にも水やりなど手入れが行き届き、トイレは完備されゴミが見当たらない（捨てる人がいない）。一帯は１９９７年に世界文化遺産に登録されたが、私が日南市長時代、「日南海岸と宮崎層群」（波状岩とリアス式海岸、加江田から猪八重にわたる渓谷群などの一帯）を世界遺産に登録申請したいと考えたことがあったが、途中で退任したためそ

アマルフィのカテドラル（1066年）

聖アンドレーア大聖堂は、11世紀にアマルフィに建立された。この都市はそれよりも200年も前から繁栄し、カンパニア地方（南イタリア）においてジェノヴァやピサと覇と競う強力な共和国だった。

の後のことは分からないが、今でも国定公園のままのようである。

アブルッツォ州はアペニン山脈を挟んで、ラツィオ州の反対側のアドリア海に面し、1964年にモリーゼ州と分離して成立した。2009年、ラクイラ地震（イタリア中部地震）の発生で大きな被害が起きた時、同年のイタリアでの主要国首脳会議は、国際的な被災地支援を呼びかけるため、開催地を急遽ラクイラに変更して開催された経緯がある。アブルッツォ料理の代表の一つに、パスタのスパゲッティ・アッラ・キタッラがあり、トマトベースのソースとともに供される。州内に本拠を置くプロサッカークラブは5チームである。アレッサンドロ・ヴァリニャーノはペスカーラ近郊のキエーティ出身で、16世紀に訪日した宣教師であることはすでに紹介した。

モリーゼ州はアブルッツォ州の隣で、アドリア海を挟んでバルカン半島に近く、多くのクロアチア人とアルバニア人が居住しており、イタリア20州のうち最も新しい州である。農業生産品として穀物、オリーブ油、野菜、果物、乳製品があり、伝統的な産品としてはパスタ、食洋酒、ワインなどがある。テルモリにはフィアット社の大規模な工場がある。ラリーノでは市街の歴史的な色彩を回復する政策が採られ、家屋には淡いパステルカラーの色彩が施されて美しい都市へと景観を変えている。州内のプロサッカークラブは1チーム。

プーリア州

プーリア州はイタリア半島の南東部に位置し、東にアドリア海・オトラント海峡、南にイオニア海・タラント湾に面し、中央部にある州都バーリは100万都市で、ナポリから東へ220㌔、ローマから37

4キロの距離にある。長靴の踵に当たる州南東部のサレント半島は、アドリア海の入り口にあたるオトラント海峡を隔てて、東にバルカン半島のアルバニア、ギリシアと向かい合い、最も狭い場所は75キロで宮崎の青島～都井岬の距離しかなく、オトラント岬はイタリアの最東端である。山岳はなく平野もしくは丘陵によって占められているので、有数の穀倉地帯であるが雨は少なく目立った川はほとんどない。

プーリアはイタリアの中でも考古遺跡の多い州の一つで、最初にイリュリア人が定住し、続いてミケーネ人が移住、紀元前8世紀には古代ギリシア人がタラントなどに移り住み、アプリア式陶器を生み出した。前3世紀にローマが征服したが、第二次ポエニ戦争中の前216年、この地でローマがカルタゴのハンニバルに大敗を喫したカンナエの戦いが行われた。カルタゴ軍が引き上げた後、ローマ人はブリンディジやタラントの港を占領し、この地域での支配を回復した。6世紀以降は東ローマ帝国の支配下に入り、11世紀にはノルマン人がこの地を征服しシチリア王国を築いた。この時代の特徴的な建築物には、古代ギリシア様式、ビザンツ様式、ノルマン様式、ピサ様式の影響が見られる。

1861年のイタリア統一以来、プーリア州ではイタリア語が公用語として用いられているが、この地域の長く複雑な歴史を背景として、さまざまな地方言語が話されている。方言はプーリア方言（ナポリ語系）、サレント方言（シチリア語系）、グリコ語（ギリシア語系）、アルバレシュ語（アルバニア語系）などである。州内の世界遺産はアルベロベッロのトゥルッリなど4つあり、本拠を置くプロサッカークラブは4チーム、そしてアルキタスは紀元前5～4世紀の哲学者・数学者・政治家で、タラント出身である。バーリの守護聖人はサンタクロースの元祖ともいわれるミラのニコラオスで、一般に「バーリのニコラ」と呼ばれ不朽体はバーリのサン・ニコラ教会に安置されている。

フォッジャには新石器時代に人類が定住しており、付近にはギリシア人の植民市があった。この地域は湿地帯だったが、11世紀後半プーリア・カラブリア公の下で一部ながら干拓が進み、以後の経済的・社会的発展の基盤を築くことになり、12世紀にはシチリア王グリエルモ2世が大聖堂を建設、都市を拡張させた。15世紀アラゴン王アルフォンソ5世が課税増を始めたのを機に地元経済は衰退を始め、土地は荒廃し再び湿地帯に戻った。後ブルボン家の人々が街を再建し南北イタリアを結ぶ要衝となって発展したが、1943年数度の連合国軍の空襲で市民2万人以上が犠牲者となった。

バーリはフォッジャから東へ行ったアドリア海沿岸の町で、南イタリアの玄関とも言われる。途中はヒマワリの花畑やオリーブの林が続き、赤茶けた畑にはジャガイモが植えられ、海沿いの畑になると真っ赤に熟れたトマト一色となり壮観だ。イタリアのトマトは細長くラグビーボールみたいで、トマトソースとしてパスタ料理に使うのが普通。バーリはプーリア州の州都として南イタリア最大の商工業都市である新市街と、北側のカテドラルや守護聖人を祀るサン・ニコラ教会のある旧市街とがある。

バーリの東南に位置するアルベロベッロは、まるで「おとぎの国」に迷い込んだ気持ちにさせ、トゥルッリ文化の中心地である。21世紀初頭の現在も、約四分の一のとんがり屋根の建物がトゥルッリである。人口1万人でアイア・ピッコラ地区には1030軒、モンティ地区には590軒が現存しており、岐阜の白川郷の巨大版とでも言っていいのではなかろうか。もともと石灰岩石のこの地方では、先史時代から石灰岩の切り石を積み上げ(乾式工法)、石灰(漆喰)を塗って仕上げたトゥルッロ(「部屋一つ屋根一つ」の意。トゥルッリはこの複数形)は、入手しやすく気候風土に合った形で発展を遂げた。構造はシンプルで機能的、壁が二重構造のため夏は涼しく冬は暖かく、実は税金対策だったとの話もある。

ブリンディジはアドリア海に面した港湾都市で、ローマから750キロに及ぶアッピア街

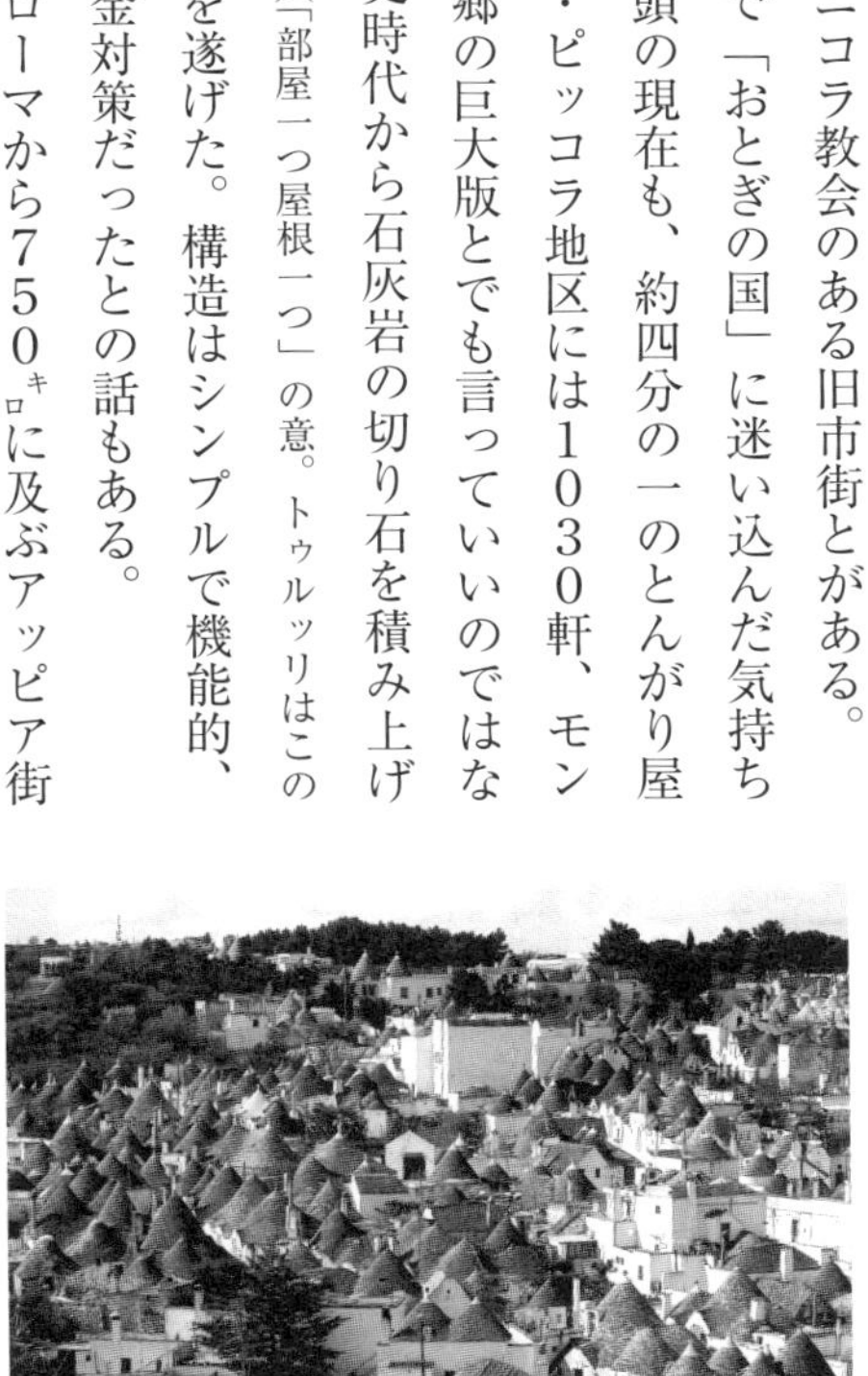

アルベロベッロの町並み(トゥルッリ)
屋根の頂には、円盤形や球形の頂華があり、家によっては、屋根自体に白の十字や星などのシンボルマークが描かれている。

道の終点として知られ、それを示す柱（モニュメント）が丘の上に建てられている。ローマ帝国時代から地中海の要衝としても栄えた。19世紀中盤にスエズ運河が開通して以降は、フランスのマルセイユなどと並び、日本などアジアとヨーロッパとを結ぶ航路（欧亜航路）の発着地の一つとなり、現在でもイタリア国内をはじめ、ギリシアやアドリア海沿岸諸国、北アフリカや地中海地方各地へのフェリーなど海路の拠点である。中世においては十字軍を送り出す港でもあり、古代ローマ帝国の代表的詩人ウェルギリウスは、この地で死去した。

森鷗外の小説『舞姫』の冒頭部には、ブリンディジ港から欧亜航路で帰国の途に就いた主人公が、旅の途中で書いた回想録という形式が採られている。また、テレビアニメ「ポルフィの長い旅」では、ギリシアから来た主人公が最初にたどり着いたイタリアの街がブリンディジである。若いころの旅で、ブリンディジ港からフェリーでギリシアのペロポネソス半島の町パトレーへ渡ったことがある。イオニア諸島の絶景を眺めながらの船旅のつもりだったが、冬の12月だったこともあり、イオニア海があんなに荒れて揺れるとは思ってもみなかったことで、懐かしさが改めて込み上げてくる。

レッチェはギリシアの記録によると、クレタ島出身のメッサピ人によって基礎がつくられ、トロイア戦争時代から存在していたという。レッチェ石（石灰岩）は町の主要な特産品で、柔らかく加工がしやすいと言われており飫肥石に似ている。農業地帯でもあり、2015年夏NHK・BSテレビで放送された、樹齢2000年のオリーブの木には感動したが、話によるとマリーノ・グロッセートには、〝魔女の木〟と呼ばれる推定樹齢5500年の木があるというので、その生命力の強さには改めて驚いた。

オリーブの木はひいらぎやライラックと同じモクセイ科の常緑樹で、代表的品種は30品種くらいで世界の7億5000万本のうち、地中海沿岸の数は7億1400万本にのぼり、イタリア、スペイン、ギリシアで60％近くを占める。オリーブオイルは油性のジュースで成分的にも母乳に近く人に優しく、動脈硬化を防ぎ心臓病の発生を抑える効果がある。ただ使い方は、高温に熱すると有機物が炭化し有害物質に変わるので、テレビの料理番組のように鍋に火を入れることは絶対にしてはならないという。

レッチェにおいて最重要の建物はサンタ・クローチェ教会で、１３５３年建設が始まったが途中工事が止まり、完成したのは１６９５年だった。ドゥオーモはイタリアで最も壮麗なものの一つで、サンタ・イレーネ教会、ローマ時代の円形闘技場、レッチェの守護聖人である聖オロンツォ像を掲げる円柱など多い。

タラントはタラント湾の一番奥に位置し、列車で通ると一帯は砂浜やオリーブの巨木の風景がどこまでも続き、森林地帯は野生のキノコの宝庫でもあり、古代遺跡も多く考古学ファンにはよだれが出そうな町である。起源は、ローマの海の神ネプチューンが活躍した紀元前8世紀に遡り、ギリシアの植民都市として30万人もの人々が住み、当時は母国ギリシア、アテネとの貿易港であり、近隣の豊富な農産物の集散地であり、高い知性を持った哲学者たちの移り住んだ土地でもあった。植民都市だったころの中心地は、旧市街と呼ばれてバロック様式のドゥオーモがあり、新市街は活発な商業地区で、ヴィットリオ・エマヌエーレ3世通りはヤシと夾竹桃の美しい散歩道で、市立公園近くの国立考古学博物館にはギリシアとローマの遺品が数多く展示され、南イタリア屈指の収集を誇っている。

バジリカータ州は東はサレント半島、西はカラブリア半島に接し、州の東端の山中にアルベロベッロと同じほどの小さな町マテーラがある。紀元前8世紀頃にギリシア人が住んでおり、国立ドメニコ・リドーラ博物館には当時の陶器などが展示してある。同時に世界遺産に登録されているのは、11世紀頃イスラム教徒の迫害を受けたトルコの僧により造られた、旧市街のサッシ「Ｓａｓｓｉ」（洞窟住居）群である。今にも崩れそうなサッシが数えきれないほどびっしりと斜面に張り付いており、戦後の農地解放前の小作農民が住み着いており、電気も水道もない、貧しい、現代の文明から取り残された人々の住居でもあったと言い、今は静かに佇んでいる。

カラブリア半島

カラブリア州はタラント湾の西でイオニア海、ティレニア海に挟まれ、長靴の足先に当たる。最初に定住したイタロス人にギリシア人たちが接触したことから、この地域は「イタリア」の名で呼ばれた最初の地域となったという説がある。ギリシア人たちは早くからこの地方の海岸地域に盛んに移住し都市を築いた。イタリア半島における最初の都市の一つであるレギオン（現レッジョ・ディ・カラブリア）や、数学者ピタゴラスが晩年を過ごしたクロトーン（現クロトーネ）、そしてロクリなどが紀元前6世紀ころにかけて建設された。以後はプーリア州と似た歴史を歩んでいる。

経済的には各産業の競争力は弱く、２０１０年代においても、イタリアの中では2番目に貧しい州（地域）であり、25歳未満の若年者の失業率は50％を超え、イタリア全土で最も高い。この地域では複雑で豊かな歴史を背景として、さまざまな地方言語が発達し、「カラブリア語」はラテン語から直接派生したもので、話される語彙は標準イタリア語よりもラテン語に近い。中世の終わりまで人々の母語はギリシア語が用いられていた。

食文化におけるカラブリア料理は、トウガラシを使った料理が特徴的とされ典型的な地中海料理であり、肉料理（豚肉、ラム肉、ヤギ肉）、野菜料理（特にナス）、魚料理が組み合わされ、パスタもまた重要な要素である。気候による潜在的な不作と隣り合わせだったことから、伝統的に食品の保存に重点を置いてきており、その結果、野菜と肉のオリーブ油付けや、ソーセージなどの加工食肉を作った。沿岸部では、保存用の魚としてカジキやイワシ、タラなどが保存用に加工された。この地域で生産されるカラブリア・ワインは名高く、幾つかの産地は、古代ギリシア時代にまで遡る歴史を誇っている。赤たまねぎも名産品。州を取り囲む海はとてもきれいで、良い観光地ともなっている。州内に本拠を置くプロサッカークラブは5チームである。

フランク・コステロはカッサーノ・イオーニオ郊外のラウロポリ生まれの、20世紀のギャング（コーサ・ノストラ）のボスで、冷静沈着な性格で暴力を好まず政治力を駆使するタイプで「暗黒街の首相」と言われ、ＦＢＩのジョン・エドガー・フーバー長官らとの付き合いがあった。コステロはファミリー全体に麻薬ビジネスを禁止する一方で、アトランティックシティ会議の時、アル・カポネの反対を押し切ってスロットマシン事業のルイジアナ進出を決定し、そのビジネスは繁栄しマフィア内でコステロの影響力は絶大なものになった。映画『ゴッドファーザー』は何度も見たが、ローマン・ブランドが演じたドン・ヴィトー・コルレオーネのしゃがれ声はコステロを真似たもので、映画館を出るたびにしばらくは主人公の気持ちになりきったものである。流れるテーマソングも実に素晴らしく、今でも時々ＣＤで聴いている。

ピタゴラスは紀元前５８２年、イタリア半島の踵の東、ギリシア西方のイオニア諸島のサモス島に生まれた数学者・哲学者で、クロトーン（現クロトーネ）でピタゴラス学派、ピタゴラス教団を形成し活動した。独自の哲学学派は、五芒星をシンボルマークとして様々な定理を見出し、線は極小の点の有限個の集合と考え無理数の存在を否定していたが、「ピタゴラスの定理」で算出される$\sqrt{2}$によって後に修正された。彼の数学や輪廻転生の思想は、プラトンにも大きな影響を与えイオニア学派、「サモスの賢人」「クロトーン

キーファーヴァー委員会でのコステロ（1891～1973）（カラブリア州ラウロポリ生まれ）。

の哲学者」などと呼ばれ、サモス島にはピタゴラスにちなんだピタゴリオという町がある。後にクロトーンの市民により追放されたが、死に関しては様々な説があり定かでない。ローマのカピトリーノ美術館にピタゴラス像があり、ラファエロは「アテナイの学堂」にピタゴラスを描いている。

レッジョ・ディ・カラブリアの街は、ティレニア海とイオニア海を結ぶメッシーナ海峡の街で、シチリア島への玄関口である。起源は、神話と考古学の両面から紀元前3千年紀後半から前8世紀にかけて、この地域にはアウソニ人やフェニキア人、ミケーネ人、シチリア人などが生活していた。アウソニ人の最後の支配者はイタルス王で、「イタリア」という名称は彼から名付けられ、後のローマ時代に半島全域を指して使われるようになったと言われていることは前に述べた。最も古いギリシア植民市の一つで、前8世紀に住民が入植しレギオンと名付けられポリス（都市国家）を創った。高い芸術・文化的水準を持ち、ピタゴラス学派などの学校も置かれ、イビュコスやイッピュスなど巧妙な詩人・歴史家・彫刻家を輩出し、それらの発掘物は地元各地の博物館などに展示されている。

ローマ時代にこの町は、ラテン語でレギウムと呼ばれ重要な同盟都市となり、陸上交通と海上交通の結節点であるとともに、カプア＝レギウム街道の終着点であり、近郊に港が建設された。西ローマ帝国崩壊後、「南イタリアにおける東ローマ帝国領」の首府となり、イタリアにおける東方教会の中心地で、ビザンティン典礼を行う最も重要な司教区となった。以後シチリア王国、ナポリ王国、ナポレオン占領と時代が移り、1860年ガリバルディ率いる千人隊（赤シャツ隊）と同志たちは、レッジョの「大聖堂広場の戦い」で両シチリア王国軍に勝利し、翌年統一を果たしたイタリア王国のもとで、市名は「レッジョ・ディ・カラブリア」に改められた。

1908年レッジョは、近代西ヨーロッパ最悪と記録されるメッシーナ地震に見舞われ、2万5000

人（住民の27％）の犠牲者を出し、海峡を越えたメッシーナの犠牲者は6万5000人（住民の42％）に達した。第二次世界大戦中の43年には、空港、港湾、工場などの軍事施設に加え市街地も標的となり、大きな被害を被った。70年代以降都市の衰退を背景に、ンドランゲタによる組織犯罪が増加し流血の抗争を繰り広げ、店舗や企業から「ピッツオ」（保護費・みかじめ料）を徴収し、小売業の「営業許可」では市議会より影響力を持っていた。全国的な政治スキャンダルの中で、市議会議員のほとんどが逮捕されたのを機に、都市を回復・刷新するため「レッジョの春」運動がすすめられた。2012年イタリア政府は、有力犯罪組織「マフィアの感染」を防ぐためとして、レッジョ・ディ・カラブリア市長と30人の市議会議員全員を解任した。

国立博物館には、1972年、紀元前5世紀ギリシアの植民都市としてカラブリアが栄えた時代の、ブロンズ像2体がイオニア海から引き揚げられ保存されているが、これは世界的な芸術品の一つとして貴重なものであるという。

ギリシア

ギリシア共和国は、ヨーロッパ南東部の東地中海に突出するバルカン半島（ギリシア以外の国については後で紹介）の南端に位置し、半島状の本土とクレタ島、ロードス島など散在する多数の島々からなる。本土の西岸はイオニア海、東はエーゲ海に囲まれ、北部は延長800キロの長い国境によってアルバニア、マケドニア、ブルガリアに、東はエウロス川を隔ててトルコに接する。気候は地中海性で、半島の南部および島嶼部では夏の高温・乾燥が著しい。面積13万平方キロ（日本の35％）、人口1096万人。首都はアテネ（66万人）で、他にテッサロニキ（32万人）、パトラス、ラリサなどがある。現代のギリシア人は歴史上いくたびか繰り返された諸民族の侵入に伴う混血の結果形成されたもので、全人口の95%がギリシア人であるとともに98%が国教のギリシア清教徒であり、言語の共通性、共有の歴史的文化遺産と合わせて〈ギリシア民族〉の紐帯と言われる。

かつての旅では、オーストリア・ウイーンからザグレブ、ベオグラードと南下、スコピエを経由してギリシアのテサロニキに入り、東へアレキサンドルーポリスから国境を越えてトルコに入国、テキルダーを経てイスタンブールに入った。モスクや旧市街の巨大市場（通称・羊のはらわた）などを見学してから元来た道を引き返し、南へラリサ（17万人）、ラミアからアテネに落ち着いた。後コリントスの地峡を渡りペロポネソス半島のオリンピア遺跡やパトレー（22万人）を回ってから、アグリニオン、コザニからマケドニア、ボスニア・ヘルツェゴビナ、クロアチア、スロベニアと回り、ヴェネツィアへと向かった。ギリシアではクレタ島を含む島嶼部以外の全ての州を訪れたが、どこへ行っても土地は痩せ、住む人々は明るいのだが皆ゆったりしていて、なぜ古代ギリシア文明が栄華を欲しいままにして歴史に名を残したか、不思議でならなかったのを思い出す。

ギリシアを旅するとその歴史は、イタリアの歴史の先輩と言う

ギリシアの地図（━━は著者のたどった道）

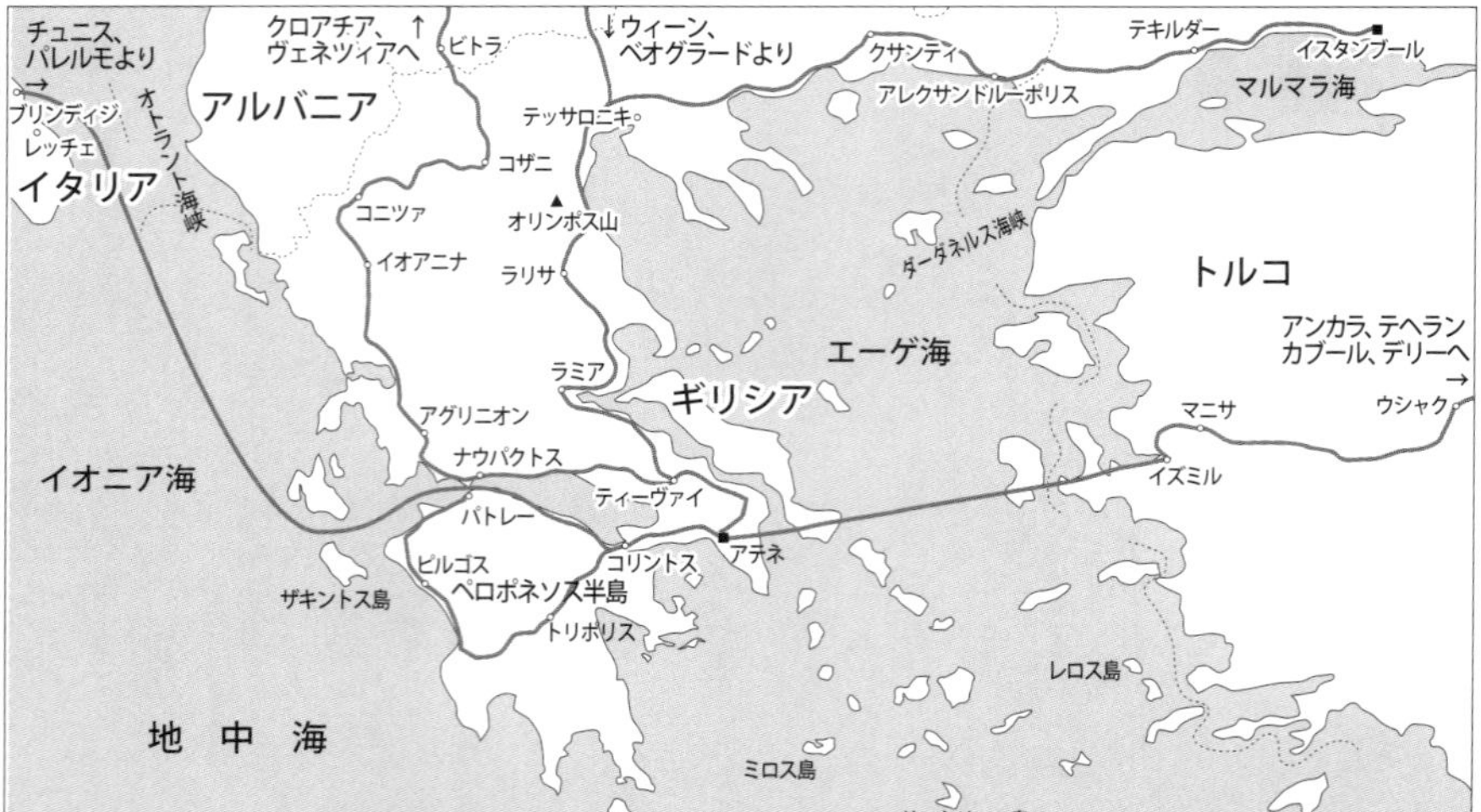

か長い間人々による旧文化の摂取と創造の繰り返しであることが分かる。紀元前3千年紀の初めころバルカン半島のトラキア、アッティカ、コリントスなどに新石器文化が始まり、前2千年紀ころにギリシア人の祖先がこの地に移住・定住してから後、彼らは次第に海に進出してエジプトやメソポタミアの文明、ことにミノス（クレタ）文明を採用して前1600年ころには、高度な青銅器文明（ミュケナイ文明）をつくり上げた。クレタ島やペロポネソス半島から出土した数千枚の粘土板文書は、各王国の行政、財政、軍事、祭祀など王の役人の記録で、中には当時の主要生産が農業と牧畜であり、大麦・小麦の栽培、ブドウ、オリーブ、そして羊、ヤギ、豚などが示されている。この後5世紀頃までを古代文化、古代末期から19世紀までをビザンティン文化、ギリシア独立後を現代文化の3層に大別される。

前8世紀エーゲ海周辺のギリシア人社会には、ポリス（都市国家）が点々と形成され欧州文明の源流となり、王権の衰微と貴族制の確立が始まり、アテナイやスパルタでも英雄崇拝が盛んになった。ギリシア諸市の植民市建設活動が活発になり、黒海・地中海沿岸各地に独立した多数のポリスが形成された結果、遠隔地との交流が盛んとなり、例えば黒海沿岸からは木材、毛皮、穀物、奴隷などが輸入され、ギリシアからはブドウ酒、オリーブ油、陶器などが輸出された。スパルタでも共通の発展方向が実現され、完全な市民権をもつのはスパルタ人だけで、多くの人々は参政権がなく、また先住ギリシア人を奴隷農民の地位に落とし、増税による反乱も起きた。

アテナイ政権が成立してほどなく、東方の専制君主制とギリシアのポリスとの対決・ペルシャ（現イラン）戦争が3回にわたって起こり、ギリシアのポリス的自由が勝利した。一方、西方ではカルタゴ（現チュニジアの北東）軍が東方に呼応するかのように、シチリアのギリシア人を攻撃したが、シラクーザのヒメラ

古代第１回オリンピック発祥地の陸上競技場。トラックの幅30m、長さ192m。若き日の旅で走って１周したのが懐かしい。ペロポネソス半島ピルゴス西方。（1969年11月5日　著者撮影）

の戦いでこれを破り、ギリシア人は東西で異民族の攻撃を撃退した。前３３４年アレクサンダー大王のオリエント征服後、多くのギリシア人が東方へ移住、ギリシア文化とオリエントの固有文化との結合が進んでヘレニズム文化が生まれ、中央アジアやインド、そしてシルクロードを通じて東アジアにまで波及し、西方ではローマ帝国を通じて西欧文化形成の一源流となった。

前３３０年コンスタンティヌス１世により、コンスタンティノープル（現イスタンブール）がローマ帝国の東の首都と定められ、帝国分裂後もギリシア、バルカンを中心とする東ローマ帝国は、１４５３年にオスマン帝国軍に首都を奪われるまで１０００年以上にわたって存続させた。一般にビザンティン帝国と呼ばれるが、その歴史はローマ帝国の理念、ギリシア文化、キリスト教の三要素を独自の形で結合させて発展していったもので単なる古代ギリシアや古代ローマの延長ではない。オスマン帝国の支配期は、侵攻と圧制のために町や村を捨て山岳部へ逃れた例も多く、ギリシア人にとって暗黒の時代と見なされている。

１８６１年、ローマ・カトリックである国王一派とギリシア正教会との反目が表面化し、イタリアでの革命も刺激となってギリシアに革命が起こり、ドイツのバイエルンから迎えていた初代国王オソン１世が追放された。第二次世界大戦では初めは中立を守ったが、40年イタリア軍侵入を機に参戦、41年ドイツ軍の来襲で占領下に落ちたが、地下活動・レジスタンス組織ができゲリラ戦が展開された。52年ＮＡＴＯに参加、２００１年ユーロ導入も実現したが、ギリシアの経済は脆弱で日本、イタリアほどではないが巨額の財政赤字を抱え、15年現在でもユーロ圏全体の頭痛の種となっている。

共和制、議院内閣制を採り、大統領は議会が選出し3選不可、象徴的な役割を担い政治の実権は首相にあり、重大問題での国民投票実施や法案の議会への差し戻し権などを持っている。議会は一院制で３００議席、任期は4年、大統領が首相を指名し議会が承認する。２０１５年連立政権の樹立でチプラス首相が誕生、欧州債務危機後ユーロ圏初の「反緊縮派政権」となった。徴兵制で兵役は最長12カ月、総兵力約5万人、予備役約22万人である。日本とは1899年修好通商条約を締結し、第二次世界大戦中に断交したが戦後に国交を回復、在留邦人は709人。

観光資源に恵まれているギリシア経済は、観光と海運業を主とするサービス業が発展しているが、第3次産業が60%近くを占め、それぞれ20%の第1次、第2次を大幅に上回っているのが致命的である。鉱業はクロム鉄鉱、ボーキサイト、褐炭から大理石まで埋蔵しているが、開発は十分でない。2度の石油ショック以来、国産エネルギーの開発が重要課題であり、火力発電の増強、水力発電の推進、石油の探査開発、天然ガスの導入を図るなど自給率を高めている。貿易収支は恒常的に赤字であり、これをEU補助金、観光収入、移民者送金などで補塡している。観光もその業界にとってはいいが、若年齢での失業率が世界的に見ても高く50%台に達し、ギリシアが今後基幹産業として第1次、第2次産業をどれだけきちんと育てられるかが「再生のカギ」である。

ギリシアの債務危機が叫ばれてから久しく、欧州議会議員でもあるマリノス・グレゾス氏は「戦後70年の歴史の積み重ね」と、「国際支援と外国資本」に慣らされたことにこそ問題があるという。東西冷戦期ギリシアは、「自由主義陣営の孤塁」で米欧の支援を受け、周辺国より高い生活水準を享受した。2001年にユーロに加盟、04年にアテネ五輪を開催したが表面的な活況で「本当に儲けたのは財閥と銀行だけで、一般の国民はバブルのおこぼれに浮かれただけなのに、緊縮財政で犠牲を強いられている。借金体質は前からあり、国民が望んだものではない」と言っている。09年パパコンスタンティヌ財務相は、「前政権は09年のギリシアの財政赤字の対国内総生産(GDP)比率を3・7%と想定していたが、実際は12%に達する」と、ユーロ圏会合で「不都合な真実」を明らかにした。農業や製造業が低迷の中、観光業に頼る財政と国際支援への依存が借金まみれにしたようだ。

私がギリシアをくまなく回った時思ったのは「古代ギリシアはどこへ行ったのか?」という昔と今の亀裂であり、人も自然も開発途上国と変わらなかったことである。しかし欧州の人々は「自分たちの文明のルーツ」と尊敬しており、今でもキリスト教の新約聖書はギリシア語で書かれ、欧州の高校生の多くはギリシア語かラテン語のいずれかを選択必修する。同様に古代ローマと現在のイタリア、古代エジプトといまのエジプトも、「あの末裔なのか?」と考えさせられるのはなぜなのか。

教育は国の管理下にあり、公立学校では無償、義務教育は9年、私立の高等教育機関の設置は禁止されており、各種専門学校、単科大学などとアテネ、テサロニケなどに10の総合大学がある。映画人にはアンソニー・クインの『その男ゾルバ』を制作したカコヤニス、アメリカから来た『日曜はだめよ』のダッシンがおり、またマヌサキス監督の『欲望の沼』『アレクサンダー大王』も好評だった。

アテネ・エーゲ海

古代ギリシアは、紀元前7千年紀のエーゲ海文明からミュケナイ文明、マケドニア王国、そして前3世紀のヘレニズムとローマまでと言われる。アテネの「アクロポリス」は、ポリス（都市国家）の中心であり小高い丘の上に神殿などが築かれ、現在も知恵と戦いの女神でアテネの守護神でもある、アテナを祀ったパルテノン神殿が残されている。神殿は壮麗で、内部はアテナイの建国の歴史や行事、神話や伝説などの場面を描いたレ

2016年、東京国立博物館で、時空を超えた旅「古代ギリシャ」特別展が開催され観に行った。ミノス文明やオリンピックの原点など、9割以上が国内最大級の奇跡の初公開であり感動を覚えた。

リーフで飾られている。

見逃せないのがギリシア科学で、古代ギリシア文化圏において形成され、ビザンティン、アラビア、中世ヨーロッパおよびルネサンスへと伝承され、ほぼ2000年の歴史を持つ。その発展は三つの時期に分けられ、一つには植民市期の科学でイオニアに始まり、オリエントの進んだ文化の吸収と地中海沿岸の通商活動で確立され、タレスは万物のもとは〈水〉とし、アナクシメネスは無限な〈空気〉とし、またエフェソスは〈火〉と説き、ヘラクレイトスにより、全てのものは〈登り道〉（地―水―空気―火）と〈下り道〉（反対の変化）の過程にあるとされた。それに対しデモクリトスは、不変な〈原子（アトム）〉の運動により森羅万象が生ずるとし、イタリア南部クロトーネで活躍したピタゴラスは、〈水〉や〈空気〉や〈原子〉のような素材ではなく、素材を秩序づける〈数〉を重視し、数学的自然観を樹立して後世に大きな影響を与えた。

二つにはアテナイ期の科学で、ペルシャ戦争が終わるとアテナイは文化の中心となり多くの知識人が集まり、アナクサゴラスの善き〈魂の配慮〉の理想、理念を受け継いで、プラトンは再び自然学に取り入れ、その著『ティマイオス』において創造者がこの宇宙をつくり上げる数学的自然学を展開した。彼はアカデメイア研究所をつくり、哲学を極めるとともに純粋数学や理論天文学の研究を推進し、そのイデア論とイオニアの自然学とを統合したのがアリストテレスであり、〈運動変化〉の原理を生み出した。ちなみに医学者ヒッポクラテスはソクラテスと同時代の人である。

三つにはアレクサンドリア期の科学で、アリストテレスの死後、科学研究の中心はアテナイからエジプトのアレクサンドリアに移った。代表する学者として数学者〈ユークリッド幾何学〉の大成者のユークリッド、物理学のアルキメデス、天文学のアリスタルコス、地理学のエラトステネス、解剖学・生理学のヘロフィロスらは、プラトンの論証の理論を受け継ぎ、名著『ストイケイア』を完成した。アルキメデスはシチリアのシラクーザ出身だが、アレクサンドリアに学び『平面の平衡』や浮体についての〈アルキメデスの原理〉を発見した。

ギリシア科学は分裂後の東ローマ（ビザンティン）帝国に受け継がれ、アラビア文化圏やラテン西欧世界に取り入れられ、翻訳運動もシチリア島中心に行われた。さらに14世紀末以来、ビザンティン帝国はオスマン帝国によって圧迫され、多くの学者がイタリアへ移住してルネサンス期の西欧近代科学形成の出発点をつくることになった。

国家体制として共和制を採用しており、大統領が国家元首として儀礼的な責務に当たる。大統領は任期5年で議会より選出され、行政府の長である首相は議会によって選出され大統領が任命する。立法府たる議会は一院制で300議席、任期4年、比例代表制による直接選挙で選出される。周辺国との関係では、キプロスの帰属問題でトルコと対立関係にあり、ギリシア民族の国家であったマケドニア王国や、ギリシア国内のマケドニア地方と同じ名を名乗る、スラブ系のマケドニア共和国とも対立状態にある。

ヘラクレスはギリシア神話の半神半人の英雄で、登場する多くの英雄たちの中でも最大最強の存在であり、腕力だけで山脈や大陸を破壊したり、銀河の天空を持ち上げたりして宇宙規模の怪力を誇る。ミュケナイ王家の血を引くペルセウスの子孫で、のちにオリンポスの神々の一員になったとされる。ホメロスは前8世紀頃の古代ギリシアの盲目の詩人だが、神話と歴史をモチーフにした叙事詩「イリアス」は全24巻で、トロイア（トルコ）戦争でアカイア（ギリシア）軍が、兵を巨大な木馬に忍ばせる「トロイの木馬」の話が登場する。

ソクラテスは前5世紀頃アテナイに生まれ、生涯をアテナイで暮らし、晩年は倫理や徳を追究する哲学者の生活に専念した。経験上神託の意味を「知らないことを知っていると思い込んでいる人々よりは、知らないことを知らないと自覚している自分の方が賢く、知恵の上で少しばかり優っている」と理解しつつ、その真意を「最大の賢者とは、自分の知恵が実際には無価値であることを自覚するものである」とした。「神への奉仕」として報酬を受け取るでもなく、家庭のことも顧みず極貧生活も厭わずに、歩き回っては出会った賢者たちの無知を指摘していくことをライフワークとした。アポロン神託所の入り口には「汝自身を知れ」（分をわきまえろ、身の程を知れ）という言葉が刻まれており、その「節制」（節度）の徳目は、日本の「武士道精神」に通じるものがある。

　ソクラテスが賢者であるという評判が広まる一方で、無知を指摘された人々やその関係者からは憎まれ、数多くの敵ができ誹謗も起こるようになり、公開裁判において５００人の市民が罪は死刑に値すると断じた。ソクラテス刑死の後になって、アテナイの人々は不当な裁判だったと後悔し、告訴人たちを裁判抜きで処刑したという。プラトンの著作『ソクラテスの弁明』に詳しくあるが、ソクラテスは自説を曲げたり自身の行為を謝罪することを決してせず、また追放の手も拒否し結果的に死刑を言い渡された。猶予の間、プラトンらによる亡命の勧めも、同情する牢番の鉄格子の不施錠も拒否し、「単に生きるのではなく、善く生きる」意志を貫いた。プラトンもソクラテスと同様、「衆愚政治」に陥りがちな「民主政治」には反対で、少数の優秀な哲人による「哲人政治」を理想とし、それを『国家論』として著した。

　アリストテレスは紀元前３８４年、中マケドニア州カルキディキ半島の小さな町にマケドニア王の侍医の子として生まれ、17歳でアテナイに上りプラトン主宰の学園、アカデミアに入門した。前３４７年プラトンの死去に伴い学園を辞し、マケドニア王の招聘により当時13歳だった王子アレクサンダー（後の大王）

西洋哲学の祖とされるソクラテス（紀元前469頃～前399）の17世紀に描かれた肖像。ソクラテスは著作を残さなかったが、弟子のプラトンが『対話篇』の中で、『ソクラテスの弁明』『クリトン』などの形にして、ソクラテスの哲学を記述した。

の師伝となり、弁論術、文学、科学、医学、そして哲学を教えた。前335年教え子アレクサンダーが王位に即位した後、アテナイ郊外に学園「リュケイオン」を開設し、講義ノートや研究ノートを纏めた論理学・倫理学・政治学・詩学・博物学などに関する著作550巻を書いた。現在約三分の一が残っていると言われ、師プラトンは対話により真実の追究をする弁証論を哲学の方法論としたが、アリストテレスは経験的事象を基に真実を導き出す分析論を重視した。宇宙論には、世界の中心に地球があり、その外側に月、水星、金星、太陽、その他の惑星等が、それぞれ同心円状の階層構造であると言い、『動物誌』第6巻では植物と動物の中間にいるような生物の存在を示唆している。

アレクサンダー大王は、ハンニバル、カエサル、ナポレオンなどの著名な歴史上の人物たちから大英雄と見なされており、旧約聖書やコーラン、ゾロアスター教など多様な民族の経典にも登場する。東征中、アリストテレスは「王道論」や「植民論」を書き送り、大王は各国の動物や植物をアリストテレスに送り、それらの観察や研究はアレクサンダーの死まで続いた。遠征によりギリシアから、トルコ、エジプト、ペルシャそしてインダス川を越えてインドに侵入していったが、バビロンに戻ってから蜂に刺され、10日間の高熱の後、紀元前323年死去、遺体はバビロンから王都ペラへ移送途中に強奪され、ミイラとしてエジプトに埋葬されたとされるが、墓は未だに発見されていない。アレクサンダーの名前は、アラビア語やペルシャ語では「イスカンダル」として知られ、その勇猛さはイスラム世界に英雄伝説となって語り伝えられたが、その古代最大の英雄を倒したのは一匹の蜂であった。

エーゲ海は古くは固有名詞で「多島海」と呼ばれ、多くの島々が所在し、西と北をバルカン半島(ギリシア)、東をアナトリア半島(トルコ)に囲まれた内海で、ほとんどの島がギリシアの北エーゲ地方と南エーゲ地方にあたり、南はクレタ島を経て東地中海に繋がる。エーゲ海の名称は、ギリシア神話の英雄テセウスの父アイゲウスがこの海に身を投げたことに由来するという。

エーゲ文明はエーゲ海周辺地帯を主域として栄えた青銅器文明で、紀元前30世紀頃から始まるいくつかの共通性を持つ文明の総称で、「前ギリシア文明」とも言われる。一つはトロイア文明で、東西大陸とエーゲ海の主要通路をおさえる位置にあり、通過物資への関税や組織的な交易で得た、多くの黄金製品を含む見事な財宝が発見されている。もう一つはキクラデス諸島で、青銅器時代から定住者が見られ、特産の大理石を使った壺類や前で腕を組んだ妖しく愛らしい女性の石偶などが残っている。中期キクラデス時代には南に興ったクレタの、後期にはミュケナイの勢力圏に入った。

クレタ島（エーゲ海南部、ギリシア最大の島）にも新石器文化の遺跡があり、ミノア（クレタ）文明が前20世紀頃から前15世紀頃まで栄えた。クレタ文明をミノア文明とも呼ぶのは、伝説上の豊穣の女神ミノアにちなむ。伝えられるべき文字が残されなかったが、遺跡には壮麗な石の建築物や複数階の宮殿があり、排水設備や女王のための浴場、水洗式のトイレがあり、当時の社会は平和で開放的だったと類推される。やがてローマ帝国、東ローマ帝国の領有や海賊の拠点にもなった。

ミノア文明に続き興ったのが、東地中海の海上権をめぐって優位に立ったミュケナイ文明（ギリシア本土）で、歴代の王たちは後の叙事詩の主人公となるような権力と能力に卓絶した人間であり、巨石で築いた城塞は建築技術に優れ、戦士や狩りが新しくテーマになった。

クレタ島は13世紀初め、十字軍に参加していたヴェネツィア共和国に征服され、16世紀中頃からギリシア正教会の学校が繁栄しヴェネツィア側も認めたが、大学教育は重要であり多くのクレタ島の生徒たちが北イタリアに高い水準の教育を求めて移動した。聖人画を含む宗教画家エル・グレコもその一人で、当時のイタリアの絵画の主流に従いヴェネツィアからローマへと移動し、後に勉強のためパドヴァ、ヴェローナ、パルマ、フィレンツェを放浪し、その後スペインに渡り、トレドに暮らした。

サントリーニ島（ティラ島）はクレタ海を挟んでクレタ島の北に位置し、エーゲ海に浮かぶ風光明媚なカルデラ火山の島であり、実際に海に沈んだ島をモデルにして作られた、プラトンの『アトランティス伝説』の候補地である。紀元前15世紀頃、島の中央にあった火山が強烈な大噴火を起こし、その巨大なエネルギーによって島の中央部は崩落、島はぽっかりと中央が欠けた大きな馬蹄形に姿を変えてしまった。まさにかつて南九州全域が破壊された鹿児島の錦江湾大爆発と同じような状況であり、また阿蘇山のカルデラの外輪山を残して海に沈んだごときものである。サントリーニ島の大爆発によって発生した火山灰（溶岩を含む）や大津波は、地中海の島々を襲いその影響は計り知れなかったという。プラトンの「アトランティス伝説」は、大西洋中のジブラルタル海峡とブラジルの間にも存在する。

東部に位置するレロス島は、シリアからトルコを経由して欧州に向かう難民の経由地となっており、２０１５年の「パリ同時テロの容疑者」も偽造旅券を使い、「難民」らに紛れてバルカン諸国を通りフランスに入国していた。押し寄せる難民への対応に忙殺されるギリシア当局の混乱を突いたもので、テロ犯と難民の判別は極めて困難という。ドイツへの難民も15年には１００万人を超え、対応に苦慮している。

バルカン半島

バルカン半島はヨーロッパの南東部でギリシア、アルバニア、ブルガリア、マケドニア、コソボ、セルビア、モンテネグロ、クロアチア、ボスニア・ヘルツェゴビナおよびトルコのヨーロッパ部分からなる地域である。北限はしばしばドナウ川とサヴァ川とされるが、歴史的な繋がりの深いルーマニアや、旧ユーゴスラヴィアのスロヴェニアをバルカンに含めることもあり、必ずしも定まった地域概念ではない。

古代から様々な民族が入り込む一方、東ローマ帝国、オスマン帝国、オーストリア・ハンガリー帝国といった、多民族国家の時代が長かったことから諸民族が混在していた。このため西欧から単一民族による国民国家の概念がもたらされると、近接する複数の大国の利害とも関連して、たちまち諸民族同士の争いが勃発、〝ヨーロッパの火薬庫〟と呼ばれることになる。第一次世界大戦勃発の原因はイスラム的な都市で起こったサラエボ事件で、バルカン半島の民族問題にあり、１９９０年代以降にはユーゴスラヴィア紛争が発生し多くが独立、紛争が終わった後も宗教・民族問題を多く抱えている。

エーゲ海北部のギリシアを東へ向かうとトルコの一部となり、バルカン半島の東端であるアジアとヨーロッパの拠点イスタンブール（人口１４１６万人）に達する。つい近年考古学者により紀元前7千年紀に遡る新石器時代の遺物が発見され、エーゲ海と黒海とを結ぶボスポラス海峡が形成される以前から人が住んでいたことを示しているという。しかしながらイスタンブールの開祖は、前６６０年頃ギリシア神話の海神ポセイドンとケロエッサの間に生まれた子ビザスであり、ボスポラス海峡のヨーロッパ側に太陽神アポロンの協力を得て、彼の名を冠した植民都市「ビュザンティオン」を創建し以後ビザンティン文明の中心となったとされる。長いローマとの同盟関係の後、73年に公式にローマ帝国の一部となった。

３２４年、コンスタンティヌス1世がローマ帝国全体の皇帝になり、６年後正式にコンスタンティノープル（現イスタンブール）は、ビザンティン帝国や東ローマ帝国の名称で知られる帝国の首都として宣言された。中世の大部分とビザンティン時代、ヨーロッパ大陸はもとより世界最大であり、かつ最も裕福な都市で多くの教会が街中に建てられ、その中のアヤソフィアは１０００年の間世界最大の大聖堂であり続けた。６世紀のユスティニアヌス大帝は、東ローマ帝国を復興し北アフリカ、イタリアのゴート王国を獲得し『ローマ法大全』を編纂した。第4回十字軍の略奪や占領の後衰退が始まり、教会や防衛力、基本的な公益事業は荒廃し、8世紀に50万人いた人口は13世紀には10万人に減少していた。

コンスタンティノープルが1453年、オスマン帝国の新しい首都として宣言されてから、メフメト2世は街を復興するためにモスクと病院、学校などを組み合わせた複合施設群を設立、ローマ水道を補修し、屋根付きバザールをはじめ商業施設を建設して都市インフラを再興、王宮としてトプカプ宮殿の建造を始めている。オスマン朝は街をキリスト教からイスラム文化の象徴に変化させ、トルコ人、ギリシア人、アルメニア人、ユダヤ人、そして西ヨーロッパ諸国からやって来た商人・使節など、様々な人々が住む多文化都市、東西交易の中心都市とした。各種の芸術や文化、建築などが栄え、18世紀までに人口は57万人に達した。第一次世界大戦後、最後の皇帝メフメト6世は亡命しトルコ共和国が建国を宣言、イスタンブールは首都の選択から外されアンカラが支持された。

旧ユーゴスラヴィアは第一次世界大戦後、バルカン半島のギリシア、アルバニア、ブルガリアを除く国々から成っていた。オーストリア・ハンガリー帝国の解体に伴い、〝南スラブ人の国〟「セルビア人・クロアチア人・スロベニア人王国」が成立し、10年後国王アレクサンダルが独裁制を布告し「ユーゴスラヴィア王国」に改名したが、不満分子によってマルセイユで暗殺された。

第二次世界大戦後チトーが、「ユーゴスラヴィア連邦人民共和国」の成立を宣言、東側のワルシャワ条約機構に加盟せず独自の路線を歩んだ。多民族国家であり難しい統治の中で、戦後の長期間にわたって平和が続いたことは、クロアチア生まれのチトー大統領のバランス感覚とカリス

カリスマ性によって、多民族国家「ユーゴスラヴィア」をひとつにまとめたチトー(1892~1980)。チトーの死後は、民族主義運動が活発になりユーゴスラヴィア紛争が勃発、共和国が分裂して民族ごとに独立した。

マ性によるところが大きいとも言われており、確かに若いころの旅でユーゴスラヴィア内の全ての国を訪ねたが、どこの家庭や職場、広場にも大統領の顔写真が掛かっていたのを思い出す。

１９８０年チトー大統領が死去すると各地から様々な不満が噴出、東欧革命が起こってからユーゴスラヴィアも一党支配を断念、90年の自由選挙の結果、各共和国にはいずれも民族性の強い政権が樹立され内紛へと発展し、ソ連の侵攻を念頭に整備・拡充を進めていた地域防衛軍や武器は、この紛争で利用され武力衝突が拡大する原因となった。激化した紛争は国連の調停やＮＡＴＯの介入によって、１９９５年のデイトン合意でようやく終結を見、ユーゴスラヴィアを構成していた6共和国はそれぞれ完全に独立した。

アルバニア（首都ティラナ）は旧ユーゴスラヴィアの南隣、ギリシアの北西隣、南部イタリアとはオトラント海峡を挟んで東に位置する。アルバニア人が鷲の子孫であるという伝説に由来して、アルバニア語で「鷲の国」を意味する。古代ギリシア文化の影響を受け植民地も建設されたが、ローマ帝国、東ローマ帝国に帰属し、14世紀以降オスマン帝国の支配が続いた後、１９１２年第1次バルカン戦争でオスマン帝国からの独立を宣言した。かつての旅の時も近隣諸国とは鎖国状態で激しく対立しており、入国不可能のためギリシアから北へアルバニアを迂回してモンテネグロへ向かったが、どこも荒涼とした山岳地帯で、生き物と言えば鷲ではなくコンドルぐらいだったのを思い出す。幹線道からアルバニアへ通じる道の入り口には、バリケードの立入禁止とカメラ禁止のマークが掲示されており、また国民皆兵政策をとっていて国民全員が銃器を保有し、巨大な核シェルターも持っていると聞いた。

セルビア共和国（７２１万人）は、首都ベオグラード（１６５万人）で２００６年、モンテネグロ議会とセルビア議会がそれぞれ独立を宣言したが、一部のスポーツ競技ではその後も統一チームを組んでいる。7世紀にスラブ系のセルビア人が南下して移住、面積約8万平方キロ、セルビア人が83％、ＥＵ加盟候補で、徴兵制は２０１１年廃止し総兵力約３万人。南西隣でアドリア海に面するモンテネグロは、大部分が山岳森林地帯で沿岸部は穏やかな地中海性気候であり、面積１万４０００平方キロで人口62万人、総兵力２０８０人である。

北隣のボスニア・ヘルツェゴビナ（３８３万人・首都サラエボ29万人）は、15世紀にオスマン帝国の支配下でイスラム教に改宗した。19世紀にオーストリア・ハンガリー帝国保護領となり、ユーゴスラヴィア王国から独立時、独立の可否や国の在り方をめぐり、それぞれ民族ごとに分かれてボスニア・ヘルツエゴビナ紛争で戦った。かつて訪れたサラエボでは、１９１４年オーストリア皇太子夫妻がセルビア系青年ガブリロ・プリンツィプに暗殺され、第一次世界大戦が始まったことは有名である。今ボスニアでは実行犯をめぐり「テロリストか、祖国解放を目指した英雄か」との論争が起きている。面積約５万平方キロで、イスラム教徒が40％、セルビア正教徒31％、カトリック教徒15％で総兵力約１万人。

クロアチア共和国（４２７万人・首都ザグレブ79万人）は、ボスニア・ヘルツエゴビナの北と西、ハンガリーとスロベニアの南、中部イタリアとはアドリア海を挟んで東に位置し、かつて訪れた東南の飛び地ドゥブロヴニクは、その美しさから「アドリア海の真珠」と呼ばれている。アドリア海に面した南部は地中海性、北部の山岳地帯は大陸性の気候である。ご多分にもれずフランク王国、ビザンティン帝国などの歴史を経て１９９１年独立を宣言。面積５万７０００平方キロで、クロアチア人が90％、カトリック教徒86％、セルビア正教徒４・４％で大統領制、議会は一院制で１５１議席・任期４年である。09年ＮＡＴＯ加盟、13年ＥＵに正式加盟、総兵力１万５０００人。在留邦人１２４人。

クロアチアはスポーツの盛んな国で、サッカーとなると特に熱くなりシーズンには国中が燃える。日本サッカー界の星「キング・カズ」こと三浦知良選手は、１９６７年ブラジル・サントスＦＣに、94年イタリア・ジェノアCFCに所属した後、クロアチア・ザグレブのチームに移籍、アジア人で初めて大活躍し世界的に知られた。2005年に帰国しJリーグの横浜FCに復帰したその年、私は改修した日南総合運動公園・陸上競技場に、横浜FCチームをキャンプ誘致に成功し今でも続いている。

スロベニアは北イタリア・ヴェネト州の東、バルカン半島の西北端に位置し、国土はモザイク状の構造をしており大半はアルプスに連なる山岳地帯で、森林に覆われ景観や生物の多様性があり、大陸性の気候である。南部の一部がアドリア海に面し、地中海性気候となる。面積2万平方キロ、人口208万人でスロベニア人83%、カトリック58%、イスラム2%など。03年徴兵制を廃止し兵力7600人、予備役1500人。クロアチアと同様、ローマ帝国やオーストリア・ハンガリー帝国に支配された歴史を持ち、ユーゴスラヴィアから独立しEU、NATO、OECDに加盟している。

モンテネグロ（62万人）は大部分が山岳森林地帯で、内陸部は降雪が多く、沿岸部は穏やかな地中海性気候。コソボ共和国（186万人）は大部分が山岳地帯で、気候は大陸性で冬は多雪、旧ユーゴスラヴィアの中で最も開発の遅れた地域。マケドニア（211万人）はEU、NATOへの加盟を最優先課題としているが、「マケドニア」と同じ地名を持つギリシアが国名変更を要求している。NATO首脳会議でも国名論争を理由にマケドニアの加盟を拒否している。

かつての旅ではバルカン半島を歩き回った後、イタリア東北部のトリエステからイタリアへ足を踏み入れ、各地をくまなく訪れて多くの思い出を残した。

7章　パレルモ

地中海最大の島・シチリア島

シチリア島はイタリアの南端にある地中海最大の島で、本土のカラブリア半島とはメッシーナ海峡（最狭部の幅は約3キロ）によって隔てられており、面積2万5千平方キロで九州の約三分の二にあたる大きさである。地中海のど真ん中に位置しており、西のアフリカ大陸・チュニジアとの間のシチリア海峡（幅145キロ）によって東地中海と西地中海に分かれている。北西にはティレニア海を隔ててサルディーニア島が、南には地中海を隔ててアフリカ大陸・リビアが、そして東にはイオニア海がある。島全域がシチリア州である。

シチリアは地中海世界の軸となっており、イタリアとアフリカを結び付けるとともに、美しく、強い日差しに晒されたシチリア島は、2500年間にもわたって、外部世界（ギリシア、ローマ、ビザンティン、アラブ、ノルマン、スペインなど）の人々によって侵入され植民地化されてきたことから、地中海世界諸人種のるつぼであり、異文化の出会いの場所でもあって様々な文化的影響の色濃い遺跡や、珍しい風習が今も残る。

紀元前8世紀にギリシア人が植民を開始する前から原住民が住んでおり、その一民族のシケロイ人の名を取って古典ギリシア語でシケリアと呼ばれたのが語源である。主な植民市は現在のシラクーザ、メッシーナ、アグリジェント、ジェーラなどで、多くの都市が建設された。ギリシアの学者として有名なエンペドクレスやアルキメデスはこの島の出身である。ヘレニズム期にカルタゴは、シチリア島の西のそう遠くないアフリカ本土にあり、シチリア島に植民都市があって、シケリアのギリシア人はカルタゴ（現チュニジア）と戦争状態となった前311年のヒメラの戦いでカルタゴは、シラクーザとメッシーナが支配する島の東部を除いた他の領域を支配下に置き、植民市としてパレルモの町を創建した。

前256年にシラクーザに侵攻されたメッシーナが、ローマに救援を求めたことがローマとカルタゴの第一次ポエニ戦争の発端となり、第二次ポエニ戦争（シラクーザの包囲戦の最中にアルキメデスが戦没）の結果、最終的にカルタゴはシチリア島から追い払われ、シチリアはローマの「シケリア属州」となった。以後6世紀の間、シチリア島の農作物はローマ市にとって重要な食料供給源であり、強いてローマ化しようとはしなかったので、島はギリシア時代の様子を色濃く残したまま過ぎていった。

中世には東ゴート王国、東ローマ帝国、シチリア王国を経てノルマン・イタリア王国となり、ヨーロッパで最も豊かで文化的な国となり、首都パレルモ（68万人）は世界で最も「国際化」された都市となった。神聖ローマ帝国皇帝のフリードリヒ2世（フェデリーコ・神聖ローマ皇帝）がシチリア王となり、当代髄一の広い学識、合理性、科学的好奇心から「王座の最初の近代人」と評価され、1220年にパレルモを自らの本拠地とし、皇帝の指示によってナポリ大学も創設された。宮廷を拠点として形成されたイタリアの詩派、ダンテの「俗語論」の言語は厳密にいえばシチリア語である。

19世紀に描かれたフリードリヒ2世（神聖ローマ皇帝（右））（1712~1786）のパレルモ宮殿。イスラーム・ヨーロッパ各地の知識人が招かれ、国際的な文化の花が開いた。

シチリア晩祷戦争後は、スペイン・ハプスブルク家やオーストリア・ハプスブルク家の支配下に入り、ナポレオン戦争後両シチリア王国となった。1860年ガリバルディ率いる千人隊がマルサーラに上陸しシチリア島を占領、両シチリア王国のナポリを奪取して占領地全てをサルディーニア王に献上し、翌年に成立するイタリア王国へシチリア島は統合された。イタリア統一後半世紀の経済発展により、イタリア北部は大きく都市化された一方、シチリア島は産業の発達から取り残され、アメリカなどへ多くの移民が流出しマフィア組織の影響が拡大し、Uターン現象でシチリア島にも及んだ。

マフィアの起源は15世紀に遡り、サラセン人、ノルマン人、およびスペイン人といった、外部からの征服者の支配を打倒しようとして始まった秘密組織である。その名は、シチリアの不在地主が山賊から財産を守るために招集した傭兵組織、マフィエに由来し、18~19世紀になると、無防備な穀物を守る見返りとして金を強要し多くの農場を支配するようになり、そのメンバーは沈黙と復讐に基づく内部的に正当な仕組みのおかげで告発を免れ、1900年頃までに、シチリア西部を事実上支配下におさめた。

ファシスト政権により数千人ものマフィオシを逮捕し刑務所に入れたが、第二次世界大戦時連合国のシチリア島攻略作戦(ハスキー作戦)の見返りに、戦後アメリカ占領軍当局によって彼らの多くは釈放されマフィアは復活、パレルモなど都市では合法的な業務を略奪し、徐々にヘロインの不正取引にも携わるようになった。70年代までに莫大な利益に誘発されて、「ファミリー」間の暴力争いへと至り、大量殺人の発生、86年の大量裁判に繋がった。92年、反マフィア運動を象徴する2人の治安判事、ジョヴァンニ・ファルコーネとパオロ・ボルセリーノが、パレルモでコーサ・ノストラの野獣といわれたサルヴァトーレ・リイナに暗殺される事件が発生するとともに、マフィアなどとの癒着も含めイタリア政界を揺るがす事件が次々に明るみに出、政界の再編が進み「第二共和制」ともいわれた。パレルモ国際空港は現在、ファルコーネ・ボルセリーノ国際空港と改称されている。

パレルモの南の村コルネオーネには、そのマフィア一家、コーサ・ノストラの本拠があり95年、イタリア元首相ジュリオ・アンドレオッティの「政治家とマフィアの癒着」をめぐる裁判が行われ、その最中に次々と悔悛者が現れ爆弾発言を行った。アンドレオッティは、キリスト教民主党の党首で首相を7回務めて今や終身上院議員、45年にわたり政界を牛耳ってきた人物で、マフィアとの関係をパレルモの裁判所で裁かれたものである。99年パレルモ地裁は無罪、検察は控訴したが2003年控訴審も無罪判決を下し、裁判に終止符が打たれた。イタリア国内では「国が、何十年もマフィアと昵懇の人間に治められていたなんてことになれば、大変なところだった」との安堵の声が漏れたという。

シチリアマフィアは以前からトルコの犯罪集団と結託し、中東産のモルヒネからヘロインを精製して米国へ送っていたが、「ピザ・コネクション」事件後、コロンビアの麻薬カルテルが勢いを増し、近年コカインがヘロインに代わって広まり、コーサ・ノストラは苦境に陥って来た。しかし、イタリアでは政策がコロコロと変わり、司法官同士の不和も報じられ、マフィア組織自体が状況に順応してきて勢力を得、これまでより緻密で洗練された体制をつくり上げている。かつ、世界のグローバル化が彼らに都合よく働き、国際貿易の世界やタックスヘイブンを巧みに利用して、パナマ文書にもあるように国際経済で重要な位置にのし上がっているという。昨今、「ベビーキラー」と言って、11～12歳ころから田舎で銃の使い方を学び、スクーターを与えて「殺人」を訓練する教育機関もあるともいう。

日本では1992年、「暴力団による不当な行為の防止等に関する法律」(暴対法)が施行され、暴力団対策が強化された。そのような中で95年、阪神・淡路大震災(死者6000人超)が起きた時、私は民間の㈱ナジック学生情報センターに勤務していて、文部科学省や多くの大学と協力して学生の救助にあたった。震災の翌日、京都の本社に学生救助本部を設置するとともに、神戸大学内に現地本部を立ち上げ、私大を含めた被災学生の世話に当たった。この活動は広く報道されるとともに、文部科学省の月刊誌「大学と学生」などにも掲載され、揺るぎない信頼を得た。同時に、神戸に本拠を置く暴力団山口組も、見事な統率力でもって被災者を救援して世間の注目を浴びた。

余震が終わってから山口組は、組の敷地内の井戸から汲んだ飲料水や、食堂でつくった食事をあっという間に届けて神戸市当局を困惑させた。しかも、しばらく後には米や麺類、当面の衣類、石油暖房器、はたまた懐中電灯を積んだトラックを停車させて手際よく店を出し、毎日食事を出したりして、こうした店に集まった被災者は8000人に上った。この時の組の対応は早く、住民への配慮に溢れ、暴対法などどこ吹く風という活躍ぶりで、日ごろは責められる彼らの組織力が、この時大きく社会に貢献していたとの報道があった。しかし、暴対法を機に今や豊かな経済知識をもち、先端テクノロジーに精通したインターネットでの投資の繰り返しや、善良な国民への詐欺、縄張りでの恐喝などを続けているのは言うまでもない。市長現職時代には市民の皆様と共に、地元暴力団につけ込まれる口実を与えないよう徹底的にその対策に取り組んだ経験がある。

シチリアにはギリシア、アラブ、ノルマンなどの諸民族のゆかりの遺跡、建築物、美術品が多く残っており、自然の景観も変化に富み、島民の日常生活と結びついた豊かな民族文化などは、20世紀初頭G・ピトレ著『シチリア民間伝承双書』25巻を生み、同時代のサロモーネ・マリーノら優れた民俗学者の手によって収集・研究され、パレルモのピトレ民俗博物館に収められている。シチリア舞台の映画は多く、ロッセリーニの『戦火のかなた』(1946)、デ・サンティスの『オリーヴの下に平和はない』(49)、ピエトロ・ジェルミの『誘惑されて棄てられて』(64)、ヴィスコンティの『山猫』などは忘れがたい。

シチリアの社会構造は、大きく内陸部と沿岸地帯の二つに分けられる。内陸部では、ラティフォンドと呼ばれる大土地所有が支配的で、穀作と牧羊を主とする粗放農業が営まれ、大地主はパレルモなどに住み土地は大借地人が管理を請け負い、日雇い農を使って直接に経営するか、あるいは土地を分割して農民にまた貸しする。一方、沿岸部は中小農による集約農業が特徴で、内陸部に比べて生産性が高く、オリーブ、ブドウ、柑橘類、アーモンドなどの樹木栽培が行われ、パレルモ近郊は「黄金の盆地」と呼ばれて2千年以上前から、ローマの農産物の生産地でもあった。輝く太陽を存分に受けた野菜やレモン、オレンジ、エメラルド色の海から採れた食材は豊かで、アフリカやアラブ特有の香辛料ともマッチングさせ、郷土料理として根付いている。アルコール度数の高いワインもあるが、リンチオーネビアンコ(白)やエトナ、マルサーラなどは好まれる。

州旗のシンボルはトリナクリアと呼ばれ、ギリシア神話のメデューサの顔はパレルモ、足はメッシーナとシラクーザの岬を表し、ギリシア語で「三つの岬」に由来するとされる。言語はイタリア語のみは25%にとどまり、イタリア語と地方言語の双方使用が半数近くに上る。州内の世界遺産は6つあり、本拠を持つプロサッカークラブは5チームである。

北シチリア

パレルモの語源はギリシア語名パノルモスで、「すべてが港」を意味する。東ローマ帝国後の10世紀にイスラム王朝が首都をパレルモに移し、キリスト教文化とともに絢爛たるイスラム文化が融合し、アラブ・ノルマンの教会を含めモスクの数は300余、キリスト教徒やユダヤ教徒も共存して中世ヨーロッパには見られぬ繁栄を極め、その人口は30万に達した。特に、ドイツのハインリッヒ6世から王位を継承したフリードリヒ2世は、母の実家であるパレルモ宮殿で育ち、ドイツ国王とシチリア国王を兼ね神聖ローマ帝国の皇帝となり、パレルモに居を定め黄金時代が訪れた。ヨーロッパ中から詩人や音楽家が集まり、近隣の地アフリカの国々とも友好関係を築き、政治的にも安定し国際的な文化の花が開き、第5回十字軍を起こしてイスラームのスルタンと談判し、無血で10年間のエルサレム返還を成功させた。13世紀から19世紀は、アラゴンやスペインの圧政下で財政的な収奪が行われ、強権的な支配に対抗するために農民たちが蜂起し、今日のマフィアの伝統や組織が生まれたと言われ、その「シチリア人の魂」は、他のイタリア人にはない逆境に強く頑固な性格を持っている。

ゲーテが「世界で最も美しいイスラムの都市」と称えたパレルモは、赤い丸屋根と窓に咲きこぼれる南欧の花々、教会など歴史文化をしのばせる建築物があふれていた。かつて北アフリカ・チュニジアのチュニス港からパレルモ港に大型フェリーで着いたとき、港の出店でシシカバのサンドイッチを食べて、食中毒にあたった思い出も今では懐かしい。当時は第二次世界大戦後の復旧・復興の真っ最中であったが、港に近い旧市街はローマ通りやマクエダ通りのある庶民的な活気あふれる界隈で、階段状の噴水や裸体の彫像のあるプレトーリア広場を中心に、バロック様式のマルトラーナ教会や、パレルモ風のサン・カタルド教会のあるベッリーニ広場は趣がある。

三つの市場が取り巻くように、見事なモザイクが圧巻のノルマン王宮やパラティーナ礼拝堂、パレルモの歴代王を祀るシチリアン・ノルマン様式のカテドラル、8000体のミイラが見守るカプチン派のカタコンベ、シ

パレルモのテアトロ・マッシモ前に飾られたヴェルディ（1813~1901）の胸像（アントニオ・ウゴ作）。

チリア州立の美術館や考古学博物館なども見るに値する。新市街にはリベルタ大通りの起点カステルヌオーヴォ広場を中心に、ヴェルディなどオペラで有名なマッシモ劇場やポリテアーマ劇場などがある。

1861年パレルモは、統一イタリアにより再びシチリア第一の都市となり、19世紀に産業・経済の発展を極め、アールヌーボー様式の集中するイタリア有数の都市にもなった。ファシスト政権下では無傷だったが、第二次世界大戦での連合国軍のシチリア上陸作戦（ハスキー作戦）で、爆撃により破壊され戦後街は荒廃した。近年ようやくノルマン王宮跡や大聖堂、教会などの歴史地区を核に、旧市街の保存・再生計画が完成し、現在着々と街づくりが進められている。

ジュゼッペ・キアラは1602年パレルモで生まれ、イエズス会宣教師となりマニラ経由で日本潜入を企てたが、当時、江戸幕府がいわゆる「鎖国令」（ポルトガル商船追放やオランダ人の出島移住）を布告した直後で、警戒が厳しく、43年筑前国で捕えられ、長崎に送られた。同年江戸に移送されて大老酒井忠勝らの取り調べが行われ、その際将軍徳川家光も自ら検分したのを受け、キアラはキリスト教の信仰を捨てるとともに、ヨーロッパ諸国のキリスト教布教の真意は国土征服の準備工作であることや教義の欺瞞性などを白状したため、幕閣の切支丹に対する警戒感をより高めることとなった。小石川の切支丹屋敷に収容され、幕命で死刑囚岡本三左衛門の後家を妻として娶り、そのまま名を継ぎ幽閉され40年後に死去、調布サレジオ神学院に墓碑がある。

パレルモの守護聖人は、1624年の黒死病から街を救った聖ロザリオとされ、毎年7月14日に盛大な祭りが行われる。パレルモを舞台にした作品には、宝塚歌劇団のミュージカル『落陽のパレルモ』や、トマージ・ランペドゥーサの歴史小説とルキノ・ヴィスコンティの映画『山猫』などがある。

ジョヴァンニ・シドッチは1668年のパレルモ出身で、イエズス会に入門し司祭として活動していたが、殉教物語など宣教師の報告で日本への渡航を決意し、ローマ教皇クレメンス11世から日本布教を命ぜられた。鎖国下の日本へ出発する彼のための船が建造され、髪を月代《さかやき》に剃り、和服に大小2本差しという侍の姿に変装して屋久島に上陸したが、島の百姓に言葉を怪しまれ役人の手で長崎、江戸へと送られた。時の将軍徳川家宣の実力者で儒学者・政治家の新井白石から直接尋問を受け、白石は彼の人格と学識に感銘を受け、シドッチも白石を信頼して、多くの学問的対話の中で「宣教師が西洋諸国の日本侵略の尖兵」との認識は誤りということを説明し、新井は理解し「生徳の治」を主導した。切支丹屋敷では不宣教という条件で、20両5人扶持の待遇で軟禁されたが、46歳で衰弱死した。白石は対話から得た知識をまとめ『西洋紀聞』と『采覧異言』を著したが、西洋科学に対する認識は、8代将軍徳川吉宗の登場で「和魂洋才」の考え方の先駆となり、改革政治の大きな柱となって、殖産興業の一端としてヨーロッパ科学が積極的に取り上げられ、やがて田沼時代に蘭学の体系化として開花するに至った。

　ラグーザ玉は1861年江戸に生まれ清原多代と命名、若い頃から日本画、西洋画を学び、永寿と号した。77年工部美術学校で教鞭をとっていた、彫刻家のお雇い外国人ヴィンチェンツォ・ラグーザと出会い、西洋画の指導を受けるとともに、玉はヴィンチェンツォの作品のモデルも務めた。結婚後夫婦でパレルモに渡り、84年にヴィンチェンツォが美術工芸学校を開設して校長となり、玉は絵画科の教師を務め日本美術の紹介や作品制作に励み、また画家としてもパレルモやシカゴなどでの美術展や博覧会で受賞し、高い評価を得ていた。夫のヴィンチェンツォと死別後、遺作を東京美術学校に多数寄贈（東京芸術大学蔵）し、1933年51年ぶりに日本に帰国してからは画業に専念した。39年脳溢血で急逝、86年初の回顧展「ラグーザ玉展」が、新宿小田急グランドギャラリーで開催された。

　メッシーナは紀元前8世紀、ギリシア人植民者によって建設されザンクレと呼ばれたが、前5世紀初頭、海峡対岸のレギウムアナクシラスがこの都市を支配し、ギリシア本土の都市と同じのメッセネに改めた。シケリア戦争中のメッセネの戦いでカルタゴの略奪を受け、のちのシュラクサイ（現シラクーザ）のノディオニュシオス1世により奪回されたが、身内の傭兵マメルティニが裏切り町を占領、男性市民全員を殺害し、女性市民を自分たちの妻とした。第一次ポエニ戦争後のローマ時代この都市はメッサナと呼ばれ、時代の変遷とともにメッシーナに改称、14世紀にパレスチナからのジェノヴァ船がもたらした黒死病が港に上陸し、ヨーロッパ大陸を席巻した。

１５４８年、イグナチオ・ロヨラはイエズス会の学校を設立、メッシーナ大学の源流と見なされ今でも地元で期待され、試験さえ受ければ商業関係の学位がもらえ、家族の期待に応えて弁護士や教員資格を取るものが多いが、いずれも供給過剰で失業弁護士、失業教員が町にあふれているという。１９０８年のメッシーナ地震は、全市が壊滅的な被害を受け約6万人の犠牲者が出、古くからある建物の多くが破壊された。震災後、耐震性を強化した都市計画が立てられ、復興が進められたが、生存者の中には生活のためにイタリア各地やアメリカへ移民したものも少なくなかった。第二次世界大戦でも街は空爆で壊滅した。経済資源は港湾と造船所で、農業ではレモン、オレンジ、野菜が栽培され、ワインも生産される。

メッシーナ大聖堂は神聖ローマ皇帝の埋葬地で、08年の地震後再建、43年の空爆後また再建されたが、後期ゴシック様式の中央の出入り口は15世紀初頭のものとされ、貴重な装飾が残っている。サンタ・マリア・アレマンニ教会は13世紀初頭とされ、アーチ状窓と均整の取れた支え壁に見られるように、純粋なゴシック教会である。シェイクスピアの「空騒ぎ」と、それを原作としたベルリオーズのオペラ「ベアトリスとベネディクト」、そして、モリエールの「粗忽者」「シチリア人」は、いずれもメッシーナを舞台とした戯曲である。

ローマやナポリ行きの列車は、シチリアの玄関口メッシーナ海峡を渡り、長靴のつま先にあたるレッジョ・ディ・カラブリアのヴィッラ・サン・ジョヴァンニ駅へと向かう。かつて列車でパレルモからメッシーナ中央駅に着いたとき、列車は乗客が乗ったまま2~3両ずつ切り離され、シラクーザ方面からの列車とともにメッシーナ港駅で連絡船に積み込まれた。出港から約40分かけて海峡を渡り、対岸の長靴のつま先にあたるレッジョ・ディ・カラブリア港のヴィッラ・サン・ジョヴァンニ駅に着くと再び連結し、ローマやナポリ方面行きがあるが、私は長靴の底に沿ってブリンディジへと向かった。

メッシーナから南へ行くと、シチリアで最も知られたリゾートの町タオルミーナがあり、前には美しいイオニア海を見晴らせ、背後には雄大なエトナ火山が望めるという素晴らしいパノラマが自慢の町だ。その南には度重なるエトナ火山の噴火に苦しめられた町カターニアがあり、過去9回もの破壊と再建を繰り返しながらも、パレルモに次ぐシチリア第2の都市となり、古い遺跡や数多くのバロック建築が残り、作曲家ベッリーニや作家ヴェルガの生まれた文化の町でもある。ベッリーニ公園を中心として、生家を改造した博物館やオペラを演じるベッリーニ劇場があり、またローマ劇場や円形闘技場、バロック様式の大聖堂、ドゥオーモ広場、ウルシーノ城などもある。

エトナ火山はシチリア島の東部にあるヨーロッパ最大の活火山であり、２０１４年現在の標高は３３２６メートルであるが、噴火の度に変わる。イタリアではアルプスを除き最も高く、三つの活火山のうちではとびぬけて高く、2番目に高いヴェスヴィオ火山の3倍近くもある。火山活動は約50万年前の海底火山から開始され、17万年前頃より現在の位置に移動し、世界で最も活動的な火山の一つでほとんど常に噴火しており、時には大噴火を起こし、１６６９年にニコロシ村の全部とカターニア市の半分が破壊され死者が1万人、93年にはカターニア市が全滅した。神話でテュポンが封印された場所だとされるが、ノアの洪水を引き起こしたという説もある。２０１３年ユネスコの世界遺産に登録されたが、14年にはまた噴火が始まり今も続いている。

南シチリア

シラクーザは紀元前７３４年頃、ギリシアのペロポネソス半島の玄関口コリントスの植民者たちが発見し、古典ギリシア語でシュラクサイと称した。前5世紀のペロポネソス戦争ではスパルタと組んでアテナイに勝利し、全てのギリシア都市の中で最も大きく、最も美しいと言われ、前3世紀の第一次ポエニ戦争ではカルタゴと戦ったことにより、共和制ローマの同盟市として属州に組み込まれた。シチリアにおけるローマ政権の首都となり、キリスト教化が進みコンスタンス2世の宮廷が置かれ、大司教座がおかれた。9世紀にはイスラームの情け容赦ない略奪が始まり、大聖堂はモスクに変えられ、建物はイスラム様式に沿って再建された。時がたち統一イタリア後の１８７０年、荒れるがままであった市壁などが再建されたが、１９４３年、連合国側とナチス・ドイツ双方からの空爆で街は完璧に破壊され、無抵抗のまま占領された。

シラクーザは古代ギリシアの文化をそのまま受け継いでおり、紀元前5世紀の直径１３０メートルという巨大なギリシア劇場や円形闘技場、洞窟公園のある天国の石切り場などはネアポリス考古学公園の中にあり、往時を偲ばせる風情がある。歴史を系統的に理解するには州立パオロ・オルシ考古学博物館が、シチリアゆかりの絵画と彫刻を見学するにはベッローモ州立美術館があり、バロック様式のドゥオーモはギリシア・ローマ時代の中世にタイムスリップさせてくれる。

アルキメデスは紀元前２８７年頃にシラクーザで生まれたが、若いころの細部の記録はなくエジプトのアレクサンドリアで学問を修めた可能性がある。生存中様々な原理を発明したが、前２１２年第二次ポエニ戦争中ローマにシラクーザが占拠されたとき、アルキメデスは砂の上に描いた数学図形を熟考しており、ローマ兵士の命令を拒絶したため兵士は激昂し、剣をもって彼を殺した。最後の言葉は「私の図形を踏むな！」だったと言い、その墓は数学的証明を題材に選ばれ、同じ径と高さを持つ球と円筒のデザインがなされ、前75年ローマの雄弁家キケロがシチリアに勤めていた頃、彼はシラクーザの門の近くの低木が繁る省みられない場所に墓を探し出し清掃させたところ、彫刻がはっきりわかり詩を含む碑文も見出せるようになった。人生の記録は、没後長くたってから古代ローマの歴史家たちによってなされた。

アルキメデスの逸話に、ヒエロン2世から神殿に奉納するため、金細工職人に黄金で作らせた誓いの王冠の真偽について、確認を依頼された。銀が混ざっているかは王冠を溶かして密度を調べれば分かるが、壊さずに解決する必要があった。そのヒントをアルキメデスは入浴中に得た。浴槽に入ると水面が高くなる。即ち王冠を水槽に沈めれば、同じ体積分水面が上がり体積が測れる。そして王冠の重量をこの体積で除すれば密度が求められ、もし比重が軽い安物の金属を混ぜていれば、王冠の密度は同じ体積の純金より低い。アルキメデスは「分かったぞ！」と叫び、興奮のあまり服を着るのも忘れて裸で通りに飛び出したという。確認作業は上手くいき、王冠には銀が混ざっていることが示されたという。

またシラクーザでヒエロン2世はアルキメデスに観光、運輸、そして海戦用の巨大な船「シュラコシア号」の設計を依頼した。搭乗員数６００、船内に庭園、ギュムナシオン、神殿などを備えた古代ギリシ

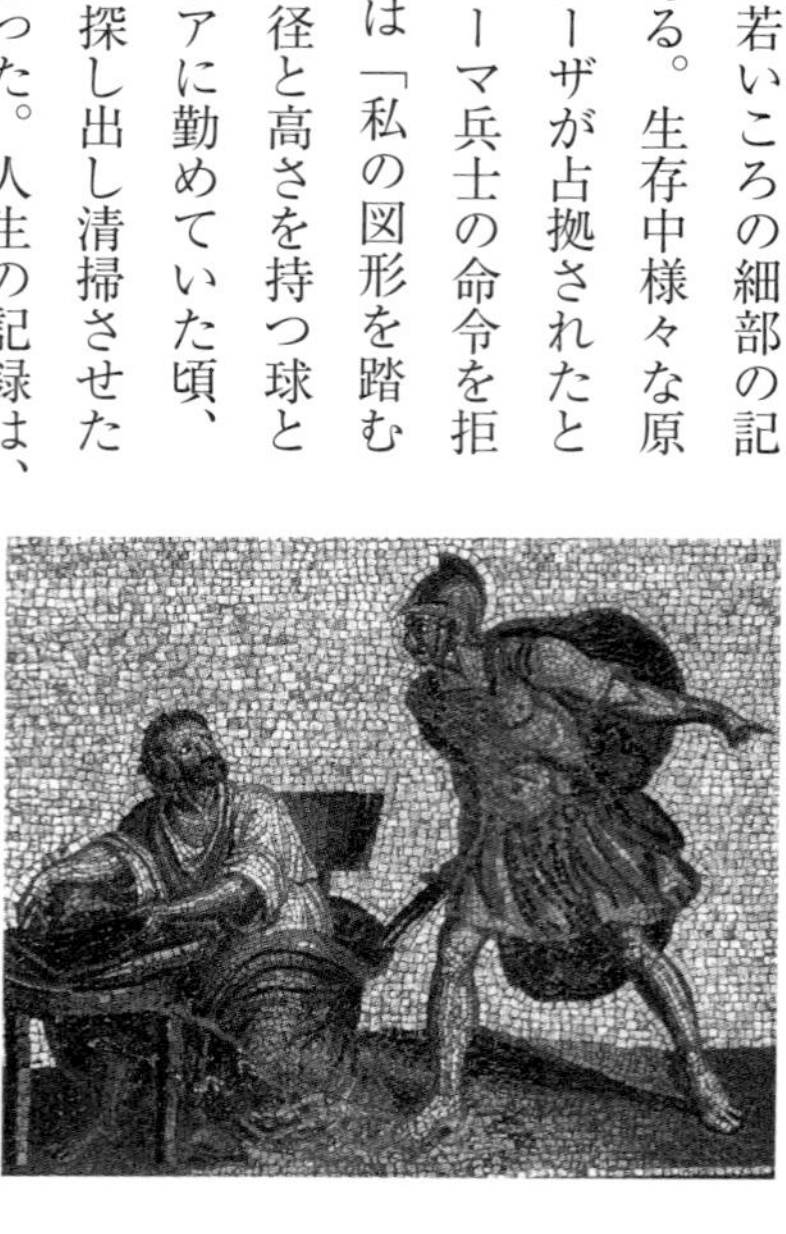

「アルキメデスの原理」を発見し、数学図形の研究に取り組んでいたところをローマ軍の兵士に襲われるアルキメデス（左）（紀元前287頃～前212）。（ローマ時代のモザイク画）

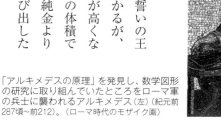

ア・古代ローマ時代を通じて最大の船で、浸水が最重要な問題となった。そのためアルキメディアン・スクリューと名づけられた装置を考案し、溜まった水を掻き出す工夫を施した。これは、円筒の内部にらせん状の板を設けた構造で、これを回転させると低い位置にある水をくみ上げ、上に持ち上げ外に出すものである。ねじ構造を初めて機械に使用した例として知られる。

プラトンは前427年、ギリシア・アテナイ最後の王コドロスの血を引く一族の子として生まれ、祖父の名にちなんで「アリストテレス」と命名されたが、体格がよくレスリングの師匠に「プラトン」と呼ばれ、以降そのあだ名が定着した。若い頃はソクラテスの門人として哲学と対話術などを学びつつ、政治家を志していたが現実政治に幻滅を覚え、直接的な関わりは避けるようになった。特に、プラトンが28歳頃、アテナイの詩人メレトスの起訴によって、ソクラテスが「神々に対する不敬と、青年たちに害毒を与えた罪」を理由に裁判にかけられ、投票によって死刑に処せられ、毒杯を仰いで刑死したことが、その重要な契機となった。その後は3回にわたってシケリア（シチリア島）に旅行し、ピュタゴラス派の人々らと交流を持ち学問を発展させた。

第1回シケリア旅行は前388年、39歳でアテナイを発ち、シケリア島やエジプトを遍歴し、イタリアではピュタゴラス学派およびエレア学派と交流を持ち、20歳過ぎの青年ディオンにも会った。旅行に出るまでの30代のプラトンは、最初期の対話編を執筆しつつ、後に「哲人王」思想として表明される政治と哲学を結び付ける構想や、アカデメイアの学園として実現される同志獲得・養成の構想を、この頃に密かに温めていたことが「第七書簡」にある。シケリア旅行から帰国後、アテナイ郊外のプラトン所有の小園アカデメイアの地に学園を設立した。対話式により天文学、生物学、数学、政治学、哲学等が教えられ、プラトン60歳頃、17歳のアリストテレスが入門し、以後プラトンがなくなるまでの20年を送った。

第2回シケリア旅行では、ディオンらの懇願を受けシュラクサイに旅行し、そこの若きディオニュシオス2世を指導して哲人政治を目指したが、プラトンが到着して4カ月後に、流言飛語によってディオンは追放されてしまい、不首尾に終わった。第3回シケリア旅行は、ディオニュシオス2世自身の強い希望を受けてシュラクサイに行ったが、またしても政争に巻き込まれ、今度はプラトン自身が軟禁されてしまい、友人の助力を得て辛くもアテナイに帰れた。シュラクサイでの哲人政治の夢はその後途絶え、晩年は著述とアカデメイアでの教育に力を注ぎ、前347年、80歳で没した。

初期のプラトンは、師ソクラテスから「徳は知識である」という主知主義的な発想のもと、正義、徳、善などの「単一の相」を目指して悪戦苦闘を続ける様を描いていたが、シケリア旅行でのピュタゴラス派との交流を経て、中期以前の対話編では、その目指されるべきものが、「善のイデア」であるという方向性で固まっていった。アテナイにおける現実政治に幻滅し、直接かかわることは控えていたが、30代で書いた初期の『ソクラテスの弁明』『クリトン』でも既に、国家、国政、法律のあるべき姿を描こうとする姿が顕著であり、「ゴルギアス」においては、真の「政治術」とは、「弁論術」のような「迎合」ではなく、「国民の魂を善くする」ことであらねばならないという。

アグリジェントの古代ギリシアを今に伝える遺跡、世界文化遺産「神殿の谷」には紀元前4世紀に建てられたドーリス式の神殿、コンコルディア神殿とジュノーネ・ラチニア(ヘラ)神殿はほぼ完全に保存され、前5世紀のエルコレ(ヘラクレス)神殿は最古のもので見るに値する。古代シチリアの陶器などのコレクションが素晴らしい州立考古学博物館や、すぐそばのヘレニズム期やローマ期地区の跡が残っている。

2月になるとすっかり春の風情となり、淡いピンクのアーモンドの花が開花する。日本の桜によく似ており、「アーモンドの花祭り」が開催され考古学地区や石造りの旧市街を舞台にイベントが行われるほか、世界平和を祈願した「世界民族舞踊フェスティバル」も同時開催され、世界中の踊り手が集まり民族衣装行列が練り歩き、春に華やぐ街を一層賑わせる。2500年前にこの街を建設した、故国ギリシアのチームもこの地を訪れ共に舞う姿は、悠久の歴史ロマンを感じさせる。真夏には夾竹桃の真っ赤な花が咲き誇るなど、ギリシアの大抒情詩人ピンダロスが〝世界で最も美しい〟と歌い上げている町である。

ペラージェ諸島はシチリア海峡にあり、イタリア最南端の領土である。主島のランペドゥーザ島はシチリア島の海岸から東南東へ210キロ、チュニジアの海岸から東へ113キロで、島には6000人近くの住民が暮らしておりまさに諸島の中心である。近年チュニジアやリビアの政情不安から難民が押し寄せているが、時折定員過剰で沈没する船も出ている。リノーザ島は2番目に大きく450人が暮らしており、ランピョーネ島は無人島である。いずれの島も植生は不毛で、海岸線は荒々しく切り立った崖からなっており、アカウミガメの繁殖地として代表的な地域で、近海は保護海域に、島の多くは自然保護区にそれぞれ指定されている。

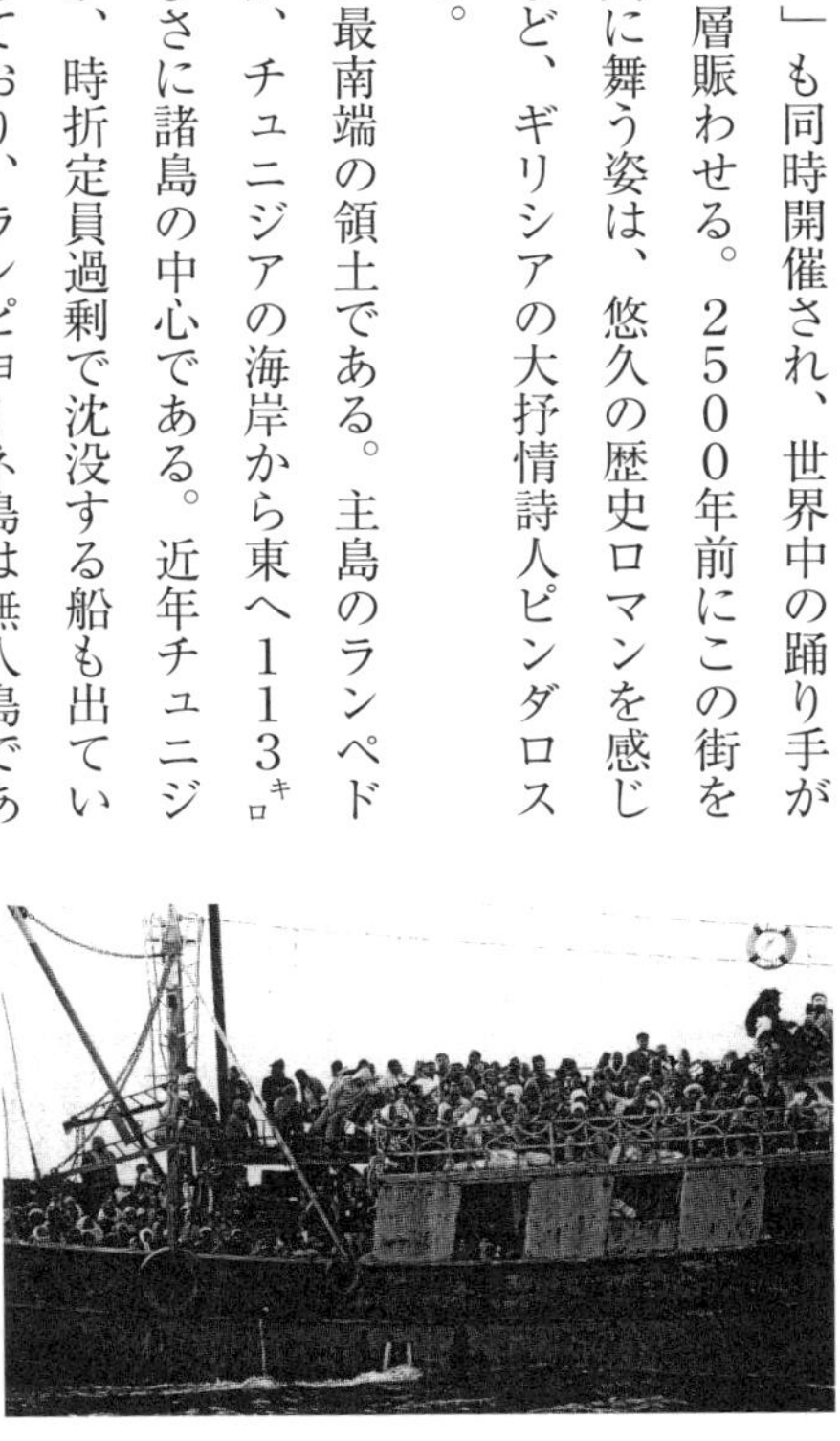
「アラブの春」で政情不安となったチュニジアから、大量の難民がイタリアのランペドゥーザ島に押し寄せた。

サルデーニャ州

サルデーニャ島は地中海一のきれいな海の島と言われ、イタリア半島西方ティレニア海を挟み、コルシカ島の南に位置し、真西にはマリョルカ島のあるスペイン領バレアレス諸島があり、東南に当たるシチリア島に次いで2番目に大きな島である。島はほぼ4地域に分けられ、最大のカンピダノ平野は南のカリアリから西のオリスターノまで続き、南西部は気候も温和でオリーブや野菜、麦の取れる裕福な地である。

ヌーオロを中心とする内陸部は、〝陰の国〟と呼ばれ女性は黒衣を身につけ、「ヌラーゲ」という名の砦が残る。北部は世界にも名だたる一大リゾート地で、西海岸のサッサリやアルゲーロには海を隔てて最も近い国スペインの影響が残り、カタルーニャ風のゴシック建築や言語を話す人々が住む。サルデーニャ自治州を構成し州都はカリアリ、面積2万4千平方キロ、人口165万人で、古代にはフェニキア人によりイクヌーザと呼ばれており、サルデーニャで一番ポピュラーなビールにその名を残しており、現在はカリアリで製造されている。

地中海性気候に属し、春と秋は暖かく、夏は暑く冬は穏やかであり、白く輝く砂浜と暖かいエメラルド色の海はまさに地上の別天地で、1960年代からイタリア半島や外国資本による観光開発が盛んになった。島一番の観光地といわれるエメラルド海岸には超高級なリゾートホテルが並び、ヨーロッパのセレブたちが贅沢の限りのバカンスを謳歌する。一方、内陸部は険しい山が続き、羊がひっそりと草をはむとともに、近年旱魃が続いていることもあり、就労のため農村部からトリノなど島外への人口流出が止まらない。ちなみにサルデーニャの男たちは一様に背が低く、黒髪で、がっしりして眼光は鋭く、どこか警戒する心を忘れていない。石塁兼住居である石の砦・ヌラーゲが示すように、かつて島を完全に制圧した支配者は無く、常に外敵の侵略に対して戦い続け屈しなかったのは、人当たりの良いイタリア半島の男とは違うのだという。

島が生まれた伝説によると、「地球が泥沼だった頃神が足を踏み入れてその足跡を残した」とあり、フェニキア人もギリシア人もこの島を足跡（サラデ）とかサンダル（長靴ではない）と呼んだという。1979年に15万年前に遡る人類の痕跡が発見され、先史時代の矢じりや、現在カリアリの考古学博物館に納められている地中海地方の母神像から、高いレベルで石の彫刻を作る能力を持っていたと推測され、村落址や人工の洞窟も発見されている。また北部サッサリの考古学博物館には、紀元前26世紀頃の青銅器時代の土器が展示されている。新石器時代からローマ帝国の時代にかけて、謎に満ちた民族・ヌラーゲが上陸し生活を始め、前20世紀頃、東地中海からやって来たものと推測され、エジプトの碑文に「海の民」という意味の名前で登場する人々を指しているようで、遺伝学的にもサルデーニャ人は周辺地域の人々などと異なり、前インド＝ヨーロッパ人だとしている。

前8世紀以降、フェニキア人が都市や砦を作り、カルタゴ人が地中海の覇権を確立し、ローマ人は穀倉地帯につくり上げた。東ローマ帝国から約1000年後のイタリア統一まで、サルデーニャはピエモンテとサルデーニャ王国を形成していて、1861年国名を「イタリア王国」と改めた。ムッソリーニ政権下では、オリスターノ周辺の沼沢地を干拓し農村コミュニティーの基盤が作られ、鉱業の中心地としてカルボニアを建設し炭鉱都市として栄えたが、第二次世界大戦後、金と銀は操業しているが石炭の重要性は低下し、観光業、サービス業、IT産業が盛んとなっている。ヨーロッパのインターネットプロバイダーのトップ企業ティスカリはカリアリにある。

公用語はイタリア語であるが、ここではサルデーニャ語が広く使われている。公的文書での使用はイタリア語によって行われるが、2006年に州政府は公文書に用いるためのサルデーニャ語の規範を制定した。方言（言語変種）は、州都カリアリを含む南半分のカンピダノ方言と、島の中北部中心のログドーロ方言である。サルデーニャ料理は、イタリア料理のほか、アラブや北アフリカなどの影響を受けて発展し、豊富な海産物や島の羊の肉などが主で、2010年にユネスコの無形文化遺産に指定された「地中海の食文化」の一部を構成する。特徴的なパスタは、クスクスに似た粒状の「フレグラ」や、ニョッキ状の「マロレッドウス」があり、魚介類とともにトマトベースのソースで煮られる。ローカル料理には薄い丸型の無発酵パンや、海の女王伊勢エビのグリル、カラスミ似の前菜珍味ボッタルガなどが有名である。ワインはロゼ色のカンノナウや重厚な白ヴェルナッチャなど多い。

世界文化遺産はカリアリ近郊のバルミニにある、ヌラーゲを代表する青銅器時代の石造城塞建築で、地下に埋もれていたため保存状態が良く、3500年前のものという。また近くのフォルドンジアヌスという町には、古代ローマ帝国トラヤヌス帝時代の浴場遺跡があり、今でもこんこんと湯が沸き出ているという。州内に本拠を置くプロサッカークラブは1チームである。三つの国際空港と二つの地方空港があり、フェリーはイタリア本土・ローマの西チヴィタヴェッキアと南の玄関口カリアリ、北の玄関口オルビアとを毎日運航しており、パレルモ、ジェノヴァ、コルシカ島などとも結んでいる。サルデーニャ州はイタリアで高速道路が走っていない唯一の州だが、鉄道はトレニタリアや狭軌のサルデーニャ鉄道が走っている。また豊かな自然資源に恵まれており、多くの希少種の動植物が生息している。イタリア統一戦争の軍事家ガリバルディは、晩年を北端のカプレーラ島で送った。

カリアリは島の南部に位置する州都で、州の最大の町で最も都会的な商工業都市であり、駅前広場には市場が広がり活気に満ち、大通りにはデパートやカフェが並び、港につながる。旧市街は丘の上にあり、文化財としてカルタゴ人の墓、大聖堂、サン・パンクラチオの塔、エレファンテの塔などとともに、先住民族が築いたヌラーゲの模型や発掘品を展示した国立考古学博物館や、州最大の円形闘技場もあり今も催しに使われている。

カリアリ大学から2009年、宮崎日伊協会主催の〝日伊科学技術宮崎国際会議〟シンポジウム参加のため、マリオ・ビガ医学部長が来日し宮崎大学を訪問、翌年宮大の菅沼龍夫学長(当時)がカリアリ大を訪れ、両大学で学術交流協定を結んだ。

ヨゼフ・ピタウ神父は1928年カリアリの西ヴィッラチードロに生まれ、イエズス会入会後52年に来日、上智大学で教鞭をとった。途中ハーバード大学大学院に入り、エドウィン・O・ライシャワーから日本の政治思想に関する博士論文の指導を受け、若いキッシンジャーとブレジンスキーにも教えを受けた。日本に帰国後上智大学の教授、理事長、学長を歴任、学長時代には学生や教職員に日本語で気さくに声をかけ、「大学の原点は勉学」を説き、厚い信頼を獲得し大学発展に尽くした。81年ローマ教皇ヨハネ・パウロ2世の要請でイエズス会本部へ帰り、教皇庁立グレゴリアン大学学長、同立科学アカデミー会長、ヴァチカン教育省局長に就任し大司教に叙階された。2004年、75歳の定年によりヴァチカンを辞して再来日し、宮崎日伊協会の招きで宮崎を訪れ、14年日本にて帰天した。ピタウが日本の学生、教員に持って欲しかったのは、高い「使命感と責任感と倫理観」であり、また06年の文芸春秋9月号での対談「カトリック大司教『靖国』と中国を語る」では、政教分離上「死者の政治的利用」に反対しながらも、真の戦没者のためだけの慰霊施設なら参拝容認との見解を示しており、戦争裁判には直接触れていないが合祀には疑問を呈している。

ヨゼフ・ピタウ神父
(1928〜2014)

エメラルド海岸は、北のカブレラ島からオルビアに広がるリアス式の海岸線で、中心地はポルト・チェルヴォで高級ブティックや高級ヨットが並ぶ。セキュリティの厳重な高級ホテルは一人一泊30万円も珍しくないが、オルビアの地域は庶民的で比較的安い宿も多い。

サッサリはサルデーニャ第二の都市で、旧市街には多くの様式が混在した独特のドゥオーモがあり、ロマネスクの鐘楼、ゴシック様式の内部、そして正面にはスペイン・バロック様式など複雑な装飾の彫像が飾られている。隣接の都市計画による新市街にはイタリア広場があり、サンナ国立博物館にはヌラーゲ時代の生活の様子が展示してある。

アルゲーロはサルデーニャの北西サッサリの西に位置し、カタロニア時代の植民地として発達し現在も城砦に取り囲まれ、見張りを兼ねた塔が四方に立っている。スペイン・カタロニアの影響を色濃く感じさせ、〝小さなバルセロナ〟と呼ばれ食卓にはパエリヤが上る。海の浸食によってできたネプチューンの洞窟や、緑の洞窟へは観光船が出ている。

内陸部のヌーオロはラ・バルバジア（野蛮人の地）と呼ばれ、古来強固な人々の住んだ山岳都市の中心で、周りは標高２０００メートル級の山塊で囲まれており、今なお深い森林は人の侵入を拒否している。島内にはサルデーニャ生活・民族伝統博物館や国立考古学博物館などがある。

地中海世界と文明

地中海を指す語は、「大地の真ん中の海」を意味するラテン語のmediusとterraに由来し、西はジブラルタル海峡で大西洋と接し、東はダーダネルス海峡とボスポラス海峡を挟んでマルマラ海と黒海に繋がる海を言い、面積２９７万平方キロ、東西３８６０キロ、南北７００キロに及ぶ。19世紀に掘削されたスエズ運河の開通以降は、紅海を経由してインド洋に繋がる一帯を総称して呼ばれている。

内海のため比較的波が穏やか（冬の海は荒れる）で、沿岸は複雑な海岸線に富み天然の良港に恵まれ、三つの大陸を往来できたことから古代より海上貿易が盛んで、古代ギリシア文明、ローマ帝国などの揺籃に繋がり、21世紀初頭の現在も世界の海上交通の要衝の一つである。地中海性気候で沿岸は夏に乾燥、冬に湿潤となり、オリーブなどの樹木性作物の栽培が盛んであるほか、夏の太陽や冬の温和さを求めて太陽に恵まれない地域から多くの観光客が訪れる。２０１５年には、東京・国立西洋美術館に於いて「古代地中海世界の秘宝　黄金伝説」展が開催されたので観に行った。特に、紀元前５千年紀のヴァルナ銅石器時代墓地出土品は世界最古（ブルガリア・ヴァルナ歴史博物館蔵）で、前４世紀のイタリア・オルヴィエート出土の首飾り（ローマ・ヴィラ・ジュリア国立考古学博物館蔵）などには心を奪われた。

西端のジブラルタル海峡は、ただ一カ所外海と接続するが狭くて浅いため、海水の循環に大きな影響を与えている。大西洋からの海水の流入と、ナイル川などの地中海に流入する河川の水量を合わせても海面からの蒸発量が大幅に上回るため、塩分が高く潮位が低くなっている。蒸発量は東部においてより激しいため、水面が低く塩分濃度も高い。低くなった東部には大西洋から西部を通じて低塩分の海水が流れ込み、東の高塩分水はそれによって西へと押し出され、ジブラルタル海峡より大西洋へと戻る。即ち表層の軽い低塩分水は東へ流れ、深層の高塩分水は西へ向かうが、全般的に潮流は非常に弱く閉鎖性水域のため、海水の循環が不十分なのと、沿岸人口３億６０００万人超の生活による水質の悪化が懸念されている。

地中海沿岸で最初に文明が栄えたのは東地中海で、エジプト文明をはじめアナトリアのヒッタイトやクレタ島のミノア文明、ギリシアのミケーネ文明などが盛んに交易を行っていた。やがて、紀元前12世紀ごろから、現在のレバノン付近に居住していたフェニキア人が地中海交易を、ついで古代ギリシア諸都市も沿岸交易を開始し、地中海沿岸にはフェニキアとギリシアの多くの植民都市が建設されていった。現在のイスタンブール、ナポリ、マルセイユ、パレルモ、メッシーナ、シラクーザなど、この植民都市

「古代地中海世界の秘宝　黄金伝説」展
古代ギリシア・ローマからエトルリア、トラキアまで、ジュエリー、食器、武具、祭器など、金製品が生み出された地域と時代の黄金の傑作が、4000年以上のスパンで紹介。写真の腕輪は、紀元前7世紀頃のもので、イタリア・ソルボ墓地出土。（ヴァチカン美術館蔵）

に起源を持つ都市は現在でも多く残っている。地中海では風向きが安定しないためガレー船が多用され、17世紀に帆船に取って代わるまで船舶の主流だった。

前8世紀植民都市の一つカルタゴが覇を唱えるようになり、一方共和制ローマが強大化し、3度にわたるポエニ戦争によってカルタゴを滅亡させた。さらにギリシア諸都市や沿岸諸国占領後最終的にエジプトを併合、地中海はローマ帝国の内海となり「我らが海」と呼ばれ、各地の属州からローマを支える大量の穀物などが運び込まれるなど、地中海全域が一つの経済圏となった。ローマ帝国の分裂と西ローマ帝国崩壊後、東ローマ帝国のギリシア正教圏とローマ教皇のローマ・カトリック圏とに大きく分かれ、異なった文明となっていった。9世紀に入るとアマルフィ、ピサ、ジェノヴァ、ヴェネツィアといった諸都市が地中海交易に乗り出し、力を蓄えると東方へ進出を試み、エルサレムを中心に十字軍王国と呼ばれる国家群が建設されたが、12世紀以降衰退しエルサレムはイスラム側に再占領された。

15世紀には、オスマン帝国が東ローマ帝国の首都コンスタンティノープルを攻略し、地中海東方および南方を手中に収めたが、18世紀末のナポレオンのエジプト遠征後、イギリスがナイルの戦いで勝利してマルタ島やイオニア諸島を重要拠点とし、地中海の制海権を確立した。19世紀にはオスマン帝国の衰退に乗じ、フランスのアルジェリア支配など、北岸のヨーロッパ諸国が対岸の北アフリカを植民地化していった。イギリスはボンベイからスエズへ蒸気船航路を開設し、スエズからアレキサンドリアまで陸送した後、マルタ島を経由してジブラルタルで英国本土行きの帆船に乗せ換える郵便ルートを開拓した。

東西海運のネックだったスエズ地峡の運河は、産業革命の進展により条件が整い、フェルディナンド・レセップスが設立したスエズ運河会社によって、１８５５年着工、69年に開通した。以後、喜望峰回りに比べ、時間、距離、コストともに圧倒的に有利で、地中海は完全に東西交易のメインルートへと復帰した。

第二次世界大戦終結後の１９５６年、スエズ動乱によってナセル率いるエジプト政府が、イギリス支配のスエズ運河を国有化した。

マルタ共和国は地中海中央部のシチリア島の南93キロに位置し、面積３１６平方キロで東京23区の半分、徳之島と同じ大きさである。全島が標高２００～３００メートルの丘陵状の地形で、半乾燥的な気候で年間を通じて水の流れる河川はなく、水資源の不足はマルタ島の経済にとって深刻な問題である。人口40万人で首都はバレッタ（５７２１人）、マルタ人95％で94％がカトリック、公用語はマルタ語と英語である。カルタゴは共和制ローマ時代に既に地中海貿易で繁栄し、後のイスラム帝国の支配に抵抗して戦ったマルタ騎士団はマルタの名を有名にした。小型犬のマルチーズの発祥の地でもある。

マルタには新石器時代から人間が生活していたといわれ、神殿をはじめ紀元前36世紀頃に建てられた多くの巨石文明の遺跡が残っている。その技術は、プラトンの残した記述によるアトランティス文明の一部であるといわれ、『失われた文明の謎と真実』にその説がある。前10世紀頃フェニキア人が支配し、前４世紀頃カルタゴ人に、その後ローマに支配され地中海貿易で繁栄した。９世紀にアラブ人の侵攻後、ノルマン人の占拠やイスラム帝国の支配、没落後はイギリスの支配下に入り、１９６４年にはイギリス連邦内のマルタ共和国となり、２００４年欧州連合（ＥＵ）に加盟した。

国家元首である大統領は任期5年で、立法府である代議院によって選出され、全ての執行権が行使されるが基本的には儀礼的・形式的地位である。行政府の長である首相は、代議院選挙後に第1党の党首が大統領により指名され就任する。代議院は任期5年の一院制で、定数65議席、比例代表選挙により選出される。陸海空の総兵力は１６００人で志願制。東西冷戦を告げる歴史的なマルタ会談の舞台として知られ、１９８９年、当時ソ連のゴルバチョフ大統領と米国のブッシュ大統領がマルタで会談し、戦後44年間続いた冷戦の幕引きを世界にアピールした。東西冷戦が事実上１９４５年のヤルタ会談から始まり、マルタ会談で終結したことから、「ヤルタからマルタへ」とも語られた。

日本との関係は薄く、１８６２年文久遣欧使節団が訪問、１９２１年に皇太子時代の昭和天皇が訪問しており、外交的には現在駐イタリア大使が駐マルタ大使を兼任している。イギリス軍墓地には第一次世界大戦中、地中海でのUボート掃討作戦に参加した日本海軍の戦死者の墓があり、また東日本大震災では、マルタ国外務省で被災者を支援するコンサートが開催された。在留邦人は13年１２７人。

近年のマルタは、旧宗主国イギリスはじめイタリアやリビアからの観光客が増えているため、都市用水の需要の急増に対応しなければならないが、バレッタなどの街の水道水にはかなりの塩分が入っているという。政府は小さな谷が海に注ぐところにダムを築いて、雨水を少しでも溜めて大切にしているが、灌漑用水など農業用の汲み上げは厳しい統制下に置かれているため、マルタ全体としてはほとんどの食料を輸入に頼っている。このような国にこそ日本の海水の浄化などの技術を輸出し、集約的な農業発展への指導を行うことが大切であり、国際社会での日本の評価も高まるというものではなかろうか。

チュニジア

アフリカ大陸の北部に広がるサハラ砂漠は、東西５６００キロ、南北１８００キロに渡り、面積１０００万平方キロで大陸の約三分の一を占め、アメリカ合衆国とほぼ同じ面積である。西端は大西洋に接し、北端はアトラス山脈および地中海に、東側はエジプトと紅海に面し、スーダンとニジェール川を南の境とする。サハラはアラビア語で「砂漠」「荒野」を意味し、日本語では慣用的に「サハラ砂漠」と呼ばれる。

北は地中海性気候、砂漠の中は砂漠気候、南端はステップ気候に隣接する。2月から4月にかけて吹く風による砂塵は、周辺地域はもとより海を越えヨーロッパやカリブ海、南アメリカ大陸にまで到達し、それ以降はフロリダ州など北アメリカに降り注ぐ。砂漠全体の人口は２５００万人だが、アフリカ各地で人口爆発が続き食糧増産・生活のため、焼き畑農業・過放牧・灌木の過度の伐採が行われ、生態系が破壊される悪循環が繰り返されている。気候変動による旱魃も砂漠化を広げ、政情不安も重なり飢餓で多数の死者も出しており、アフリカ大陸も他に先がけ人間の浅知恵から瀕死の状態になっている。

サハラの一般的な自動車での南北縦断ルートは、①モロッコ・マラケシュから西サハラを通りモーリタニア、アクショットへの道②アルジェリアのペシャールやアバドラから南下しマリのガオへの道③アルジェからタマンラセット、ニジェールのアーリットを経てアガデスへの道（以上は前車の轍を目印に走る）④21世紀に入り、ヌアディーブーからヌアクショット間の道路が舗装、大西洋岸のルートはサハラ初の縦貫舗装道路となった。一方、東西横断道路は一本も無く、史上単独横断成功例は未だかつてない。１９７９〜２００７年までパリからサハラを経てセネガル・ダカールまで、１２０００キロの「パリ・ダカールラリー」が行われていたが、治安の悪化で中止に追い込まれ、09年からは「アルゼンティーナ・チリ・ペルー」と名を変えて、南アメリカ大陸でレースが行われることとなった。

チュニジアはシチリア海峡を挟んでシチリア島の西、西地中海の東南にあたり北アフリカの中ほどに位置し、国土の大半は砂漠で温暖な地中海性気候である。面積16万平方キロ（日本の43%）、人口１１２５万人でアラブ人が98%、国教はイスラム教でほとんどがスンニ派。首都はチュニス（１９８万人）で、主な都市はスファクス（30万人）、スース（22万人）である。

古代にはフェニキア人が移住し、「紀元前８１４年」にカルタゴが建国され、地中海貿易で繁栄した。

ちなみにチュニジア政府は、１９８７年に「カルタゴ建国２８００年祭」を行った。地中海に面するカルタゴの初期は、農耕を営むものと海で働く者との長い闘争の歴史であったが、都市は交易で成り立ち統治権を握り、商人や探検家たちが広大な通商路を開拓し、そこを通って富や人が行き来した。前5世紀初頭より、地域商業の中心地となりフェニキア人の古代都市などを征服し、現在のモロッコからエジプト国境に至る北アフリカ沿岸を支配下におさめ、地中海ではサルデーニャ島、マルタ島、バレアレス諸島を支配し、イベリア半島に植民都市を建設した。

カルタゴは海賊や他国が恐れる強大な海軍力を有し、その進出と覇権の拡大は、地中海中央部で確固たる勢力を持つギリシアとの対立を増大させ、前４８０年カルタゴの玄関口で生命線でもあるシチリア島が、ギリシアにとっても重要な交易拠点であるため戦争の舞台となり、第一次シチリア戦争が始まった。カルタゴはハミルカル・マーゴ将軍のもと30万人の軍隊が集められたが、シチリア海峡で悪天候に見舞われかつヒメラの戦い（第一次）で大敗し、大損害を受け弱体化、国内では貴族制が打倒され共和制に移行した。

共和制による効果的な政策の結果カルタゴは回復を遂げ、北アフリカ沿岸に新たな植民都市を建設し、ハミルカルの長男ハンニバル・マーゴは前４０９年、第二次シチリア戦争で遠征しヒメラの戦い（第二次）で勝利し帰還した。二回目のシチリア遠征の時、カルタゴ軍に疫病が蔓延し、ハンニバルがそれにより亡くなり、後任のヒメルコも翌年再び疫病に見舞われ軍は崩壊した。第三次シチリア戦争では、シラクサ王がカルタゴ最後の要塞を攻撃（第三次ヒメラの戦い）するとともに、アフリカ本土のカルタゴ攻撃作戦を進めたが、前３０７年停戦となった。

ポエニ戦争は、シチリア戦争から約半世紀後に始まった、カルタゴ軍とローマ軍との戦いで、1世紀以上も続く三つの大きな戦争からなっており、西ヨーロッパにおけるローマの覇権を確定し、もって西ヨーロッパの命運を決めることになった。前218～前202年の第二次ポエニ戦争で、カルタゴの将軍ハンニバル・バルカがイタリア半島に侵攻し卓越した指導能力を発揮し、ローマ陥落の一歩手前まで陥らせるなどの事態もあったが、最終的にはローマが常にカルタゴに勝利した。第三次ポエニ戦争でカルタゴは滅亡し、度重なるカルタゴの侵略への報復として、再び復活せぬようにと町や港は完璧に破壊され、虐殺された市民は15万人に上り、残りの約5万人は奴隷にするため捕虜にされた。カルタゴの土地には雑草一本すら生えることを許さない、という意味で塩がまかれたという。

　第二次ポエニ戦争前ハンニバルは軍隊に司令官として指名され、カルタゴから承認を受けイベリア半島戦線の指揮をとり、ローマの支配地ピレネー山脈南のエブロ川以南を制圧し絶大な人気を得た。前218年、ハンニバルはローマへ向け軍勢は歩兵9万人（リビア兵6万人、スペイン兵3万人）、騎兵1万2千人（ヌミディア兵主体）戦象37頭でカルタゴ・ノヴァを出発した。途中エブロ川からピレネー山脈の守りに歩兵1万、騎兵1千を残し、遠征に不安を持つスペイン兵は帰還させ、歩兵5万、騎兵9千、戦象37頭でピレネー山脈を越えガリアに入った。危険とされたローヌ川の渡河で多くの犠牲が出、歩兵・騎兵合わせて4万6千、戦象30頭にまで減り、いよいよアルプス山脈越えにかかった。戦象を先頭にして行軍し、途中で遭遇したガリア人には「敵はローマ人だ」と伝え、金品も贈って懐柔した。雪が降るほどの寒さや疲労、狭い山道と崖など、行軍は困難を極めたが、アルプスを越えイタリアに到着した時点で、軍勢は歩兵2万、騎兵6千、戦象20頭だった。

　ローマはハンニバルの攻撃は予測していたが、まさかアルプス山脈を越えて侵攻してくるとは思いもせず、ローマ元老院は驚愕し第二次ポエニ戦争（ハンニバル戦争）が始まった。

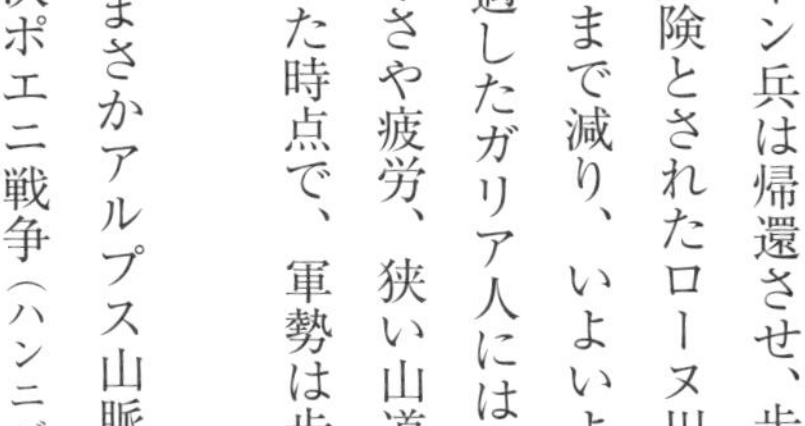

象でアルプスを越えるハンニバル

イベリア半島からローマへ向かったハンニバル（紀元前247～前184）は、意表を突きアルプス山脈を越えて侵攻した。戦闘用の象を率いての行軍だったが、20頭しか残らなかった。（写真／ユニフォトプレス）

周辺のガリア人部族はハンニバルに協力し、ティキヌスの戦い、トレビアの戦い、トラシメヌス湖畔の戦いと次々にローマ軍に打ち勝ち、ローマは非常事態宣言を発令し軍勢を差し向けたが、史上有名なカンナエの戦いで完璧なまでに叩き潰され、一度の戦争で指導者層の25%を失うという、過去に例のない完敗を喫した。ハンニバルは攻城兵器や兵站不足という戦略上の理由から、首都ローマへの進軍を選択せずにローマ同盟都市の離反を図ることとし、カプア、タレントゥム、シチリア島のギリシア人都市などで成果を上げたが、シラクサでカルタゴ政府との連携が断たれ、前203年、十数年ぶりに故国カルタゴに戻った。前202年、大集団の密集した重装歩兵を基幹とするカルタゴ軍は、機動力に勝るローマ軍の騎兵に後方から攻撃され、また前面からはローマ歩兵に包囲されて大敗し、第二次ポエニ戦争は終わった。

それまでカルタゴの政治を牛耳っていた貴族たちは権勢を失い、ハンニバルが返り咲き行政の長であるスッフェトに選ばれ、改革の陣頭指揮を執り経済立て直しなど図った結果、膨大な賠償金返済も完遂し政治家としての手腕の高さを証明した。このことがローマの反カルタゴ派の危機感を募らせ、国内に反ハンニバル派の台頭を許しシリアへ亡命、シリア戦争後、ローマの追っ手から逃れるためクレタ島、黒海沿岸のビチュニア王国へと亡命したが身柄の引き渡しを迫られ、逃亡が果たせず前183年自殺した。

リウィウスの『ローマ史』に、ハンニバルは「いかなる超大国も長期安泰はあり得ない。敵は国外でなくても国内に持つようになる。頑健な肉体でも内部の疾患に苦しむのに似ている」と語ったとある。ハンニバルが用いた包囲殲滅戦術は、現代の陸軍士官学校でも必ず教材として使われるほど完成度の高いものであった。2千余年後の今でもイタリアでは恐怖の代名詞となっており、子供が悪いことをすると「ハンニバルが来て連れて行かれるよ」と叱る。一方、ローマ人に制圧されてきた国では、ハンニバルを英雄として称えているという。

ガイウス・ユリウス・カエサルの時代にカルタゴは、滅亡させたローマによって新たな植民市が計画され、アウグストゥスによって実行された。ユリウス・カルタゴ植民市として再建された都市は、以降アフリカにおけるローマの最も重要な都市として位置付けられ、ローマ帝国の西方でローマに次ぐ第二の都市となった。現在にまで残るカルタゴの遺跡のほとんどはこのローマ時代のものである。東ローマ帝国の後、アラブ人の侵入によりイスラム勢力が支配、この時期よりカルタゴの荒廃は急速に進み、ウマイヤ朝によってチュニスが築かれるとカルタゴは完全に放棄された。

カルタゴの政体についての有力な手がかりは、前4世紀の哲学者アリストテレスの著作『政治学』の中の記述であり、次の三つの特徴を持っているという。

1、クレタ、スパルタとカルタゴの政体は非常に似ていること

2、「王政」「貴族政」「民主政」の長所を併せ持っていること

3、実質的に「貴族政」「寡頭制」であること

国家の代表は一般的にスフェス（行政権と司法権を持つ長官）と呼ばれ、軍事に関しては特別職として「将軍」があり、ハンニバルもこれに選ばれた。

19世紀にフランス保護領フランス領チュニジアとなり、事実上フランス人総監が統治を行った。チュニジア独立を目的とする結社「青年チュニジア党」が創設され、運動を展開して１９５９年に憲法を制定し、若いころの旅で訪れた１９７０年代には、ゼネストや食糧危機など社会不安が高まっていたことを感じた。現在では、イスラム諸国の中では比較的穏健なソフトイスラムに属する国であり、中東と西洋のパイプ役を果たし、アフリカの国の中では良好な経済状態である。

２０１１年「アラブの春」と呼ばれる、中東・北アフリカ地域で広がり始めた政変で、チュニジアでは

いち早く「ジャスミン革命」と言われる、内紛に拠らない制憲議会選挙が実施され、14年制憲議会は新憲法法案を賛成多数で承認し、即大統領が署名するという流血を伴わない革命で、それがエジプトやリビア、イエメンなど中東各国に波及した。革命の草案は、チュニジア労働総同盟、経団連、人権擁護連盟、全国弁護士会の4団体結成による「国民対話カルテット」が作成し、憲法制定や大統領選などのロードマップを21政党が合意し、14年の民主的な憲法制定に繋がったものである。15年日本人の被爆者2人も来賓として招かれたノーベル平和賞の受賞演説で、カルテットの代表は、パリの同時多発テロなどに言及し「多様性と相違の中で平和に共存するため、文明間の対話が必要」と述べた。

政体は共和制で立憲国家、国家元首である大統領は国民の直接選挙で選出され、任期5年で行政の最高責任者で国防や外交などの権限を付与、首相、閣僚の任免権を持つ。14年決選投票で選出されたカイドセブシ大統領は、議会で就任宣誓し「私は全てのチュニジア人の大統領になり、何者も排除しない」と強調、国民に融和と結束を呼びかけた。立法府は両院制で、上院（定数126）と代議院（下院に相当、定数189）があり、任期は上院が6年、代議院が5年である。外交面では英国情報会社の調査によると、シリアの過激派組織「イスラム国」の外国人戦闘員に加わった人数は、チュニジア人が最多の約3000人だったとあり、今後も予断を許さない。

「国民対話カルテット」のノーベル平和賞授賞式に臨む被爆者の（手前右から）築城昭平さんと岡田恵美子さん（共同）

軍事は成年男子による選抜徴兵制、陸海空で構成され総兵力推定3万5800人で、他にも内務省指揮下の国家警備隊が存在している。パレスチナ問題では、第三次と第四次中東戦争にアラブ側に派兵、イスラエルを承認しているがガザ戦争においては非難している。経済面で政府は15年1月、「失業率は16・

5%から15・2%へ下がった」と発表したが、依然高水準で雇用対策は最重要課題で、主な貿易相手国はフランス、イタリア、ドイツで、対日関係では13年の輸出がクロマグロや衣類など、輸入は自動車などで在留邦人は195人。義務教育は6～16歳、15年推定の識字率は男89・6%、女74・2%。

アルジェリア

アルジェリアは西地中海で北アフリカの真ん中に位置し、国土のほとんどがサハラ砂漠で、面積238万平方キロ（日本の6・3倍）、人口3967万人である。首都はアルジェ（256万人）で、主要都市にオラン（86万人）、コンスタンティーヌ（43万人）があり、アラブ人80%、ベルベル人19%、国教はイスラム教で99%がスンニ派である。北部沿岸は地中海性気候、中南部はサハラ砂漠で高温、乾燥の砂漠気候である。

新石器時代の住人はタッシリ・ナジェール遺跡を残し、紀元前には内陸部にベルベル人が存在しており、沿岸部にはカルタゴの植民都市があったがポエニ戦争で滅亡した。ベルベル人のヌミディア王国もユグルタ戦争やローマ内戦を経て、最終的にユリウス・カエサルの征服によってローマ共和制の属州となり、後ゲルマン系ヴァンダル族の征服、東ローマ帝国の征服を受けた。8世紀にアラブ人が侵入してイスラム化した後は、度重なる支配の変遷を経て16世紀に海賊バルバロッサはオスマン帝国の宗主権を受け入れた。

1830年フランスが進出してアルジェを占領、アルジェリア北岸のアルジェ、オラン、コンスタンティーヌの三都市は、フランス本土と同等の扱いを受け、多くのヨーロッパ人がフランス領アルジェリアに入植した。第一次世界大戦後独立運動が激化したが、第二次世界大戦中、シャルル・ドゴールを首班とするフランス共和国臨時政府が、アルジェで結成された。終戦後再び独立運動が激化し始め、現地人と入植者の対立に火が付きアルジェリア戦争が勃発、100万人に及ぶ死者を出した。戦争中の1960年代にはサハラ砂漠でフランスによる核実験が行われた。

62年にアルジェリア民主人民共和国として独立し、初代のベン・ベラ大統領は社会主義政策を採り、革命後のキューバと共に非同盟運動と世界革命路線を推進する一方、独立によって分割されていたアクータ鉱山から産出するウランを巡り、冷戦下の重要性もあってトゥアレグ抵抗運動が起こった。ウランの一部は日本にも出荷されている。65年軍事クーデターでベン・ベラ政権が打倒され、現実的な国造りが進められた。しかし、76年西サハラでのモロッコとの戦い（西サハラ戦争）があり、91年の軍とイスラム原理主義過激派との内戦（アルジェリア内戦）で非常事態宣言が発令され、2007年以降の北部や東部でのアル・カイーダ組織によるテロの頻発により、国家非常事態宣言が発令されたままの状況が続き、11年になって「アラブの春」の影響でようやく解除された。

2013年、南東部のイナメナスにある天然ガス関連施設が、アルジェリア政府に拘束された仲間の解放を目的にイスラム武装勢力に攻撃され、プラント建設会社日揮の日本人社員らが拘束される人質事件が起こり、日本人10人を含む計40人が死亡した。

元首は大統領で任期5年、首相を任命する。議会は国民評議会（上院、定数144、任期6年）と国民議会（下院、定数462、任期5年）の二院制。軍事面では総兵力13万人、外交的には非同盟中立、アラブ諸国との連帯を継承しつつ全方位外交を基調とし、対日輸出は石油、液化石油ガス（LPG）で輸入は自動車など。義務教育は6～15歳。

首都アルジェはアルジェリアの北端で西地中海のほぼ中央に位置し、標高100メートル以上の高地にある古都部分と、海岸付近の「北アフリカのパリ」とも言われる近代的な部分とに分かれている。植民地時代の影響でノートルダム大聖堂に代表されるフランス風の建築物が立ち並び、地中海沿岸の他都市と同様に白壁の建物が多い。内陸の旧市街部はイスラム風の建築物が多く、モスクが数多く点在している。映画『望郷』の舞台として知られるカスバ（城壁）はユネスコ世界遺産に登録されており、カミュ作の『異邦人』の舞台でも有名である。

紀元前12世紀頃フェニキアが植民して交易所を置き、ポエニ戦争後にローマ帝国の領土となりイコシウムと呼ばれ、東ローマ帝国後の10世紀に先住民族ベルベル人が「島」を意味する「アルジェ」と名付けた。その後ヨーロッパやアラブ、スペインなどが占領、1541年オスマン艦隊の拠点となり1830年フランスのアルジェ占領まで、行政、交易、地中海での海賊活動の中心として栄えた。フランスはアルジェを植民行政の根拠地として都市づくりを行い、海岸部にはフランス風の近代都市が建設されて、現在のアルジェの姿はここで完成した。第二次世界大戦後のアルジェリア戦争では、映画化もされた『アルジェの戦い』の戦場となった。1962年独立後は人口の集中が起こり、住宅不足や水不足などさまざまな都市問題が生じている。

コンスタンティーヌはアルジェリア東北部の中心都市で、商業の中心都市でもあり地中海沿岸から約80キロ南に位置し、内陸都市としてはアルジェリア最大で同国3番目の規模を有し、伝統的なイスラームの学術都市、難攻不落の軍事都市の一面も持っている。標高626メートルの街は、四方をリュメル川の深い峡谷に囲まれた岩丘上に立ち、そこに入るためには峡谷に架かる8本の吊り橋を渡らなければならず、かつて吊り橋は侵入者を撃退する役目を担っていた。吊り橋の一部は舗装され、車道を備えるものに改修されているが、シディ・ムシッド橋は建設当初「世界で最も高い橋」とされていた。私がかつて訪ねた時のことを纏めた著書『清流第二編　日本を飛び出せ』（鉱脈社刊）に

アルジェリア砂漠までのヨーロッパ
タムガディ（現ティムガード）は、トラヤヌス帝の命令で、100年頃ローマ帝国の辺境に建設された。通りが直角に交わる、碁盤の目のように区割りされた町並み、名高い図書館などはローマ文明初期の栄華をしのばせるが、建設者たちが立ち去ると、たちまち砂漠の砂に覆い尽くされた（中央は3世紀に建設されたトラヤヌス凱旋門）。

は「白い建物の群と峡谷とはるかな平原は、平和な現代でこそ素晴らしい景色。コンスタンティーヌの古い街には壊れんばかりの土の家が密集し、新しい街にはヨーロッパ風のビルが建ち並び掃除がしてあるが、一歩中に入れば実に汚くまだ使い慣れていないようだ」と記している。

町のボウ・ザバオウイーネの洞窟は新石器時代の遺跡として知られるが、紀元前3世紀までにフェニキア人によって建設されたヌミディア王国の首都、キルタがコンスタンティーヌの前身となっている。カエサルの時代にキルタはローマの植民市とされ、北アフリカに置かれたローマ帝国の4つの植民市の中で、最も重要な都市となった。311年、マクセンティウスとアレクサンダーの間でアフリカ諸国をめぐる戦争で、キルタは甚大な被害を受けたため313年に新しく再建され、皇帝コンスタンティヌス1世の名を取って町の名になったものであり、ゆっくりとかつての栄枯盛衰を振り返った。

以後ピサやジェノヴァ、ヴェネツィアなどとの貿易が盛んになり、再び繁栄し15世紀にはイベリア半島を追われたユダヤ人を多く受け入れた。オスマン帝国編入後も、モスクやマドラサなど多くの建造物が建てられ街は繁栄を迎えたが、1837年のフランス占領後、旧来のコンスタンティーヌの住民は周辺地域に追いやられ、新たにヨーロッパ風の市街地が建設された。第二次世界大戦では、北アフリカの諸戦線の戦略上の拠点として連合軍に使用され、1943年コンスタンティーヌを訪問したシャルル・ドゴールは、植民地再開発計画の必要性を唱えた。

モロッコ

モロッコはアフリカ大陸の北西、アルジェリア西のアトラス山脈を隔てた位置にあり、西には大西洋が広がり、北はジブラルタル海峡を隔ててイベリア半島、西地中海にも面する。面積46万平方キロ（日本の1・2倍）、人口3437万人でアラブ系65％、ベルベル系30％、99％が国教のイスラム教徒でうち90％がスンニ派である。公用語はアラビア語とベルベル語でフランス語、スペイン語も通用する。沿岸地方は地中海性気候、首都ラバト（197万人）の平均気温は夏27℃、冬7℃。内陸部は寒暖の差が大きく、北部は11〜4月が雨期。主な都市はカサブランカ（352万人）、フェス（117万人）、マラケシュ（93万人）のほか、ヨーロッパ・スペインからアフリカへの玄関口で、かつてアルヘシラス（ジブラルタルに隣接した町）から船でジブラルタル海峡を渡って着いたタンジールもある。

先史時代にベルベル人が現れ、古代にはカルタゴの港湾都市が築かれ、内陸部ではマウレタニア王国（現在のモロッコ、アルジェリア、チュニジアの領域）が栄えた。第三次ポエニ戦争後ローマ帝国の属国、東ローマ帝国の支配を経て8世紀初頭にウマイヤ朝が征服、モロッコのイスラム化とアラブ化が始まるとともに、ジブラルタルを越えイベリア半島の西ゴート王国を滅ぼしイスラム化を進めた。ウマイヤ朝後の11世紀南方のセネガル川流域のムラービト朝が北上し、モロッコを支配し新都マラケシュを建設したが、13世紀にマリーン朝に滅ぼされフェスに都を置いた。1415年アヴィシュ朝ポルトガルのエンリケ航海王子が、ジブラルタル海峡そばのセウタを攻略してから大航海時代が始まったとされる。

フランスによるアルジェ征服後、スペイン・モロッコ戦争を経て1912年のフェス条約で、国土の大部分がフランスの保護領となり、北部リーフ地域はスペイン領モロッコとなった。第二次世界大戦中、連合国のチャーチルとルーズベルトによるカサブランカ会談が開かれ、戦後世界的な脱植民地化の中で独立運動が過熱56年フランスから独立し、スペインはセウタなど飛び地と南部保護領以外の領有権を放棄した。62年に憲法が制定され立憲君主制国家に移行、西側諸国との協力関係を重視しながらもパレスチナ問題ではアラブを支持した。鉱物資源に富む西サハラ問題ではモロッコが実効支配を続けているが、現在に至るまで未解決のままである。

元首は国王で軍最高司令官を兼任し、首相や閣僚の任免、国会の解散など極めて強い権限を持つが、11年モハメド国王自らが、権限を議会や政府に一部委譲する憲法改正案を表明し国民投票で承認された。上院は定数１２０議席、任期６年で、下院は３９５議席、任期５年。外交面では非同盟、親欧米が基本で、北アフリカの５カ国でアラブ・マグレブ連合（ＡＭＵ）を設立した。日本は14年日本貿易振興機構（ジェトロ）事務所をラバトに開設、３１６０億円の資金協力（ＯＤＡ）を行いタコ、イカなどを輸入している。総兵力は約20万人で志願兵。義務教育は６～13歳で、識字率は男78・６％、女58・８％である。

フェスはアトラス山脈の北西、サイス平野の町で、南部のサハラ砂漠、北の地中海沿いの都市、西部のカサブランカ、ラバト、メクネスなどを結ぶ交差点で、隊商や巡礼者の拠点である。メディナと呼ばれる旧市街と、フランス植民地時代に建設された新市街に分かれ、フェス川が西から東へ流れている。かつてタンジールからバスでフェスに着いたとき、中国人と間違えられて原住民に囲まれて石を投げられたが、私が日本人だと分かるとすぐに止んだことを思い出す。住民は地下を流れるフェス川の水をくみ上げて利用し、排出される下水は街の外れでフェス川の下流に合流するが、旧市街の水路はかつてフェスの繁栄に大きな役割を果たした。亜熱帯気候に属し町の周辺では小麦、オリーブ、ブドウが栽培され、ヒツジやヤギの放牧が営まれている。

カサブランカは首都ラバトの南西90キロに位置し、モロッコの商業・金融の中心地であり観光地でもある。紀元前10世紀頃に歴史が始まり、フェニキア人やローマ人などとの交易で町は大きく

巨大迷路の中でも、世界一複雑なのがフェスのメディナであり、東西2.2㎞、南北1.2㎞の規模で、ゆるやかな双子の丘に広がっている。広い道はほとんどない上、起伏があるから、ここには、手押し車以外の車両が入ることができない。この規模の町で車両が入れないのは、フェスのほかにはヴェネツィアくらいだろう。

発展したが、カサブランカ港を拠点とする海賊船がポルトガルやスペインを襲い、怒ったポルトガル人によって焼き払われてしまった。時代を経てフランスの保護領となり商業の中心として整備され、第二次世界大戦中にはカサブランカ会談が開かれた。アメリカ映画『カサブランカ』は、第16回アカデミー作品賞を獲得した。

マラケシュはベルベル語で「神の国」を意味し、標高450メートルでステップ気候に属し、南に北アフリカ最高峰のトゥブカル山（4165メートル）がそびえる。西のマラケシュ駅のある新市街と、王宮のほかバイア宮殿、エルバディ宮殿、サアド朝の墳墓群、ベルアベ陵などがある北アフリカ最大規模の旧市街があり、1985年世界遺産に登録されるとともに、09年ユネスコの無形文化遺産に登録された。城壁に囲まれた旧市街の中心にある、アラビア語で死人の集会場を意味するジャマエルフナ広場は、文化と交易の中心として栄え、現在では屋台や大道芸で賑わっている。

リビア

リビアは北アフリカのほぼ中央に位置し、地中海を挟んでイタリアの南にあり、国土の90％以上が砂漠で高温乾燥、沿岸部は地中海性気候である。面積176万平方キロ（日本の4・66倍）、人口628万人で大半がアラブ人（先住民族ベルベル人含め97％）、国教はイスラム教でスンニ派が97％、公用語はアラビア語。首都はトリポリ（113万人）、主な都市はベンガジ（75万人）、ミスラタ（67万人）で、石油と天然ガスの資源が豊富である。

紀元前10世紀頃から、アフリカ内陸部と地中海を結ぶルートとしてフェニキア人が定住して栄え、以後カルタゴ、古代ローマ、東ローマ帝国の支配を受け、7世紀にアラブ人が進出、16世紀にオスマン帝国の勢力下に入り、1912年から伊土（イタリア・トルコ）戦争によりイタリア王国が植民地化し、第二次世界大戦中には英国とフランスが占領した。

1951年ムハンマド・イドリスを国王とする王国が独立したが、69年民族主義の青年将校団が無血クーデターを起こし共和制に移行、当時27歳のカダフィー大佐が革命指導評議会議長に就任した。パレスチナゲリラ急進派や日本赤軍などを公然と支持し、西ベルリンのディスコ爆破テロ、米パンナム機爆破、UTAフランス機爆破などに関与し、国連安保理は制裁決議を採択した。2003年リビアは事件の責任を認め遺族への補償金支払いを開始、安保理は制裁を解除するとともに、核兵器など大量破壊兵器などの開発計画の放棄を約束した。11年チュニジアやエジプトの政変「アラブの春」に触発され、カダフィー独裁体制打倒を求めるデモが拡大、内戦状態となり約42年続いたカダフィー政権は崩壊し、国民評議会が事実上の暫定憲法を発布した。

憲法宣言に従い12年、カダフィー政権崩壊後の初の自由選挙となる制憲議会選挙が実施され、リベラル派の国民勢力連合が最多議席を獲得し、ゼイダン首相の移行政府が発足した。しかし、14年6月中央政府の力が弱く機能不全との批判のあった、制憲議会に代わる暫定議会選挙を実施し、二つの政府をめぐる混乱が極まり、7月トリポリの国際空港で西部ゼンタンの民兵勢力と、イスラム系武装勢力が衝突、駐機場の航空機の約9割が損傷、管制塔もロケット弾攻撃を受け、燃料貯蔵所のタンクが炎上するなど被害が拡大。国連人権高等弁務官事務所（OHCHR）は戦闘悪化で、死者100人超、国内外に逃れた避難民が少なくとも25万人に上るとの報告書を出した。10月には真っ黒な「イスラム国」の旗をはためかせた20台近くの四輪駆動車が、同国東部の市街地を行進した。

外交面では、14年7月安全上の懸念があるとして米国や日本が大使館を一時閉鎖、北朝鮮には原油の「違法輸出」を図り、米海軍特殊部隊SEALSがタンカーを制圧、リビア政府に引き渡した。軍事面ではカダフィー政権崩壊で民兵の新国軍への統合や、内戦中に出回った武器回収が課題であり、陸軍は最大で7000人。13年の対日輸出はマグロなど、輸入は自動車で、在留邦人は22人。義務教育は6〜15歳で、15歳以上の識字率は男96・7%、女85・6%(15年)。

リビアやシリア情勢の悪化、アフリカ諸国の政情不安に伴い、中東やアフリカから船で地中海を渡って欧州を目指す、移民や難民が激増している。難民は10年に始まった「アラブの春」の混乱をきっかけに増加し、シリアのほか、ソマリアやエリトリア、マリ、ナイジェリア、南スーダンなどアフリカの紛争国の難民も目立つ。イタリアはギリシアとともに移民らにとって欧州への玄関口だが、不法移民を乗せたボロ船の沈没に伴う救助や、シチリア島やランペドゥーザ島の保護施設の収納能力も限界にきており、また過激派組織メンバーなどが紛れ込んでいる恐れもある。リビアだけでもイタリアを目指す難民が100万人以上集結し待機していると言われるが、軽い気持ちで祖国を捨てる者はいないと思うので、解決のためには諸悪の根源である内戦・国際紛争・テロを止めることが先決であると考える。

8章　中近東

エジプト

イタリアを語る場合、地中海の東端・中東やアフリカを抜きにすることはできない。

ナイル川の源流は、ブルンジ、ルワンダを源としてヴィクトリア湖に流れ込むカゲラ川の上流とされ、その白ナイル川はエチオピアのタナ湖から流れてくる青ナイル川と、スーダンの首都ハルツームで合流する。南スーダンのマラカルからハルツームまでの８００キロは、非常に緩やかな流れでその標高差は12メートルに過ぎず、エジプト側に位置するアスワン・ハイ・ダムのナセル湖の長さは５５０キロにも及ぶ。アスワン（古代都市名はスウェネト）からカイロまでは上エジプト、そこから下流の地中海岸の三角州は下エジプトと呼ばれ、河口である三角州のアレクサンドリアからポートサイドまでは２４０キロの幅を持つ。ちなみに世界主要河川の長さを比較すると、1位がアマゾン川で７０２５キロ、2位がナイル川で６６７１キロ、3位が長江（揚子江）で６３００キロ、4位がコンゴ川で４７００キロ、5位がミシシッピ川で３７７９キロとなっている。作家アガサ・クリスティの小説『ナイルに死す』は有名。

エジプトは北に地中海、西にリビア、南にスーダンと接し、東は紅海に面し東北のシナイ半島とはイスラエルと接する位置にある。南北に貫流するナイル川の流域と、下流のデルタ地帯を除く国土の90％以上が砂漠で、地中海岸を除き砂漠性気候で高温乾燥、年間雨量は最高２００ミリ、夏は最高43℃、冬は平均18℃。面積は１００万平方キロ（日本の２・６５倍）、人口８４７１万人で首都はカイロ（１８４２万人）、主な都市はアレクサンドリア（４７８万人）、ポートサイド（67万人）、スエズ（58万人）、ルクソール（47万人）のほか、アスワン（ナセル湖のダム）などがある。アラブ系住民が99・６％、イスラム教が国教でスンニ派が90％、キリスト教系コプト教が10％。公用語はアラビア語である。

紀元前３千年頃から、前３３２年のアレクサンダー大王による征服まで30の古代王朝の盛衰があった。古代ギリシアの歴史家ヘロドトスの「エジプトはナイルの賜物」の言葉で有名なように、アレクサンドリアを中心に、豊かなナイル川のデルタに支えられて中央集権国家を形成し、ピラミッドや王家の谷など世界的に高度な文明を発展させてきた。王家の谷からは１９２２年、英考古学者ハワード・カーターの発掘による古代エジプト第18王朝のファラオ、ツタンカーメン王の「黄金のマスク」や、無傷の王墓からはまばゆいばかりの埋葬品が出土した。若いころ東京・上野の国立博物館にやって来た「黄金のマスク」を見に行ったことがある。ギリシアとともにヘレニズム文化の中心の一つとして栄え、ローマ帝国の統治下ではキリスト教が広まりコプト教会が生まれ、分割後は東ローマ帝国に属し豊かな穀物生産で繁栄を支えた。

紀元９６９年にはイスラム教シーア派のファーティマ朝が征服し、カイロを建設しイスラム王朝が５００年以上にわたって続き、マルムーク（奴隷軍人）による

「近代エジプトの父」と呼ばれるムハンマド・アリー（1769~1849）。19世紀後半から、エジプトは事実上イギリスの支配下に入り、ムハンマド・アリー朝はエジプト最後の王朝となった。

支配体制が確立した。オスマン帝国、ナポレオン侵攻後、アルバニア人ムハンマド・アリー王朝になって経済、軍事の近代化が進められた。フランスとともにスエズ運河を開通させてから、その財政負担が経済的自立に決定的な打撃を与え、イギリス保護領を経てエジプト王国が成立した。

第二次世界大戦後の1948年、パレスチナ問題などからイスラエルと第一次中東戦争が勃発、ナセル大統領によるスエズ運河国有化宣言で第二次中東戦争（スエズ動乱）が発生、第三次中東戦争ではイスラエルに敗北してシナイ半島を失った。第四次中東戦争でイスラエルと交戦したがサダト大統領がエルサレムを電撃訪問、米国のキャンプデービッド合意により79年平和条約に調印したが、サダトは戦争終結記念パレード中に、イスラム過激派組織「ジハード」に暗殺された。2011年チュニジアを発端とする「アラブの春」で、6選を目指すムバラク大統領への辞任要求デモが「エジプト革命」に発展。12年ムスリム同胞団系のモルシ大統領が誕生したが、経済政策の失敗などでクーデターが起き、14年からシン大統領（選挙で96・1％と大勝）が就任している。

元首は大統領で14年施行の新憲法（国民投票で98・1％の賛成）では、任期4年2期までで、議会は一院制の国会定数450人以上。首相は大統領が任免し現在マハラブ首相。最近の外交面では米国オバマ大統領と民主化推進や人権尊重、「イスラム国」への対応、中東和平協力で一致。パレスチナ自治区ガザでのイスラエルとハマスの衝突で、エジプトは仲介に乗り出し無期限の攻撃停止と人道・救援物資の搬入の合意をさせた。日本との関係では、ニューヨークの国連本部で安倍首相はシン大統領と会談し、「イスラム国」などテロ組織と戦う国際的努力を支持する考えで一致した。在留邦人は986人。

経済面では観光、海外出稼ぎ労働者の送金、石油輸出、スエズ運河通行料が主な外貨収入源で、経済成長と貧困層対策を重視する一方、財政赤字の削減を図り、予算で補助金削減と税制改革を実施し経済回復の兆しも見え始めている。輸出は石油などでイタリア、米国、インドで、輸入は機械などで米国、中国、ドイツが主で日本ともある。スエズ運河は１８６９年に完成した全長１９３キロの水路で、ヨーロッパとアジアの移動でアフリカ南端の喜望峰を回らずに済むようになった。15年の拡張工事で大型タンカーがすれ違えるようになり、18時間かかったのが11時間に短縮、１日49隻から２０２３年までには97隻に増える予定だ。中米のパナマ運河も16年に拡張工事が終了し、二つの運河で貨物争奪戦が激化、通行料が６割値下げされ国際経済や日本経済への恩恵も高まった。

１９５５年原子力委員会を設置し、他の中東諸国に先駆けて原発計画を進めたが、86年のチェルノブイリ原発事故で断念したことは未来を見据えた英断であったと評価されている。核拡散防止条約（ＮＰＴ）加盟国だが、国際原子力機関（ＩＡＥＡ）の追加議定書は未締結である。一応ロシアやフランス、中国などとは原子力協定を締結しているが、日本とは締結していない。軍事面では選抜徴兵制を採り、兵役は１～３年で、正規軍計44万人で予備役48万人。１９８１年エジプトとイスラエルが調印した議定書に基づき、シナイ半島に多国籍軍・監視団の米国など12カ国１６５９人が駐留している。

古代都市カイロ

カイロはナイル川下流河畔の交通の要衝として、長い時代を通じてイスラム世界の学術・文化・経済の中心都市であり続け、２０１４年、アメリカのシンクタンクが公表したビジネス・人材・文化・政治などを対象とした総合的な世界都市ランキングにおいて第49位、アフリカでは第１位であった。日本語での都市名は英語名のＣａｉｒｏに由来し、中心市街はナイル川の右岸、東側に位置し、川を挟んで対岸の西郊にはピラミッドで有名なギーザの町があり、南は古代エジプトの中心都市の一つメンフィスである。

カイロの中心はナイル川東岸に近いタハリール広場で、周辺には政府庁舎ビル、カイロ・アメリカン大学の元キャンパス、エジプト考古学博物館、アラブ連盟本部ビルなどがあり、広場から東に４００メートルのところにムハンマド・アリー朝の王宮で、現大統領府であるアブディーン宮殿がある。新市街から東には旧市街（イスラム地区）が広がり、９８８年に創立されたイスラム世界最古のアズハル大学があり、イスラム教学の最高学府として世界中から留学生を集めた。カイロ大学やカイロ動物園はギーザにある。２００９年世界的に大流行した新型インフルエンザが、エジプトの豚からの感染と分かると国内の豚の全頭殺処分と輸入禁止を行ったため、キリスト教徒らが餌として無償で収集していた生ゴミが放置され、深刻な衛生問題に発展したことがある。

古代エジプトからローマ属州時代は、湿地帯が広がりほとんど未開地であり、ギーザ大地には三大ピラミッドが築かれているが、新王国時代にはすでに廃墟となっていた。東ローマ帝国後のイスラム帝国が、エジプト支配の拠点として軍営都市の建設を進めた。12世紀アイユーブ朝のサラディン王は、エジプトの政府機能の一切をカイロに集約させ、東西交易によって空前の繁栄を迎え、リチャード1世率いる第３回十字軍の逆襲を受けたがこれを迎撃、エルサレムを確保し和議を結んだ。16世紀にオスマン朝に征服されるとカイロは一地方となり、政治的な重要性は失われ、文化活動も沈滞した。

１９５２年ナセル大統領率いる革命政府はカイロの近代化を進めた。都市圏人口は、１９０７年に95万人だったのが、36年には１６０万人、88年には１２００万人に達した。しかし急激な開発はカイロへの富の集中と市内での貧富の差を生み出し、新たなエジプト革命へと繋がっていった。

アレクサンドリアはエジプト北部、ナイル川デルタの北西端に位置するカイロに次ぐエジプト第２の都市であり、その美しさから「地中海の真珠」と表現される。マケドニア国王アレクサンドロス3世（アレクサンダー大王）が、その遠征の途上でオリエントの各地に自分の名を冠しているが、紀元前332年に建設したギリシア風都市の第1号であった。死後は、その部下だったプトレマイオス1世により王朝の首都として発展、人口も100万人を超え「世界の結び目」とも言われた。港町アレクサンドリアは、開放的でコスモポリタン、多くの文化的要素を持ち欧米的な雰囲気が漂う国際観光・商業都市であり、世界保健機関の東地中海方面本部など国際機関も置かれ、街中に英語の看板も多く大きなサッカー場もある。

古代世界の七不思議の一つに数えられるファロス島の巨大灯台は、アムルーク朝の15世紀にカーイト・ベイの要塞として建造され、現在に至っている。各地から詩人や学者が集まった学術研究所ムーセイオンや、文学・歴史学・地理学・数学・天文学・医学など世界中のあらゆる分野の書物70万冊が、歴史の闇に忽然と消えたアレクサンドリア図書館もあり、ヘレニズム時代の商業・文化の中心地として栄えた。『幾何学原論』の数学者エウクレイデスや地球の大きさを正確にはかった図書館長のエラトステネス、アルキメデス、ヘロン、プトレマイオスなどが活躍した。新しい図書館は2002年にオープン、自然採光型で中にはプラネタリウムや考古学博物館があり、外装には日本語版も見て取れる。グレコローマン博物館はアレクサンダー大王以降、プトレマイオス朝を経てアラブ侵入までの時期の美術品が展示されている。

キリスト教は初期から古代神学の重要な拠点となり、ローマ・コンスタンティノポリス・アンティオキア・エルサレムとともに五大総主教座の一角を占め、総主教庁は現在もギリシア正教とコプト正教会のものが存続している。アラブ時代には経済的に沈滞したが、学芸の都として古代ギリシア・ローマ文明にイスラム文明がミックスした、アラビア科学揺籃の地の一つとなった。やがて、インドの香辛料を求めたヴェネツィアなどイタリア半島の諸都市の商人が訪れるようになり、地中海交易の重要拠点として再び繁栄した。現在では国内の工業や経済の中心地で、エジプト屈指の工業都市として発展を続けている。

アレクサンドロス3世は、ヘラクレスを祖とする家系のピリッポス2世とエペイロス王女オリュンピアスの間に生まれた。紀元前３４２年ピリッポスは、アテナイからマケドニア人の学者アリストテレスを「家庭教師」に招き、アレクサンドロスと後に大王を支える将軍となった学友を教えた。アリストテレスとの交流は東征中、アレクサンドロスの要請で「王道論」や「植民論」を書き送り、また各国から送られてくる動物や植物の観察・研究をし、アレクサンドロスの死まで続いた。ギリシアへ出兵後は、ペルシャ東征に出発しイッソツの戦いで10万の軍勢を敗走させ、エジプトに入ると解放者として迎えられファラオの名を得、ゼウスの子に等しいアメン神殿にその像を祭られた。その後ナイルデルタの西端に都市を建設し、現在のアレクサンドリアの起源となった。

東方遠征を再開しアレクサンドロス軍4万７０００は、チグリス川上流でのガウガメラの戦いで、30万とも言われたペルシャ軍を破り滅亡させ、中央アジアへ侵攻しインダス川を越えてパンジャブ地方へ侵入、いわゆるインド遠征を行った。アレクサンドロスは帰還後、バビロンにおいて帝国をペルシャ、マケドニア、ギリシア（コリントス同盟）の3地域に再編し、ペルシャ人とマケドニア人の融和を進めていたが、祝宴中に蜂に刺されて倒れ、前３２３年死去した。

アレクサンドロスは、アラビア語やペルシャ語で「イスカンダル」の名前で知られ、その勇猛さはイスラム世界に一種の英雄伝説となって語り伝えられ、東南アジアにはイスカンダルという男性名が今でもある。トランプの〝ＫＩＮＧ〟にはかつての「世界」を征服した、４人の王がモ

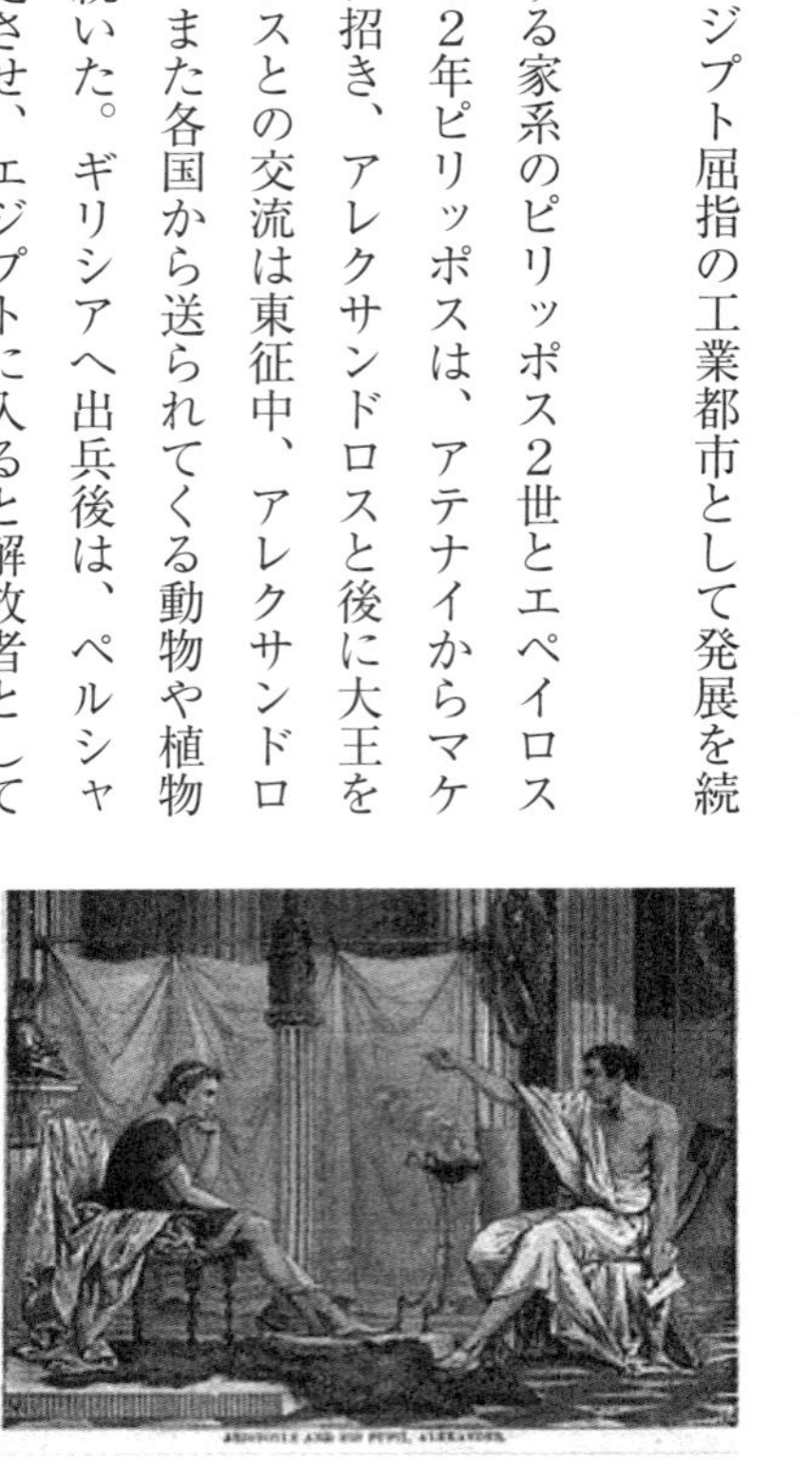

アリストテレス（右）（紀元前384〜前323）の講義を受けるアレクサンドロス

マケドニアの王アレクサンドロス３世（紀元前356〜前323）は、ギリシアの東方遠征を企てた。テーバイを破壊し、小アジア、バビロン、スサを占領し、インダス川まで到達した。彼はギリシアとオリエントの文化を結びつけようとしてB.C.324年に、１万人の兵士をペルシア人女性と結婚させた。王は33歳で死んだ。

デルとなっている。スペードは「古代イスラエル」のダヴィデ王、ハートは「フランク王国」のカール大帝、ダイヤは「ローマ帝国」のガイウス・ユリウス・カエサル、そしてクラブが「マケドニア王国」のアレクサンダー大王である。ただしダヴィデ王は「世界」を征服していない。またオリエントの伝説によると、アレクサンドロスは海中の世界にも興味を覚え、ガラスの樽の中に入って海中を探検したという。ルクソールは古代エジプト新王国の時代、太陽神アメン＝ラーの都市テーベがあった場所で、多くの遺跡が残っている。ナイル川の東岸にはカルナック神殿、ルクソール神殿があり、西岸には死を象徴するツタンカーメン王の墓のある王家の谷や、王妃の谷がある。雨はほとんど降らず、年間の平均降水量は２・３ミリで、夏季の間気温は頻繁に50℃を超え、王家の谷の近郊でかつて57℃に達したこともあり、街にはナイル川が流れているが、川によって冷やされるのはほんのわずかである。

　第11王朝時代に華麗さと知、芸術、宗教、政治において重要な都市となり繁栄し、新国王のファラオがクシュやカナン、フェニキア、シリアに遠征し、テーベは世界規模でも有数の富を有し古代エジプトで政治的、宗教的、軍事的に主要な都となっていった。メンフィス周辺のファラオの山は、ピラミッド発祥の地と言われており年中観光客が訪れている。

　町にはバビロニア人、フェニキア人、ミノア人なども流入し、アナトリアのヒッタイトの王子がツタンカーメン王の未亡人と結婚するまでに至った。ローマ帝国の時代にはキリスト教の修道僧がやって来て、修道院を設立した。観光業、農業（特にサトウキビ）を行っているが、カイロに比べると街は貧しく、貧困層が多い。１９９７年、外国人観光客を狙ったエジプト史上最大のテロ・ルクソール事件が起き、日本人客10人を含む63人が殺害され、街の経済は大打撃を受けた。２０１３年には、観光用の熱気球が飛行中に火災になり、日本人客４人を含む19人が犠牲となった。「古代都市テーベとその墓地遺跡」は世界遺産に登録されている。

アフリカ中南部

アフリカ中南部は民族同士の紛争や、ボコ・ハラムなどイスラム過激派による殺戮が絶えず、パキスタンのマララさんにノーベル平和賞が与えられた14年には、「西洋教育は罪」としてナイジェリア北部の学校を襲撃、女子学生200人以上を拉致し「奴隷」にしたとの報道があった。アフリカでは11年以降リビア内戦の影響で重火器が拡散、ボコ・ハラムは重機関銃やロケット砲まで使用し、政府施設を攻撃し多数の死傷者を出すなど、イラクとシリアで台頭した「イスラム国」に忠誠を表明している。また13年にアル・カーイダ組織系がアルジェリアで、天然ガス関連施設を襲撃し日本人ら40人が死亡したが、15年4月にアル・シャバブがケニアの大学を襲撃し150人が死亡、10月にシナイ半島で「イスラム国」傘下の「シナイ州」がロシア旅客機を撃墜、11月にはムラービトゥーンがマリのホテルを襲撃し19人が死亡するなど、テロを繰り返すことで存在感を誇示している。

アフリカ中東部では、心ならぬ人間による密猟や自然破壊により、多くの生き物が絶滅の危機に追い込まれている。特にアフリカゾウは象牙の採取を目的とした密猟に歯止めがかからず、タンザニアでは2009年には10万9051頭いたが14年には4万3330頭に、モザンビークでは2万頭以上が1万300頭にとそれぞれ約60%減少し、保護団体は「アフリカゾウは今後数十年の間に絶滅する勢いだ」と警告している。角の採取を目的としたサイの密猟は、アフリカの約80%が生息するとされる南アフリカでは、13年が100

人間による自然破壊と密猟によって、絶滅の恐れのあるアフリカゾウ。

４頭、14年は１２１５頭に上っている。いずれも中国などの富裕層の増加が要因とされ、日本はワシントン条約で輸出入が原則禁止されているが、届け出のない業者がネット上での取引や、中国への密輸の例があると保護団体はいう。

気候変動による地球温暖化は、世界的にもエルニーニョ現象などをもたらし、南アフリカでは「１９９２年以来最悪」とされる干ばつでトーモロコシは育たず、マダガスカルでは20万人が飢餓の危機に直面している。異常気象はアフリカはもとより全世界で発生するようになり、米国西部のカリフォルニア州は、同州で使う水の大半を頼るシエラネバダ山脈の残雪の量が年々減り、14年は過去最低水準となり貯水池に流れ込む雪解け水の量は激減し山火事が多発、ブラウン州知事は非常事態を宣言し水の再利用を訴えた。さらにオーストラリア南部の降水量はこれまでの最低水準を記録、タイでは雨期になっても日照りが続き稲は枯れ（2年前の14年には大洪水）、カナダ中部でも乾燥状態が続き、山火事が多発している。

イスラエル国

イスラエルは地中海の東端で中東諸国のほぼ中央に位置し、エジプトとはシナイ半島の東側と、東はヨルダン川、死海からアカバ湾を結んでヨルダンと、東北はゴラン高原を挟んでシリアと、北はレバノンにそれぞれ接する。西部に平野、南部にネゲブ砂漠、北部ガリラヤ湖に発するヨルダン川は、海抜下４２０メートル超の死海に注ぐ。東エルサレム、ゴラン高原を含む面積は２万２０００平方キロ、ヨルダン川西岸地区５６５５平方キロ、ガザ地区３６５平方キロである。人口は８４２万人でユダヤ人が75％、パレスチナなどアラブ系が21％で、宗教はユダヤ教徒75％、イスラム教徒18％（大半がスンニ派）、キリスト教徒２％、ヘブライ語とアラビア語が公用語で英語も通じる。首都はエルサレム（85万人）。主な都市はテルアビブ（43万人）、ハイファ（28万人）がある。

紀元前10世紀、古代イスラエルの王ダヴィデは南方のユダと北方のイスラエルを統合、エルサレムを首都と定め理想の王と称えられた。ダヴィデの子ソロモン王は賢人として知られ、神殿の建設など王国の最盛期を築き、旧約聖書が編纂された。紀元70年頃からローマ軍の神殿破壊が始まり、ユダヤ人の国外離散が本格化し流浪の民となっていった。

時代を経て１８９７年、テオドール・ヘルツェルがスイスで第1回シオニスト会議を開催、ユダヤ人国家建設を目指す政治的シオニズム運動が始まった。１９１７年、英国はバルフォア宣言でユダヤ人の祖国建設を支持したが、第二次世界大戦中、ナチス・ドイツのホロコースト（ユダヤ人大量虐殺）で、中・東欧などのユダヤ人６００万人が殺害された。

47年国連総会は、第一次世界大戦後オスマン帝国領から英国の委任統治下になったパレスチナを、ユダヤ人とアラブ人の2国に分け、エルサレムを国際管理下に置くパレスチナ分割決議を採択し、翌年イスラエルは建国宣言をした。国を追われて２０００年近く放浪の民だったユダヤ人はついに安住の地を得たが、宣言の翌日にはアラブ諸国が攻め込み、第一次中東戦争が勃発イスラエルが圧勝したが、その後第四次中東戦争まで争いは続き、77年エジプトのサダト大統領がエルサレムを電撃訪問し、米国の仲介を経て79年平和条約を締結した。しかし、政治的不安定は今なお続き、２０１４年にはヨルダン川西岸で10代のユダヤ人少年3人が行方不明、西岸のヘブロン近郊にて射殺体で発見、また東エルサレムに住むパレスチナ人少年が遺体で見つかるなどで、ガザでのイスラエルとハマスによる大規模衝突につながった。

外交的にはアラブ連盟加盟国のうち、エジプト、ヨルダンと国交を持ち、トルコとは一時冷却化したが友好関係を取り戻し、イスラエルを敵視し核開発を進めたイランは安全保障上の脅威と位置付け、シリアとはゴラン高原を巡って争っている。対米関係では14年ネタニヤフ首相が訪米しオバマ大統領に、イランの「ウラン濃縮中止と軍事的な核関連施設の完全廃棄」を要請した。同首相は同年日本にも訪れ安倍首相と会談し、中東の平和と安定に協力することで一致した。しかし、安倍首相は中東諸国訪問中に後藤健二氏ら日本人2人の人質が画像に流れた折イスラエル国旗を背にした記者会見で「(イスラム国など)テロには屈せず」と語気強く言明した。その姿は広く世界のムスリム市民やイスラム過激派組織の眼に、日本をイスラエルと同等の「敵」と新たに認識し、「イスラム国」は日本も〝十字軍の一員〟との決定的瞬間と映ったのではないか。首相の中東訪問前に外務省が事件を想定して止めていたにもかかわらず、画像に激情して〝不幸なタイミング〟でそれを押し切ったことは、日本人の安全に大きな禍根を残したと言える。首相の思慮不足は甚だしく「情けない」の一言に尽きる。実際バングラデシュなど世界中で日本人が標的にされているのは報道のとおりである。

日本総合研究所理事長で、以前私が働いていた㈱ナジック学生情報センター顧問の寺島実郎氏は、テレビの報道番組で「日本外交は中東やイスラムに対し、欧米とは関わりの歴史がまるで違い、賢く向き合わなければならない。後藤氏ら人質殺害事件は外交の失敗と言うより落とし穴で、不要な逆恨みを受けないよう慎重であるべきで、不用意なコミットメントは避ける必要がある」と言った。また「積極的平和主義」は間違った方向ではないが、肝心の近隣諸国との安定なく外縁を回るいわゆる「ドーナツ外交」では説得力が無く、同盟国の米国でさえも不安視していると指摘し、簡単に誰かと運命共同体になる時代ではなく、今は多次元でものを考えなければならない時だとも言う。「イスラムとの対話」が大事で、中東に短期的な利害で介入してきた「大国の横暴」に肩を並べるべきではない、と締めくくった。

軍事面では正規軍が18万人（うち徴兵が11万人）、予備役が47万人で国民皆兵、18歳から男子3年、女子2年。兵役義務はユダヤ人とイスラム教ドルーズ派、その他のアラブ系イスラエル人、超正統派ユダヤ教徒など。80の戦術核を保有しているとされるが、否定も肯定もせず核拡散防止条約（NPT）への調印を拒否している。イスラエル軍はガザやイランからのミサイル攻撃を想定し、レーザー光線による「アイアンビーム」を含めて迎撃システムを配備している。産業ではダイヤモンドの研磨加工や軍事産業のほか医薬品、コンピュータなどのハイテク産業があり、13年から地中海沖で独自に開発したタマル・ガス田からの天然ガスの輸送が始まった。義務教育は6〜18歳で大学はヘブライ大学、テルアビブ大学、ハイファ大学がある。ちなみに世界のユダヤ人人口は約１４２２万人（14年）。

首都エルサレムは、地中海から内陸部に入った標高８００メートルの小高い丘の上に位置し、ユダヤ人が住む西エルサレムとアラブ人が住む東エルサレムから成るが、東部はパレスチナ自治政府も領有を主張し、パレスチナ独立後の首都と規定している。エルサレムは、ヘブライ語名のイェルシャラユイム（平和の町）を意味するとも言われ、古代イスラエル・ユダ王国の首都でかつてエルサレム神殿が存在し、またイエス・キリストが処刑された地でもあり、ユダヤ教・キリスト教・イスラム教共通の聖地となっている。聖地「神殿の丘」は旧市街にあり、ユダヤ教徒にとって最も神聖な場所で、かつての神殿の跡に現在は「嘆きの壁」だけが残る。一方、丘の中心には、預言者ムハンマドが昇天したとされる「岩のドーム」などがあり、イスラム教徒にとってサウジアラビアのメッカやメディナに次ぐ聖地である。

エルサレムは紀元前30世紀頃、カナーンと呼ばれていた地のオフェルの丘に古代

城塞都市（フラ・アンジェリコ画・フィレンツェ・サンマルコ修道院蔵）

中世のすべての都市と同じく、エルサレムは丘の上に（ここではユダヤの丘）建てられた、長大な囲壁を有する城塞である。こうして、エルサレムは、近隣地域をもその庇護下においた。

セム系民族が集落を築いたのが起源とされ、前10世紀頃にヘブライ王国が成立すると、2代目のダヴィデ王によって都と定められ、3代目のソロモン王で絶頂期を迎えエルサレム神殿が建設された。死後ユダ王国の都となった。300年後新バビロニア王国に滅ぼされてからは、アケメネス朝、アレクサンドロス帝国を経て、前37年にはヘロデ大王のヘロデ朝創始によりローマ帝国の支配下に置かれた。ユダヤ属州が創設された6年頃イエス・キリストがエルサレムに現れ、30年頃属州総督ピラトゥスによって処刑された。ユダヤ人はエルサレムを追われ離散（ディアスポラ）したが、エルサレム神殿の外壁の一部（嘆きの壁）が残り、313年ミラノ勅令によってキリスト教を公認し聖地化した。

638年、アラブ軍に征服されてイスラーム勢力の統治下に置かれ、第三の聖地として岩のドームを建設した。1099年第一次十字軍の軍勢がなだれ込み、多くのムスリムやユダヤ教徒の住民を虐殺してエルサレム王国を成立させ、再びエルサレムはキリスト教徒の町になった。様々の時代を経て19世紀後半には、ヨーロッパでのシオニズム運動の高まりにより、パレスチナへのユダヤ人の移住者が聖都エルサレムに急増、第一次世界大戦後国際連盟によりイギリス統治領パレスチナとなり、エルサレムに首都がおかれた。第二次世界大戦後の国際連合のパレスチナ分割決議で、エルサレムを永久信託統治と決議した際、イスラエルが独立宣言をしたが第一次中東戦争が勃発した。

休戦協定により西エルサレムはイスラエルが、東エルサレムはヨルダンが統治することとなったが、第三次中東戦争でイスラエルに占領され、東西エルサレムは一つの市となった。旧東エルサレムにある旧市街は、オスマン・トルコのスレイマン1世によって建設された城壁に囲まれ、東西南北に宗派ごとに分割されており、北東はムスリム地区、北西はキリスト教徒地区、南西はアルメニア正教徒地区、南東はユダヤ人地区となり、八つの門がありそこからしか出入りができない。旧市街の東のオリーブ山にはイエス・

キリストの足跡が多く、多数のキリスト教徒が訪れるほか、旧約聖書の最後の審判で神が現れるユダヤ人の聖地ともなっている。「エルサレムの旧市街とその城壁群」は世界遺産に登録されている。

三大宗教の発祥の地

エルサレムは単に地理的要素ばかりでなく、アブラハムの宗教全ての聖地であることが最大の問題で、紛争の火種であり解決を困難にしている。ユダヤ教の成立は世界で最も古く紀元前1280年頃、モーセがヘブライ人をエジプトから脱出させ、シナイ山で神ヤハウェと契約を結び（十戒）、カナン定着後の200年間12部族のイスラエル民族が繁栄し、前1020年頃ヘブライ王国が成立した。その後イスラエル王国とユダ王国に分裂したが、やがて『旧約聖書』（律法の書）の「天地創造」が著述され「神ヤハウェがこの世界を創造した神であり、唯一神である」とされる。

「創世記」には、善の行いから洪水の難を逃れたノア（当時600歳）の方舟の説話や、イスラエル、アラブ双方の父祖アブラハム、「十戒」を授かり、奴隷ら同胞を率いて理想の地カナン（現パレスチナ）へ脱出したモーセも記される。イスラエルの帰還法では「ユダヤ人の母から生まれた者、もしくはユダヤ教に改宗し他の宗教を一切信じない者」をユダヤ人として定義しているが、近世以降ではキリスト教に改宗したユダヤ人（メンデルスゾーンやマーラー）も無神論者のユダヤ人（フロイト）も「ユダヤ人」と呼ばれ、イスラエル国内でユダヤ教を信仰していない者も「イスラエル人」である。

ユダヤ人がこれまで絶滅を免れたのは、何よりも学問を重視し最も知的な民族集団の一つと考えられており、一般大衆のほとんどが文盲だった紀元前から、コミュニティーでは授業料が無料の公立学校が存在していた。ユダヤ教における最大の特徴は教育で「身を守る」ことはもとより、「国を守る」には兵隊を生み出すよりも子供によい教育を受けさせるべきとしている。近現代において世界の民族別知能指数では最も高く、例えばノーベル賞の22％、フィールズ賞の30％、チェスの世界チャンピオンの54％などを占めるとともに、哲学・思想方面、音楽業界においても多くの人が知られる。

　キリスト教は、ユダヤ教の始まりから遅れること約1000年、パレスチナにユダヤ人のヨセフと許嫁マリアの子としてイエス・キリストが生まれたのに始まる。当時パレスチナではヤハウェを唯一神とするユダヤ教の一神教だったが、「最後の審判」の日に救世主（メシヤ）が現れ全信徒を救済するとしており、30歳ころイエスは洗礼者ヨハネからヨルダン川で洗礼を受け、自分自身がメシヤと自覚をしキリスト教のもとを築いた。「メシヤ」のギリシア語訳が「キリスト」で、イエス・キリストとは「救世主であるキリスト」という意味である。イエスはエルサレム神殿はじめ各地で説教したが、ユダヤ教一派の「パリサイ派」がローマ帝国のユダヤ総督ピラトゥスに訴え、ローマへの反逆者として死刑を宣告された。受難を悟ったイエスは、ユダヤ教の春の「過越の祭」の前の、処刑される前夜弟子たちと「最後の晩餐」をとり、エルサレム郊外のゴルゴタの丘で十字架刑に処された。3日後生前の遺言どおりイエスは「復活」し、40日間弟子たちと生活後昇天し、イエスへのメシヤ信仰が成立したという。

　『旧約聖書』はユダヤ教の正典として誕生、キリスト教の正典としても受容され、さらにイスラームの成立にも影響を与えている。『新約聖書』はキリスト教の正典で、福音書、使徒言行録、公同書簡、パウロの書簡、ヨハネの黙示録などから成り、それぞれ「約」とは「神との契約」を意味する。レオナルド・ダ・ヴ

エル・グレコが描いたイエスの肖像。イエス（紀元前6から4頃～30頃）の教えは、ペレロ、パウロらの弟子たちによって広められ、それはキリスト教として世界宗教へと発展した。『新約聖書』の「マタイの福音書」「ルカの福音書」「マルコの福音書」「ヨハネの福音書」は、イエスの言動を伝えている。

イン・チ作「最後の晩餐」にも登場するキリスト教十二使徒は、最初の弟子で伝道に命を捧げるペテロ、イエスに最も愛され「ヨハネの黙示録」を著したヨハネ、十字架上でも伝道しスコットランドの守護聖人アンデレ、ヘロデ大王に斬首されたスペインの守護聖人大ヤコブ、イエスが「まことのイスラエル人」と迎えたバルトロマイ、広範に布教活動をしバルトロマイを紹介したピリポ、懐疑を超えて信仰へ入ったトマス、元徴税人から「マタイの福音書」を残したマタイ、イエスの兄弟と伝わる小ヤコブ、敗北者の守護聖人で反ローマの活動家シモン、そして銀貨30枚で裏切ったユダである。ユダ脱落後に選ばれ使徒となったマティアは、「最後の晩餐」にはおらず「使徒言行録」の方に登場する。

他の宗教に比して特徴的なのは、歴史的宗教でかつ伝道宗教を備え、生まれて間もなく地中海世界や西ヨーロッパに入り、16世紀以降本格的に東洋に伝来しアメリカ大陸へ渡り、今日キリスト教は世界のほぼ全地域に及び信徒数は20億を超えカトリック教会、プロテスタント諸教派、東方正教会の3グループに大別される。キリスト教のシンボルは十字架であり、次に聖書、教会、キリスト教道徳（倫理）である。新約聖書（福音の書）に関する根本的主張は、他の宗教の教祖の言行や教訓などの聖典とは違い、まさしく〝聖書の著者は神であり、聖書は神の言葉そのもの〟であり、「愛の宗教」と呼ばれる。キリスト教にとって生誕地は北のナザレだが、エルサレムはイエス・キリストが教えを述べ、処刑され、埋葬され、そして復活したとされる場所である。

イスラームは610年、メッカ（サウジアラビアの西、紅海の近く）で預言者ムハンマド（日本ではマホメット）が創唱したとき、その教えを信じてムスリム（イスラム教徒）となったのは、妻ハディージャ、いとこのアリー、友人アブー・バクルなどわずか数人だった。622年メディナ（メッカの北方約400キロ）へ同行したムスリムは70人余りで、ムハンマド没後から大規模な征服を開始し、シリアとエジプトをビザンティン帝国から奪い、8世紀には中央アジア、西北インド、北アフリカ、イベリア半島を征服した。イスラームはアラビア語で「唯一の神アッラーに絶対的に服従すること」を意味し、信者のムスリムは「絶対的に服従する者」の意である。世界宗教として西アジア、アフリカ、インド亜大陸、東南アジアを中心に現在ほぼ16億人の信者を持ち、その大部分がスンニ派、約1割がシーア派に属する。

2010年現在、世界のキリスト教徒は32%（22億人）、イスラム教徒は23%（16億人）だが、イスラム教徒が住む地域の出生率が高いことなどから、50年になるとイスラム教徒30%（28億人）で、キリスト教徒31%（29億人）に拮抗すると、米調査機関ピュー・リサーチ・センターがまとめた。さらに今世紀末には、人類史上初めて逆転し、その差は開くと予測している。ローマクラブの『成長の限界』が言う「人口爆発による危機」はイスラームでは学ばないのか、紀元前250年頃でさえも韓非子が「人々は5人の息子を持つことは多すぎないと考えている。そして息子もまた、5人の息子を持つ。かくて祖父が死ぬ前に、すでに25人の後継ぎがいる。それゆえ、人はますます増え、富はますます少なくなる。彼らは一生懸命に働き、ほんのわずかしか得るところがない」と警告している。

「コーラン」は唯一神アッラーの啓示である、最後の審判の日に備えるようムハンマドを通じて人々へ警告を発したものを、後にこれを1冊の書物にまとめたものである。それは永遠の昔、神は天地を創造し、天には日月星辰を、地には人類を始めとする生命を創造し、神が人類に授けた規範がシャリーアであり、それに従って生きるのがイスラームである。コーランは、メディナ時代にムハンマドがメッカのカアバ神殿（聖なるモスク）から、一夜のうちにエルサレム神殿（遠隔の礼拝堂）までの旅をしたことに始まるという。メッ

エルサレムのオマールのモスク（岩のドーム）

これは二度聖別された岩である。ユダヤ人にとっては、族長アブラハムが息子のイサークを神の生贄にするために縛りつけた岩であり、イスラム教徒にとっては、預言者ムハンマド（570頃~632）がこの岩からアラーの玉座へ登り始めたのである。

カとメディナは「禁域」とされており、異教徒の立ち入りや樹木の伐採、狩猟などは禁止である。ちなみにコーランの用紙は、そのほとんどが宮崎県の王子製紙日南工場で生産されている。

ちなみに仏教は紀元前5世紀頃インドに出たシャーキャムニ、すなわち釈迦によって創唱された教えで、キリスト教、イスラームと並ぶもう一つの世界三大宗教である。現在スリランカ、タイなどの東南アジア諸国、中国、朝鮮、日本などの東アジア諸国、チベット、モンゴルなどの内陸アジア諸地域を中心に5億人の信徒を有するほか、アメリカやヨーロッパでも教徒や思想的共鳴を得つつある。発祥の地インドでは13世紀に教団が破壊され、ネパールなどの周辺地域を除いて消滅した。仏教の教理の基本、釈迦が悟り人に説いたところの法（真理＝教え）は、〈諸行無常〉〈一切皆苦〉〈諸法無我〉〈涅槃寂静〉の四句に要約される。日本への公式の伝来は538年、百済の聖明王が釈迦仏像と経典を朝廷に献上したときとされる。推古朝の摂政聖徳太子は仏教に深く帰依し、法華・勝曼・維摩の注釈書「三経義疏」を著し、十七条憲法の第二条の「篤く三宝を敬え」は、第一条の「和を以て貴しと為せ」とともに有名な文言であり、仏教を根幹に置いた国家統一を志向した。

ユダヤ教は「正義」、キリスト教は「愛」（許す）、イスラームは「戒律、規則」、仏教は「慈悲、知恵」、儒教は「仁、義、礼、智、信＝徳」、そして神道は「清らかさ」を旨とする。

中東 その1

パレスチナはイスラエル領を除くと、地中海沿岸のガザ地区（365平方キロ）と、主に乾燥した丘陵地帯のヨルダン川西岸（5655平方キロ）から成る。西岸のヨルダン川流域にあたるヨルダン渓谷や死海沿岸は海抜下420メートル超に達する。パレスチナ人はパレスチナ地方出身のアラブ人の意で、アラビア語を話す主にスンニ派のイスラム教徒（97％）とキリスト教徒（3％）である。人口は東エルサレムを含めた西岸が279万人、主な都市にはガザ市（59万人）があり、これを除いた世界のパレスチナ人は720万人（うち登録難民数は543万人）と言われ、自治政府は将来の独立国家の首都を、イスラエルが占領している東エルサレムでなければならないとして対立している。

パレスチナ紛争の原因は、第一次世界大戦中の英国の「三枚舌外交」にあるといわれる。それは①メッカの太守フセインに、オスマン帝国が反乱を起こす代償にアラブ国家の樹立を約束（1915年フセイン・マクマホン書簡）②ユダヤ人財閥ロスチャイルド家へ戦費調達協力を目的に、パレスチナにユダヤ人国家樹立のシオニズム支援を約束（17年バルフォア宣言）、さらに③サイクス・ピコ秘密条約で戦後のシリア、パレスチナ地方の分割をフランスと密約、などであり第二次世界大戦後の国連による分割議決後中東戦争が勃発し泥沼状態となった。2012年国連総会は、パレスチナ解放機構（PLO）を名称使用と一般討論参加から、資格を「オブザーバー国家」に格上げする決議を採択、14年はローマ教皇フランシスコがキリストの生誕地とされる西岸の自治区ベツレヘムを訪問した。日本とは15年、安倍首相がアッバス議長と会い1億米ドルのODA支援を表明した。

ヨルダン・ハシム王国はイスラエルの東に位置し、国土の大半は砂漠でヨルダン渓谷に沿って岩山が連なる。死海東岸の山地ではヨルダン川西岸より降雨量が多く、海への唯一の出口はピーター・オトゥール主演の映画『アラビアのロレンス』の舞台となったアカバ湾のみである。イギリス人ロレンスが、大英博物館のイラク調査隊に加わった頃第1次世界大戦が勃発しオスマン帝国に参戦、「アラブの反乱」を支援した物語。ロレンスはゲリラ部隊による奇襲作戦でシナイ砂漠を横断、オスマン帝国の補給港アカバを背後から攻撃し、オスマン軍を破ったもので、この体験は「知恵の七柱」として著されている。

　面積9万平方キロ、人口７６０万人でイスラム教スンニ派が90％、他に同教シーア派とキリスト教である。歴史はご多分に漏れずナパティア人の繁栄後、ローマ帝国、ビザンティン帝国、イスラム諸王朝、オスマン帝国を経て１９２３年、英国は聖地メッカの太守だったハシム家のアブドラを国王に迎え、トランスヨルダン王国が成立した。67年の第三次中東戦争で西岸と東エルサレムをイスラエルに占領され、大量のパレスチナ難民が流入した。元首は国王で憲法上行政権や議会解散権などを持ち、協調外交が基調である。アラブ有志国5カ国の一員として米軍とシリア領内の「イスラム国」の拠点空爆に参加した。

　日本とは皇室・王室の交流が活発だが、２０１５年安倍首相がアブドラ国王に、「イスラム国と戦う」支援として2億米ドルの援助を表明したが、逆にイスラム国は前述の人質後藤健二氏ら邦人2人との交換条件として同額の2億ドルを要求するとともに、「日本はイスラム国から８５００キロも離れていながら、進んで十字軍に参加した」と指摘、「今後日本にとっての悪夢が始まる」と日本人を標的にすると警告し、日本中に衝撃を与えた。安倍首相は即「人道支援」と言い変えたが、イスラエルに続き首相の外交なき「ガラパゴス的」対応の中、交渉はヨルダン政府任せの状況で邦人2人はおろか、ヨルダン人パイロットまで殺害されて最悪の結末となった。イタリア政府はテロの犠牲者を海外派遣の軍の犠牲者と同じ扱いをし、レンツィ首相自らが遺体の帰国を空港に出迎えたが、日本政府は2人を自己責任で済ませた。またこの時点で安保法制法案が成立していたら、自衛隊は米軍とともにイスラム国空爆に参加したのか、気になるところである。ヨルダン軍の総兵力は10万人で、志願制。在留邦人は３０３人。

　レバノン共和国は地中海東端にそってイスラエルの北に位置し、アンチレバノン山脈の東側と北側はシリアと接する。山脈には標高約１０００メートルのベカー高原が南北に広がり、東部山岳地方は冬期に数メートルの積雪が見られるが、海岸地帯は地中海性気候で温暖である。面積1万平方キロ、人口５０５万人でアラブ人95％、アルメニア人４％。公用語はアラビア語でイスラム教５宗派、キリスト教12宗派、ユダヤ教の計18宗教・宗派が公式に把握されているモザイク国家である。首都はベイルート（２１８万人）。主な都市にはトリポリ（21万人）がある。

古代フェニキア人の通商の中継地として繁栄、７世紀にイスラム圏に入ったが、キリスト教の影響も強く残った。16世紀にオスマン帝国の支配下、第一次世界大戦後シリアの一部としてフランスの委任統治下に置かれたが、１９４３年に独立した。71年重信房子らがレバノンに入り日本赤軍を結成、メンバーの岡本公三がイスラエルのロッド空港で乱射事件を起こし、終身刑判決を受けたが85年捕虜交換でレバノンに戻った。重信は直前に逃亡したが後になって捕えられた。隣国シリアや旧宗主国フランスとの関係は密接だが、シリア内戦やイスラム国の波及が懸念される。イスラエルとはパレスチナ自治区ガザをめぐり紛争中で、政府軍６万人のほか国連平和維持軍（ＰＫＦ）が駐留している。

シリア・アラブ共和国の国土は、日本の約半分の広さで大半が砂漠、「肥沃な三日月地帯」の一部で地中海に面した西部は平野、東部から北部のユーフラテス川周辺は草原、中部から南東部にはシリア砂漠がある。海岸部は地中海性気候、内陸部は雨量が少ない。面積19万平方キロ、人口１８５０万人でアラブ人90％、クルド人９％、公用語はアラビア語で、イスラム教徒87％、キリスト教徒10％である。古代から東西交流の拠点として栄え、１９４６年に独立したが第一次中東戦争でイスラエルに敗れ、第三次中東戦争でゴラン高原を失い、現在バース党一党独裁によるバッシャール・アサド大統領が３期目である。

「ダマスカスの春」では政治の民主化、腐敗官僚の一掃、政治犯の釈放、欧米との関係改善などを進めたが、隣国イラクの同じバース党のサッダーム・フセイン体制が米軍によって崩壊した後、一転して体制の引き締め政策が行われ、デモや集会の禁止、民主活動家の逮捕、言論統制の強化、移動の自由制限など、民主化とは逆行する道を歩む。また隣国イスラエルにはゴラン高原の返還を要求し、レバノンには同国で頻発する政治テロの犯人はシリアだと非難され、欧米諸国からはハマスやヒズボラなどの「テロ組織」の拠点があり、武器援助や軍事訓練拠点を提供しているとされる。さらにイラン・イラク戦争ではイラン支持に回り、湾岸戦争ではシリア軍が多国籍軍の一員としてイラクに侵攻、その後旧イラク・バース党幹部ら120万人を超える人々がシリアに亡命する一方、アルカイダなどのテロリスト約600人がシリア人密出国仲介者により、イラクへ流出した。

出国者は密出国の手数料として2500ドルを支払い、国境付近に着くと偽造パスポートを受け取り、地元民らの協力でイラクへ越境しており、その間隙をぬって「イラク・シリアのイスラム国」(2014年から「イスラム国」に変更)がイラクから侵入、北部の都市アレッポなどを制圧し首都はラッカと宣言した。「イスラム国」は文化財の破壊や、略奪した古美術品などを国外へ売り捌き、数千億円に達するとしている。

イラクやシリアは紀元前4000年頃から古代メソポタミア文明が栄えた地で、前7世紀に滅亡したアッシリア帝国の都ニネベなど重要な遺跡が集中する。シリア中部のパルミラは、東洋と西洋を結ぶシルクロードの拠点として栄えたが、崩壊後残されたその遺跡群をはじめアフガンのバーミヤン仏教遺跡群、西アフリカのトンブクトゥの聖廟などの破壊については大きく報道された。ユネスコの専門家会議では懸念や批判が相次いでいるが、世界遺産の「危機遺産」は中東以外にも広がり、アフリカ中部諸国や中南米諸国でも増えている。

国連安保理は2014年、シリアに渡航し「イスラム国」などに加わろうとする人物の処罰を加盟国に義務づける決議案を採択した。それはベルギーのブリュッセルにある

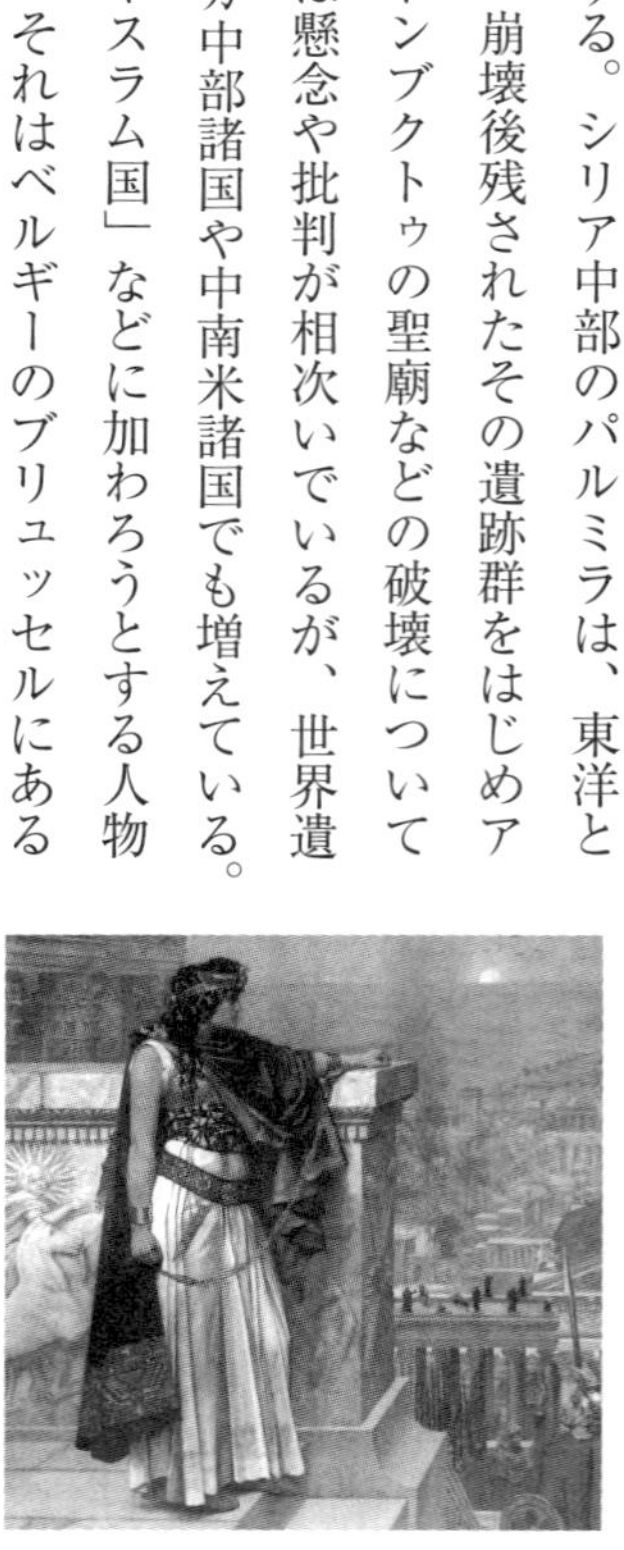

『パルミラ市街を見下ろす女王ゼノビア(240~274)』
(シュマルツ・ヘルベルトが19世紀後半に描いた作品)

ユダヤ博物館で男が自動小銃を乱射し、イスラエル人男女4人が死亡したことによるもので、男はフランス南部のマルセイユで逮捕されたが、シリアに渡航し「イスラム国」に参加後帰国して計画をしたという。

シリア政府の保有兵器の90%は旧ソ連・ロシア製であり、14年は国連安保理での対シリア決議案をロシアが4回拒否権を行使し退けたことから、ロシア製ミグ29戦闘機12機納入を新たに決めたという。弾道ミサイルなど北朝鮮製兵器の買い手でもあり、共同の核開発計画も行っているとされる。14年安倍首相は国連本部の演説で、独自でシリアへ「イスラム国」対策費として総額5000万米ドルの支援を表明、15年はシリア・イラクなどへ約8億米ドルを、さらに16年には3.5億米ドルの支援を決定した。アメリカなどの有志連合に続き、ロシアも「イスラム国」空爆を続ける中で、日本に対して「進んで十字軍に参加」「悪夢が始まる」と名指しし敵視していることから、日本政府は世界で日本人の安全に注意を促すとともに、20年の東京五輪・パラリンピックに向けた脅威も想定する必要がある。シリアの総兵力は約18万人。

紛争・テロには地球温暖化とも関連があり、温暖化に伴う災害や食料生産の減少が政情不安の原因となり、間接的に紛争の引き金を引く恐れがあるという。シリアの混乱は10年前からの干ばつが水不足と農業生産の減少に拍車をかけ、農業を諦めた住民約150万人が都市に流入し食料価格が高騰した。これが原因で反体制運動が拡大し内戦に発展、過激派組織「イスラム国」台頭の土壌をつくり、結果欧州へ難民が大量に流入した。15年末パリでの国連気候変動枠組み条約第21回締結国会議（COP21）では、「温暖化とテロ」という二つの脅威を共有できるかが議論され、米国や日本、中国、インドを含む20カ国は、ODAとは別に風力や太陽光などクリーンエネルギー技術開発への投資額を5年間で倍増する計画の発足を発表、ビル・ゲイツ氏やジョージ・ソロス氏らが投資団に加わった。

国連難民高等弁務官事務所によるとシリア難民は、2012年2万人、13年36万人、14年と15年にはシリアからトルコ、ギリシア、バルカン半島を経由して東欧、西欧へ数百万人が渡ったという。

中東 その２

イラク共和国の中央部はチグリス、ユーフラテス両川が形成したメソポタミア平原で、南東部の一部がペルシャ湾に面し、北東部は山岳地帯、西南部は砂漠地帯で夏は高温乾燥で50℃以上になる。面積44万平方キロ、人口３６４２万人で、アラブ人77%、クルド人18%。イスラム教徒が95%になる。古代メソポタミア文明が栄えた地域で、８世紀にアッバース朝が東ローマ帝国との戦いに勝利し、「世界に比類なき都」バグダッドを首都としてイスラム文化が栄え、君主ハールーンはアラビアの物語集『千夜一夜物語（アラビアンナイト）』に風流なカリフとして登場している。

１９７９年にイラン・イラク戦争が始まり88年に停戦、90年イラク軍がクウェートに侵攻し湾岸戦争が勃発したが翌年クウェートが解放、２００１年の米中枢同時テロ後ブッシュ政権は、フセイン政権が大量破壊兵器を隠しているとの情報（後に誤報と判明）でイラク攻撃（イラク戦争）を開始、安倍首相と石破茂自民党幹事長は即賛成し自衛隊をサマワに派遣したが、イタリアやドイツ、フランスなど多くはこれに反対した。戦後日本政府はイラク復興支援として最大50億ドルの拠出を表明、14年安倍首相はニューヨークでマスーム大統領との初会談で、別に２５５０万ドルの拠出を伝え、日本企業の進出を確認したが厳しい。

フセイン政権崩壊後はイラクの国力は低下し内戦状態となり、09年オバマ大統領の就任で「イラクでの戦争終了」を宣言し、３万人規模の米軍撤退が始まるとさらにイラクは無法状態となり、いわゆる「イスラム国」拡大の思うつぼとなった。「イスラム国」は12年に深刻化したシリア内戦に加わり兵力と組織力を強化、14年にはイラク北部の町モスルを皮切りに攻勢を強め、「領土」をシリアとイラクにまたがる地域とし、「カリフ」（預言者ムハンマドの後継者）をバグダディ指導者とする政教一致国家の樹立を一方的に宣言、「イスラム国」に改称すると発表した。15年国際テロ組織アルカイダとの関係は断絶した。

「イスラム国」は遺跡の破壊・盗掘のほか、外国人を拉致しての身代金要求、略奪、女性や子供の人身売買、イラク、シリア両国の油田や製油所を制圧して、石油を国外に密売することで資金を得るとともに、イラク軍やシリア軍、クルド治安部隊から奪った戦車などの高性能兵器も保有し、高い戦闘能力を誇る。指導者バグダディは1971年イラク中部サマラ生まれ、ムハンマドと同じクライシュ族の出身で、バグダッドの大学でイスラム法学を学び、イラク戦争後反米武装闘争に参加したとされる。ユートピア的な聖戦思想がインターネットによる宣伝戦略で拡散し、差別や格差、為政者の腐敗など、現実の国家や社会に不満を持つ各地の若者らを引き付けたとみられる。しかし、実際の統治は人権を無視した残忍で非人道的なもので、キリスト教徒などの異教徒やスンニ派以外のイスラム教徒、クルド民族の少数派やヤジド派などの少数派を敵視して迫害、異教徒に改宗を強要し、キリスト教会を爆破するなどのケースが相次ぎ、イスラム法に基づく奴隷制の復活も宣言した。

報道によると、約1400年前イスラム教の預言者ムハンマドが「終末の日が近くなると、東から黒い旗を掲げた者たちがやってきて、〝救世主〟を名乗るだろう。しかし、彼らは救世主ではない。彼らは消滅する」と、「イスラム国」の出現を言葉で〝予言〟していたという。イスラム教徒の有識者たちは大衆メディア上で、この「黒い旗を掲げた者たち」をイスラム国と見立てた上で「悪魔だ」とし、預言者の伝承には「それを追う者たちは地獄に落ちる」とされていると強調し、「一般のイスラム教徒は〝イスラム国〟とは距離を置くように」と呼びかけている。

イラン・イスラム共和国はイラクの東に位置し、面積165万平方キロで人口7911万人、首都はテヘラン（835万人）、国教はイスラム教でシーア派が95％。13年9月ロウハニ新大統領はこれまでの保守強硬路線との決別を宣言しオバマ米大統領と電話会談、新たな外交指針「協調と自由な対話」「対話に基づく穏健外交」を表明し欧米との関係改善を進め、核開発疑惑を全面的に否定しその見返りに経済制裁の一部緩和に合意した。16年1月制裁解除に伴い大統領は初の欧州訪問を開始、最初にイタリアを訪問して、マッタレッラ大統領やレンツィ首相と会談しエネルギー（これまでのロシア依存を減らす）や金融などの分野で連携を深め、ヴァチカンでは世界的に影響力のあるフランシスコ教皇との友好関係を示し、その後フランス・パリでオランド大統領と会談するなど積極外交を展開した。イランの天然ガスや石油は世界有数の埋蔵量を誇る。

かつて私はトルコのアンカラからイランのタブリーズまでは3等列車で行き、そこから東のテヘラン、マシュハト、アフガニスタンのヘラート、カンダハル、首都のカブールと経てパキスタン、インドまでは時々運行されるバスで移動した。中東から南アジア一帯にかけては北アフリカに劣らず、毎日毎日気の遠くなるような広い砂漠地帯が続き、遥か遠くには蜃気楼のように雪をいただいた山脈が現れては消えていくという大自然が続いた。イラン国境の税関からアフガニスタン国境の税関（約10キロの無法地帯あり）の間は、「無法者が出没して襲われても両国には責任なし」ということだった。カブール東「東西文明の交差点」と言われるカイバル峠を越えて、パキスタンのペシャワールやラホールなどを経てインドへと入った時は、「生きててよかった」と心から実感したものだ。後藤健二氏と同様に、私の旅は全てが「自己責任」であると思っていたから覚悟はできていたが。ちなみにアフガニスタンが再びテロの温床とならないよう近年

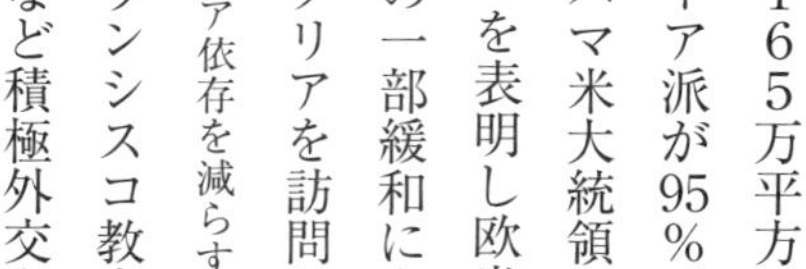

2016年１月25日、ローマでイタリアのレンツィ首相（右）（1975〜）と話すイランのロウハニ大統領（1948〜）（ロイター＝共同）

総額約59億米ドルの支援を実施したが、その金がどうなったのか、またテロの終息は今だ聞かない。

サウジアラビア王国はヨルダンやイラクに接し、紅海とペルシャ湾に挟まれた大部分が砂漠や土漠で、紅海沿いは狭い平野と険しい山脈が続く。面積224万平方キロ、人口3154万人で首都はリヤド（637万人）。主な都市はジッダ（408万人）、メッカ（177万人）、メディナ（128万人）などである。イスラム教の発祥地で、スンニ派85％、シーア派15％。622年イスラム教の預言者ムハンマド（マホメット）が迫害を逃れるため、メッカからメディナに移住したが8年後出生地のメッカを征服、イスラム教の聖地として現在も300万人の巡礼者が集まる。「イスラム国」では、イラクの宗派主義政策に原因があるとして批判しており、米軍とアラブの有志5カ国（サウジとヨルダン、アラブ首長国連邦、バーレーン、カタール）と共同で拠点を空爆している。ここに来てイランとサウジの宗派の対立が深まり、外交断絶の状態に入っておりイスラム国壊滅が遠のいている。世界最大級の石油の確認埋蔵量を誇り、日本の石油総輸入量の約4割を両国が占める。14年サルマン皇太子が訪日し安倍首相と会談、大手企業による原発輸出で一致した。

クウェート国は、イラクとサウジアラビアに挟まれたペルシャ湾に面する小さな国で、人口348万人。石油、天然ガスに恵まれている。原発計画が日本の協力で建設予定だったが、東京電力福島第一原発事故を受け計画を辞退した。一方14年、東日本大震災で被災した岩手県の三陸鉄道の南リアス線で、最後まで不通になっていた吉浜～釜石間の復旧に伴い、クウェートは車両の更新を支援した。

サウジアラビアの西の紅海を隔てた対岸、エジプトの南に位置するスーダン共和国は、米政府がテロ支援国家に指定、中国との結びつきを強めている中、03年春、黒人反政府組織とアラブ系民兵の対立が激化し、国内避難民が新たに200万人生まれ、日本政府はなぜか政府開発援助（ODA）を再開した。

サウジアラビアの東に位置するアラブ首長国連邦とは、13年安倍首相が大企業を連れて訪問し原発技術の輸出協定に調印、ヨルダン、サウジアラビア、トルコとも「核不拡散と核テロへの対応を確保」を強調しながらも協定を進めた。一方で、岸田外相がイラク中西部での円借款活用による火力発電所の建設計画について、イスラム国による攻撃の影響で工事入札が無期延期となったと明らかにしたが、火力よりも原発の方がよりテロの標的になりやすく及ぼす影響も大きいのではとの報道があった。

安倍首相は南のイエメン共和国大統領にも、12～13年の２年間で８８００万米ドルの資金援助をしたが、14年には国際テロ組織アルカイダが米国人を人質にして米特殊部隊が救出を試みて失敗した。日本国は何を基準に原発を輸出したり、金をバラ撒いているのかビジョンは全く無く、援助した金の８割はその国のトップのポケットに入り、国民に回るのは残りの２割ほどというケースが多いとも言われる。日本では中東のように石油が地中から湧いてくるように金は湧いてこず、むしろ最近はアベノミクスにより、大企業や大株主などを除き国民生活は厳しさを増し、借金も１０００兆円突破以来依然として増え続けている。

トルコ

トルコ共和国はシリアの北に位置し、東はイラク、イランなどと接し、アナトリア半島の南は地中海、西はエーゲ海、北は黒海に囲まれている。国土はアジア側のアナトリア半島が全領土の97%を占め、３%が欧州南東部バルカン半島のトラキアとなり、南部にトロス山脈、北部に北アナトリア山脈、中央部はアナトリア高原があり、東端のイラン・アルメニア国境に最高峰アララト山（５１６５メートル）がある。

若いころトルコからイランへ移動した時は、１月だったこともあり一面銀世界のアララト山の麓を通って異国情緒を覚えたが、国境の税関では旧ソ連以来（北欧、中欧、南欧、北アフリカのどこにも無かった）２回目の、荷物を全て広げて調べられた。途中で分かったことだが、ヒッピーや山賊などに警戒していて検査は当然と考えられ、関係国ばかりでなく旅人である私も〝自分の命は自分で守る〟ために、イギリス人青年とアメリカ人夫婦の4人1組となって通り抜けたことを思い出す。

面積78万平方キロ（日本の2倍）、人口は7867万人で大半がトルコ人。クルド人は推定1000万人以上で他にアラブ人やギリシア系がおり、99％がイスラム教（スンニ派が大多数）でキリスト教徒もいる。首都はアンカラ（515万人）で、主な都市はイスタンブール（1438万人）、イズミル（411万人）である。

古くからオスマン帝国が栄えていたが第一次世界大戦で敗北、1920年のセーブル条約で分割され623年にわたる帝国の歴史に幕を閉じ、ムスタファ・ケマルはトルコ共和国を宣言し初代大統領に就任した。第二次世界大戦では対ドイツ参戦。北大西洋条約機構（NATO）加盟国として欧米寄りの政策を取り、欧州連合（EU）加盟を最大の目標とするが、クルド問題やキプロス問題、欧州諸国内（英国の国民投票でEU離脱）にトルコ・イスラム感情などから反対論が根強く実現に至っていない。

過激派「イスラム国」が14年、イラク北部のモスルでトルコ総領事館を襲撃、総領事ら49人を拉致したが後日無事救出された。同じくしてローマ教皇フランシスコが、アンカラでエルドアン大統領と会談するとともに、イスタンブールで東方正教会のコンスタンティノープル総主教バルトロメオ1世と共同宣言に署名した。教皇は「真の宗教は平和の源泉であり、暴力のルーツではない」とし、教育や改宗の強制、殺人などを非難した。南部のシリアとの国境キリスには、「イスラム国」に拉致・殺害された後藤健二氏らが越境したとされる検問所があり、「イスラム国への玄関口」（地元では「地獄の入り口」）と呼ばれ、国境管理すなわちパスポートが無くても越えられるが、略奪

トルコ革命を主導し、トルコ共和国の基礎を築いたムスタファ・ケマル（1881～1938）。その功績に対し、大国民議会から「父なるトルコ人（アタテュルク）」の姓を与えられた。

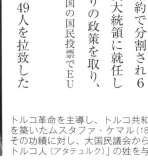

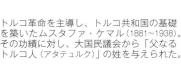

や誘拐、人身売買などの犯罪が横行しており、テロリストからの命の保証もない（全てが自己責任）ことを覚悟する必要がある。

徴兵制をとり総兵力は51万人で予備役38万人、うち北キプロスに4万人駐留しており、米軍が南部インジルリク空軍基地などに駐留し、アフガニスタン駐留米軍などの後方支援基地となっている。日本との関係は、13年安倍首相がアンカラの首相府を訪れエルドアン首相に原発輸出を提案、同行した大手の三菱重工業が受注で合意した。首都アンカラ中心部で起こった自爆テロだけでも、15年10月から16年3月までの半年でも3回起こり、数百人の死傷者を出した。また同年6月にイスタンブールでの大規模テロ、さらに7月にはトルコ軍の反乱（クーデター）で２００人が死亡するなど、日夜テロ集団などの攻撃を受け戦っているトルコが、原発事故の終息さえ見えない日本に原発を発注したことは、何を考えているのか開いた口が塞がらない。安倍政権は原発輸出がアベノミクスの成功に資するとして、核拡散の懸念をなくすよりも原子力ビジネスの商業利益を優先する目論見があるようで、これまで掲げてきた柱「非核外交」とは相反することになるのではないのか？

アンカラの街の主要部分は、ウルスと呼ばれるオスマン帝国時代以前からの歴史的旧市街と、１９２０年代以降にトルコ共和国政府によってその南にイェニシェヒルという名で計画的に建設された新市街からなる。ローマ帝国時代にアンゴラとなり、大劇場、大浴場、アウグストゥスを祀る神殿などを建設し、都市として整備した。第一次世界大戦後アンカラ政府は共和制を宣言、イスタンブールにあったオスマン帝国のスルタンを排して、アンカラを首都とするトルコ共和国が樹立され、その後経済発展に伴う人口増大もあり2万人余から現在は５００万人を超えている。

古代小アジア（トルコ）出身者には、医学を呪術や迷信から解き放ち、科学的に究明した「医学の父」と呼ばれるヒッポクラテスや、大旅行の見聞を纏めて「歴史学の父」とキケロが評したヘロドトスがいる。

アンカラでの思い出と言えば、若いころの旅の途中在トルコ日本国大使館に泊まったことだ。当時旅の中では大使館などには絶対に迷惑をかけてはならないといつも思い、たまに訪ねても三日遅れの新聞などを見せてもらい日本のニュースを仕入れたり、査証（ビザ）の申請をするくらいであった。ただヨーロッパのあるユースホステルで、「正月にアンカラの日本大使館に行くと、雑煮を出してくれる」という話があり、１９７０年1月1日のその日に合わせてリュックサックを担いで訪ねた。ところが日本人は誰もいず宿直のトルコ人夫婦がドラム缶でゴミを燃やしていた。雑煮は食べられなかったが快く大使館に泊めてくれ、館内で久しぶりの日本語の書物に接し、倉庫の中の本や官報、新聞などを夢中で読み漁ったり、街を散策したり極めて有意義な正月三ヶ日を送ったことだ。トルコでは旅に出て初めて生水が飲めず、水売りの馬車が走り回っていたが、水より安いビールを飲んで暮らすなど改めてトルコファンになった。

日本との関係で思い出されるのが、１８９０年和歌山県串本町沖でオスマン帝国の軍艦「エルトゥール号」が遭難し沈没、６１２人の乗組員のうち５４３人が犠牲となったが、串本町民によって69人が救助された。これは明治天皇が、オスマン帝国の君主（スルタン）に大勲章を贈ったことに対する返礼の使節団を乗せて来日し、天皇との面会を果たし、横浜港を出た後遭難したものである。２００７年からトルコ海洋考古学者トゥファン・トゥランルさんと、同町民の調査団により約８０００点の遺品が発掘され、そのうち約５００点が１２５年目にあたる15年、イスタンブールで展示された。菊花紋入りの装飾皿や伊万里焼など日本からのお土産らしきものも多く含まれ、献身的な救出は日露戦争（ポーツマス条約）とともにトルコ国民の親日感情の礎を創ったと言え、両国の「架け橋」となっている。

キプロス共和国は地中海東部、トルコの南に位置し、面積は1万平方キロ（四国の約半分）でシチリア島、サルデーニャ島に次ぐ地中海第３の島であり、人口１１７万人でギリシア系（ギリシア正教）81％、トルコ系（イスラム教スンニ派）11％である。ギリシアの財政危機のあおりを受け、銀行は巨額の損失が生じて資本不足に陥り、ＥＵとＩＭＦから最大１００億ドルの金融支援を受けた。徴兵制で期間は２年、国家警備隊１万２０００人と民兵など１５００人、英国軍が基地を保有し陸海空軍計２６２０人が駐留している。キプロス島の東北部を中心に、トルコ系住民によって北キプロス・トルコ共和国が宣言されたが、キプロス共和国は不法移民と見なしている。

　欧州が抱える問題にはこれまでも述べたとおり、シリアやリビア情勢の悪化やアフリカ諸国の政情不安に伴う、難民や不法移民の激増がある。大きくは二つのルートがあり、一つはリビアなど北アフリカを経由して地中海を渡りイタリアなどへ向かうルートと、もう一つはシリアなど中東やアフガニスタンから、トルコを経由してエーゲ海を渡ってギリシアへ向かい、バルカン半島やハンガリーなど東欧を経てドイツなどを目指すルートである。トルコルートは、特にシリア内戦と「イスラム国」の台頭から増え始め、中東や北アフリカの治安の悪化はもとより、貧困問題なども加わっている。15年ハンガリーの首都・ブタペストの駅はドイツを目指す人々で溢れ、一方、フランス北部のカレーでもイギリスを目指す移民が殺到していたが、英国は16年欧州連合（ＥＵ）からの離脱を国民投票で決め今後の行方が注目されている。

イスタンブールの海事博物館での遺品展で、エルトゥールル号の模型を眺める来館者。
（読売新聞2015年11月6日付）

9章　世界のこれから

国際連合（ＵＮ）

国際連合（ＵＮ）は10月24日を「国連の日」と定めているが、憲章の第1章第1条（目的）の1には、「国際平和と安全の維持、その目的のため平和に対する脅威の防止と除去、侵略行為その他の平和破壊行為のために有効な集団的措置をとる。また平和的な手段で、国際法の原則に従って国際紛争の解決を図る」と書かれている。

国連総会は憲章の範囲内で問題を討議し、加盟国または安全保障理事会に勧告はするが、拘束力はない。投票権は加盟各国1票で、評決は重要問題が出席投票国の三分の二、その他の問題は過半数で決定する。重要問題とは、①国際平和と安全の維持に関する勧告②安保理非常任理事国の選出③経済社会理事会の理事国選出④国連新加盟国の承認⑤加盟国の権利の停止⑥加盟国の除名⑦予算などである。通常総会は、毎年9月に開会されるが、必要に応じて安保理の要請または加盟国の過半数の要請により、特別総会を開くことができる。最近ではシリア内戦やエボラ熱、核廃絶決議、ウクライナ危機、「イスラム国」や難民・

移民問題などが焦点となっている。

国際連合（UN）の主な機関は次のとおり。

・総会：国連憲章の範囲内で問題を討議し、加盟国または安全保障理事会に勧告するが、拘束力はない。総会は毎年9月開会。過半数で特別総会を開く。（本部ニューヨーク）

・安全保障理事会：国際平和と安全の維持に必要な責任を負う。常任理事国は米、英、仏、ロ、中の5カ国。非常任理事国は10カ国からなり、日本は17年末まで。（本部ニューヨーク）

・国際通貨基金（IMF）：通貨に関して協力、為替相場の安定を促進することにより国際金融秩序を維持する。（本部ワシントン）

・国連食糧農業機関（FAO）：食料、農産物の生産加工、流通改善、栄養水準の向上を図り、飢餓をなくす。（本部ローマ）

・国際労働機関（ILO）：あらゆる国・地域の労働者のための社会正義を推進、これに基づく恒久平和の確立を目指す。（本部ジュネーブ）

・国連教育科学文化機関（ユネスコ）：教育、文化、科学を通じて各国民の協力を促進し、世界の平和と安全に貢献する。（本部パリ）

・世界貿易機関（WTO）：関税等の壁を除去、輸出入制限を軽減して自由で円滑な通商関係を実現する。（本部ジュネーブ）

・国際原子力機関（IAEA）：原子力の平和利用を促進し、これに必要な援助を与え、軍事目的への転用を防止する。事務局長は天野之弥＝日本17年まで。（本部ウィーン）

その他の国際機構は次のとおり。

・北大西洋条約機構（ＮＡＴＯ）：国連憲章に基づく紛争の平和的解決（条約第一条）。（本部ブリュッセル）

・経済協力開発機構（ＯＥＣＤ）：経済成長、途上国支援、自由貿易の拡大などに貢献するシンクタンク。（本部パリ）

・石油輸出機構（ＯＰＥＣ）：石油価格の安定維持、消費国への安定供給を図る。（本部ウィーン）

地球のいたるところで展開している国連の平和維持活動は、平和を脅かす局地的な紛争に際して小規模の軍隊ないし軍事監視団を派遣して事態の平穏化を図り、平和の維持・回復のために暫定的な行動を行っている。その内容は、非武装地帯の確保などに当たる軽武装の平和維持軍（ＰＫＦ）と非武装の停戦監視団に大別され、活動に当たっては関係当事者の同意や要請が前提で、武力行使は原則として自衛の場合に限定される。

現代史の中で１９８９年は、世界が歴史的大変動に揺れた年として知られる。日本国内では昭和天皇が崩御、中国では１００万人デモを武力弾圧（天安門事件）、チェルノブイリ原発事故の失態もありソ連が解体、米ソ両国が冷戦終結、ベルリンの壁崩壊で東欧の社会主義諸国も解体に向かった。同時に日本の学生や知識人たちを捉えた、マルクス主義の影響力も衰えた。

日本の国連加盟は１９５６年12月18日で80番目となり、２０１６年は60周年の節目である。このことはひとえに国際社会への復帰を象徴する出来事であり、かつ多国間外交の場で国際協調を責任をもって進め貢献すべきところだが、米国追従（安保法案）と金銭外交（16年の国連総会で安倍首相が28億米ドル支援を表明）のみが表に出ており、今後国連に軸足を着けたビジョン、行動が望まれる。

ここで国連常任理事国や世界の主要国、日本の近隣諸国の情勢を見てみよう。

アメリカ・イギリス

通常北アメリカとはカナダ、アメリカ合衆国、メキシコの3カ国を指し、東は大西洋とカリブ海、西は太平洋に挟まれ、西側にはロッキー山脈がカナダから中米のパナマ地峡まで走っている。山脈以東はグレートプレーンズの大平原が広がり、北米最長の河川ミシシッピ川が流れ穀倉地帯が広がる。その北東には世界最大級の淡水湖群の五大湖が、東にはアパラチア山脈が南北に伸びている。紀元前13世紀頃にメキシコでオルメカ文明が、ユカタン半島にはマヤ文明などが成立したが、15世紀コロンブスの新大陸発見で高度な文明はすべて破壊されるとともに、持ち込まれた病原菌により先住民人口は激減した。17世紀初頭になってイギリス人がメイフラワー号で北東のプリマスに入植、北のセントローレンス川河口にはフランス人が来てケベックを建設した。1776年のアメリカ独立とフランス革命に端を発し、各地域で独立の動きを呼び覚ました。

アメリカ合衆国（米国）は面積986万平方キロ（日本の26倍）、人口3億2200万人で、50州から成る連邦共和国である。プエリトリコなどの自治領と、外領のバージン諸島、太平洋の米領サモア、グアム、ウエーク島などもあり、首都はワシントン（66万人）で、主な都市はニューヨーク（849万人）、ロサンゼルス（393万人）、シカゴ（272万人）などであり、全米で白人78％、黒人13％、宗教はプロテスタントが51％、カトリック24％である。ちなみに北米の最大都市はメキシコシティ（885万人）で、カナダのトロント（558万人）も大都市である。

独立により初代ワシントン大統領が選出され、以後リンカーン政権が南北戦争で奴隷解放、S・ルーズベルト政権はポーツマス条約の調停に尽力し、ノーベル平和賞を受賞した。第一次世界大戦で欧州諸国が疲弊すると世界最大の経済大国となり、第二次世界大戦では政治・軍事的にも完全に世界をリードするようになり、トルーマン政権はアイゼンハワーの反対を押し切って広島、長崎への原爆投下を決断した。投下から70年後の15年、世界の歴史教科書ではどう記述しているか報道によると、米国「終戦を早め、米兵の犠牲を減らした」、英国「米兵の犠牲抑制、ソ連への示威行為」、ドイツ「投下なしで日本の降伏はなかったのか?」、ロシア「軍事力を誇示するために投下。戦後を見据えた戦略」、中国「広島、長崎で約30万人が死亡。日本本土への空襲、沖縄戦も紹介」、韓国「日本の朝鮮半島支配を終結」などが見られる。今も米国民の心情には、独立後米国本土が攻撃を受けたのは、「真珠湾」と「9・11ニューヨーク」があるといわれる。

アイゼンハワーは第二次世界大戦時、ノルマンディー上陸作戦（映画『史上最大の作戦』）を最高司令官として指揮、後大統領に当選したが日米安保条約改定を岸信介首相に迫り、米軍基地内の治外法権（日米地位協定）や米軍の免税権など（いわゆる幕末に結ばされた不平等条約）を押し付け、訪日予定は「反安保闘争」の国会混乱のため中止となった。ケネディ政権ではアポロ計画推進やキューバ危機回避があり、キング牧師は新公民権法の成立で黒人差別撤廃に貢献、カーター政権が歴史的な中東和平に合意した一方、ブッシュ政権ではイラク戦争と金融危機で、支持率が史上最低レベルに低下した。

憲法は１７８７年に制定されてから、これまで27回改正された。元首の大統領になれるのは、米国民として生まれ（帰化市民はダメ）、満35歳以上、14年以上米国に居住という3点を満たす者で、有権者は18歳以上の米国市民である。議会は二院制で、上院（１００

上／ポツダム宣言に署名し原爆投下を許可したトルーマン（1884～1972）。
左／日本への原爆投下に強硬に反対したアイゼンハワー（1890～1969）。
第２次世界大戦後、第34代米大統領に選出。

議席、任期6年）、下院（435議席、任期2年）、法案は全て議員が提出し大統領には権限がない。共和党は1854年に創立、北部産業資本家の中央集権思想と奴隷制度反対の諸勢力及び、西部の一部農民などを代表している。民主党は20年代からあって、南部の大地主と西部農民の支持により州権と低関税を主張し、南北戦争まで大方政権の座にあった。経済規模では近年米国が他を圧倒しているが、一人当たりの富はカナダとほぼ同じ数字であり、違いは米国内の所得格差が激しいことである。

外交面では2001年の中枢同時テロ後、「テロとの戦い」の泥沼化を教訓にオバマ政権は、イラクとアフガニスタンの戦争に終止符を打とうと進めた一方で、14年過激派組織「イスラム国」の伸長を促し、イラクとシリアで空爆を実施するなど方針を転換した。ウクライナ危機では、ロシアのプーチン大統領から「ロシア語を話す住民を守る」と介入を伝えられ、中国の習近平国家主席からは、クリミアを編入したロシアへの経済制裁の協力を拒否された。15年オバマ大統領は韓国朴槿恵大統領に、日本の慰安婦問題で「甚だしい人権侵害」と日本を指摘、米国教科書にも登場することとなり安倍首相が「ガクゼンとした」と言い、カリフォルニア州サンフランシスコ市議会が全会一致で慰安婦像の設置を議決、靖国神社参拝ではオバマ政権は不快感を示したという。

日米両政府は14年防衛協力指針（ガイドライン）改定を公表、安倍政権は即、集団的自衛権の行使容認を踏まえた、「切れ目のない」共同対応を掲げた閣議決定を行った。これまで日本は中国や北朝鮮による威嚇や、ロシアや韓国による日本固有の領土の一方的実効支配に外交力は全く無く、自衛隊も派遣できず、何かの時に唯一官房長官が「誠に遺憾」との表明をするだけで、全てをアメリカに頼らざるを得なかった、というのが本音であった。安倍首相は15年アメリカの議会で、安保法案改定の決意を声高に表明して帰国後、日本の国会に諮り短期間のうちに成立させた。安倍首相の祖父にあたる岸信介首相当時、日米地位協定を盛り込んだ安保条約改定を国会で議論中、意見がまとまらず日に日にデモが大きくなり死者まで出したことから、その時の教訓と与党の圧倒的多数があってスピード可決に至った。

オバマ政権はローマ教皇による仲介で、キューバとの国交正常化に向けて歴史的政策転換を図った。米国は１９５９年のキューバ革命を受けて国交を断絶、その後ケネディ大統領当時の「キューバ危機」や諸経済制裁を経てソ連が崩壊、２００８年にラウル・カストロが議長に就任して翌年、オバマ政権は「キューバとの新たな始まり」を表明し、キューバへの渡航や送金を緩和し改善への期待が高まった。13年オバマ大統領とラウル議長が、南アフリカのマンデラ元大統領の追悼式であいさつ後握手、14年に両首脳は国交正常化交渉の開始を発表した。オバマ大統領の任期は17年1月までなので、後共和党政権が生まれれば政策転換が白紙に戻ることも想定される。日本が教訓としたいのはあらゆるチャンネルを駆使し、外交を以て近隣や世界との友好を築くことである。それはアメリカが戦略を変えて日本を防衛し保護するのをやめた時、政治的にも軍事的にも孤立するからである。国連外交は壊滅し、核兵器による抑止力も消えることを心しておくべきである。

総兵力は１５０万人で予備役が85万人、州兵46万人で、うち5万２００人が在日米軍である。ちなみに在韓米軍は2万８５００人。戦略核戦力の三本柱はＳＬＢＭ、戦略爆撃機、大陸間弾道ミサイル（ＩＣＢＭ）で、未配備を含め計４７９０の核弾頭を保有する。経済面では近年財政赤字が低水準となり、個人消費が好調なうえ失業率も5％台に低下している。日米など12カ国が参加する環太平洋連携協定（ＴＰＰ）交渉は、農産物の関税の扱いなどをめぐり協議が難航しており、大統領への権限一任を議会に要請した。銃による犯罪は後を絶たず、ミズーリ州での黒人青年射殺で暴動が起こり、カリフォルニア州では学生による銃の乱射、フロリダ州で乱射テロ49人死亡、テキサス州ダラスでは白人警官5人が黒人に射殺されるなどの銃犯罪が多発する中、コロラド、ワシントン両州は住民投票で大麻所持や栽培の合法化を賛成多数で可決した。合衆国の憲法には教育規定はなく、教育の権限は州以下の行政機関が持ち、公教育は小学校から高校まで無料である。

　アメリカの有名人には、「独立宣言」を起草したジェファーソンやフランクリン、ハワイ諸島を統一したカメハメハ1世、石油王のロックフェラー、鉄鋼王のカーネギー、伝説のガンマン『OK牧場の決闘』のワイアット・アープ、イタリア移民で暗黒街のボス『アンタッチャブル』のアル・カポネなど数多い。学校不適応児から世界の発明王になったエディソンは蓄音機、白熱電灯、活動写真などを世に送り出し、「天才とは1％のひらめきと99％の努力」の名言を残した。ライト兄弟は人類初の動力飛行に成功し、リンドバーグはプロペラ機で単独大西洋横断飛行を成し遂げ、『翼よ、あれがパリの灯だ』を出版してピュリッツァー賞を受賞した。ヘミングウェイは第一次世界大戦で志願兵としてヨーロッパへ渡り、その経験はイタリア戦線での『武器よさらば』や、スペイン内戦での『誰がために鐘は鳴る』の下敷きになっている。『ミッキーマウス』や『白雪姫』を発表したディズニー、不良少年から「野球の神様」になったベーブルース、天才トランペット奏者のルイ・アームストロングなど事欠かない。

　アメリカはこれまで4回訪れたが、特に、「ポーツマス条約締結100年・小村寿太郎侯生誕150年記念」で訪問した際に記録した、拙著『北米紀行』（ぎょうせい刊）で詳細を発表した。

　大ブリテンおよび北アイルランド連合王国（英国）は、欧州大陸の北西奥に位置する大ブリテン島やアイルランド島北部の北アイルランドなどから成る島国で、全般に起伏が小さく最高峰は、スコットランドのベンネビス山（1344メートル）である。面積24万平方キロ（日本の0・6倍）、人口6459万人で、首都はロンドン（841万人）で主な都市にはバーミンガム（109万人）、リーズ（76万人）などがあり、アングロサクソン系が大半を占め、キリスト教60％、無宗教が26％である。北緯50度より北に位置するが、メキシコ湾流の影響で気候は比較的に温暖である。

5世紀にローマ人撤退後、北欧などからアングル、サクソンなどの民族が侵入、先住のケルト民族を北へ駆逐、イングランド王国を建国した。1215年、ヘンリー2世の子ジョン王がマグナ・カルタ（大憲章）に署名し、英国憲法の起源となったが、ロビン・フッドはこれに反抗し英雄になった。エドワード1世は「模範議会」を開催、ヘンリー8世は「信仰の擁護者」として絶対王政を確立した。エリザベス1世治下の16世紀末スペインの無敵艦隊を破って海上支配権を確立、17世紀にはクロムウェルによるピューリタン革命（清教徒革命）が起きた。清教徒は弾圧を逃れて北米大陸へ移住、国王チャールズ1世を処刑し共和制を宣言した。19世紀には64年間君臨したビクトリア女王時代に北米、インド、アジア、アフリカにまたがる大英帝国を築き、産業革命後の第1回万国博覧会をロンドンで開催した。公爵家出身のチャーチルは、成績不振で大学へは進めず軍に入隊し各地へ従軍した後、下院議員に当選し第一次世界大戦を迎えた。第二次世界大戦開戦に伴い、海相から首相に就き挙国一致内閣を組織、ドイツの猛攻にあえぐ国民を鼓舞して勝利に貢献、2年後の『第二次世界大戦回顧録』は、ノーベル文学賞を受賞した。代わった労働党政権は「揺りかごから墓場まで」の社会主義的政策を推進した。

立憲君主制、議院内閣制をとり、成文憲法は無く制定法、慣習法などで構成し、元首は国王（女王）で現在1952年即位のエリザベス2世で、2015年9月10日時点でビクトリア女王を超えて歴代最長となった。ダイアナ元王妃はパリで交通事故死したが、ウィリアム王子は約350年ぶりに一般家庭出身女性キャサリン妃と結婚し、めでたくジョージ王子ら2人の子供をもうけた。議会は二院制（上院、下院）で、下院は650議席、任期5年。14年、英国からのスコットランド独立の是非を問う住民投票が行われた結果、独立反対が55・3%、賛成が44・7%で否決され、英国は分裂を回避した。

外交では兄弟である米国との同盟関係を維持し、欧州で指導的役割を果たすことが基本戦略で、イスラム国に対しては米国などと空爆を行った。ウクライナ危機では、15年キャメロン首相はロシアに「銃口を突き付けて同国の進路を決めている」と非難、対中国では関係強化と経済協力で一致していた。このようにEUとも連携をとってきたが、離脱への声の高まりを受けてキャメロン首相は16年「EU残留か離脱か」の国民投票を実施。結果、離脱派が僅差で勝利し、キャメロン首相は辞任した。ところが離脱派リーダーが「英国は毎週3億5000万ポンド（約480億円）をEUに拠出している。これを公的医療制度に回す」とか、「トルコがEUに加盟すれば2030年までに500万人の移民が押し寄せる」とウソを訴えていたことから、そのリーダーらは辞任。離脱に投票した有権者が選挙のやり直しを求め400万人の署名を集めたが、英国の「衆愚政治」をさらけ出した格好となった。

後任には7月13日メイ新首相が就任し、英中蜜月は見直し原発新設計画も無期延期となった。EU離脱決定後、新首相となったメイ氏は英国史上サッチャーに続く2人目の女性首相。牧師の娘で、名門オックスフォード大学を卒業し、6年間のイングランド銀行（英中央銀行）に勤めた経験がある。内相時代はテロ対策や警察改革などで成果をあげた。

日本とは14年、キャメロン首相と安倍首相が会談、国連平和維持活動（PKO）で英国軍と自衛隊との協力や、戦闘機への搭載を想定したミサイル技術の共同研究を実施することとした。志願制で総兵力17万人、予備役8万人。財政赤字削減が大きな政策課題であり、産業革命以来の工業国であるとともに、日本と似た小さな島国にもかかわらず食料自給率はなんと60%である。

ロンドン首相官邸前で演説するメイ首相（1956〜）。（宮崎日日新聞 2016年7月14日付）

物理学者・数学者・天文学者であるニュートンは、ケンブリッジ大学に入学するがペストの大流行で閉鎖となって故郷に帰り、ドイツの天文学者ケプラーの研究を発展させ「万有引力の法則」を、さらに「微分積分法」「光の分析」を発見し、その研究を纏めた著書『プリンキピア』に天文学者ハレーは驚嘆し、後進の科学者たちの教科書となった。南米大陸やガラパゴス諸島などの調査をもとに『種の起源』を執筆したダーウィンは、科学的進化論で教会との論戦を制した。この時代の学者として、『デカルトの哲学原理』を著したオランダのスピノザ、自由主義的経済学を主張し『国富論』を著したアダム・スミス、種痘を発見し天然痘の恐怖から人類を救ったジェンナーがいる。文学では『失楽園』のミルトン、『ロビンソン・クルーソー』で有名なデフォー、『ガリヴァー旅行記』のスウィフトがおり、映画を通じ社会風刺を行ったチャプリンは渡米後、反資本主義の『モダン・タイムス』や反ファシズムの『独裁者』を通して平和活動を行った。

ロシア・東欧・北欧

ロシア連邦は北太平洋から、中国などアジアや東欧、北欧の国々と国境を接し、北には北極海が広がる面積1710万平方キロ（日本の45倍、14年に編入したクリミア半島を除く）で、人口1億4345万人、首都はモスクワ（1211万人）で、主な都市にはサンクトペテルブルク（513万人）がある。ウラル山脈以西の欧州部は緩やかな丘陵地帯、アジア部は西シベリア低地と中央シベリア高原で、極東の大半は山岳地帯である。ロシア人は7世紀頃歴史に登場するが、15世紀頃モスクワ中心の中央集権国家を形成し、急速に勢力を拡大し中央アジア、極東へと進出した。18世紀前半にピョートル大帝がロシア帝国の近代化を進め、アレクサンドル1世はナポレオン1世との三帝会議に負けたが、モスクワの焦土作戦をとり60万人超のフランス軍を撤退させた。

アレクサンドル2世は、国力を取り戻そうとオスマン帝国とクリミア戦争を起こすが大敗し、バルカン半島への進出を果たして後ビスマルクの調停でベルリン条約を結んだ。しかし、恐慌や日露戦争を機に革命機運が高まり、レーニンの指導によるペトログラード（前レニングラード、現サンクトペテルブルク）の武装蜂起が起き、ソビエト政権を樹立した。レーニンの死後スターリンは、「愛情はすぐに壊れるが、恐怖は長続きする」と言い大粛清で革命を主導、処刑などでの死亡者は約３００万人、収容所には約１０００万人を拘禁し社会主義国家を完成させた。

ゴルバチョフ時代には「グラスノスチ」（情報公開）と「ペレストロイカ」（改革）を進め、東欧の自由化やドイツ統一に貢献、エリツイン大統領の独立国家共同体創設に伴い、社会主義国ソ連は消滅した。エリツイン大統領は１９９３年に日本を公式訪問し、細川護熙首相と北方四島の帰属問題を解決して平和条約を締結するとした、東京宣言に署名した。またプーチン大統領も２０００年公式来日し、平和条約締結後に歯舞《はぼまい》群島や色丹《しこたん》島を引き渡すことの有効性を確認したが、近年は4島の開発を進めてロシア人を移住させ、メドベージェフ首相の国後《くなしり》島訪問や、イワノフ大統領府長官の択捉《えとろふ》島訪問など、着々と実効支配を進めている。安倍首相は14年中のプーチン大統領訪日を招請し、国会で任期中の北方領土問題解決への決意を声高に表明したが、安保法案へのロシアの危惧もあってか無期延期の状態である。

戦後極東における海域においては、米海軍、海上自衛隊とロシア太平洋艦隊は、「戦闘艦を領海に接近させない」という紳士協定に基づく不文律を守ってきた。だがロシアは一方的に破り、〝北方領土〟一帯

2010年11月、メドベージェフ大統領（1965～）はロシア元首として初めて北方領土（国後島）を訪問。日本政府に衝撃を与えた。（AP/AFLO）

において大規模軍事演習「ボストーク２０１４」を、参加兵士約10万人、航空機６３０機、艦船80隻で行った。極東の軍事都市ウラジオストクから出港、北海道の東部知床半島ギリギリの海を横目に、国後島と野付半島の間の海域を堂々と南下、歯舞群島や色丹島の脇を通過するという無謀な行動に出たのだ。演習は米軍などを仮想敵と見なして、核ミサイルを搭載した複数の原潜が北極圏に展開、核兵器の限定的先制使用の可能性も想定していたこともあり、米太平洋艦隊と海上自衛隊はその重大事件に驚愕したという。

日本では何故か大きく報道されなかったが、政府は「遺憾」の意を表明した。〝平和ボケ〟もここまで来れば「知ったことか」と言いたくなるというものだが、その後の国会質問で島尻安伊子沖縄及び北方対策担当大臣は答弁中、歯舞群島の「はぼまい」という字が読めず狼狽えていたところを、後席の秘書から耳打ちされてやっと答えていた。北方領土の中でも最も近くて、かつ少し前に現地を訪問して説明を受けたばかりというが、人材不足なのかお友達だから登用されたのか首相の任命責任は大きい。私も何回か北海道を訪れたことがあるが、歯舞群島がすぐ東に見える根室半島に「日本最東端の地」との記念碑が建っていたのには、北方領土の放棄との意味にも受けとれ違和感を覚えた。ロシアは米国頼みで危機感の全くない今の日本に対しては、「北海道占領も可」と想定しているかも？

ウクライナはソ連崩壊後１９９１年独立を宣言、面積60万平方キロ（クリミア半島含む）、人口４４８２万人でウクライナ人78％、ロシア系17％である。２０１３年ヤヌコビッチ政権崩壊（ロシアへ亡命）に伴い、14年ポロシェンコ大統領が就任するや、親ロシア派武装勢力（実際は身分を隠したロシア軍部隊数万人だった）がクリミア半島の議会や空港を占拠し権力を奪取、強引に住民投票を行いロシアは一方的に編入を宣言した。欧米諸国はロシアに数次にわたる経済制裁を科したが、プーチン大統領は「各地の紛争に介入してきた米国と、その同盟国の行動こそが現在の国際社会の不安定を生んだ」と反論、ウクライナ東部２州にもロシア系住民の保護と言って介入した。クリミア編入後プーチン大統領の支持率が80％を超えたが、14年末から主要輸出品である原油価格の暴落に伴い、通貨ルーブルが暴落し経済危機に陥った。

ウクライナの重工業や産業の中心である、東部のドネツク州やルガンスク州にもロシア軍部隊が投入され、国の経済は苦境に陥り、安倍首相は１５００億円の支援を表明した。１９８６年の旧ソ連時代に国内のチェルノブイリ原発の爆発事故で、広島型原爆５００発分の放射能が放出され約33万人が移住、30年を迎えた現在でもウクライナ国土の８％が汚染で使えないままである。同時期に独立した隣国ベラルーシも、その原発事故の放射能汚染で甚大な被害を被り今でも大変なうえ、ウクライナ危機による難民が数万人単位で流入している。欧米とロシアの厳しい対立と制裁の応酬は、第二次世界大戦終結から70年の今、国際安全保障の枠組が劣化し機能不全に陥っていることを物語る。

監獄生活を経験し、魂の苦悩と経済を描いたドストエフスキーは、処女作『貧しき人々』の後『死の家の記録』や『罪と罰』『カラマーゾフの兄弟』などを発表した。人道主義を貫き苦悩したトルストイは、ナポレオン１世のロシア遠征を描いた不朽の長編『戦争と平和』に続き、特権階級の退廃を批判した『アンナ・カレーニナ』や、善と愛が世界を救うとした『復活』を書いた。『猟人日記』のトゥルゲーネフは精妙な描写で政治批判をし、『かもめ』や『桜の園』を書いたチェーホフは、人間愛に満ちた戯曲を残した。音楽ではピアノ組曲「展覧会の絵」のムソルグスキー、バレエ組曲「白鳥の湖」や交響曲第６番「悲愴」のチャイコフスキーが知られる。

チェルノブイリ ── 岐路に立たされる人類

1986年４月26日、ソビエトのチェルノブイリ原子力発電所の第４号炉が爆発炎上した。被害の公式発表は死者31人だったが、モスクワの消息筋とウクライナの環境団体は死者数をそれぞれ250人、7000人と伝えた。数十万人の住民が事情をほとんど知らされないまま、この地を立ち退かされた。クレムリンは想像を絶する大惨事に茫然自失し、権力基盤を揺るがされ、世界中が恐怖に凍りついた。周辺地域は向こう数千年間放射能に汚染されたままになるだろうといわれている。

ヨーロッパを東西に分けるのはあくまでも便宜的なもので、明確な定義はなく時代や主観により変わり、東欧は今の民族的な分類では東スラブ人が大半を占める地域を示すことが多い。普通はウクライナ、ベラルーシ、モルドバ、ロシア西部を言い、バルカン半島を含む場合もあるがバルト三国は北欧に含まれる。

北欧諸国はフィンランド、スウェーデン、ノルウェー、デンマーク、アイスランドの5カ国から成り、かつてアイスランドを除く4カ国を訪問したが、フィンランドの北方にはラップランドと呼ばれる少数民族が住む。北欧では夏至の頃になると太陽はほとんど沈まず、「白夜」(ミッド・サマー)と呼ばれる祭りには、老若男女一緒になって飲み明かしたのを思い出す。スウェーデンの首都ストックホルムでは、アルバイトのために夏2カ月ほど滞在し多くの体験をした。国旗はいずれの国も「スカンジナビア十字」と呼ばれる左寄りの十字を使っている。

ウクライナ情勢に世界の注目が集まる中、バルト海周辺でもロシア軍の大規模軍事演習などが相次いでおり、ヨーロッパ北部の防衛が急速に見直されている。フィンランドでは15年演習に加え領空侵犯が相次ぎ、スウェーデンでは、14年首都ストックホルムの沖に正体不明の潜水艦が侵入、同国海軍が追尾したが国籍は不明という。旧ソ連がバルト3国を併合後ロシア系住民の移住が急増し、侵入者は国内の住民と見分けがつかずある種の隠れ蓑にもなっていると言われ、ウクライナのクリミア半島が住民投票でロシアへ編入されたのも、軍が入り込み既成事実を作ったためと言われる。ポーランドとリトアニアの間のカリーニングラードは、ロシアの飛び地で露バルチック艦隊の母港となっており、大陸間弾道ミサイルも配備され脅威を肌で感じ、近隣8カ国は連携して「欧州の北の守り」を固めている。

バルト三国で思い出されるのは杉原千畝で、1900年に岐阜県に生まれ早稲田大学中退後、外務省ロシア語留学生としてハルピンに渡り、外務省採用後、在モスクワ日本大使館やフィンランドの在ヘルシンキ大使館に勤務、39年リトアニアの在カウナス領事館領事代理に任命された。翌40年、ドイツやポーランドから領事館に救いを求めて来たユダヤ難民等に同情し、本省の訓令に反して約6000人に通過ビザを発給。外務省からは領事館退去命令が出るとともに、45年ブカレスト郊外のゲンチャ捕虜収容所に連行、47年には外務省を依願退職した。

85年イスラエル政府より日本人初のヤド・バッシム賞を受賞、「諸国民の中の正義の人」に列せられるとともに、エルサレム郊外の丘には杉原千畝の顕彰碑が立っている。杉原生誕100周年の2000年、外務省外交史料館に「勇気ある人道的行為を行った外交官杉原千畝氏を讃えて」という顕彰プレートが設置され、除幕式では当時の河野洋平外務大臣が顕彰演説を行い、やっと日本政府による公式の名誉回復がなされた。11年の日独交流150周年記念行事では、「諸国民の中の正義の人と見られた日本のシンドラー杉原千畝副領事」と題する講演が催され、「今こそ、恩義に報いるとき」との声明が出された。これまで各種の本が出版されるとともに、15年には東宝映画『杉原千畝』が公開された。

時を同じくして、根井三郎はソ連（現ロシア）・ウラジオストク総領事代理として、ナチス・ドイツの迫害から救う「命のビザ（査証）」を認め、ユダヤ人を日本へ渡航させた。根井は旧広瀬村（現宮崎市佐土原町）に谷口家の5人兄弟の三男に生まれ、長崎県立大村中を卒業後1921年外務省の留学生試験に合格、40年にウラジオストク総領事館に任命された。当時の日本外務省は「日独伊三国同盟」などへの配慮から、ユダヤ人の日本入国を認めなかったが根井は命令に背き、独断で日本通過のビザを発給し彼らを敦賀港行きの船に乗せた。外務省には人事記録以外の情報はほとんどなく、根井の親族も「守秘義務から外交官時代の経験を語らず、功績は知らなかった。誇りに思う」と語るとともに、根井の写真も保管されていたとの報道があった。日本外交がカネまかせの今、杉原千畝と〝命のバトン〟をつないだという関係もあり、内外で顕彰の動きも高まっているようで嬉しく思う。

中国・朝鮮半島

中華人民共和国（中国）は西高東低の地形で、面積９６０万平方キロ（日本の約25倍）のうち山地が三分の二を超える。チベット高原が最も高く平均４０００メートル以上で、四大水系のうち長江が最長で、黄河、黒竜江、珠江と続く。人口は13億人で９割以上が漢民族、首都は北京（２１５２万人）、主な都市は重慶（２９９１万人）、上海（２４２６万人）、天津（１５１７万人）など。憲法で信教の自由を保障しているが実質的には規制され、また憲法上は人民民主主義独裁の社会主義国家だが、実際は共産党の一党支配である。黄河流域は東アジア文明の発祥地で、紀元前６０００年にはすでに穀物を栽培していた跡があり、前21世紀の夏王朝から様々な時代を経て国が形づくられていった。

日本にも大きな影響を与えた孔子は、前５５１年に魯の国に生まれ、道徳中心の思想「儒教」を創始し、自己修養の後にこそ人を治められるという「修己・治人」を基本とした。その一貫するものは「仁」（深い人間愛）で、一人ひとりが仁を守れば（修身）、家は円満になり（斉家）、即ち国家も治まり（治国）、天下は安泰となる（平天下）と説いた。教えは死後孫弟子たちによって『論語』にまとめられ、「過ちて改めざる、これを過ちという」の名言もある。『日本書紀』によると、５世紀前後の応仁天皇のころに百済の王仁が献上したと伝え、事実、聖徳太子の十七条憲法の第一条「和を以て貴しと為す」の句は、『論語』学而篇の「子曰く、礼の用は和を以て貴しと為す」を基にしている。江戸時代に儒学を大成した『朱子学』を、幕府が官学として武士の必読書としたことから『論語』の重みが増し、明治になると西洋モデルの大日本帝国憲法発布の翌年、和魂の「教育勅語」が公布され、戦前までの日本人の道徳教育の支柱となった。

前2世紀頃始皇帝は中国全土を統一、新帝国を建国し初めて「皇帝」を名乗った。中央集権化の下富国強兵策を進めたが、大宮殿や運河、万里の長城など大規模な造営事業で人民の疲弊を招くとともに、不老不死の薬を手に入れるために莫大な費用をつぎ込み、国は衰退した。日中国交正常化10周年で海部俊樹元首相に随行して訪中した際、上海をはじめ、北京の万里の長城や西安の始皇帝陵を訪れ、始皇帝陵の兵馬俑坑からは約8000体の兵士の人形や、約600体の陶馬などを見たことを思い出す。秦を滅ぼした項羽は西楚の覇者を名乗ったが、強権政治は人民の離反を招き、「四面楚歌」となり敗北した。項羽とともに秦を滅ぼした劉邦（高祖）は部下に恵まれ、項羽に勝利して漢王朝を開いた。

7世紀父を助けて唐を建国した太宗皇帝は、儒教経典の編纂や仏典の漢訳を奨励し、孫の玄宗皇帝は「開元の治」と称される善政を行ったが、晩年楊貴妃に溺れ乱を招き退位した。「詩仙」と仰がれた李白は、約一千篇の七言絶句の詩を残し、楊貴妃の美しさを牡丹にたとえた詩を創るなど自由闊達に生きたが、若山牧水顔負けで定職には就かず、酒を愛し放浪生活を送った。日本からの遣唐留学生で唐の高官に昇進した阿倍仲麻呂とも親交が深く、仲麻呂が日本へ帰れず遭難死したという誤報を聞いた李白は、その死を悼んで大作『晁卿衡を哭す』を書いた。律詩を完成し「詩聖」と仰がれた杜甫に「李白一斗詩百篇」と言わしめた。12世紀に入って朱熹（朱子）は、宋学を大成し『朱子学』としてまとめ、「精神一到何事か成らざらん」の名言を残した。

チンギス・ハンは13世紀頃モンゴル高原に生まれ、貧しい家庭から成長し40代で高原の全諸部族を統一、中央集権国家を築き最強騎馬軍団を組織し、東は朝鮮半島、西はモスクワやバグダッドなど史上最大のモンゴル帝国の基盤を作った。孫のフビライ・ハンは中国へ進出して元を創始し、ミャンマー、カンボジアの王朝を滅ぼしたが、日本とベトナムの征服には失敗した。マルコ・ポーロもこの時代のフビライに仕え、多くの地を訪れて『東方見聞録』を残した。

１８４２年清朝がアヘン戦争に敗れて以来列強諸国による植民地化が進み、ポーツマス条約が締結された１９０５年、孫文はロシア革命成功をまね、国共合作による三民主義革命を宣言し、南京で中華民国を建国した。一方日本の東北大学に学んだ魯迅は、文学で『狂人日記』や『阿Q正伝』を通じて、国家の危機意識不足を徹底批判した。27年、国民党の蒋介石は上海でクーデターを断行し南京政府を樹立、同時に共産党の毛沢東は井岡山にソビエト政権を樹立し、国共合作の抗日統一戦線を実現させた。45年日本敗戦とともに国共対立が激化し内戦が始まり、蒋介石ら国民党は敗れて台湾へ逃れ、共産党は54年第1回全国人民代表大会（全人代）を北京で開き憲法を可決、公布し、初代国家主席に毛沢東を選出した。

外交面では米国との「新たな形の大国関係」構築を目指すが、サイバー攻撃や朝鮮半島問題が続いており、韓国やロシアと「ドイツ・ファシズムと日本軍国主義」勝利70年記念式典を合同で行い、ウクライナ情勢では欧米への対抗姿勢を鮮明にした。２０１５年の中国国防白書は、南シナ海での岩礁埋め立てをけん制する米国への対決姿勢を明確にし、自らの覇権の確立を鮮明にしている。「海洋強国」の実現へ「強軍路線」を加速し2隻目の空母を建造、「ロケット軍」を格上げし核戦力を増強、サイバー攻撃や宇宙空間の軍事利用「戦略支援部隊」の新設などを示す。一方「新型大国関係」に米国が応じず、北朝鮮の挑発で中韓蜜月から米韓安保協力へ進展、経済減速で「一帯一路」構想などの構想に影響、南シナ海での軍事拠点化で周辺国に

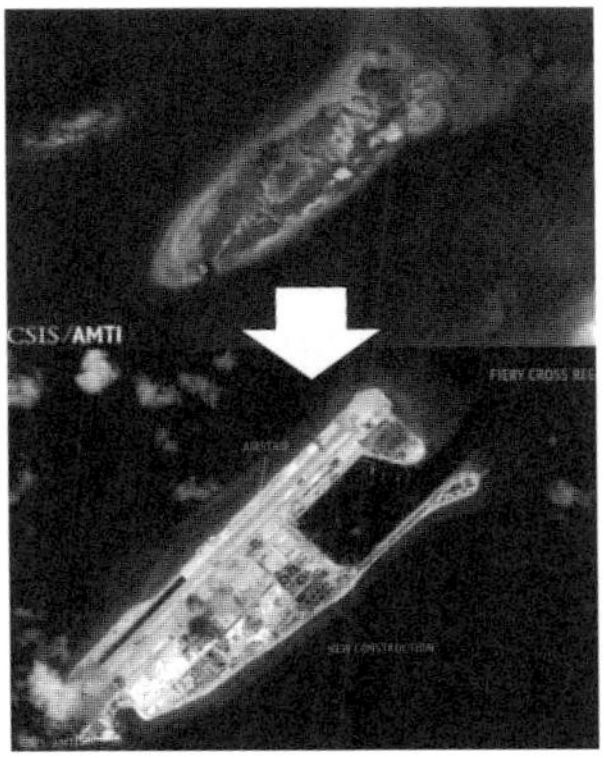

南シナ海において埋め立てが進むファイアリークロス礁
上：2006年1月22日　下：2015年9月3日（外交青書2016 第59号より）
中国は、国防費を過去28年間で約44倍に増加させる一方でその細部内訳を明らかにしないなど、透明性を欠く中で軍事力を強化している。同時に、東シナ海、南シナ海の海空域における、既存の国際秩序とは相いれない独自の主張に基づく力による現状変更の試みを継続しており、これらは、地域及び国際社会の懸念事項となっている。国際調停裁判の判決も、紙くず扱いで無視している。

警戒感、そして台湾では独立志向の高い民進党政権発足など最近の外交では誤算も見られる。

中国は近年１９７０年代に米軍が南ベトナムから撤退後、西沙諸島全域を支配。フィリピンから米軍が撤退した92年以降南沙諸島に進出し始め、01年の中枢同時テロ後、米国は国力を「テロとの戦い」に傾けアジアへの対応が後手に回り、米中間のミリタリーバランスは変化している。もし、仮に日本から米軍が撤退ということになれば、即中国は尖閣諸島を占拠し太平洋の島々へ進出、いずれは沖縄をターゲットにすることが想定される。

南アジアでは、新興5カ国（ＢＲＩＣＳ）の一つであるインドと地球温暖化問題などで連携を強め、中東とはパレスチナを伝統的に支持しながら、アフリカとの関係強化も推進している。日本とは１９７２年に国交正常化し日中平和友好条約を締結、10周年記念で私も海部俊樹元首相に随行し訪中したが、当時は開発途上国で文革の傷跡も深い中、改革開放・四つの現代化（工業、農業、国防、科学技術）路線に邁進していた。詳細は『中国を訪ねて』（学園書房刊）に纏めて上梓、後市長現職時代に営業で訪問した際は『続清流　第二編　韓国・中国行』（鉱脈社刊）も取り纏めて世に問うた。

習近平国家主席（共産党総書記）は14年に入り、自身への権力を集中させるため反腐敗闘争を展開し、「トラもハエもたたく」との表現で、地位や肩書を問わず規律違反者は容赦なく取り締まり、次々と政敵を追い落として権力基盤を固めた。薄熙来・元重慶市党委員会書記、周永康・胡錦濤前指導部で党政治局常務委員らの逮捕は、大きく報道された。安倍首相とは15年アジア太平洋経済協力会議（ＡＰＥＣ）の際、目を合わせることなく握手をした後25分間会談（?·）して、東アジアの安定化に向けた協力や国民の相互理解推進、経済関係の深化、尖閣諸島周辺での不測の事態を回避するための危機管理対応などの、４項目を合意した。中国政府との冷却化は、日本政府による尖閣国有化への抗議に始まり、13年の靖国神社参拝で決定的に悪化、さらに安保法成立により両国の関係は1972年の日中国交正常化以来「最悪」となった。

2014年台湾と香港で、学生中心の前例のない大規模デモが起きたが、中国の一党独裁に起因した抗議運動であった。台湾では馬英九政権が08年発足直後から、中国との関係改善を急ぎ経済協力協定を締結したが、一部の大企業だけが利益を上げているため庶民の不満が強まり、ヒマワリをシンボルとした「ヒマワリ学生運動」デモに約50万人が参加した。15年11月習近平・馬英九による首脳会談が行われ、中台統一への布石が打たれ、16年11月12日の孫文の生誕150周年を共同で行うこととしたが、16年5月「一つの中国の存在を認めない」とした民進党の蔡英文主席が就任し、中台関係は大きな変化の時を迎え、今後注視していく必要がある。

香港では英国から返還後「一国二制度」が適用されたが、14年中国は「全面的な管轄統治権」は中央政府が持つと発表し、行政長官選挙は民主派の排除を決定したことにより、雨傘をシンボルとした「雨傘運動」と呼ばれる大規模デモが起き、学生を中心に約51万人が参加し普通選挙実施を訴えたが、当局は955人を逮捕し事態を収束させた。中国都市部の大金持ちは、早晩「元」預金は危なくなると先読みして、資産としてのキャッシュを、米ドル、ユーロ、日本円のどれかに替えているという。

中国の少数民族問題でチベット自治区は、7世紀の吐蕃統一王朝成立後清朝などにも編入されなかったが、1950年中華人民共和国は人民解放軍をチベットへ進駐させた。チベット動乱となり仏教の最高指導者ダライ・ラマはじめ、13万人がインドを含む世界各地に亡命、大規模暴動は各地へ飛び火し抗議の焼身自殺が急増した。イスラム教徒のトルコ系ウイグル族が多数居住する新疆ウイグル自治区では、中華民国時代に「東トルキスタン・イスラム共和国」として独立宣言した。49年中国人民解放軍が進駐したが、今でも独立運動は根強く続き2009年区都ウルムチで大規模暴動に発展し、新中国建設以来では最大規模となり暴力事件が相次いでいる。中国政府は15年のフランスの週刊誌襲撃テロ事件直後、新疆ウイグル自治区内の公の場でブルカ着用を禁止、事件に便乗して国内ウイグル人への弾圧を強めた。対しウイグル人は、キルギスなどを通りシリアへ渡り「イスラム国」に参加、その若者は筋金入りのテロリストに変身し、いずれUターンして中国を脅かすことも想定される。

習近平政権は14年、浙江省温州市の三江プロテスタント教会で十字架の撤去と教会の取り壊しをした。1949年の建国以来、公認されてきたのは仏教・道教・イスラム教・キリスト教カトリック・同プロテスタントの「五大宗教」である(文革期を除く)。キリスト教会は共産党・政府によって認められた公認教会と、法的裏付けのない非公認教会に分かれ、三江協会は「公認」に属する。非公認団体の共通点は、「宗教生活に対する共産党の介入を認めない」としているため常に監視下に置かれ、特にカトリックの場合はローマ教皇による司教任命を内政干渉として認めず、51年にヴァチカンと断交後神父や司教の拘束・軟禁が日常化している。プロテスタントの非公認教会、通称「家庭教会」が最も規模が大きい。これまで法輪功への弾圧や、新疆ウイグル自治区の惨状などの例もある。

環境問題では近年の経済成長に伴い、特に二酸化炭素の排出量は名実ともに世界一となり、季節によっては日本にも大きな影響を与えている。国交正常化10周年で訪中した時は見られなかったが、市長現職時代に訪れ上海から広州へ飛んだ時は、都市の上空は雲かスモッグか区別がつかないほど汚染されていた。2014年には温暖化により干ばつや豪雨が各地で起き、砂漠化が433万平方キロ広がり日本の11倍超に当たり、北京のすぐそばまで迫っていると報道された。原因には無秩序な開墾や放牧、水源開発が挙げられ、対策としては違法な乱開発の取り締まり強化、天然林の保護、乾燥に強い植林そして官僚の「不作為」防止などがある。

水資源は80％が南部にあるため、北部に水を調達しようとの運河建設大事業「南水北調」を毛沢東が打ち出し、江沢民時代に着工して4・3兆円かけて14年に完成した。「中央ルート」は、長江の丹江口ダム（琵琶湖の１・５倍）から北京へ、１４００キロを１００メートルの高低差を利用して水が流れる大運河で、これにより水不足はとりあえず改善した。一方では、ダム湖上流には水銀など多くの重金属鉱山があり、周辺都市の汚水は川に垂れ流しており、供用開始を前に水質問題への関心が高まるとともに、環境破壊など「負の遺産」になりつつあり、流域住民は「水不足なら、北京が遷都すればいい」と言っているという。別に「東ルート」と「西ルート」もある。

軍事面では25年以上にわたり国防費伸び率2ケタ増が続いており、尖閣諸島などで中国軍機の異常接近、南シナ海の南沙諸島埋め立てによる近隣諸国との対立、国産空母の進水や次世代戦闘機・無人機の開発などに邁進している。英国の国際戦略研究所の16年版報告書『ミリタリー・バランス』によると、オセアニアを含むアジアの国防費合計で中国の占める割合は、13年は約36％、14年は38％だったが、15年には41％と急速に増加させている。総兵力は約２３３万人で予備役が推定51万人、戦略ミサイル部隊約10万人で文字どおり世界一だが、15年の「抗日戦争勝利70年記念式典」で習近平は30万人の削減を表明したが、さらなる兵員の精鋭化、ハイテク化を目指すことを意味する。

２０１１年には日南市は宮崎県と一緒になって、中国などへ県産スギ材の拡販とクルーズ船の油津港誘致などの営業・宣伝に回った。中国は高度成長期でもあり非常に熱心に話を聞いてもらい、早速翌年から効果が出て中国向けスギ丸太の輸出は、11年には３００立方メートルだったのが、12年は６０００立方メートルに、13年にはなんと7万立方メートルとなり今も増えている。クルーズ船も翌年から入り出し数も増え、さらに大型客船の寄港のため県を通じて港の水深調査などを依頼していたのが、13年に「入港可能」の許可が出て、翌年から寄港が始まり内心嬉しかった。その時ご一緒だった方が、15年には県東京事務所に勤務しておられ、東京での会合でお会いしたとき、多くの大型客船が寄港するようになった思い出話に花が咲いた。

大韓民国はよく「近くて遠い国」といわれ、それは日本に最も近い隣国で同じ民主国家だが、政治的にはまだ遠い国という意味である。面積10万平方キロ（日本の26・5％）、人口5029万人で首都はソウル（1004万人）、主な都市は釜山（352万人）、仁川（293万人）、大邱（249万人）。殆どが韓民族、仏教24％、プロテスタント24％、無宗教44％である。7世紀の新羅から高麗、14世紀の李氏朝鮮創始から500年を経て、16世紀李舜臣の時代に豊臣秀吉の朝鮮出兵があったものの、1910年日本の初代韓国統監の伊藤博文が高宗国王に退位を迫ったため、民族・抗日運動に身を投じた安重根が伊藤を射殺、日韓併合で植民地となり大韓帝国は13年で消滅した。

1945年日本の敗戦により米ソ英中による信託統治が決まり、48年南北分割で大韓民国が成立し李承晩が初代大統領に就任、日本固有領土の竹島を入れた一方的な「李承晩ライン」を引いた。全斗煥政権は韓国元首として初来日し、昭和天皇が「両国間の不幸な過去」に遺憾の意を表明した。金大中政権は財閥改革と外資導入を打ち出す一方対北朝鮮で太陽政策を取り、訪朝して「南北共同宣言」に署名しノーベル平和賞を受賞した。日本固有の領土「竹島」に先の李明博大統領が突然不法上陸、日本政府は「遺憾」の意を表明し日韓関係は悪化した。15年2月22日の「竹島の日」の式典が松江市で「島根県民大会」として開催されたが、政府関係者の不参加に地元は憤りを隠さなかった。

朴槿恵大統領は、旅客船沈没事故（修学旅行生304人死亡・行方不明）をめぐる初動の不手際や、政権のメディアへの締め付け（産経新聞支局長含む）などで批判を浴び対応に追

日本固有の領土・竹島に上陸し、高台から見おろす韓国の李明博大統領（右）（1941〜）。（AP/AFLO 2012年8月10日）

われたが、外交面で対米関係を維持しながら中国を重視する政策を取る。旧日本軍の従軍慰安婦問題でも外交・宣伝を展開、14年オバマ大統領が訪韓の際「甚だしい人権侵害だ」と発言したほどで、強制連行による「性奴隷」の慰安婦小説『ドーターズ・オブ・ザ・ドラゴン』は、全米図書館に送付され『アンネの日記』同様に収蔵されたという。15年には米国の公立高校の教科書で使われていることが分かり、安倍首相が「愕然とした」と、菅官房長官は「遺憾である」と言い、記憶遺産「南京大虐殺」同様国際社会への発信力と外交力のなさを露呈した。

「沈黙は金」は日本だけに通用する謙譲語のようで、「いずれは真実が分かる日が来る」などと無視することは、米国人の言う「発言無きは頭カラッポ」で嘘でも3回以上同じことを聞くと、本当かなと思うようになるのは人の常である。15年末日韓の状況に危惧を強めたオバマ大統領は、北朝鮮の核開発や軍拡を進める中国を睨みつつ、日韓の国交正常化50年を機に両国に関係改善を強く要請した。その結果、安倍首相が「10億円の拠出とお詫びと反省の気持ち」を表明し、「慰安婦問題は最終的かつ不可逆的な解決」と確認された。日本外交の不手際を「カネとお詫び」で「歴史的解決」(岸田外相)したが、米国内の慰安婦像撤去や教科書掲載の取り消しも、竹島の領有権の問題にも全く触れられず、この玉虫色で曖昧な合意はいずれ蒸し返される。その後国連委員会から出された報告書は、改めて「未解決の多くの課題が残され、遺憾だ」と指摘し、菅長官が極めて「遺憾」と不満を表明した。カネやお詫びだけが外交ではない。

同時にオバマ大統領は、日中韓の首脳会談を行うようにと朴大統領に提案し、周りを見ずにアメリカにおんぶに抱っこの日本に無言の喝を入れた。軍事面では義務兵役をとり正規軍66万人、現役除隊者による予備軍450万人、統帥権は大統領にあり、在韓米軍が1・9万人駐留している。韓国は原子力産業を次世代の主力輸出産業と位置付け、アラブ首長国連邦(UAE)やヨルダンなど中東を含め80基の輸出を目指し、フクシマで先の見えない安倍政権と競争している。過激派組織「イスラム国」の台頭や内戦などを考えれば、少なくとも中東や北アフリカなどへの原発輸出については国連などでストップをかけ、他のことで支援・協力を進めるべきである。

朝鮮民主主義人民共和国（北朝鮮）は朝鮮半島の北半分を占め、北部は中国やロシアと接し、南は軍事境界線を挟み韓国と対峙している。面積12万平方キロ（日本の約32％）で、国土の多くは山地で耕地面積は15％、大陸性気候であり、人口２５１６万人、首都は平壌《ピョンヤン》（２８６万人）である。１９４５年日本の敗戦後、ソ連軍が朝鮮に進撃し韓国政府樹立後朝鮮民主主義人民共和国を建国、初代首相に金日成を選出しソ連軍は撤退した。核拡散防止条約（ＮＰＴ）脱退や異常気象による食糧危機の後、金正日体制となってイタリアと初めて国交を樹立したのを皮切りに、欧州連合（ＥＵ）各国やカナダなどと次々と国交正常化を進め、２００４年小泉純一郎首相の時には拉致被害者5人の帰国を実現させたが、09年2回目の核実験を実施したことにより、６カ国協議で制裁を強化した。金正日は11年現地指導に向かう列車内で、急性心筋梗塞と心原性ショックを併発し死去、金正恩新体制がスタートし旧大物を順次粛正し、経済建設と核開発を同時に進める「並進路線」を国家方針に決定した。

米国関連では、旅行中の米国人男性を拘束したり、金正恩暗殺計画を描いたコメディー映画『ザ・インタビュー』制作会社をサイバー攻撃した。対中国では、習近平が北朝鮮より先に韓国を訪問したこともあり、中国からの原油輸出がゼロになるなど対中関係は冷却化している。一方、ロシアは北朝鮮で向こう20年間に２５０億ドル規模の鉄道網改修・整備を合意し、韓国とは核実験や弾道ミサイルなどで非難中傷合戦を繰り広げている。日本とは14年5月、日本独自による経済制裁の一部解除と拉致被害者らの全面調査実施で日朝が合意し、安倍首相は早々に解除方針を表明したが、北朝鮮は残り12人の再調査については相変わらずノラリクラリと先送りをしている。この解除で北朝鮮は日本から民間用のレーダーやアンテナ、真空ポンプ、遠隔操作受信機などを手に入れ、それが艦船や核関連装置、ウラン濃縮用の部品、軍のドローン（無人機）などに転用され日本外交の甘さが際立った。拉致被害者の親たちの残された時間を考えれば、政府はその場の取り繕いではなくもっと毅然とした覚悟・態度を示し、早期解決に持ち込むべきである。16年の核実験とミサイル発射で、国連で改めて制裁実施を演説するなど日本政府の対応は全く一貫していない。

20世紀末米国はキューバ、イラク、リビア、シリア、イラン、スーダン、北朝鮮の7カ国を「テロ支援国家」（ならず者国家）に指定した。しかし、イラクとリビアは9・11同時テロ後に、シリアは「アラブの春」後内戦が勃発、キューバは米国と国交正常化、イランは米欧などと核協議合意、スーダンは未だテロ組織が活動しているが、北朝鮮のみが体制維持のために核兵器とミサイルにこだわっている。米韓合同軍事演習も実施され、朝鮮半島がどこへ向かうか誰も見通せない。事実上の徴兵制をとっており、推定総兵力は１１９万人で、予備役は最大５７０万人である。最近脱北者の話によると、金正恩ら指導者は有事には「脱北」するつもりで朝満国境にトンネルを掘る工事を進めつつ、秘密の脱北用飛行場まで準備しているという。

インド・東南アジア

インドはヒマラヤ山岳地帯、ガンジス川流域平野、デカン高原の3地域に大別される。面積３２９万平方キロ（日本の８・７倍）、人口13億人で首都はニューデリー（２５７０万人）、他にムンバイ（旧ボンベイ・１２４８万人）など多く、ヒンズー教が81％、イスラム教13％、仏教は０・８％である。１５２６年ムガール帝国成立後、英国が東インド会社を設立し統治していたが、１９４７年マハトマ・ガンジーは「非暴力・不服従」による反英独立運動を徹底して独立を成し遂げたが、翌年暗殺された。２０１４年の選挙で、経済の失速やシン政権の汚職への不満からインド人民党が単独過半数を獲得、ナレンドラ・モディ首相が誕生し、10年ぶりの政権交代となった。有権者数は８億人を超えるのに、投票率は66％と日本よりも高く、大いに教訓としたい関心度である。

外交面では近隣外交重視の姿勢だが、パキスタンとはカシミール地方で両軍の砲撃などの応酬が激化、対中国では国際金融機関「アジアインフラ投資銀行」（ＡＩＩＢ）加盟の一方、カシミール地方でインド・中国両軍がにらみ合う事態にある。対米ではＩＴ産業を中心に経済関係が進展、原子力発電所の建設協力を合意、対ロシアではクリミア半島編入をめぐり、欧米によるロシアへの経済制裁を強く批判した。日本との関係は14年安倍首相と、米国とインドの海上合同演習「マラバール」に海上自衛隊を参加、海自の飛行艇「ＵＳ２」の対インド輸出、原発輸出を可能にする原子力協定の早期妥結で一致し、同時に日本からの政府開発援助（ＯＤＡ）、３５０億米ドルを取り付けた。

軍事面では志願制をとり、正規軍１３３万人で予備役１１６万人、14年初の国産巡航ミサイルの発射実験に成功し、ロシアから２隻目の空母を購入して外洋戦力を強化した。インドは核開発でＮＰＴにもＣＴＢＴにも署名を拒否し、保有する中距離弾道ミサイルには核搭載が可能とされる。原発は21基が稼働し、６基が建設中だが、12年から各地で漁民のデモなど住民の反対運動が頻発したが、13年最高裁は原発は「安全」との判決を出した。宇宙開発においては14年、宇宙船を搭載した最新型の静止衛星の打ち上げに成功した。教育は原則的に州政府が管轄し、６～14歳の初中等教育を義務化している。

インドで忘れてはならない人物が、政治家であり思想界をリードしたマハトマ・ガンジー元首相である。長い間英国の植民地として苦しんでいたインドを、非暴力の抵抗運動で独立に導いた英雄であり、その思想は第二次世界大戦後、米国のマーチン・ルーサー・キング牧師を動かして、公民権運動の展開の決定的な推進力となった。キング牧師はガンジー同様暗殺されたが、アパルトヘイト（人種隔離）で有名な南アフリカで、反人種差別運動家のネルソン・マンデラ大統領の誕生を可能にした。15年ミャンマーで軍事政権を非暴力で倒したアウンサン・スー・チー女史も、日本に留学したが根っからのガンジー信者である。しかし、日本ではその名に言及する政治家はほとんどなく、戦後70年メディアも含めあまり人気がないのは寂しい。

インドの東隣のバングラデシュは人口の約9割がイスラム教徒である。日本政府によるＯＤＡは最近急増し14年度は１２６２億円、国際協力機構（ＪＩＣＡ）の活動や企業による大規模インフラ（社会基盤）整備、貧困対策支援などの経済協力は４４７億円と、英国、米国を抑えて世界一となった。一方、15年以降日本人を含む外国人１００人超の殺害事件が続発し30件を超え、特に日本は「イスラム国と戦う十字軍に参加した」の声明以来、16年6月にはバングラデシュの発展に尽力中の7人が何の躊躇もなく射殺された。その国のため、人たちのためにと働く日本人が、なぜ狙われるようになったのか、一体誰の責任なのか、なぜ想定される日本人への脅威に注意喚起しないのか、死体到着の空港には政府関係者の出迎えもなく、自己責任で済ませ、情けない国になったものである。

東南アジア諸国連合（ＡＳＥＡＮ）は、加盟10カ国で構成する経済・社会・政治・安全保障・文化に関する地域協力機構であり、総人口6億２０００万人で中国、インドに次ぎ、欧州連合（ＥＵ）を上回る規模で、

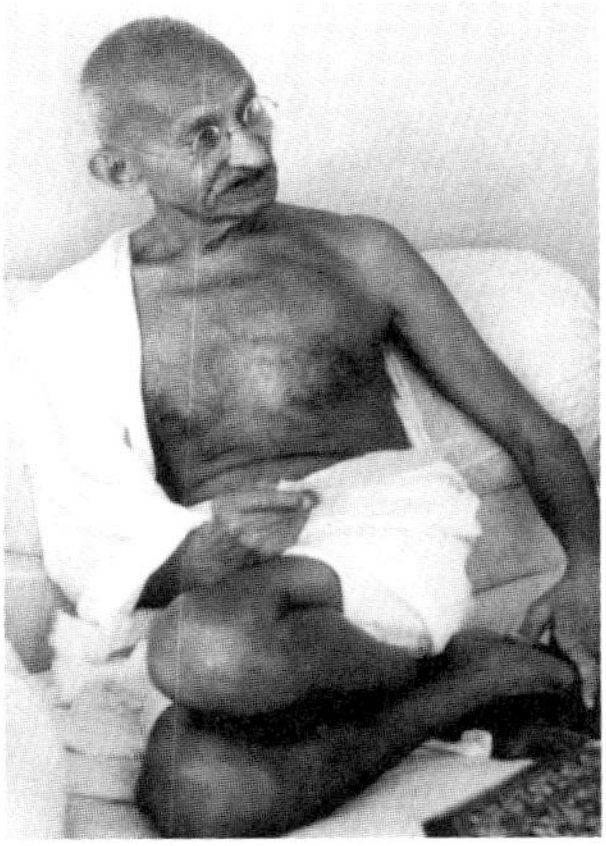

塩の行進を行ったガンジー（1869~1948）は、海岸に到達すると、泥と塩の塊を拾って「これで、私は大英帝国の土台を揺るがしたのだ」と言った。

人口増加率も高い。ベトナム戦争中の１９６７年にインドネシアやタイなど5カ国が創設し、後徐々に増え99年に10カ国になり本部はジャカルタ。政治体制はベトナムとラオスが社会主義、ブルネイが王制、タイが王制で軍事政権、フィリピンが民主制、ミャンマーは軍事政権から民主制へ移行中とさまざまで、宗教や民族も異なる。１人当たりのＧＤＰはシンガポールとカンボジアで50倍以上の開きがある。

創設から半世紀の節目に当たって、「経済」「政治・安全保障」「社会・文化」を３本柱とする「ＡＳＥＡＮ共同体」を発足させた。意思決定は「全会一致」「内政不干渉」を原則としているが、大国中国をめぐってラオスなど経済的結びつきが強い国と、フィリピンやベトナムなど南シナ海問題で圧迫を受ける国があり、その結束が試されている。域内の関税は撤廃したが、ＥＵとは異なり国境管理は残り国間の移動には旅券が必要で、単一通貨、域外共通関税は予定されていない。10カ国を「国家」に例えると２０１４年現在、ＧＤＰ（15年見通し）と自動車売上高は世界5位、輸出額、外貨準備、天然ガス生産量、航空機の離着陸数は各3位、そして外国直接投資が2位でインフラの整備を加速させている。

ＡＳＥＡＮ発足当初から日本は緊密な関係を維持し、頻繁に首脳、外相レベル会談を行うとともにＯＤＡも湯水のごとく提供してきた。インドネシアの石油、マレーシアの天然ゴムなどの原料供給基地、タイなどは日本の製造業の海外進出の有力な相手国となった。１９８１年には日本アセアン文化センターが設立されて、貿易の振興、投資と観光客の増大を目標とし日本の援助で各種の基金が作られた。２０１２年発足の第二次安倍内閣はアセアン重視として、安倍首相の初外遊先にインドネシアを、麻生副総理がミャンマーなどへ行った。安倍氏は13年にもインドネシアを訪問し、対アセアン外交5原則を発表しＯＤＡを上積みして盤石を期したが目的の新幹線建設事業の受注はあっさりと中国に持っていかれた。くり返しになるが日本は外交・ＯＤＡの在り方をゼロから見直すべきである。

ＡＳＥＡＮ発足時の中国は、文化大革命の最中で警戒感が非常に強かったが、ニクソン大統領の訪中から以後改革開放路線をとり、やがてＡＳＥＡＮへの接近が始まり国交を樹立するなど、最近の対中経済関係は拡大の一途をたどっている。一方で、中国は南シナ海全域に勝手に管轄権を主張する境界「九段線」を引き、西沙諸島や南沙諸島の領有権をめぐってベトナム・フィリピンなどと争い、ＡＳＥＡＮ諸国内から問題とされ不安定要因になっており、政治面では対中警戒心が解けていない。特にベトナムと西沙諸島の間に、「膨大な石油埋蔵量がある」と米国のエネルギー情報局が指摘したことで、中国は「石油掘削を行う」と通告したため、ベトナム政府は厳重抗議したがにべもなかった。

フィリピンの漁師たちは、この豊かな南の海の恩恵にあずかり暮らしを紡いできたが、突然南沙諸島のジョンソン南礁周囲を埋め立てていたことが発覚、領海紛争でにわかに平穏な暮らしを脅かしている。元々フィリピン近海では中国船の漁は禁止されていたが、アロヨ大統領時代に中国に急接近し米軍基地を返還、中国漁船の避難施設を建設した。それ以降軍事的後ろ盾のなくなったフィリピンは中国の敵ではなくなり、実効支配の手口は日本の尖閣諸島以上にやりたい放題だ。アロヨは中国の２・６兆円のテレコムセンタープロジェクトで４・６億円の汚職疑惑と、選挙違反に続き公金流用で主人と共に再逮捕された。

２０１０年に反アロヨのベニグノ・アキノ大統領が就任、中国では習近平が国家主席に就任したが、所詮フィリピン軍わずか12万人に対し、人民解放軍の２２０万人では話にもならない。大統領はＡＳＥＡＮ諸国や日本に、ともに対中国の包囲網を築くべく呼びかけているが、今の日本の外交力特に対ロ、対韓の状況では非常に寂しく、隙を見せればフィリピンの二の舞になりかねない。アメリカも中国の南シナ海進出に対しては、これに反発し警戒するＡＳＥＡＮ諸国の立場を支持しているものの、世界の警察官であることをやめたアメリカと、鈍化傾向とはいえ経済力・軍事力を高めていく中国と、世界の勢力図が塗り替わる中本当は日本の出番が来ているのだが。さらに16年6月、親日のアキノ大統領から真意の読めないロドリコ・ドゥテルテ氏に代わったが、今後の動きが注目される。

天皇皇后両陛下は戦後の節目ごとに「慰霊の旅」を重ねられ、海外では戦後60年の05年にサイパンを、同70年の15年4月にパラオを、16年1月には歴代天皇として初めてフィリピンを公式訪問された。現地ではフィリピン人犠牲者を祀る「無名戦士の墓」に供花後、マニラ東南カリラヤの日本人犠牲者「比島戦没者の碑」に白菊を供花し、深々と頭を下げられた。太平洋戦争当時、日本兵による現地住民の大量虐殺など残虐事件が多発し、フィリピン人１１０万人が犠牲となり、米軍上陸による日米決戦では、市街戦となり52万人の日本兵が亡くなった。

思い出されるのは、敗戦を知らず（信じず）にフィリピン・ルバング島のジャングルの中で生き残っていた、旧陸軍小野田寛郎少尉である。発見されたキッカケは、私が若いころ世界放浪の旅をしていた時、日本人青年の鈴木紀夫氏も同じような旅をしており、私は翌年日本へ帰ったが鈴木氏はそのまま旅を続けフィリピンにたどり着き、１９７４（昭和49）年小野田少尉の話を聞き、苦労の末接触に成功した。小野田少尉は「かつての直属上官谷口義美元陸軍少佐の命令解除」を条件に了承、フィリピン政府による少尉恩赦で帰国が叶った。後に青少年の犯罪多発を憂い、「健全な日本人育成」のため「小野田自然塾」を主宰し、２０１４年東京で死去した。

豪州・南米

オーストラリア連邦は総面積７６９万平方キロ（日本の20・5倍）で世界第6位、人口２３９７万人で首都は

「比島戦没者の碑」に供花し、拝礼される天皇、皇后両陛下（2016年1月30日＝共同）

キャンベラ（42万人）、主な都市はシドニー（476万人）、メルボルン（435万人）、ブリスベン（224万人）などである。南西端のアルバニー市と日南市との姉妹都市締結のために伺った際、パース（197万人）の日本総領事館に佐藤総領事を訪ね、豪州の実情や日本との関係など意見交換をさせてもらった。締結後も日南ユネスコ協会や㈻日南学園の尽力もあって、両市の中高生が毎年交互に行き来し、ホームステイをしながら文化交流などを行っている。子供たちの未来のためにも、親睦を深めるためにも、大変ありがたいと思う。

約6万年前にニューギニアやインドネシア方面からアボリジニが渡って来て、先住民となったと考えられており、動物・植物種に共有性が見られ、最後の氷河期の終わりに海面が上昇して海で隔てられた。人間より大型の動物類の多くは絶滅し、その原因は火事や気候変動もあるが、最大は狩猟など人間の介入と言われる。1606年に到来したオランダ人は植民地に不向きと判断したが、1770年スコットランド人のジェームズ・クックがシドニー近くに上陸し領有を宣言した。アメリカ独立により、代わりの流罪植民地としてイギリス人の移民が始まり、アボリジニから土地を取り上げて放逐、殺害し開拓を進め、今はエアーズロック付近に先住民居留地が残っている。南太平洋ムルロア環礁でのフランス核実験の際には、欧米諸国が黙認する中ニュージーランド（27万平方㌔、453万人）と共に猛抗議をした。経済規模は世界12位だが最も裕福な国の一つであり、一人当たりの国民所得は5位である。

日豪関係では第二次世界大戦で、日本軍の爆撃や特殊潜航艇によるシドニー港攻撃を受け、ニューギニアなどで日本軍と戦い、日本占領にも参加した。現在日本は最大の輸出相手国となり鉄鉱石、石炭、牛肉などを輸出し、自動車などの工業製品を多数輸入している。1977年に日豪友好協力基本条約が締結、近年は留学生や観光客が双方を訪れ、ケアンズに修学旅行に行く学校もある。スキー・スノボなどを目的に北海道・ニセコを訪れる観光客（時々事故を起こす）もいて、日本語学習者も増えている。しかし、日本の調査捕鯨に対しては批判をしている。日南市と姉妹都市のアルバニー市が、風力や太陽光発電でエネルギーを賄っているように、国を挙げて環境に配慮した政策を進めているが、近年南極上空付近のオゾン層破壊による紫外線が深刻な問題となっており、皮膚炎や皮膚がん患者の増加に、政府は国民に外出の際の紫外線対策に警告を促している。

　また、南シナ海などでの中国進出を牽制するため、日米豪の安全保障を深化させる狙いで、オーストラリアとの潜水艦開発を進めてきた。そのため２０１４年日本政府はこれまで長く守ってきた「武器輸出三原則」をやめて「防衛装備移転三原則」を新たに閣議決定した。安倍・アボット両首相は安全保障に期待を寄せ蜜月関係を演出したが、15年ターンブル新首相に交代し、開発はフランスへ持っていかれた。もはや言葉はなく日本政府はコメントも出さなかった。

　南アメリカは総面積１７８２万平方キロ、人口は４億人で、主な国は最大がブラジル連邦共和国（８５２万平方キロ、２億人）で、アルゼンチン共和国（２７８万平方キロ、４３４２万人）、ペルー共和国（１２９万平方キロ、３１３８万人）、そしてコロンビア、チリ、ボリビアなどがある。西部には南北８５００キロに及ぶアンデス山脈が走り、６９６０メートルのアコンカグア山をはじめ５０００〜６０００メートル級の高山が並ぶ。古代アンデス文明の揺籃の地となり、インカ帝国など様々な国家が生まれた。アマゾン川は長さ７０２５キロで流域面積とともに世界一、自然の宝庫として知られるが開発により徐々に森林が失われている。

　南米に人類が出現したのは、「氷河時代」頃東北アジアから野生動物を追って渡来してきた、ホモ・サピエンスの狩猟民が環境に適応しながら定着したことに始まる。15世紀末現ペルー南部のクスコを首都にしたインカ帝国が地域を統合したが、スペイン人・ピサロに滅ぼされて植民地化、ポルトガルはブラジル北東部を中心に勢力を広げた。ナポレオン戦争でヨーロッパが混乱すると、諸国は相次いで独立した。

南米を統括する経済組織には、国連の下部組織である国連ラテンアメリカ・カリブ経済委員会があるが、加盟国間の出入国管理の簡素化や域内関税の撤廃などで、２００４年南米共同体が結成された。13年に南米を訪れた時もペルーやブラジル、アルゼンチンなど、国境では代理を介しての旅券の確認だけでよかった。南米諸国の所得格差は先進資本主義国ほどではないが大きく、上位20％の富裕層が60％の国富を有し、下位20％の最貧層は５％の富に満たない。この大きな較差は南米の諸都市で、摩天楼と上流階級の豪華アパートに隣接する貧困層のスラムという形で目に入る。他のほとんどの国ではスペイン語が公用語だが、ブラジル人はポルトガル語を話し、上流階級や高等教育のある人々は一般に英語、フランス語、イタリア語を学び、ブラジルやボリビアなどでは少数ではあるが日本語も話されている。

１９０８年に第一回の笠戸丸が日本人移民７９１人を乗せて、ブラジル・サントスの土を踏んでから１００年に当たる２００８年、皇太子徳仁親王をお迎えして盛大に記念式典が行われた。日本人の海外移住は１８６８（明治元）年のハワイ、グアムから始まり、アメリカ、カナダへと数が増し、１９０５年のポーツマス条約後の黄色人種排斥、排日運動の激化に伴い、ブラジルのコーヒー農場への出稼ぎへと変わった。戦前19万人、戦後６万人が移住し大和魂と勤勉さで苦難を乗り越え、現在の日系ブラジル人は１５０万人と言われる。

ブラジルは16年五輪イヤーであり、南米初ということであったが、経済の低迷と治安の悪化に加えて、五輪が汚職の温床になっているとして、ルセフ大統領の人気は８％と記録的な低率を示し副大統領が代行。リオでは

ブラジルのルラ大統領（後方右）主催の移民100周年記念式典で挨拶される皇太子徳仁親王（2008年6月18日）

デモが一部暴徒化しテロへの不安もあったが、久しぶりに日本人の活躍が見られた。

アルゼンチンとチリ国境沿いの、パタゴニア南部に位置するロス・グラシアレス（スペイン語で〝氷河〟の意味）は、南極、グリーンランドに次ぐ世界3番目の氷河面積を持ち世界遺産にも認定されている。近年の地球温暖化により、氷河崩落の壮大なドラマを見れるといって観光客が増えており、環境破壊を経済振興のタネにするとは開いた口が塞がらない。

変貌する国際社会

これまで述べたように、イタリアは歴史や文化をはじめ自然にも恵まれ、世界遺産50個（世界一）、年間観光客5000万人超（ちなみに日本は同20個、2000万人超）の観光大国である。ワインやオリーブ油などを生産し輸出しているが、財政は厳しく、日本、ギリシアに次ぐ借金大国でもあり、これからは人に来てもらってなんぼの観光だけではなく、第一次産業や製造業（6次産業）など基幹産業をもっと育てるべきである。EUは経済や財政難のイタリアやギリシア、スペインなどを気にしている中、アフリカや中東からの難民が地中海を渡って押し寄せている。そこからドイツや北欧など欧州各地へ散らばり、受け入れる各国の思惑もあり問題となっているが、要は難民を生む根っこを断つことが重要である。

アフリカでの内戦もしかりだが、シリアでは政府と反政府勢力の戦い、シリア政府・反政府と「イスラム国」との戦い、米国はシリア反政府勢力を、ロシアはシリア政府を支援、さらに近隣のイランが政府側に、サウジアラビアが反政府勢力側に立つなど、一層複雑さを増している。シリア難民は年毎に増えるとともに、アフガニスタンなど南アジアからの難民も増加し、最近東欧には自国を通らないようにと国境にバリケードを張り巡らす国も出ており、ＥＵが掲げる「移動の自由」の理念は風前の灯火と危機感が募っている。２０１５年に地中海からイタリアやギリシアを通り、欧州へ渡った移民や難民は数百万人とも言われ、16年に入るとスウェーデンがデンマーク国境で入国審査を復活、デンマークが国内での難民滞留を嫌いドイツ国境で同様の措置を開始し、オーストリアは受入数に上限を設け、英国はＥＵを離脱した。

15年の国連報告によると、紛争やテロによる難民と貧困による移民は計約2億４４００万人に達し、国内避難民も約４０００万人いるとある。16年5月トルコ・イスタンブールで開かれた「世界人道サミット」では移民や難民問題が主要議題となったが、同月にあった「伊勢志摩サミット」では経済の話だけで議題にも上らなかったことは残念に思う。

世界のイスラム過激派は世代交代と進化をしており、国際テロ組織アルカイーダは指導者ウサマ・ビンラディンの死を機に影響力を弱めたが、イラクとシリアを領土とする「イスラム国」へと主役が交代している。これは米によるフセイン政権崩壊後の治安上の空白と、シリア内戦の激化に乗じて活動地域を拡大し、「アラブの春」に貢献したネットＳＮＳで戦闘員勧誘を進め、ツイッターで戦闘の優勢をハリウッド映画さながらに映像を流し、巧みな情報戦と豊富な資金力で各国の若者らを引き寄せ、ネット社会の功罪を浮き彫りにした状況になっている。14年時点での「イスラム国」の兵力は約3万人で、世界80カ国から1万5千人以上の戦闘員を受け入れ、帰国した者らが母国であるいは影響を受けた者が各地でテロを起こしている。闇市場への原油売却や密輸、身代金などの収入は日額１００万ドル規模という。

「イスラム国」と連動するアジアのイスラム過激派組織には、アフガニスタンのアルカイーダとパキスタンにもまたがるタリバン、08年にムンバイテロで１６６人が死亡したカシミール地方のラシュカレトイバ、バングラデシュでは15年に日本への報復の一貫として日本人男性が、16年にはＪＩＣＡなどで働く日本人男女7人が銃撃され死亡した。南シナ海を囲む東南アジアでも過激派の拡大が見られ、15年11月開かれた東南アジア諸国連合（ASEAN）首脳会議では、テロを強く避難し対策の連携強化を訴えた。フィリピンのアブ・サヤフと東インドネシアのムジャヒディンは、「イスラム国」に忠誠を誓い「共闘」を宣言、インドネシアのジェマア・イスラミア（JI）は、02年に202人が死亡したバリ島同時爆弾テロに関与し、マレーシアのアルカーイダは、「イスラム国」のシンパ組織発足を画策している。東南アジアからは数百人が戦闘員として中東に渡っているとみられるが、いやが上にも危機感が強まっており、改めて日本人への注意喚起は不可欠であると訴えたい。

ロシアによるクリミア編入など、ウクライナ危機は米国とロシアの対立を先鋭化させ、世界の核弾頭の9割以上を占める両国の軍縮交渉にも影を落とす。5年に1度の核拡散防止条約（NPT）の再検討会議では、核保有国と非核保有国の溝は埋まらず採択は見送られ、「核兵器なき世界」を掲げたオバマ大統領の任期も間もなく終わり、核廃絶への世界の取り組みは不透明な状況にある。NPTは核兵器保有国を米ロ英仏中の5カ国に限定し、他の国の保有を禁じた多国間条約で1970年に発効、加盟国は190カ国だが事実上の保有国であるイスラエル、パキスタン、インドは未加盟である。核の保有国、非保有国の別なく、核爆発を伴う核実験を禁止する包括的核実験禁止条約（CTBT）の署名国は183、批准国は163で、保有5大国のうち米英仏ロは批准しているが、残る中国は批准していない。インド、パキスタン、北朝鮮は未署名である。

核兵器の非人道性とその不使用を、ニュージーランドやオーストリアなど多くの国が呼びかけたが、日本は米国の「核の傘」を含む安全保障政策と合致しないとして参加を避けてきた経緯がある。15年10月の国連総会での核兵器使用禁止条約では、ほとんどの国が賛成するなか米国が反対し、日本は棄権した。核爆発や放射性廃棄物の処理を禁止した取り決めには、南極、中南米、南太平洋、東南アジア、アフリカ、中央アジア、宇宙などの各条約があるが、ヒロシマ、ナガサキで原爆の、そしてフクシマで原発事故と二つとも経験を持つ世界唯一の国日本は、「核廃絶」の先頭に立つ責任があるのではないのか。

江戸時代末期、日本に開国を迫ったペリー提督の5代後のウィリアム・ペリー氏は、1927年米ペンシルベニア州に生まれた数学博士だが、カーター政権時代に国防次官を、クリントン政権の時国防長官を務め、先頭に立ち一貫して核軍縮を進めた。2015年読売新聞にペリー氏は、「終戦の翌年18歳の時進駐軍の一員として東京や沖縄の地を踏み、戦争の恐ろしさを目撃した。焼夷弾による空襲も、広島・長崎への原爆投下も、実に悲惨だった。キューバ危機の体験が「核兵器なき世界」への原動力になった。また進駐軍で働く日本人たちは「私たちの怒りは、米軍ではなく、旧日本軍だ」と話し、東京勤務中敵意や危険は一度も感じなかった。私は、日本との関係が特に深い一族の子孫です」と言っている。日本の「核廃絶」への取り組みは、5大国などの進展が見られないほどその役割を果たす時に来ている。

私は北欧も大好きなところで何回か訪れたが、小泉元首相が「トイレ無きマンション」と原発の最終処分場について指摘した、その原点となったフィンランドにも2回行った。森と湖の国、ラップランドのオーロラ、サンタクロースやムーミンの祖国として知られるが、学校では親日教育を施し修学旅行のバスに同乗させてくれるなど、ヒッチハイク中大変助かったことがある。現在4基の原発が稼働しているが、廃炉開始から無害化まで10万年かかるという高レベル放射性廃棄物の最終処分場を、「自己完結」のもと確立した。この「人類初の挑戦」は09年、

原発計画 核拡散の恐れ

中東カオス ③

「イスラム国」の衝撃

ヨルダン政府は昨年、原発2基をロシアの国営原子力企業に発注すると発表した。2023年に1基目の運転を始める。この国で初めての原子力計画だ。

「経済発展に電力の安定供給は欠かせない。原子力は当然の選択だ」

計画を統括するハレド・トウカン原子力委員長(59)が27日、首都アンマンの事務所で本紙に力説した。

非産油国のヨルダンは、電力供給の大半をガスと石油の輸入に頼る。経済を重視するアブドラ国王自ら原発推進の旗を振る。

原発計画が中東で活発化している。トルコなど非産油国だけでなく、潤沢な石油資源を持つ湾岸アラブ諸国でも進む。アラブ首長国連邦（UAE）では、アラブ諸国第1号となる原発が韓国企業の手により12年に着工。サウジアラビアでも計画が具体化しつつある。共通するのは、「エネルギー源の分散化」という目標だ。だが、イスラム過激派が今、その計画を脅かそうとしている。

「過激派の標的」不安増幅

中東の主な原発建設計画 ※世界原子力協会の資料などから

原子力発電所は廃止が世界の潮流となっており、中東などではテロの標的となる不安が高まっている。特に日本は、福島第一原発の事故の処理も見通せていない中で販促を進めている。（読売新聞 2014年7月31日）

北欧三カ国とイタリアの合作で『１００００年後の安全』という映画になり、福島第一原発の事故直後に日本でも劇場公開された。地下約５００メートルの最終処分場が舞台だが、北欧は日本と違って、地震も津波も、火山や地下水脈も活断層も無く、台風も来ない。10万年後に人類が存在しているかもわからないのに、真剣に向かい合うという覚悟と責任感は、日本とは対照的である。

また16年現在国際原子力機関（ＩＡＥＡ）によると、稼働中の原発が10基以上ある国は米国99、フランス58、日本43（審査中も）、ロシア35、中国31、韓国24、インド21、カナダ19、英国とウクライナが各15、スウェーデンが10基となっており、テロや紛争による治安悪化で混乱する中東やアフリカには今はさすがにほとんど無いが、日本などが輸出を進めるなど「核なき世界」は夢のように遠い。

２０１５年現在のストックホルム国際平和研究所推計の国別核兵器数（解体済みを除く）は、ＮＰＴ条約国ではロシア７５００、米国７２６０などと公表した。広島、長崎の被爆から70年の節目の15年に開かれた核拡散防止条約（ＮＰＴ）再検討会議は、非人道性を背景に非核保有国が「核兵器禁止条約」などを求めたが決裂した。

地球環境と安全保障

地球環境問題は喫緊の課題であり、２０１５年のＣＯＰ21では、05年の京都

核弾頭数　　ストックホルム国際平和研究所（SIPRI）の推計　2015年

	国名	米国	ロシア	フランス	中国	英国	イスラエル	インド	パキスタン	北朝鮮
搭載タイプ	戦略爆撃機	300	60	50	40					
搭載タイプ	ＩＣＢＭ	450	967		140					
搭載タイプ	ＳＬＢＭ	1152	512	48	48	48				
戦術核		180								
合計		7260	7500	300	260	215	80	90-110	100-120	6-8
核実験数		1032 [1992年]	715 [1990年]	210 [1996年]	45 [1996年]	45 [1991年]		3 [1998年]	2 [1998年]	4 [2016年]

※合計には貯蔵の核弾頭を含む。中国は平時には核弾頭を配備していないとみられる。核実験数はCTBT機構準備委員会など。[ ] 内は最終の実施年。　（「世界年鑑 2016」共同通信社刊より）

議定書が骨抜きになったため、改めて気候変動問題対策についての国際的な枠組みを決めた。ちなみに12年時点での二酸化炭素排出量は、中国が26・0％、米国16・0％、EU11・0％（うち独2・4％、英1・4％、伊1・2％、仏1・1％ほか）、インド6・2％、ロシア5・2％、日本3・9％で、後は韓国の1・9％以下の国々である。枠組みでは主な国・地域の排出量の削減目標を設定したが、「法的拘束力」を含め実効性が問われている。経済同友会新代表幹事の小林善光氏は「今世界には人口、食糧、温暖化などグローバル・アジェンダが山ほどある」として、特に「原発は非常に厳しくなったが、温暖化については問題を先送りしていないか」と地球環境の危機を訴え、これからは「日本のため」だけに行動するのではなく、「世界のため」に貢献するロマンの時代だと言っている。

あるテレビで白クマやペンギンが、むき出しになった陸地をうろうろしているのを見た。極地の氷が解け21世紀に入り急激に減少（過去最少）しているためで、北極では動物たちの悩み（？）をよそに各国はこれ幸いと開発に乗り出し、ロシアはヤマル島で大規模天然ガス開発や領有権調査、軍の「北極部隊」基地整備を進めている。アメリカは資源開発や安全保障上の「北極圏国家戦略」を発表し、「北極大使」を創設、中国は北極航路の開発と北極圏5カ国と「北極研究センター」を設立し関係強化を図っている。日本政府は外務省が「北極大使」を設置し、商船三井がLNG輸送事業を、帝国石油がグリーンランド沖に石油鉱区権を取得する一方、カナダは環境が最優先としてこれらに参加していない。温暖化という地球の危機が背景にあることから、世界の指導者は「環境安全保障」という視点を忘れてはならない。

南極大陸の半島域では、海洋の温暖化による海洋生態系の変化が記録され始め、海水温の上昇とそれに伴う海表面積の縮小によって、アデリーペンギンの分布域がより寒冷な海域へ押しやられるといった影響が出ている。そのため2010年に、ロス島のスコット基地に国際共同プロジェクトで3基の風力発電所が建設され、同基地とマクマード基地へ電力供給を始めた。これにより年間6万３０００リットルの燃料が節約でき、年間電力供給量の85%以上を賄っているとの報道があり嬉しく思った。

最近米国の非営利組織「クライメート・セントラル」の発表によると、地球温暖化が今のまま進んだ場合、今世紀末以降最終的に８・９《メートル》海面が上昇し、６億２７００万人分の土地が水没する。日本は３４００万人分と国別では世界６番目に多い。温暖化による海水の膨張や氷河の融解によるもので、平均気温の上昇を４度から２度に抑えれば、この数を半分以下に減らせると言っている。世界気象機関も産業革命以前の１７５０年と比べると、CO_2が43%、メタンが１５４%、一酸化二窒素が21%増加、14年には温室効果ガス濃度が史上最高になったと警告し、早急な対策を国際社会に求めた。

２０１４年のノーベル物理学賞が、青色発光ダイオード（ＬＥＤ）の発明に携わった赤崎勇名城大教授、天野浩名古屋大教授、中村修二・米カリフォルニア大サンタバーバラ校教授の３氏に授与されたことは、地球環境のためにも日本はもとより世界中から称賛の声が上がった。授賞式で選考委員会は「ＬＥＤの白い光は、今やどこにでもある。節電で環境にも優しい。太陽光の充電で光り、電力網のない地域でも闇を照らし出せる」と偉業をたたえた。その効率はエジソンが発明した白熱電球の約18倍、寿命は１００倍に達すると言われ、電力会社にとって使用電力量が減ることになるのは分かるが、受賞を機に日本が率先して取り組むべきなのに、ＣＯＰ21でも日本政府からは何の発言も提案も無かった。

04年私が市長就任後すぐに取り組んだ政策の一つに、創エネ（再生エネルギーの創出）、省エネ（エネルギー使用の節約）がある。省エネではまず小・中学校で先生と生徒が工夫して節電に努め、子供がその成果を持ち帰り家庭で協力し合って実行し、さらにお父さん達が職場や地域に広めるというものである。私も電気店でＬＥＤの電気スタンドを購入し、職場で来客等のない時は部屋の電気を消し、そのスタンドのみで仕事をした。また「エコファミリーコンテスト」を開催し、毎年前年比大幅に電気量を減らした家庭の親子を表彰した。これを全国市長会の新人市長紹介で発表したところ、当時はまだ耳慣れない取り組みだったこともあり、終了後何人もの市長たちが名刺交換に来た。創エネの方は太陽光発電を全国的にも早く（早いと言われた飯田市よりも）着手、王子製紙㈱日南工場内のバイオマス発電は15年4月稼働を始め、風力発電も16年、10年間のテスト期間が終了したとの報道があった。

近年原油価格が急落し、世界経済の波乱要因になっている。原因は石油輸出国機構（ＯＰＥＣ）の減産見送りによる供給過剰感と、米国の新型石油シェールオイル生産の急増で、15年過去最安値の約三分の一となった。世界的な金融・経済危機の引き金となりかねず、ロシアは通貨ルーブルの暴落や信用不安に、ナイジェリアは通貨ナイラの切り下げに、ベネズエラは大手格付け会社から格下げされた。原油安は消費国や消費者側にはプラスに働く面もあるが、日本ではアベノミクスのデフレ脱却が遠のくことも想定される。日本経団連の榊原定征会長は安倍首相と中東など世界各国を訪問営業の時、２０１５年は最大で最後の儲けるチャンスと「経政一体論」を展開、長い間中止していた企業献金も始めた。一方で、日本商工会議所の三村明夫名誉会長は、永野重雄氏（初代会長）が唱えた「日本経済石垣論」を引き合いに出し、「日本経済は大企業やグローバル企業だけではなく、99％以上の中小企業の支えが不可欠」とした上で、円安などを進めるアベノミクスを厳しく批判した。

15年は第二次世界大戦終結70年の節目の年にあたり、各地で記念行事が行われた。ポーランド南部クラクフ西にある、オシフィエンチムでの「アウシュビッツ強制収容所解放70年」式典には、先立っての独連邦議会で「アウシュビッツなしにドイツ人のアイデンティティーはない」と訴えたガウク大統領や、フランスのオランド大統領ら約40カ国の首脳らが参加した。フランス北西部での「ノルマンディー上陸作戦」

記念では、地元仏のオランド大統領やオバマ米大統領、プーチン大統領に加え、メルケル独首相らも参加。式典前日はブリュッセルでＧ７首脳会議が開催され、安倍首相を除く全首脳が出席し、世界平和の実現に向けて意見交換した。中国では「対日戦勝パレード」が、ロシアのプーチン大統領や韓国の朴槿恵大統領らが参加して大々的に行われたが、アメリカと日本は参加しなかった。

15年11月のミャンマー総選挙では、アウンサン・スー・チー氏率いる最大野党・国民民主連盟（ＬＮＤ）が大勝利をおさめ、テイン・セイン大統領はそれを認め「平和的な政権移譲」が成った。現在、非暴力の新しい時代が到来しているとともに、４００年続いた欧米中心の世界秩序は崩壊しつつあり、「日米同盟こそ基軸」とする日本の外交は今はまちがいではないが、国際社会の変貌を考えれば時代錯誤になりつつある。

ルーマニア出身のビオレル駐日ＥＵ大使は15年5月4日の報道で、「外交は常に忍耐が必要」として「日本は今、中国や韓国との間で緊張を抱えている。欧州はユダヤ人大虐殺（ホロコースト）という問題に取り組み、かつての敵同士が歴史的和解を果たした。安倍政権は隣国との良い話し合いが必要であり、ＥＵにとって世界の平和と安定のための「戦略的パートナー」は日本もその一つである」と言っている。即ち、「世界の警察」から手を引く米国との「中国の脅威に備える」という一面的外交のみでは、「ハシゴを外される」というリスクもあるということである。例えば、欧米が中国と手を組んだ時、アメリカがＡＩＩＢに加盟した時、中国がＴＰＰへ参加する時など日本政府は果たして想定しているのだろうか？

ビオレル・イスティチョアイア氏（駐日EU大使）（1952〜）
ルーマニア生まれ。中国・南開大で中国文学、ブカレスト大で哲学を専攻。78年にルーマニア外務省入りし、駐日大使館副代表、駐韓大使、駐中国大使を経て欧州連合（EU）欧州対外活動庁アジア・太平洋本部長。2014年12月に駐日ＥＵ大使に就任。（宮崎日日新聞 2015年5月4日付）

異国で知った祖国日本

2012年9月号の全国市長会会報「市政」に、私の「異国で知った祖国日本」が特集で載ったので以下紹介したい。

※　　※

ポーツマス条約今も

昭和44年24歳の時、世界を見ようと日本を飛び出しましたが、同時に外から日本を見ることとなりました。まず、シベリア鉄道などで写真撮影さえままならなかったソ連（現ロシア）から、自由なフィンランドへ入った瞬間、私が日本人であるという意識が一変しました。それは、あの日露戦争で日本海軍が旧帝政ロシアのバルチック艦隊を破り、宮崎県日南市出身の小村寿太郎首席全権大使らがポーツマス条約を締結したおかげで、多くの国々が独立できたのをその国の人々が知っていたことでした。条約締結当時日本の国力は破綻寸前で、同時にロシアは革命におびえていたため締結に至ったのでしたが、フィンランドでは、長い間日本や日本人のその功績を学校教育に取り入れてきたというのです。日の丸を振ってヒッチハイクをすればすぐに車が止まったことや、また、立ちションができないので、家庭でトイレを借りて別れの握手をした際、手に折りたたんだお札が入っていたことなどたくさんのことが思い出されます。

スウェーデン・ストックホルムの、国王も顔を出すという高級レストランでのアルバイトでは、皿洗いのかたわら各テーブルの花を生けるのは私の役目でした。第二次世界大戦の折、日独伊三国同盟というのがありました。イタリアの旅でもそう思ったのですが、ドイツの国民には発想や行動が日本人に極めて近く親近感を覚えたものです。特に、夏休み期間に田舎のユースホステルを泊まり歩くと、日本人と言えば尊敬され、中には「初めての東洋人」ということで、食後合宿中の高校生らにゲームやダンスパーティに招かれて、楽しく過ごしたこともありました。

イスラム圏を歩いて

世界の主要なイスラム国家は、アジア・太平洋、中東・アフリカなどに広く分布し、その人口は、世界約70億人中約16億人とほぼ四分の一を占めていると言われます。あれはモロッコのウジダという町でした。砂漠を走り抜けバスを降りた途端原住民に囲まれ、「キーナ、キーナ」と言って石を投げられました。初めは訳が分かりませんでしたが、やがて、〝はあ、中国人と間違えているのだ〟と考え、日の丸を取り出し振って「ヤポーン、ヤポーン」と叫ぶと案の定止みました。アルジェリアやチュニジアを列車で走ると、あちこちに長いパイプを張り巡らし、サハラの緑化に取り組んでいる風景を目にしました。インドでもそうでしたが、日本からの青年海外協力隊（JICA）に時折会い話を聞きました。最近日南の若者が教育などで協力隊として派遣される折にはアドバイスをしています。

欧州の旅の途中「正月にトルコの首都アンカラの日本大使館に行くと雑煮を食べさせてくれるとの情報を得ていたので、1月1日に合わせて訪ねました。すると、日本人は誰もおらず現地の守衛のみで、雑煮を食べることはかないませんでした。残念に思いましたが、私が日本人と確認できると館内に入れ、泊まってもよい、自由に使ってもよいととても丁寧で、中にあった日本語の書物や新聞などを片っ端から無我夢中で読んだことを思い出します。イラン、アフガニスタン、パキスタンなどは身の安全に注意を要しましたが、インドのお寺では宿泊、食事とも無料の扱いを受けました。また、最近訪ねた中国上海近くの王子製紙㈱南通工場での話によれば、同社の日南工場で製造されるクリーム色の上質紙は、「コーラン」の用紙としてイスラム教の宗教庁で唯一公認されており、海外に出てふるさとの製品が評価を受けていることに驚き、かつ嬉しく思います。

先人の誇りを次代へ

韓国もそうですが、特に中国は古来より遣隋使、遣唐使など交流が多く、阿倍仲麻呂や鑑真和上など多くの日本人・中国人が海を渡り歴史・文化の発展に多大な貢献をしました。しかし、先の大戦後、両国では反日教育を通して長い間日本を排斥するとともに、次々と補償を求め、最近では近隣海域で軍事力を行使しています。経済や文化、スポーツ等においては相互交流を積極的に進めるべきですが、領土においては断固として原則を貫くことが肝要です。小村侯は、生涯「正直と誠」の精神を貫き通しました。本市では国際感覚を身につけ、世界で活躍できる有為な人材を育成するため、５年前（２００７年）から「めざせ小村寿太郎国際塾」を開塾し、今年も58名の小中学生が入塾しました。語学研修はもとより外務省や青山の小村侯墓地訪問、外交史料館見学なども行っています。

同時に、姉妹都市である米国ポーツマス市や豪州アルバニー市との中高生によるホームステイ事業も続けています。皆さんが、いつの日にか世界の平和のために貢献してくれれば、ひいては私が若き日の旅でお世話になった方々への恩返しになるので

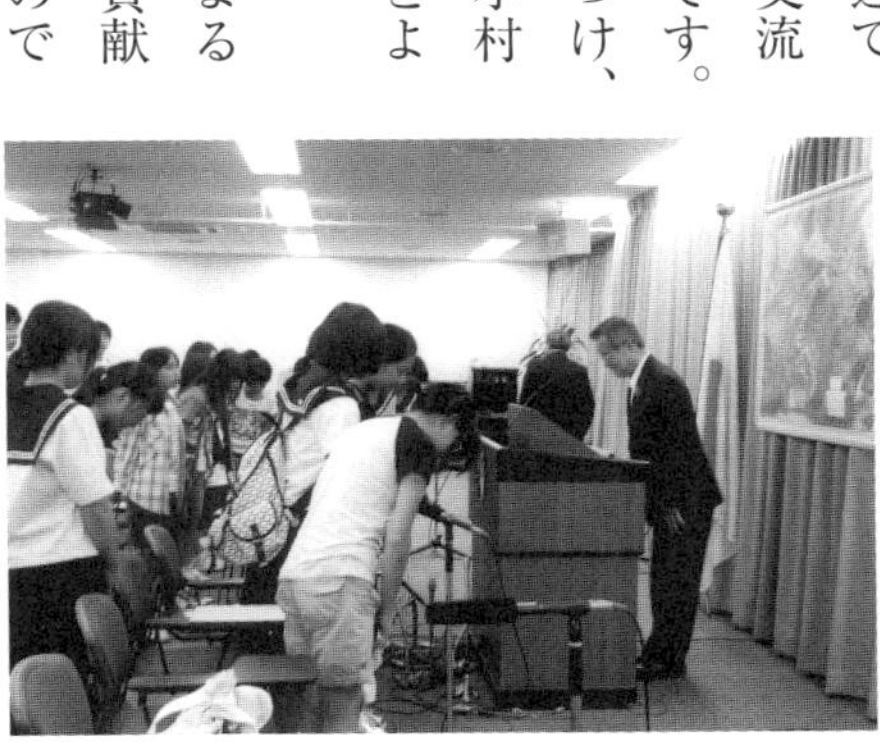

「めざせ小村寿太郎国際塾」塾生らと東京・外務省で合流し「『誠』の心で世界に貢献してほしい」と挨拶。
(2011年８月 外務大臣会見室にて。右は筆者)

はとも思っています。２０１２年６月の全国市長会議の折、玄葉外相主催のレセプションに出ました。その中で、５月の英国ＢＢＣによる世界22カ国世論調査で、世界に良い影響を与えている国は「日本トップ」との紹介がありました。激動する内外の情勢ですが、このことは、ポーツマス条約の効果はもとより文化・芸術、「武士道精神」をはじめとする日本人の心や行い、そして、昨年の東日本大震災の折の困難な中での助け合い（絆）などが世界に報道されたからではないでしょうか。今を生きる私たちは、多くの先人が残したこの世界が認める祖国日本と、日本人であるということにもっと誇りを持つとともに、「誠の外交」を推し進め自信を持って未来へ継承すべきであると確信します。

（著書『続・清流』（鉱脈社刊）に掲載）

10章　日本のこれから

外交と「百年の大計」

経済協力開発機構（ＯＥＣＤ）は「世界最大のシンクタンク」と呼ばれ、経済、貿易、教育、途上国援助など、幅広く政策分析・提言活動を進めている。現在先進34カ国が加盟、日本は最大の借金国（１０３０兆円、国民１人当たり８１１万円）であるにかかわらず、米国に次いで世界第2位の拠出国である。日本に対しては少子高齢化や財政健全化とともに、近年公教育費の予算が下がり続け5年連続最下位、北欧の半分以下でイタリアよりも低いと指摘し、その改善の必要性を提言している。国が円安、物価高、法人減税などアベノミクスを進める一方で、一般国民と子どもの貧困率が増大し富裕層との格差が拡大するとともに、初等・中等・高等教育の国の予算が年々減らされているからでもある。

２０１５年12月6日付け宮崎日日新聞の一面トップに、「自民党宮崎県支部への献金が85億円に膨張したとする一方で、安倍首相が発起人の看板事業「子供の未来応援基金」への寄付は、政府の貧困対策が無いことで経済界からは計３００万円に止まっている」とあった。同日付2面で宮崎県立看護大学の長鶴美佐子教授も「〝みやざき子供の貧困〟が1年間（同新聞に）掲載されたが、自分のやれることを、やれる範囲でと考える人のために、具体的な行動が必要」と言っている。麻生副総理兼財務大臣は「国立大学の授業料を早く私学と同じようにすべき」とか、基礎科学を支える「科学研究費補助金の削減」などを公言しており、15年秋86校が加盟する「国立大学協会」では、反発も出る中で「文部科学大臣の通知を受け、18年までに改革プランをまとめ、授業料の値上げと留学生増を検討する」と発表したが、気になるのは長期的な研究力の低下である。ＯＤＡや公共事業など見栄えのする予算だけが前面に出ているようで、教育や子育てなど「国家百年の大計」の構想はどこへ行ったのか？　寂しい。

15年秋英国教育専門誌ＴＨＥが発表した「世界大学ランキング」によると、上位２００校に入った日本勢の数は14年の５校から2校に減少、それも東京大学は43位（前年23位）で京都大学が88位（前年59位）と大きく後退し、東京工業大学、大阪大学、東北大学は姿を消す一方、韓国は4校入った。地方の国立大学も、東京や京都などへの都市集中で37道県が流出超過で存在感が問われ、文科省は大学改革の一環として世界で卓越した教育研究、地域貢献、特色ある分野の教育研究推進を求め、予算削減の中で宮崎大学が地域活性化の人材育成を目指した「地域資源創生学部」を設けるなど、全国10大学が新たな取り組みを始めた。

15年トヨタ自動車は、１・６兆円という莫大な利益を上げるなど、経団連加盟の巨大企業が潤っているとの報道があった。一方、英紙「エコノミスト」によると、日本人１人当たりＧＤＰは世界24位で、購買力平価は27位、財政収支はマイナス８・１％と最悪となり、かつてのＧＤＰ第2位「経済大国」の実力は昔の夢だという。企業は一般的に内部留保を優先すると言われるが、国が貧乏ということで教育費や研究費を減らすのであれば、大企業や富裕層個人による未来への投資に期待できないものか？　と考える。かつてイタリア・ルネサンスの発展にメディチ家という「パトロン」が大貢献を果たしたが、現代では米国のマイクロソフト創業者ビル・ゲイツの「ビル＆メリンダ・ゲイツ財団」（資産総額３兆２５７９億円）は、マラリアやポリオの撲滅など途上国の貧困や病気を撲滅するための科学技術支援慈善活動に力を入れている。フォード創業者による「フォード財団」（同１兆３３１億円）は芸術や文化はもとより、先住民に権限を与える活動などに助成している。

日本でも、パナソニック創業者による「松下政経塾」（同１２３億円）は次代の国家指導者の育成に力を注ぎ、京セラ創業者による「稲盛財団」（同７８５億円）は先端技術や基礎科学、思想・芸術などの部門で「京都賞」を贈呈している。ちなみに04年国費のカットで研究が危機に陥った際、京都大学山中伸弥教授のｉＰＳ細胞研究所は「京都賞」を受賞、５０００万円の寄付を受けて救われたという話は有名で、２年後にはノーベル賞を受賞したという事例がある。

ＯＥＣＤの中で日本が世界的に特異な位置にあるのが精神科医療と言われ、34万床ある精神病床は加盟国中突出して多く、人口当たりで平均の約４倍（米国の10倍、イタリアの30倍）である。高度成長期に国は補助金や低利融資で民間の精神科病院を増やし、医師数を一般病棟の三分の一でよいなどとの特例も設け、安い医療費で隔離収容する状況を生んだ。現在５年以上の入院患者は10万人とも言われ、私の地元でも多額の税金を投入するとともに、市民も国保税でかなりの負担を強いられているのが実情だ。政府の地方創生への取り組みはもとより地域生活重視の政策もなかなか進まず、14年の改正精神保健福祉法では地域の福祉関係者らとの連携強化を求めたが、病院側が患者を手放したくない事情もあるという。福祉はその人の「できること」に着目するが、医療は「できないこと」に焦点を当てると言われる。仮にこれからＴＰＰが発効すれば、国民皆保険制度が崩壊し貧富の差が医療格差につながると言われており、15年には所得に占める税金や保険料の国民負担率は過去最高を更新した。

私が大学入学当時の１９６２（昭37）年国立大学は、入学金なし、授業料は年額９０００円のみだったので、家庭教師などのアルバイトで学費も生活費も事足り卒業できた。ちなみに14年のノーベル賞は徳島大の卒業生、15年は山梨大と埼玉大の卒業生２人で、それぞれ40～50年前に国立大で学んだ人たちであることは報道のとおりである。よく「教育は票にならない」と言われるけれども、「国家１００年の大計」を今こそ教訓とし、政府や国会議員の皆様には改めて教育再生に向けた奮起を期待したい。富裕層のみが教育を受ける権利・チャンスがある状況では、国の発展は皆無に等しく努力すれば学問を受けられる公平な社会を創造することが何よりも重要である。

宮崎県日南市の郷土の偉人小村寿太郎侯も、極めて厳しい家計の中でも学問に没頭できたのは、大学南校（開成学校、後東京大学）もハーバード大学（留学生）も、自費では困難なため国費の制度を活用できたためである。首相官邸大広間に設置されているという株価ボードに一喜一憂するのもいいが、この世で最も手間ひまのかかるかつ大切なことは、子育てと教育であることを肝に銘じて、未来への投資がいかに大切であるか目を覚ましてほしいものである。

ＯＥＣＤ事務総長のアンヘル・グリア氏（元メキシコ外相、財務相）は16年、日本の高齢化と低出生率について「加盟国で最も進んでいる。明日の暮らしに不安を感じると消費などを手控える。〝明日はきっと今日より良くなる〟と感じられる自信を与える政策が求められる」と苦言を呈するとともに、「欧州に押し寄せている難民や移民も、長い目で見れば成長要因になる」とも言ったが、安倍首相に聞く耳があったのか今後注視したい。

日本の政府開発援助（ＯＤＡ）は、日米同盟の「核の傘」の下で高度成長期に膨らみ続け、現在も借金が増え続ける中外務省予算とは別に、14年は１６７カ国・地域へ１８７億米ド

グリアOECD事務総長（1950～）が来日し、安倍首相を表敬（2015年4月15日、写真提供：内閣広報室）（外交青書2016　第59号より）
OECDは「世界最大のシンクタンク」として、政治、軍事を除く広範な分野で政策提言を行っている。日本に対しても特に近年、格差拡大や教育力低下などへの懸念を示し提言している。政策にどう生かすかが課題。

ル（2・2兆円）を支出し、中国へは今でも続いているという。中東へは2940億円（内レバノンのイスラム国対策に240億円）を支援するとともに、15年ODA新原則「開発協力大綱」閣議決定では、従来認められなかった他国軍隊への援助も可能とした。一方今でも外務省が本格外交できないと言われる理由には、本省以外に在外公館が205カ国あるのに定員はわずか5757人、予算も6000億円で、いずれも農水省の四分の一と極めて少ない組織と予算ということがある。安倍首相は外遊の度に国のトップにODAの資金提供を約束している中で16年の国連総会では28億米ドルの支援を表明したが、前述のように一部報道では7～8割はトップの懐に入り、残りの2～3割のみが国民の手に届くという。すなわちトップが変われば過去の援助実績は「元の木阿弥」となり、その場限りでそれは外交でも何でもない。

ユネスコへもアメリカに次ぐ世界第2の拠出国だが、世界遺産委員会の日本人メンバーはゼロということもあり、15年中国の提出した「南京大虐殺」が検証もされないまま世界記憶遺産に認定された。しかし取り下げのための外交努力はされず、後になって「カネを出すのはもうやめよう」との発言となった。またインドネシアは資源が豊富であり、戦後の日本にとって世界最大の経済援助の相手国で、そのため有数の親日国と思われていたが15年、メインの高速鉄道（新幹線）建設事業の受注を中国に持っていかれた。日本政府による莫大なODA資金提供と、技術力の質の高さが中国より優位と強気だったが、14年末にトップの大統領が親中国系のジョコ氏に交代したため「元の木阿弥」となった。インドネシアの国民が日本の貢献を知っていたならば、異論も出ただろうが何のことはない。菅官房長官が「極めて遺憾」と怒りを爆発させ、政官財では「大恥」と衝撃が走った。オーストラリアの潜水艦開発も閣議決定までして受注を目指したが、首相交代でフランスへもって行かれ、日本政府は言葉もなかった。

一方15年のG7会議では、16～20年の貧困国へのワクチン調達（4億人超）のための拠出額が決まり、それぞれ英23億ドル、米8億ドル、独7億ドル、仏5億ドル、加4・5億ドル、伊4・4億ドルを表明したが、日本だけが唯一表明しなかったのは「人道支援」とは口ばかりなのか？　同じくして15年に閣議決定されたＯＤＡ新原則「開発協力大綱」では、従来は認められなかった他国の軍隊への技術援助が可能になり、専門家はなし崩し的に軍事転用されないか懸念しているとの報道があった。ＯＤＡも教育もカネの使い方をゼロから見直すべきであると改めて訴えたい。

私の勤めていた㈱ナジック学生情報センター顧問の日本総合研究所理事長寺島実郎氏は、その著『世界を知る力』の中で「戦後を生きてきた日本人がほとんどすべて身につけてしまった〝アメリカを通してしか世界を見なくなった〟特殊な世界認識の鋳型、固定観念がある」という。即ち二千年余に及ぶ歴史の中で戦後のわずか70年あまりに、国防も外交も、経済も社会もアメリカというフィルターを通して、そのプリズムにのみ頼ってきたとその従属関係を危惧し、「アメリカは日本も大切だが中国も大切なのだ」と今の日本の姿に警告を発している。

国と国民の役割

国の役割とは本来分権や自治を推進し、国と地方が役割を果たせる「新しい仕組み」を構築することや、外交、国防、通貨、資源・エネルギー、社会保障などのビジョンを策定し実現することである。特に日本外交における私の考えは、莫大なＯＤＡ予算を減らしてその金で、①外務省の予算・人員を増やして情報収集力・発信力をアップ②青年海外協力隊（ＪＩＣＡ）による食料、農業技術支援やＮＧＯの支援③海水の浄化・砂漠の緑化など環境技術支援④学校の建設・教育、病院の建設・医療など福祉支援⑤内政・外交共に格差の解消と難民・移民、ユニセフ対応⑥「核廃絶」に向け世界のリーダーシップをとることとともに、国内では教育再生の実現などである。安倍首相の地球俯瞰外交はODA援助や中国への対抗心だけが目立つが、アジアや世界全体の未来像を語るような国際政治家となっていただきたいものだ。

日本政府はTPP効果試算を交渉参加前の2013年には、GDP押し上げ効果が3兆2千億円、農林水産物の生産減少額を3兆円と見積もっていたが、参加後の15年末の国会には、GDPは約13兆円の効果、農林水産物の減少は約1300億〜2100億円の減少にとどまると変更して提出した。合意前は農産物の関税即時撤廃を前提にしていたためと言ったが、国会を通すための甘い説明に切り替えたようだ。大筋合意以降、国会を開催しない代わりに各地で説明会が行われたが、宮崎での説明者は農水省の担当者だけで、合意を決めた国会議員の姿は皆無だったというが、自分たちの役割を何と考えるのか？ 最近農産物の海外進出の話題が報道されるが、それはごくごく一部であり、多くは小規模農家、後継者不足、耕作放棄地などが農村の状況で、日本の「食料安全保障」はまさに危機に瀕している。

国民の役割は、分権時代に備え自主自立、持続可能な地方自治・地域社会の構築である。そのためには基礎自治体（市町村）が、しっかりした住民自治・地域連携組織を立ち上げて受け皿を作り、「入るを図りて出ずるを制す」（活性化と改革）の将来計画を策定し、確実に実現することである。

国民外交で言えばまずその故郷にゆかりのある先人の顕彰である。私のふるさと宮崎の事例で言えば、①伊東マンショのゆかりの地である宮崎日伊協会が、「日伊科学技術宮崎国際会議」などを通じて国際交流を図っていること、②小村寿太郎侯東京奉賛会による墓地掃除やセミナーなどによる理解促進と、先人に代わって思いを遂げること、③「めざせ小村寿太郎国際塾」などを盛り上げて次世代の国際人育成に努めるとともに、④「姉妹都市」などを活かし青少年の育成交流を増やすこと、そして⑤海外からの旅行者へのおもてなし（身振り手振りでもよい）と、⑥海外旅行に行ったときは日本人としての自覚を忘れないこと、などが考えられる。

宮崎日伊協会は2000年九州沖縄サミット開催の際、ディーニーイタリア外務大臣の歓迎会を行い01年から、「日伊科学技術宮崎国際会議」を主催、第2回の02年には私の知人でもある元東京大学総長・文部大臣有馬朗人氏ら、日本中の原子力研究者が集まり研究発表を行った。以来市民や大学生、高校生を対象にセミナーや、日本とイタリアの専門家によるシンポジウムを毎年開催しており、15年には宮崎日日新聞社賞（国際交流賞）を受章した。ちなみに12年に宮崎で、13年には東京で「伊東マンショ没後400年顕彰記念祭」を開催、また10年は宮崎日伊協会名誉会員だった、元上智大学長ヨゼフ・ピタウ大司教の歓迎会を行った。願わくば、宮崎県議会で日本初の公式外交団団長の伊東マンショの顕彰を議決してほしいものである。

小村寿太郎侯の顕彰についても東京では、毎年青山墓地の清掃や業績を広めるためのセミナーを開くとともに、終焉の地をはじめゆかりの地を訪れている。地元では9月26日の命日に合わせて市主催の墓前祭を行っている一方、11～12歳の子供たちを対象にした「めざせ小村寿太郎国際塾」をはじめ、日南高校、日南振徳高校、日南学園高校の3校では「明治の外交官　小村寿太郎侯の故郷県南で共に学ぼう」をキャッチフレーズに、「地産地学」による先人の顕彰と、世界へ貢献できる次世代を担う青少年の育成を目指している。特に「国際塾」については、若いころの旅でお世話になった国々や人々に直接お礼を伝えられないこともあり、あわよくばその子供たちが私に代わって役に立っていただけたらとの、個人的な思いもあって

小村寿太郎侯を輩出した日南市内の3高校では、郷土の偉人・小村侯の偉業を学ぶことを通じて「誠」の精神や国際感覚を身につけ、ひいては世界平和に貢献できる人材の育成を目指している。

設立したもので、16年も小学5、6年生約40余人が閉塾式に出席し、世界を舞台に活躍を誓って巣立っていった。

日本の安全保障についての私の見解を述べれば、①「国を守る」自衛隊は重要な役割を担っており、「安保法案」により活動範囲が拡大したが、憲法違反であることから「法案」ではなく憲法改正の国民的議論をすること。②資源・エネルギーは原発オンリーではなく、創エネ・省エネを含めた未来志向のビジョンを策定すること。③「国民の命を守る」食料についてはTPP議論中の5年間何の対策も取っていなかったので、自給率は39％からさらに低下は必定。地球環境の変化で金を積んでも買えないことも想定すること。④日本で外交と呼べるのは、小村寿太郎侯らのいた明治の一時期だけであり、それ以前は鎖国政策、それ以後は軍部独裁政権、戦後は「核の傘」の下で米国任せが続いた。今こそ「外交立国」宣言をすること。以上の4つが国家と国民が生き延びるための「安全保障」の基本的な重要素であると考える。

資源・エネルギーは欧米では産業革命から、日本では明治の国力増強のための殖産興業から重要視され始め、侵略や戦争の原因ともなり今でも各国がしのぎを削っている。特に日本は小さな島国で資源が少ないことから、私が市長就任とともに取り掛かったのが前述のように創エネ、省エネ政策であり、省エネは小中学校から家庭、職場へと広め、「エコファミリーコンテスト」を開催して全市民で取り組んだ。創エネは風力発電調査、太陽光発電システムの推進、王子製紙日南工場内に木質バイオマスによる「日南発電所」が決定、2015年春営業運転を開始した。バイオマスは投資額約85億円、発電能力約25メガワット、年間発電量は一般家庭約4万戸に相当する約150ギガワット／時、年間売上高は約40億円である。木質燃料の年間使用量は約23万トンに上り、輸送やチップ加工など関連産業も含め、地域林業の活性化にも貢献する。

ＪＲ東海は14年末、品川駅（東京）と名古屋駅で、リニアモーターカー（中央新幹線・全長２８６キロ）の工事安全祈願式を行った。86％がトンネルで、南アルプスの工事では大井川で毎秒２トンの水量が減ると予測、流域約60万人分の水利権に当たると言われ、トンネルの残土やその運搬車両による大気汚染、騒音も大きな課題という。南アルプスは「人と自然の共生」という理念でユネスコエコパークに登録されたが、生態系への影響次第では抹消も想定される。私はリニア反対者ではないが、あまりにも自然環境や安全対策への配慮が不足しており、９回の審議をして決定した10人の有識者懇談会のメンバーに、防災・減災の専門家が一人もいないことは、川内原発再稼働に際して火山学者が入っていなかったことと似ている。

報道によれば首都直下型地震の確率は、今から30年以内に70％、２０５０年から30年以内には90％超とある。１７０３年の元禄地震（マグニチュード８・２）は、小田原を壊滅させ津波は品川まで押し寄せ、４年後の宝永地震（同８・６）は東海、東南海、南海地震が連鎖的に起き、さらに激しかったという。関東で最も海抜の低いＪＲ駅は田町駅と言われ、品川駅はその隣に位置し、しかも地下40メートルにリニア始発駅を建設するというから呆れる。ちなみに始発駅は調布とか内陸部の提案は無かったのか、南海トラフ地帯にある糸魚川―静岡構造線断層帯もクリアできるのか、地震・火山列島で破砕帯の多い地を走るルートだけに、情報公開が今のところ不十分でもあることから環境問題とともに私の想定が杞憂に終わればいいが。

民主主義は現在では、文句なしに最高の政治形態であるが、それは〝国民・有権者が成熟した判断をすることができる〟ことが大前提で、そうでなければ主権在民は成り立たない。第一次世界大戦後ドイツは主権在民、三権分立、議会制民主主義をうたった画期的なワイマール憲法を持つ国家になったが、１９３２年民主的な選挙でヒトラーのナチス党が第一党になってから、33年再軍備のため憲法解釈変更や国際連盟脱退の際は支持率95％、36年に非武装地帯のラインラントに進駐した時は98％、38年オーストリアを併合した時には99％と国民は常に支持した。ヒトラーは独走したというよりも、国民をうまく煽動して主権在民を手玉にとったと言え、日本はもとよりどこの国でも言えることだが、民主政治が衆愚政治にならないためには、選ぶ人も選ばれる人も広く目を開き、よく考え、判断できる力を養うことである。

「地方創生」は、地方議員や住民が地方のことを自分たちで決められない、中央集権的統治機構の中で上からお仕着せになっている限り、持続可能な地方の創造・活性化は望むべくもない。新入社員を対象にした日本生産性本部の調査では「人並み以上に働きたい」が減り、「人並みで十分」が増え、頑張っても報われず仕事にやりがいを見出せないという。15年4月の統一地方選でも無投票当選率が極めて高くなり、宮崎県議選でもなり手が少なく14選挙区のうち10選挙区で無投票となり、夢を語る人や託す人が減ったためで、定数割れもあるという。投票率は49％と九州8県では最低で、18、19歳は33％で全国で2番目に低かった。イタリアでは憲法に「投票は市民の義務」(権利ではない)とあり、ドイツは72％超の投票率を誇り、シンガポールは投票しないと選挙民名簿から抹消されるため投票率は93％、オーストラリアでは棄権者には罰金を科している。日本はこれからも選挙権でよいのか？

靖国と戦後の「けじめ」

2006年第一次安倍政権発足に先立って出版された、安倍晋三著『美しい国へ』に次の一文がある。「1978年に結ばれた日中平和友好条約の一条と三条では、互いに内政干渉はしない、とうたっている。一国の指導者が、その国のために殉じた人びとに対して、尊崇の念を表するのは、どこの国でも行う行為である。また、その国の伝統や文化にのっとった祈り方があるのも、ごく自然なことであろう。

2005年6月、わたしは、訪日中のインドネシアのユドヨノ大統領にお会いしたとき、小泉総理の靖国参拝について、『我が国のために戦い、命を落とした人たちにたいして、尊崇の念をあらわすとともに、その冥福を祈り、恒久平和を願うためです』と説明した。すると大統領は、『国のために戦った兵士のためにお参りするのは当然のことです』と理解を示してくれた。世界の多くの国々が共感できることだからではないだろうか」と。

安倍氏が「戦い、命を落とした人たち」と言ったことから、ユドヨノ氏は「戦った兵士のため」と合わせたものであり、あくまで「戦没者」のためであって一緒に祀られている戦争指導者・A級戦犯を含めての問答ではなく、相手の言葉を我田引水的にすり替えただけに過ぎない。

東京裁判の是非はさておき、靖国神社松平宮司が合祀を決めた当時、私は福田赳夫内閣の瀬戸山三男法務大臣秘書を仰せつかっていたが、それを機に天皇陛下の靖国参拝は無くなったと聞いた。安倍氏のお友達である萩生田光一自民党筆頭副幹事長・総裁特別補佐は、文芸春秋「2015年の論点」の中で「A級戦犯は日本の衆参の国会で圧倒的多数で釈放を可決」し、「裁いた旧連合国側の赦免も得ている（夢にか？）」とした上で、「総理や閣僚の靖国参拝は個人の意思であり当然」だとしている。一方「同論点」で、靖国神社総代・日本遺族会会長である古賀誠自民党元幹事長は、「国のために若くして尊い命を捧げたご祭神たち英霊は、世界の平和を誰より願っているはず。一般国民を戦地へ駆り出すような状況を作った人たちは、やはり責任を問われるべきだ」と言い、「A級戦犯問題が解決するまで総理は靖国参拝を控えてほしい。このまま放置されればいつまでたっても戦没者は浮かばれない」と訴えている。

A級戦犯・廣田弘毅首相の孫廣田弘太郎氏は、文芸春秋2015年1月号の戦後70年「70人の証言」の中で「何の相談もなく合祀された時は大変驚いた。福岡と鎌倉に墓もあるので、可能なら合祀の取り消しをお願いしたい」と心境を語っている。また同・木村兵太郎陸軍大将の長男木村太郎氏も、同15年9月号で「父を靖国から分祀して欲しい」と訴えており、東条英機首相の遺族は「神社が勝手にしたことであり、何も言わない」と言っている。松平宮司が独断で合祀したことを踏まえれば「分祀」もあるが、合祀以前の「宮司預かり」に戻す方法もあることを安倍首相に提案したい。

『昭和天皇実録』には、陛下が靖国神社のA級戦犯合祀以来参拝しなくなった憂いを詠まれた、次のような歌がある。

〈この年のこの日にもまた靖国の
　みやしろのことにうれひはふかし〉

陛下が靖国に眠る戦没者の英霊に対して、いかに深く思いを馳せておられるかが読み取れる。15年の報道を見ると、中国や韓国にいくら頭を下げても許すとは思わないが、「南京事件・30万人虐殺」のユネスコ世界記憶遺産登録や、「慰安婦問題」の米国教科書採用などは明らかに外交の失敗で、安倍首相のいう積極的平和主義とはまるで逆方向で、靖国問題を内政干渉として片付けるのは国益を損なうだけであって、国内の戦後の「けじめ」として解決すべきである。毎年九段の日本武道館で「日本戦没者追悼式典」が行われているが、天皇皇后両陛下の〝御心〟はもとより、残された遺族も年を重ね参加者数も年々少なくなってきているため一日も早く解決する必要があることを訴えたい。

私は小村寿太郎侯東京奉賛会や、宮崎日伊協会などの用件で時々上京するが、その機会を利用して毎年靖国神社を訪れ「戦没者の慰霊」(戦争指導者ではない)に手を合わせている。桜の時期には自然と千鳥ヶ淵へも足が向き、満開のお堀端を歩くと30万人の無名戦死者の墓がある。その時思うのは、〝国会の議決により靖国に代わる戦没者のみの墓苑にしてはどうか〟ということである。他にも新たな追悼施設建設などの話もあるので、総合的な観点に立って国会で議論を深め、靖国問題を解決することこそ、戦後の「けじめ」が付くとともに英霊も浮かばれるものと考える。

15年安倍政権は、日本国憲法の解釈変更で「安保法案」を急ぎ成立させた。確かに戦後のGHQの意向（ユダヤ人起草）による内容であることから、本来ならば日本人による自主憲法を制定することが一番だが、時代に合わなくなった環境権の設定や89条の私学助成禁止の見直しなど含め、憲法学者も含めた国民的大議論を尽くした方がいいと思う。安倍首相は16年の年頭に、「参院選で三分の二を取って憲法改正を」と発言したが、初めから頭数ありきではなくまず中身の議論が重要である。

GHQは日本占領後、二度と立ち上がれないよう「日本精神のよりどころ」を取り払い、歴史書を全て書き換えさせた。「日本人の心」のテキスト「古事記」や「日本書紀」などの神話を否定するとともに、楠木正成（天皇肯定）や大石内蔵助（仇討ち）などの記述を全て抹殺したが、今の日本人には「アメリカへの仇を討つ」などと考える人はいない。また憲法九条についての議論があるが、一項もさることながら、二項の「陸海空その他の戦力は、これを保持しない」については、自衛隊が地球の裏側まで派遣されている現状にあって、「安保法案」は誰が見ても憲法違反であり「嘘」であることから、改憲発議以前に広く深く議論を深めることが肝要である。

「建国の日」についての意識調査を、15年2月主要国に対し日本青年会議所（日本JC）が行ったところ、日本は「2月11日」と答えたのが19%だったのに対し、米、中、カナダでは90%超で、独、伊、仏でも70%超に

1945年9月27日、米大使館を訪れ、マッカーサー元師（左）（1880～1964）と会見した昭和天皇（共同通信社）

第二次世界大戦後、（日本占領の）連合国軍総司令部（GHQ）初代最高司令官マッカーサーは、対日講和条約発効までの戦後改革を行った。その間、新憲法の制定や財閥解体などを進めた。

達した。日本人対象の他の調査項目では、約4割が「建国の歴史を学んだことがない」との一方で、「国史教育の充実」「建国祝賀の行事」「日本を誇りに思う」がそれぞれ7割を超え、自国を誇りに思いながら、建国は知らないという矛盾した状況になっている。日本書紀によれば日本国の誕生（建国）は紀元前660年で、その年、初代神武天皇東征後橿原の地（奈良県）で即位、明治政府はその日を現行暦に当てはめた「2月11日」を紀元節と定め、日本建国の日として祝うことにしたものであり、16年は建国2676年に当たる。大戦後紀元節は廃止されたものの、昭和41年「建国記念の日」に制定され祝日として復活したもので、私たちは正確に理解し次の世代に引き継がなければならない。

「地方自治」が日本を救う

地方分権（地域主権）という言葉は最近さっぱり聞かれなくなったが、一極集中・人口減少時代の中で新しい「国のかたち」はますます重要性を増しており、真の地方自治や住民自治の議論を復活すべきである。中央集権は明治の「西洋に追いつけ追い越せ」時代に、殖産興業や国力増強を進めるうえで効果があったが、社会が成熟してくるともはや「終わりの時代」を迎えている。戦後占領軍は、日本の社会主義的な中央集権体制が軍国主義を促進したとして、体制の根幹となっていた内務省を解体し、知事などを直接選挙で選ぶ制度に改めるなど地方分権を進めた。しかし占領軍は日本全国を管理するには中央が地方をコントロールする方が好都合と気づき、日本の都道府県制度は置くが、国から地方（基礎自治体・市町村）への単なる仕事の受け渡し役にするなどで骨抜きにされた。

霞が関の中央官庁が社会・経済活動の多くを主導することから、「司令塔」に近いところにヒト、モノ、カネ、情報が集中し、ひいては東京だけが極端に繁栄発展をするに至っている。15年財・官・学・労の有志でつくる「日本アカデミア」の緊急提言に、「新しい〝日本のかたち〟を作ることが切実に迫られている時代と言うのに、目先の〝果実〟ばかりが求められ、長期的な視点での政策は動かなくなった」とし、行きつく先は「日本の自殺」だと言っている。「全ての道はローマに通ず」とあったように、日本でも国内のすべての交通機関は東京から放射状に延び、全国どこからでも東京方面へは「上り」、東京から地方へは「下り」との鉄道や道路の用語もあるほどで、このことがまさに地方から中央へのストロー効果を果たしていると言われるが果たしてこれからもこのままでよいのか?

時代に合った「国のしくみ」については一時期、国を挙げて地方分権(地域主権)議論が行われたが今は無く、中央・東京一極集中から再度「地方自治・住民自治が日本を救う」に思いをはせ、未来のために議論を再開していただきたいものだ。近代日本の三大改革は、これまで第1が「幕藩体制から明治の中央集権国家へ」、第2が「戦後のゼロから教育と勤勉さで復興へ」だったが、第3が今で「中央集権から地方分権・地方自治へ」である。塩野七生氏はその著『ローマから日本が見える』の中で、「ローマが千年もの長い歴史を持つことができたのは、大きなものだけでも3回の政治改革があった。最初は紀元前509年王政から共和制への移行で、二度目は前390年政府の要職を平民に開放する共和政体内部の改革であり、三度目の改革が帝政への移行でありローマ帝国が建設された」と、事例を挙げて日本の改革を促している。

地方分権とは、中央で集めた金を地方へ交付する「執行」の論理ではなく、中央の権限や財源を地方へ委譲し、地方は「経営」をモットーに政策を企画立案し事業として実行、自主・自立、持続可能な地域社会を造ることである。14年の全国知事会議では「人口減で地方消滅、日本は死に至る病」として国と地方が総力結集をという決議で非常事態宣言をまとめた。「地方創生本部」を立ち上げた国に財源上乗せを促す狙いもあり、全国知事会で横内正明山梨県知事が「交付金で創意工夫し、目標達成の自治体にボーナスを与えては」とか、自民党議員が国会質問で「古墳に草が生えていて観光客にイメージが悪い」など提案したと報道されたが、将来ビジョンを語らない日本の知事や国会議員、地方議員もこの程度の頭かと国民は受け取ったに違いない。

私も市長現職時代「グローカル」をモットーに、地方分権時代への備えとして合併を実現（活性化と改革）後、消防防災施設の拡充や飫肥の電柱の地中化、油津の中心市街地活性化や港の観光拠点設置計画などをハード、ソフトの両面から進めつつ、協働による地方自治・住民自治の基礎作り（地域連携組織の立ち上げ）に力を入れた。同時に九州市長会副会長として「東アジア経済圏構想」を進めるとともに、宮崎県と共に韓国の釜山、大邱、ソウルや中国の上海、広州などへ大型客船の誘致や飫肥杉の拡販、地元企業の進出視察などで飛び回ったが、退任後にもそれらの成果が多く報道されて内心嬉しく思った。15年秋たまたま上京中、ＪＲ九州の唐池浩二会長の講演があると聞き、東京・憲政記念館へ行った。始まる前にかつてのお礼や挨拶をしたところ、講演の中で数百人の聴衆に対して私が来ていることを紹介した上で、話の半分近くは私ども日南が進めてきた市民協働による街づくりへの取り組みについてであった。

唐池会長は「型破り経営者」として知られ、地方の魅力を伝えるにはストーリーが重要と、豪華寝台列車「ななつ星in九州」を走らせた。「九州は七県で、自然・食・温泉・歴史文化・パワースポット・人情・列車という七つの観光資源があり、車両は七両編成」ということで「ななつ星」とし、「九州を世界に向けて発信しようとの思い」からで、チケットの抽選倍率は約20倍と好評で、沿線では多くの人が手を振って歓迎している。ＪＲ日南線には「神武天皇のふるさと」にふさわしく、観光特急「海幸山幸」を走らせていただき、多くの沿線住民の皆さんがコスモスや蓮華の花を植栽するとともに、「あいさつプラス運動」や「もったいない運動」を展開、協働による「おもてなし日本一」を目指し実行したことが、内外から大きな評価を頂いた（下段の記事）。また、実現こそしなかったが、日南市猪八重渓谷から宮崎市加江田渓谷に至る大自然と、青島から都井岬にまたがる日南海岸の波状岩を世界遺産に登録できれば、市民はもとより、岩切章太郎翁や服部新佐博士らへの顕彰にもなると進めたが、途中で退任することになったので、今後どうなるのか？　また、前田豪先生にももっとご指導を仰ぎたかったとつくづく思う今日此の頃である。

　また新日南市では、姉妹都市ポーツマス市との若者の交流や、インドネシアからの漁業研修生の取り組みはもとより、オーストラリア・アルバニーとの姉妹都市盟約締

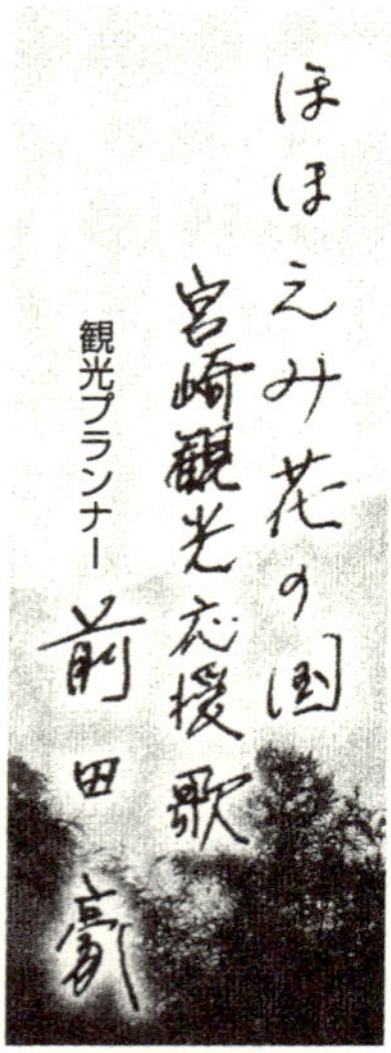

題字も筆者

▷100◁

参加

「世界一美しい県に」

最後になりました。この自分史を書いてきて、あらためて宮崎県における仕事の大半が県の主導で始まり、支援でできてきたことに気付かされました。黒木博氏をはじめとした歴代の知事さんや商工労働部長さん、観光課（現観光推進課）の歴代の課長さんやスタッフの皆さんには本当にお世話になりました。心よりお礼申し上げます。

　約半世紀、観光をテーマに全国を回りました。いずこでも素晴らしい人に出会い、いろいろな経験をさせていただきましたが、そんな中でしばしば耳にしたのが「うちの県は、人は良いけど宣伝下手」という話です。小生の女房もふるさと新潟県上越市のことをよくそう言います。納得する点もありますが、残念ながら人の良さ・温かさは宮崎

ほえみ花の国・宮崎」とし、今回の自分史のタイトルにもしたわけです。

　唐突ですが、割れ窓理論というのがあります。窓ガラスを割るといった軽微な犯罪を見逃していると、ますますまん延し、徐々に凶悪化するため、軽微な段階で徹底的に取り締まることの有効性を説いた説です。1994年に就任したニューヨークのジュリアーノ市長がそれを実施し、アメリカ有数の犯罪多発都市を約5年間で、年間約1千万人が集まる観光都市への道筋をつけています（何事も100㌫ではありませんが）。日本一だった宮崎県の沿道修景がいつの間にかセイタカアワダチソウなどが繁茂して輝きを失ったのは、政策転換に伴って県民が沿道修景などに参加しなくなり、小さなまごころび

結（子供たちのホームステイ交流やユーカリチップの輸入）などを進めたり、「めざせ小村寿太郎国際塾」を設立し世界に役立つ子供たちの人材育成を推進した。14年にも日南ユネスコ協会が主催して9～10月にかけて、中高生を日南市が受け入れ日南高校生の自宅にホームステイしながら、同校で生徒たちと授業に参加するなど交流を深めつつ、書道初挑戦など日本の文化に触れる特別授業も行うとともに15年、16年と同様の取り組みが続いている。

日本が元気になるには、戦略的な「地域産業計画」と「グローバル計画」を考え、不動産型のモノよりも「グローカル」な発想で「ヒトに投資」することである。当然今の「地方創生」の交付金は喜ばれるがその時限りであり、持続可能な地域社会の創造には繋

写真右上が筆者（「優秀観光地づくり賞 金賞」受賞式にて。於東京　2006年4月20日）。その左が宮崎県文化芸術協会 渡辺綱纜会長、１人おいて「宮崎観光の父」岩切章太郎翁。（宮崎日日新聞 2016年2月23日、最終回）

県の方が上だと思っています
　クラブツーリズムの担当者やガイドの方がびっくりされた、車で走っていたらトラックやダンプカーが道を譲ってくれたとか、子供たちがしっかりあいさつをしてくれたといったことは、小生も宮崎県に初めて来た時から感じ、びっくりし続けてきた点です。こんな県は他には知りません。また、宮崎空港から市内に行く道をはじめとして県内の沿道が花いっぱいで、きれいだったことも感動的でした。これも国内はもとより、訪れた国でもなかった経験でした。ですから県の観光計画をお手伝いしたとき、その基本コンセプトを迷わず「ほ

県民総

（雑草やガード…の壊れなど）を見過ごしてきた結果ではないかと思います。

　２０１５年のラグビーワールドカップで、3年半に及ぶ猛練習により強豪南アフリカを破った日本チームで大活躍した五郎丸選手は、勝利インタビューで泣きながら「ラグビーにヒーローはいません。チーム全体がヒーローです」と語り、全国で老若男女の五郎丸ファンを数多く生みました。

　県民の皆さん！　岩切翁の薫陶を生かし、河野知事の旗振りの下、再度県民総参加で世界一美しい宮崎県を創り上げ、世界中に宮崎ファンを増やしたらどうでしょうか。まずは4年後に開かれる東京オリンピックの時に、「五輪の後は宮崎に！」を目標にしてみてはいかがでしょうか。小生も生きている限り全力で応援していきたいと思います。　合掌。

（おわり）

40年近く宮崎県に通う中で、お会いした多くの方々のお顔とその時の状況が走馬灯のごとく頭に浮かびます。本当にお世話になりました。心よりお礼を申し上げ、筆を置くことにします。ありがとうございました

がらない。また一時期、人件費の安さと消費規模の大きさから中国などへ我先にと企業が進出したが、14年10月帝国データバンクの九州・沖縄企業の海外進出に関する意識調査によると、直接進出している企業のうち43％超が、撤退を検討中かすでに実施したとあった。理由は現地従業員の処遇75％、資金回収が困難42％などで、宮崎県の企業には「投資した分の回収ができておらず、撤退しようにもできない状況」ともあった。〝九州はアジアに近い〟という利点は生かされず、国の法制度や政府間のルール整備も急ぐ必要がある。

イタリアやギリシアなど観光立国の国々や地域が、厳しい財政状況にあることを述べた。「観光」を広辞苑で見ると「他の土地を視察すること。また、その風光などを見物すること」とあるが、文字は「光を観る」であるので、そこに住む人がハード・ソフトの面で、〝住んでよかった、住み続けたい。来てよかった、また来たい〟と思える、いわゆる「光を放つ」国や地域の街づくりが大切である。日本も第一次、第二次産業から第三次産業へと舵を切り始め、外国人も多く見られるようになってきた。国は２０１６年、オリンピックの20年までに宿泊など不動産投資に、30兆円という莫大な予算投入を発表したが、その金でまず〝国のしくみ〟を変え、地域が海の幸・山の幸を活かした生産、加工、販売はもとより、環境に即したものづくりを立地・発展させ、そこに住む人々が心豊かに生きるようにすることであり、ひいてはその「光を観に人々が集まる」と言える。今のイタリアやギリシアは「物見遊山」に終わっている。

元東京大学総長の佐々木毅氏は、今の日本社会には「三重の亀裂」が走っており、一つは富裕層と低所得層という「所得の亀裂」、二つ目が東京圏と東京圏以外という「地域間の亀裂」、三つ目は高齢者と若者という「世代間の亀裂」という。まんべんなく行き渡る政策はなかなか見つからないが、亀裂は政権基盤の狭隘化や投票率低下の原因ともなるので、10年先を見据えた粘り強い施策が必要である。特に、大企業の業績が回復すれば中小企業も復活するとか、東京が発展すれば地方もよくなるという考えは、亀裂が縮まらない限り難しいのに、「地方消滅」の話もあれだけけいる地方選出国会議員の中からなぜ出てこなかったのかともいう。また佐々木氏はマキャヴェリの研究から政治学の世界に入ったが、マキャヴェリは「おべっかを使う人間は、この世に権力者がいる限りなくならない。権力者に気に入られたい人は常にいるから、権力者は追従から身を守ることは極めて困難である」と、権力者の最後の堕落を言っている。最近の国会における、与党議員の政府に対する質問を見て重なる部分があると思うのは私だけだろうか？

「温故知新」の心今こそ

日本の財政はギリシア、イタリアよりも厳しく、名実ともに世界一だが、どうすればこの不名誉を挽回できるのか、そのヒントを探ってみたい。かつて私が過ごした北欧のスウェーデンは高福祉高負担の代名詞で、日本は中福祉低負担と言われていたが、今や中福祉のままスウェーデンの高負担に近い状況になっている。ただし日本は財政赤字が大きく、つまり私たちの世代が子や孫の世代に負担を先送りする税がダントツに多額なのである。それを含めた潜在負担率の合計は、スウェーデンの58・2％（うち財政赤字比率は0・0％）に対し、日本は51・9％（うち財政赤字比率は10・3％）となっている。言わば江戸時代、農家が収穫の半分を年貢に召し上げられた、五公五民がこの平成の世に出現している状況だが、福祉の中身や負担の将来世代への先送りについては、スウェーデンとは全く異なる点を指摘しておきたい。

上杉鷹山公が宮崎の秋月家から米沢藩（今の山形県）へ養子入りした頃の藩の財政は、現在の日本と同じように極度な窮乏状態にあり、しかも伝統的な政治体制のため財政破綻に十分に対応できていなかった。

謙信以来の大藩・名家である上杉家は、幾多の変遷の末石高が15万石にまで縮小されるが家臣団は5千人規模で推移し、しかも越後時代からの今の麻生副総理のようないわゆる名家が重職を担っていた。鷹山公の改革は若い人材を思い切って登用し、まず身の回りの藩主費用の徹底倹約を行い、食事、衣服、贈答の類も可能な限り省略するなど率先垂範を示す「改革」から始め、同時に「入るを図りて出ずるを制す」すなわち養蚕や紅花などの産業振興によって民を豊かにするという、藩政に「経営」を取り入れた。

鷹山公が17歳で、15万石の領主として藩政を担った時に覚悟のほどを詠んだのが、

うけつぎて　国のつかさの身となれば、忘るまじきは民の父母

また藩の先人諸侯が成し得なかった事業を、次々に完成したときの気持ちを、

なせばなる　なさねばならぬ何事も　成らぬは人のなさぬなりけり

と和歌に託して人々を励まし、常に領内の平和と安寧を願い、慈悲の心と至誠・教育で政《まつりごと》を行い、かのケネディ大統領をして「最も尊敬する日本人」と言わしめた。

今の時代に必要とされる人物がもう一人いる。18世紀の中頃信州真田藩の恩田木工《おんだもく》であり、当時地震・洪水などで藩は財政困難に陥り幕府から1万両を借金したが、それでもどうにもならず百姓一揆だけでなく足軽のストライキまで起こった。わずか16歳の名君幸豊は、39歳の末席家老恩田木工の人物を見抜き、木工の辞退を推してこれを登用し改革を断行した。そのことは木工の晩年の著『日暮硯』に詳しく書かれているが、これついてはイザヤ・ベンダサン著『日本人とユダヤ人』にも多くが割かれている。すなわち「日本人がどんな政治思想を基にして現実の政治を運営してきたか、その特徴を最もよく表しているの

は〝日暮硯〟であろう。この本は私にとって実に懐かしい思い出があり、戦争中、アメリカのある機関で、日本研究のため徹底的に研究されたのがこの本であり、私は今でも、これが「日本的政治哲学研究」の最も良いテキストだと考えている」と言っている。『武士道』よりも200年近くも前に書かれており、一読を奨めたい一冊である。恩田木工は「経営」感覚をもって立て直しを実行、藩主幸豊の期待に応えた。

お分かりのように国や地方の財政改革で最も重要なことは、身内や大衆に迎合しないトップの覚悟と、民の思いに「義」を持って応える人材の育成と登用である。同時に、政策面で全国一律金太郎アメではだめで、農業でいえば地域にあったフードツーリズムやアグリツーリズムの「食と農の景勝地」のプロジェクトが必要で、観光でも近年の外国人「爆買い」を目的とするのではなく、まずそこに生きる人々の生活が光を放つ産業育成が大切である。ちなみに宮崎は農業生産国だが、全国の農産物輸出は2015年7000億円に増えたと喜ぶ人がいる一方で、輸入は7兆円にのぼっているのが現実である。

日本と日本人への評価

ポーツマス条約の仲介役をしたルーズベルト大統領が、当時の米軍に新渡戸稲造著『武士道』を配ったのは、キリスト教下に生まれた騎士道が馬に乗って戦うことがなくなり廃れたこともある。欧米では貴族が権力、教養、富を支配して尊敬されていたのに比べ、武士は権力と教養はあったが金がほとんどなく、それでも庶民から尊敬されていたことに惹かれたからという。武士道には慈愛、誠実、忍耐、正義、勇気、惻隠に加え、名誉と恥が盛り込まれている。その基

米国・ロサンゼルスのリトル東京の中心に建つ二宮金次郎像。「日本人の心の原点」として幼少時代に多くの学校に建てられていたが今は少ない。誠実や勤勉の鏡。（右は著者。1985年8月19日）

礎となる儒教は中国で生まれたが根付いておらず、鎌倉時代に日本に入り鎌倉武士の「戦いの掟」になって残った。江戸時代には武士道精神として浄瑠璃や歌舞伎を通して行き渡り、日本人全体の行動基準、道徳基準となり機能してきた。小村寿太郎侯の「誠」の原点もここにあったが、江戸も明治も遠くなり今や武士道精神は衰え、特に戦後は高度成長とともに経済最優先となり、「カネさえあれば人の心も買える」との言葉まであった。今こそ日本人の座標軸としての儒教「武士道精神」を復活すべきであると考える。

「政治の信頼」とは「政治とカネ」はもとより、「約束を守る」(有言実行)ことが何よりも重要である。2012年11月の消費増税法案の党首討論で、安倍自民党総裁は時の野田佳彦首相に、消費税増税を国民に求めるならば国会も「隗より始めよ。議員も身を切る覚悟があるのか」と指さし詰め寄り野田氏はそれを受け入れ、100～150人の国会議員の定数削減で合意し国会可決となった。あれから4年、増税の方は8%から10%へ向けて進んでいるが、「身を切る約束」については首相となった安倍氏はもとより国会議員も口を噤み、最近では野田氏が文芸春秋15年1月号で「定数削減は国民との約束。15年の国勢調査を基に検討すべし」と発言したのに対して、安倍氏は「20年の国勢調査でよい」と答え、約束を守る気があるのか先延ばしを続けている。国会も「約束を守る」ことが信頼構築の原点だと考える。

自然環境においては、2010年NHKスペシャルで放映の「日本列島・奇跡の大自然」で、「日本は本来ゴビ砂漠、タクラマカン砂漠、サハラ砂漠と同じような乾燥地帯になっても不思議ではない地域にありながら、奇跡のような偶然の積み重なりによって、世界一豊かで美しい自然を持つにいたった国である。森林の豊かさ、樹木の豊かさ、(熱帯を除く)生物種の多さ世界一。植物の種類、動物の種類、水の豊かさ・清冽さ、自然の色合いの豊かさ、自然環境の多様性、地形の複雑さ世界一」などなど、技術の粋を凝らした自然描写に接し、改めて感動を覚えた。さらに四季があり、海の恵み、山の恵みもある中それはそれで、火山列島、地震・津波列島、台風列島でもあるので、最悪を想定した備えをすることは言うまでもない。

英国のBBC放送が２００６年、33カ国で約４万人を対象に「世界で最も良い影響を与えている国はどこか？」という世論調査を行った結果、最も高く評価されたのが日本だった。調査では31の国で肯定が否定を上回り、うち20カ国では肯定が50ポイント上回っており、全体では肯定が55％、否定は18％だった。その理由を給合すると①「誠や礼」の武士道・儒教精神が今でもあると思われていること②日露戦争・ポーツマス条約の結果、多くの国々が独立でき今でも伝えられていること③ＪＩＣＡ、ＮＧＯなどの教育、医療、産業技術支援活動が今でも続いていることがあり、最近では、④東日本大震災で食べ物を分け合うなどの助け合う姿が世界へ報道されたことなどが評価されたもので、政府のＯＤＡによる大規模資金援助は出てこない。ちなみに日本に対する評価で否定が肯定を上回った２カ国は、反日教育をしている中国と韓国だった。

12年までの間ほとんど日本がトップを占めてきたが、13年にはドイツが１位、２位カナダ、３位イギリスとなり、日本は一気に４位に転落した。14年末内閣府の「外交に関する世論調査」では、「親しみを感じない」日本人は対中国83％、対韓国65％で過去最悪となっているなど課題も増加している。

２０１４年、宮内庁が24年間をかけて編纂した「昭和天皇実録」に、陛下の最晩年の１９８８年の記者会見で、改めて先の大戦について問われた時「何といっても一番嫌な思い出です。国民が平和を守ってくれることを期待しています」と答えたとある。小村寿太郎侯も葉山で死ぬ直前「二度と戦争はするな」と言って息を引き取ったという。戦後の日本は「核の傘」による平和を甘受し、戦争や原爆の悲惨の歴史を忘れ、きちんと戦後の清算（けじめ）もせずに過ごしているが、あのワイゼッカー大統領の「過去」は、私たち日本人が向き合っている現在、そして明日の問題なのだということを教訓にして国を進めなければ、再び世界から大きな信頼を得てトップに（BBC調査）返り咲くことはないだろう。

最初に日本に来た西洋人ザビエルは、日本人を「礼儀正しく、人を騙さず、美徳と正直」な人種と報告した。幕末に来航したペリー提督は、死者数3万人の安政大地震による大惨事での日本人の対応を『ペルリ提督日本遠征記』で好意的に紹介した。初代米国総領事ハリスは民衆の生活について、「日本が世界で最も豊かな国」と大都市に乞食がいないことを伝え、「衣食足りずとも礼節を知る」人たちだったと言っている。ルース・ベネディクトは著『菊と刀』で、秀吉の朝鮮出兵や日露戦争での敵への慰霊に「死者悉皆成仏」として評価した。大森貝塚を発見したモースもその著『日本その日その日』で褒めちぎっており、さらにポルトガル系ユダヤ人のドラッカーは、「全ての文明、あるいは国の中で、日本だけは、目よりも、心で接することによって理解できる国である」と『ドラッカー名言集』で言っている。

旧帝政ロシアから独立した国の一つフィンランドでは、ポーツマス条約以降学校で親日教育を行っているとのことで、ヒッチハイク中に家庭のトイレを借りて帰る時握手を求められ、手に折りたたんだお札が入っていたことがあり、返そうとしても受け取りを拒否された。トルコでは日本人の名を子供に付けたり、ビールにも「東郷ビール」など日本への親近感が見てとれ、水より安かったこともあり気持ちよく過ごせたし、在アンカラ大使館従業員の正月の館内自由使用の計らいについては、私が日本人であるからという信頼感があったためと考えられ、当時心から「日本人に生まれてよかった」と思ったものだ。かつて北アフリカのアルジェリアや中東のイラン、アフガニスタン、インドなど多くの国で青年海外協力隊隊員などの活躍ぶりを見たが、会った皆さんはそれぞれ苦労の中にも極めて真面目で評価は高かった。

日本の課題と選択

毎年東北の被災地を訪れているが、15年度までに国の予算26兆円が投入され、その執行率は40％にとどまり計画遅れが出ていることは、会計検査院の調査で指摘を受け公表された。そのうち9兆円は賠償と廃炉に充てられているが、東電の汚染水流出の隠ぺいなどが後を絶たず、中間貯蔵施設も3年遅れとなって見通しのつかない状況となっており、国策として進めてきたのが今や国は金だけ出して前面には出たがらず、被災地元や避難者のことを思えばもう少しキチンと対応できないものか。あの時、自衛隊の活躍はもとより、「これから原発へ行く」とメールで妻に告げた消防隊長に、「日本の救世主になって下さい」と一行の返事が届いたが、その気持ちを忘れるようでは日本の未来はない。

岩手県花巻市で育った宗教学者の山折哲雄氏は「東京が東北をおきざりにして、オリンピック招致が決まったあたりから濃厚になった。東京の景気が上向きになり、東北の不況が停滞し福島原発がそれに追い打ちをかけている」と、舛添都知事の「（オリンピックで）東京が世界一になれば必ず日本全体が良くなる」を厳しく批判した。ちなみに14年の世界都市総合力ランキングで東京は総合4位で、分野別では経済が1位、環境9位、居住17位となっているが、〝カネだけの世界一はどうか？〟と思っていた矢先、「驕れる者久しからず」、案の定「政治とカネ」の問題で知事の座を追われた。岩手県平泉町の世界文化遺産も放射能汚染の影を落としている中、東京電力は２０１４年、原発ゼロでも連結経常利益が２２７０億円（単体１７９０億円）に上ったのに、経済産業省は16年から大手電力会社の原発廃炉費用も電気料金に転嫁し、国民に負担させるという考えを示した。

15年鹿児島県・川内原発が再稼働を始めたが、それに先立って行われた14年7月の九州電力の住民説明会では出席者から反発が起こった。火山対策など防災体制は置き去りにされたままで、避難計画も作成の目途が立っておらず穴だらけで、政府も先頭に立つ気配はなく責任の主体のないままの「見切り発車」に批判が続出した。原子力規制委員会のメンバーは田中俊一委員長（原子炉工学）、島﨑代理（地震学）、更田委員（原子炉安全工学）、中村委員（放射線医学）、大島委員（元外交官）の5人である。川内周辺は雲仙、阿蘇、霧島、桜島などの活火山（巨大カルデラ）が集中（地球全体の活火山の一割が日本国内）しているため「火山学者」からも異論が噴出したが、「巨大噴火の時は原子炉停止を指示する」との説明のみで対応は無かった。

地域経済や財政の下支えに頼る地元も、防災や避難など人命よりも再稼働に前のめりの姿勢が目立った。同年11月の定例会見でも田中委員長は、日本火山学会提言に対する見解を質問した記者を睨みつけ「火山学会挙げて夜も寝ないで頑張ってもらわないと困る」と語気を荒げたと報道された。15年8月の猛暑でも省エネと再生可能エネルギーの普及で、原発ゼロでも電力の逼迫は生ぜず原発の必要性は薄れている。東電の數土新会長は文芸春秋誌上で「東電にも原子力工学科出身者が多いが、彼らは人間がミスをした時の安全工学は学んでこなかった。安全神話を信じて想定すべきことを『想定外』とする環境にあった」と言っている。日本の人口が減少傾向の中電力などエネルギー需要が大きく増えることは考えにくく、なぜ「再稼働ありき」で突っ走るのか？

「夢の原子炉」と呼ばれて、国費1兆円余を投入した高速増殖炉「もんじゅ」（敦賀市）は、「核燃料サイクル」が主だが放射性廃棄物の処分方法や、福島第一原発の廃炉技術の開発もしている。当初「動燃」が運営していたが試運転でナトリ

2015年末、核燃料サイクル検討会座長に就任された有馬朗人氏（右）（1930~）と。以前から公私にわたってご指導いただいている。（参議院議員会館にて。左は筆者）

ウム漏れ事故問題で解体、新たに「核燃料サイクル開発機構」が引き継いだが、05年には「日本原子力開発機構」が発足、これも機器の1万点近くの点検漏れなどのトラブルが相次ぎ、15年末原子力規制委員会は運営組織の見直しを文科省に求めた。文科省は新しい担い手の受け皿を探すための検討会（座長・有馬朗人元東大総長・文部大臣）をスタートさせ、結果16年「もんじゅ」は廃炉と決まった。

福島原発事故当時、米国原子力規制委員長だったグレゴリー・ヤッコ氏は、4年後の２０１５年3月11日付け日本経済新聞に、「最も重要な教訓は、事故は今でも起こりうる。市民や産業界、政府は、安全神話は無いことを認めるべきで、除染とは放射性物質に汚染されたものを取り除き、別の場所に移すことだ。汚染物質を住宅地から遠く離れた場所に移そうとしても日本のような人口密集国では適地が少ない。汚染水保管の大量のタンクも分析がされず、長期的未来の不測の事態で何が起きるか」とした上で、米国のスリーマイル島原発事故の教訓も語っている。が、なぜ田中委員長はそれが理解できないのか？

「事故後、国や業界を挙げて緊急避難はもとより原子炉の設計を大幅に変え、安全装置を追加し、中央制御室も再設計した対策を友好国と進めたが、それでも福島で事故は起きた」とした上で、米国では「将来、原発が大規模に稼働しているとは思わない。原子力は非常に高価な技術で、来世紀には使われていないだろう。多くの電力を巨大発電所で作り、離れた都市や工場などに送電するという仕組みは今世紀限りだ。小規模な天然ガス火力発電所や再生可能エネルギー、水力発電所などで地域の電力需要を満たすのが合理的だ。現在１００基ある米国の原発は、今後15〜20年でエネルギー源としての終わりが始まる」との未来へのビジョンを示している。

京都大学原子炉実験所助教、原子核物理学者の小出裕章氏は、福島第一原発事故後

アメリカのサクラメント近郊にあるランチョセコ原発は、住民の反対で操業を停止し、ソーラー発電所に変わった。アメリカではスリーマイル島原発の事故以来、原発建設の新規認可はされていない。

著書「図解原発のウソ」を出版した。その中で氏は「原子力の平和利用に夢を抱き進めてきたが、最近の原子力災害の実情や未来を考え今はその危険性を訴えたい。チェルノブイリの封鎖された死の町や見殺しにされた福島の汚染地帯、住民の安全よりも経済優先、原発の常識は非常識で常軌を逸している」とした上で、「今や脱原発の流れは世界で進み、廃炉に伴う『核のゴミ』は『負の遺産』として100万年残る」ともいう。さらに「起きてしまった過去は変えられないが、未来は変えられる」と国のエネルギービジョンの策定を提言している。

安倍首相は15年、過激派「イスラム国」の紛争やテロ活動で緊迫化する中東のヨルダン、トルコ、アラブ首長国、サウジアラビアと原発輸出の協定を結んだ。自国の原発事故の終息さえままならないことから、頭がおかしくなったのではないかと危惧する国会質問があったが、首相の答弁中後ろの席の各閣僚は天井を仰いだり素知らぬ顔をしているテレビを見て、「裸の王様」が脳裏をかすめた。ちなみにイラクでの火力発電所の建設計画でさえ、テロや紛争の影響で本体工事の入札が無期延期になったことは、大臣はもとより国会議員も知っているはずで一日も早い中止を提言すべきである。テロ集団が「核」を手にしたら自爆テロなど物の数ではなく、その悲惨さを今こそ真剣に想定してほしい。「原爆」も「原発」も経験した、世界唯一の国日本であればこそである。2016年5月オバマ米国大統領は、初めて広島の被爆地を訪ね、「核なき世界」への真の出発点としたい思いがあったと考えらるが、安倍政権は「憲法上あらゆる種類の核兵器の使用がおよそ禁止されているとは考えていない」との見解を表明したと報道された。

新しい「国のかたち」が中央集権から「地方自治」への分権が必要であるのと同様、企業においてもグローバル大企業中心から雇用の8割近くを担う、中小企業の活性化なしに地方経済創生も日本経済の成長も無い。アベノミクスの「第一の矢」の大胆な金融緩和政策は、円安によるコスト増で利益が減少して深刻な状況に陥り、「第二の矢」の公共事業の急増は、建設費や人件費の急騰で深刻な人手不足を引き起こし、「第三の矢」の成長戦略の一つ「法人税減税策」は、そのための「財源」を外形標準課税の中小企業への適用拡大で賄うという報道があった。日本経済発展のためには、今こそ「税逃れ」をしているグローバル企業（無国籍）への課税システム欠陥を整備し、円安進行を食い止めるとともに中小企業・地方企業の増税は行わず、株価重視から実体経済重視へと大きく方針を転換すべきである。

イタリア同様日本も、貧富の格差が拡大し「子どもの貧困」が増加していると述べた。2016年2月岡山市で「石井十次と子ども支援」シンポジウムが開かれた。十次は宮崎県・高鍋町出身で、医学を学ぶために岡山甲種医学校（現岡山大学医学部）へ入学、日本初の岡山孤児院を創設した。「児童福祉の父」とも言われたその功績を次代へ伝えようと、岡山県の学校法人順正学園（吉備国際大学と九州保健福祉大学などを運営）が創立50周年記念で開催したもので、「子どもの養育環境や支援の在り方」「困窮する子どもの救済」について考え、パネルディスカッションを通して国や社会へ広く訴えた。

私もその時母校岡山大学弓道部創部60周年記念行事への出席を兼ねて岡山を訪ねたが、市内には「岡山孤児院」発祥の太子堂（市指定史跡）や、その前身である孤児教育会を創設した三友寺、「孤児院」の家族舎に使われた「十次館」などが、十次ゆかりの地として残されている。市長時代に常に頭の隅に置いてきたことは、「一人では生きていけない人たち」に心を寄せること、すなわち子どもやお年寄り、障がい者などの皆さんに光を当て、ひいてはその人たちが「光を放つような社会」をつくることであり、新日南市誕生時に策定した長期ビジョン「市政創造計画」にも盛り込んだ。最も大切なことは貧富の格差をなくす政策であることは論を待たない。

辻井伸行は1988年、産婦人科医の父と元アナウンサーの母の子として東京に生まれ、2歳3カ月の時おもちゃのピアノで、母が口ずさんだ「ジングルベル」のメロディーをすらすらと弾き、母親は息子の才能に気付いたという。生まれつきの全盲だったが、7歳でヘレン・ケラー記念音楽コンクール器楽部門ピアノの部で1位となり、10歳の時三枝成彰スペシャルコンサートでデビューした。筑波大学視学特別支援学校小学部を卒業後、東京音楽大学付属高校に在学中の2005年、ポーランド・ワルシャワでのショパン国際ピアノコンクールで批評家賞を受賞、09年にはアメリカテキサス州フォートワースで開催された第13回バン・クライバーン国際ピアノコンクールで優勝した。

コンクールでは当然視覚障害は全く考慮されず、一般の人に交じっての演奏が純粋に評価され、ハンディキャップを克服しての快挙だったことから大きな反響を呼び、「奇跡のピアニスト」との励ましを受けた。アメリカのバン・クライバーンは、第一回チャイコフスキー国際コンクールで優勝したピアニストで、辻井は当日ショパンの「ピアノ協奏曲第一番」や、ベートーベンの「ピアノソナタ第二十三番『熱情』」などをオーケストラとともに演奏した。現在世界で活躍を続けているが、これは偏に両親の理解はもとより支援の皆様が光を当ててきたからであり、本人の才能・努力もあって世に光を放っているのである。

人間の豊かさとは「こころの豊かさ」に他ならない。

エピローグ

太陽が降り注ぎ、アルプスと地中海に囲まれた歴史と文化の息づく国・イタリアは、開放的で大らかな人々の暮らすところである。一方で、アフリカや中東・南アジアなどの危機から逃れた多くの難民、移民が押し寄せ、国の財政難や高失業率とも併せて考えれば、極めて深刻な状況に直面していることも事実である。しかしイタリア人は古代から中世にわたる長い歴史の中で、侵略や支配の激動の時代を乗り越え、ファシズムを自らの手で排除するなど常に前向きな生き方を実践して来た。先進国の中でもいち早く原子力から再生可能なエネルギーに変身したように、大らかな中にも未来へ向かって生きることの大切さを心に秘めていることから、これからも多くの難題を乗り越えていくものと考えられる。

海外へ出るたびに感じるのは、環境、エネルギー、格差、そしてそれに伴うテロや紛争の変化である。環境問題はかつて鉱工業から出るばい煙等だったが、今は人間生活から出る廃棄物に変わった。エネルギー源は石油・石炭・ウランなどの地下資源から再生可能なものへと大きく舵を切りつつある。格差は資本主義社会の下で拡大を続けているが、国や人によっては富を分かち合う姿も大きく報道されるようになってきた。さらに紛争やテロにおいても東西問題（冷戦）から南北問題（貧富）へ、そして今や「イスラム国」などの過激派が世界の脅威になってきており、それに伴う難民などが多く生まれている。

日本は確かに高度成長以来カネやモノの風潮がもてはやされてきたが、日本列島を空から見るとほとんどが緑に覆われ、四面が海に囲まれ、まさに海の幸・山の幸の宝庫であるとともに、〝万里の長城〟を作る必要も無く本当に「日本人に生まれてよかった」と思う。しかし述べてきたように、日本もイタリア同様多くの難題を抱えているのが実情で、侵略や支配を受けたことのない歴史の中で日本人はどう乗り越えるのか、目先も大事だがどんな未来を目指すのか世界は注視しており、それはひとえに「教育と外交」にかかっていると言える。

この著書を纏めるにあたり自分の見聞のみでは余りにも浅学菲才であることから、各種の文献はもとより新聞、雑誌なども参考にさせていただいた。また紙面の都合もあり、全てをご紹介できなかったことをお許しいただき、合わせてご笑覧のうえご高評賜りましたら幸いに思う。

おわりに、勉強させていただいた宮崎日伊協会や小村寿太郎侯東京奉賛会の諸先輩方、またこれまでの長い生涯の中でご教導いただいた多くの皆様やご友人、併せて家族・親戚へこの場を借りて心からの感謝を申し上げたいと思う。さらに拙文にも拘わらず出版の度にご厄介になり、２０１５年には宮崎県文化賞を受賞された鉱脈社の川口敦己社長様はじめ、社員の皆様へ篤く篤くお礼と感謝を申し上げたい。

合　掌

２０１６（平成28）年師走

「ひむか神話街道」交差点・「神武天皇のふるさと」日南市吾田一里松の寓居にて。

著者記す

亡き妻・知江に捧ぐ。

「ひむか神話街道」日南市吾田《あがた》一里松交差点から

北へ

青島神社：神武天皇の祖父・山幸彦と祖母・豊玉姫を祀る神社。809年嵯峨天皇の創建、1572年伊東義祐が再興。

木花神社：神武天皇の曾祖父・邇邇芸命と曾祖母・木花佐久弥姫を祀る神社。

宮崎神宮：神武天皇を祭神とし、相殿にその父母を祀り、宗仁天皇の創建。秋の例大祭「神武さま」で知られる。

江田神社、阿波岐原御池・国生み・神生みの伊邪那岐命と妻・伊邪那美命を祀る神社とみそぎ池。全国の神社で挙げられる祝詞に出て来ることで知られる。

さらに北へ、神武天皇東征お舟出の地美々津、天孫降臨の地高千穂などがある。

西へ

潮嶽神社：磐船でたどり着いた海幸彦を祀る全国で唯一の神社。古来地元では、縫い針の貸し借りを禁じている。

狭野神社：神武天皇御降誕の地に孝昭天皇の創建。吾平津姫など５神を配祀し、「霧島六社権現」の一つ。

霧島東神社：伊邪那岐命と妻・伊邪那美命などが主祭神で崇仁天皇の創建、島津忠昌が再興。

さらに西へ、高千穂峰、天逆鉾のある天孫降臨の地で、海幸彦、山幸彦の父・邇邇岐命にまつわる伝説の地。山頂に立つ霊器は、大己貴命が「治国平天下」のため捧げた。

交差点に立つ「ひむか神話街道」の標識（右）。後方の小山に吾田神社が鎮座し、境内に「神武天皇巡幸傳説地 吾田」の古石碑（左）が残されており、東征の起点だったことが窺える。（筆者撮影 2016年春）

東へ

駒宮神社：神武天皇を祭神とし、少年期の竜石の竜馬を祀る少宮社。元服までここで過ごし、鵜戸神宮へも通った。シャンシャン馬発祥の地。

乙姫神社：神武天皇の妃・吾平津姫を祀る神社。近年銅像建立。

鵜戸神宮：神武天皇の父・鵜萱草萱不合命と母・玉依姫を祀る神社。宗仁天皇の創建で「六社大権現」と称した。782年桓武天皇が神殿を再興、寺院を建立。「鵜戸さん参り」で知られる。
途中には、天照大御神の弟・須佐之男命と妻・イナダ姫を祀る祇園神社などがある。

吾田《あがた》神社：神武天皇と吾平津姫の間に生まれた第一皇子・手研耳命を祀る神社で、寓居から南へ約200m。712年（和銅5年、古事記編纂の年、当時日向《ひむか》の国・吾田《あた》村と言った）に43代元明天皇の創建。飫肥藩初代藩主伊東祐兵が再興し、昭和９年神武天皇東征2600年を記念して神殿・拝殿を改築。「神武天皇巡幸傳説地」の古石碑あり。第二皇子・天稗日命は、今の島根・出雲大社宮司千家氏の祖。

榎原神社：天照大御神や神武天皇の父などの神霊を祀る神社で、飫肥藩三代藩主伊東祐久が鵜戸神宮から歓請を受け創建。

串間神社：神武天皇の祖父・山幸彦を祀る神社。「ねたろう祭り」は妃・豊玉姫と１年に１回会うという祭り。

南へ

『宮崎・日南地方は天つ神、国つ神の神話から、人の歴史（神武東征の起点）へと移り変わるロマン溢れる地で、太陽と海の大自然と「海の幸」「山の幸」の宝庫でもあり、世界遺産にも匹敵する日本人の“心のふるさと”です。』

谷口　義幸（たにぐち　よしゆき）

1943（昭和18）年宮崎県日南市出身。日南高校、岡山大学卒業。元建設大臣瀬戸山三男代議士秘書、法務大臣秘書、文部大臣秘書官。㈱ナジック学生情報センター。宮崎県日南市長連続３期。この間、全国市長会評議員、同地方分権改革検討委員。九州市長会理事、同副会長。世界５大陸（除南極）走破。著書「清流」（鉱脈社）ほか多数。
旭日双光章　地方自治功労表彰受章。日南市功労表彰受章。

好きな言葉：「誠心誠意」。

現在：宮崎日伊協会相談役（日伊修好条約締結（1866）150周年記念・伊東マンショ没後400年顕彰記念祭実行委員会委員長）。
小村寿太郎侯東京奉賛会参与など。

イタリアの風

二〇一六年十一月三十日　初版印刷
二〇一六年十二月二十五日　初版発行

著　者　谷口義幸©
発行者　川口敦己
発行所　鉱脈社
〒八八〇―八五五一
宮崎市田代町二六三番地
電話　〇九八五―二五―一七五八
郵便振替　〇二〇七〇―七―二三六七

印刷所　有限会社　鉱　脈　社
製本所　日宝綜合製本株式会社